Die Science-fiction der DDR
Autoren und Werke

Herausgegeben von
Erik Simon und Olaf R. Spittel

Die Science-fiction der DDR

Autoren und Werke:
Ein Lexikon

Verlag Das Neue Berlin

ISBN 3-360-00185-0

Vorbemerkung der Herausgeber

Science-fiction ist in der Gegenwart ungemein populär geworden, und das weltweit ebenso wie in der DDR. Es ist nur natürlich, wenn das große Interesse an der Science-fiction selbst sich auf ihre Autoren, ihren historischen Werdegang und ihre Theorie überträgt. Der unbestreitbare Erfolg der SF bei den Lesern hat auch in der DDR das Interesse der Literaturkritik an dem Genre verstärkt, doch die zahlreichen Rezensionen einzelner Bücher in der Presse sind – schon wegen des beschränkten Umfangs – selten wirklich analytisch und berücksichtigen noch seltener das literarische Umfeld, während Diplomarbeiten, Dissertationen wie auch unsere 1982 erschienene Broschüre „Science-fiction. Personalia zu einem Genre in der DDR" dem breiten Publikum schwer zugänglich sind.

So versteht sich der vorliegende Band als erste eingehende Gesamtschau auf vier Jahrzehnte SF-Geschichte in der DDR; er will gleichermaßen Nachschlagewerk wie kritisch ordnende Bestandsaufnahme sein. Sein Gegenstand ist die von DDR-Autoren verfaßte, in der DDR gedruckte Science-fiction-Literatur. Die SF in anderen Kunstgattungen wird nicht berücksichtigt; sie hat auf den meisten Gebieten (Film, Theater, Musik, Malerei) in der DDR eine nach internationalem Maßstab nur geringe Ausprägung erfahren. Lediglich die hier produzierten und gesendeten SF-Hörspiele sind noch relativ zahlreich und werden bei einigen Autoren im Kontext ihrer übrigen SF erwähnt.

Den Streit um die Definition der „Science-fiction" wollen wir weder fortsetzen noch entscheiden, wohl aber erklären, in welchem Sinne wir den Begriff verwenden: Science-fiction (SF) ist jener Teilbereich der phantastischen Literatur, in dem die phantastischen (wunderbaren, in der uns bekannten Realität nicht vorkommenden) Vorgänge und Sachverhalte nicht als Wirkung übernatürlicher, magischer Kräfte aufgefaßt werden, sondern als Resultat realer Zusammenhänge erscheinen. Das ermöglicht auch phantastische Kunstgriffe, die sich (wie die Überlichtgeschwindigkeit oder etwa das Perpetuum mobile) im Widerspruch zu gesicherten Erkenntnissen oder gar (wie die Zeitreise in Richtung Vergangenheit) zu fundamentalen Prinzipien von Kausalität und Logik befinden, die aber dennoch vom Autor als rational erkläbares Phänomen behandelt werden. Die SF ist nicht wissenschaftlich, sondern berücksichtigt und benutzt ein von wissenschaftlichen Vorstellungen geprägtes Weltbild der Leser, sie ist auf tatsächliche oder scheinbare rationale Plausibilität orientiert; daher konnte sie sich ungeachtet ihrer älteren Quellen und Vorläufer erst im 19. Jahrhundert als eigenständiges und kohärentes Genre herausbilden, als die industrielle Revolution eine vielköpfige Leserschaft hervorbrachte, die in einer von den „Wundern der Wissenschaft" (und der Technik) geprägten, sich rasch verändernden Welt lebte und zumindest im Ansatz zwischen rationalen und magischen Prinzipien zu unterscheiden vermochte.

Die Termini „Zukunftsliteratur", „wissenschaftliche Phantastik" und „utopische Literatur" werden im allgemeinen Sprachusus und z. T. auch noch von den Verlagen als Synonyme für SF benutzt, im vorliegenden Band jedoch weitgehend vermieden. „Zukunftsliteratur" suggeriert einen verfehlten prognostischen Anspruch; „wissenschaftliche Phantastik" ist eine etwas unglückliche Übersetzung aus dem Russischen und müßte genauer „Wissenschaftsphantastik" heißen; als utopisch bezeichnen wir (wie international üblich) nur die klassischen Gesellschaftsutopien sowie jenen Teil der SF, der sich auf den Entwurf bzw. das Durchspielen komplexer sozialer Modelle konzentriert.

Der dieses Buch einleitende Überblick über die Geschichte der DDR-SF skizziert auch die literarischen Wurzeln des Genres im deutschen Sprachraum, stellt Entwicklungsphasen und -strömungen dar und analysiert aktuelle Tendenzen. Dabei wurde die Kinderliteratur nicht berücksichtigt, da sie nur sehr indirekt mit den Traditionslinien der SF für Erwachsene korreliert und keine eigenen entwickelt hat.

Einbezogen wurde die SF für Kinder dagegen in den lexikalisch aufgebauten Hauptteil, der sämtliche SF-Autoren und -Theoretiker der DDR, die mindestens ein Buch im Genre publiziert haben, sowie die wichtigsten Herausgeber vorstellt, und zwar jeweils mit einer kurzgefaßten Biographie sowie einer Darstellung ihres Werkes auf dem Gebiet der SF. Hierzu haben wir uns der Mitarbeit von sieben kompetenten Verfassern versichern können; jeder Eintrag ist signiert, um die Abhängigkeit der jeweiligen Analyse und kritischen Wertung von der Persönlichkeit des Kritikers zu dokumentieren. Der Reichtum der insgesamt eingebrachten, mitunter auch divergierenden Sichtweisen auf die SF wiegt, so hoffen wir, bei weitem die unvermeidlichen Disproportionen und unterschiedlichen Bezugssysteme auf.

Den Abschluß des Bandes bildet eine Bibliographie aller von 1949 bis einschließlich 1986 in der DDR in deutscher Sprache erschienenen Erstauflagen von SF inländischer Autoren. Ausschlaggebend ist jeweils die im Impressum vermerkte Jahreszahl, unabhängig vom tatsächlichen Erscheinen des Buches im Handel. (Ende 1986 ist auch das Stichdatum für die Aufnahme der Autoren in den lexikalischen Teil; im Interesse der Aktualität wurden jedoch in die Artikel auch 1987 publizierte Texte eingearbeitet, soweit sie bei Redaktionsschluß schon zugänglich waren.)

Wir hoffen, mit unserem Buch nicht allein Wissenswertes über die Science-fiction-Literatur unseres Landes mitzuteilen, sondern mit der Logik ihrer geschichtlichen Entwicklung und den Werkanalysen ihrer wichtigeren Autoren zugleich auch einige Einsichten in die literarischen Funktionsgesetze dieses Genres zu vermitteln.

Wir danken allen Autoren und Institutionen, die uns biographische und bibliographische Informationen sowie Bildmaterial überlassen haben, für ihre Hilfe sowie unseren Mitverfassern und unserer Lektorin Karin Baier für die konstruktive Zusammenarbeit.

E. Simon und O. R. Spittel
im Oktober 1987

Erik Simon · Olaf R. Spittel

Die Entwicklung der Science-fiction-Literatur in der DDR

Das Jahr 1949 und die Traditionen der deutschen Science-fiction

1. Die Gründung der DDR als historische Zäsur und Neubeginn für die Science-fiction

Mit der Gründung der DDR im Oktober 1949 entstand auf dem Boden der sowjetischen Besatzungszone ein deutscher Staat, der einen radikalen Umbruch in allen relevanten Bereichen der Gesellschaft verkörperte; in Politik und Kultur vollzogen sich tiefgreifende Veränderungen. Mit Deutschlands jüngster faschistischer Geschichte wurde gebrochen — die Abgrenzung von diesen unrühmlichen Traditionen tabuisierte jedoch gleichzeitig auch andere kulturelle Traditionen, deren Wurzeln nicht im faschistischen Gedankengut zu finden waren, die sich aber nicht vordergründig als gesellschaftlich progressiv und antifaschistisch auswiesen. Unterhaltungsliteratur hatte es da von vornherein schwer, und eine voreilige pauschale Ablehnung traf nicht allein das Science-fiction-Genre und sein deutsches Erbe.

„Science fiction" — dieser 1929 in den USA geprägte Name war in Deutschland bis nach dem zweiten Weltkrieg unbekannt. Die faschistische Zensur unterdrückte mögliche Einflüsse anglo-amerikanischer Kultur eifrig (man denke nur an die Verteufelung des Jazz), führte aber damit eher einen Kampf gegen Bezeichnungen denn gegen kulturelle Inhalte. Und das, was in Deutschland „Zukunftsliteratur" genannt wurde, basierte auf den gleichen literarischen Traditionen und war formal sehr verwandt mit dem, was zunächst nur in den englischsprachigen Ländern, bald darauf aber auch in der ganzen Welt als „Science fiction" bekannt wurde.

Aus verständlichen Gründen hatte es dieser Begriff auch in der jungen DDR schwer, sich durchzusetzen, und es dauerte geraume Zeit, bis man auch hier die Internationalität des Genres akzeptierte, die der englische Name zum Ausdruck bringt.

So sprach man also in der DDR nach 1949 vornehmlich von

„Zukunftsliteratur" und „utopischen Romanen" – ohne jedoch viel Neues in dem Genre vorweisen zu können. Denn eine neue DDR-SF-Tradition konnte es noch nicht geben, einer Tradition älterer proletarischer SF war man sich ebensowenig bewußt wie der Existenz einer humanistischen bürgerlichen SF-Literatur, und die deutsche SF der Vergangenheit insgesamt war reaktionärer Inhalte verdächtig, da sich einige ihrer populärsten Autoren im Dritten Reich allzu bereitwillig vor den propagandistischen Karren der Nationalsozialisten spannen ließen.

Andererseits wurde die Startphase der DDR-SF – und das betraf Autoren wie Leser – gerade durch die Leseerfahrungen der dreißiger und vierziger Jahre unseres Jahrhunderts bestimmt; die Literatur jener Zeit füllte auch in der jungen DDR die Bücherschränke. Die deutsche SF jener Jahre prägte so noch lange das Verständnis des Genres in der DDR, sorgte für ein (in der Masse sogar gerechtfertigtes) Vorurteil der gesamten SF gegenüber – beeinflußte aber zugleich in starkem Maße die DDR-Autoren, die sich nur zögernd der SF näherten. Dieser Einfluß war überaus heterogen: Zum einen waren die Autoren von der Formensprache ihrer Vorgänger fasziniert und kopierten sie, andererseits schrieben sie (meist sehr vordergründig) gegen die reaktionären Inhalte alter deutscher SF an.

Und tatsächlich war da vieles in den Papierkorb zu werfen, war neu und besser zu schreiben, hatte sich doch die deutsche SF (natürlich mit Ausnahmen) seit den zwanziger Jahren des Jahrhunderts mehr und mehr in die Sackgasse von kommerzialisierter Unterhaltung und nationalsozialistischem Konformismus hineindrängen lassen, war literarisch heruntergekommen und ideologisch apolitisch bis reaktionär. Diese Entwicklung muß um so bedauerlicher erscheinen, führt man sich vor Augen, wie mühsam die deutsche SF im gesamten 19. Jahrhundert um ihre Existenz als seriöses Literaturgenre kämpfen mußte, um dann zu Beginn des 20. Jahrhunderts endlich doch auf eine Reihe eigenständiger interessanter literarischer Leistungen verweisen zu können.

2. Die Entwicklung der deutschen Science-fiction im 19. und 20. Jahrhundert als belastendes / vergessenes / lebendiges Erbe der DDR-SF

Parallel zum allmählichen Verschwinden der Sozialutopie als separates Genre und im engen Kontakt mit der phantastischen Literatur in der Tradition E. T. A. Hoffmanns entwickelten sich im frühen 19. Jahrhundert in Deutschland die Vorläufer der SF. Sie fanden anfangs allerdings keine große Beachtung, und es bedurfte nahezu des ganzen Jahrhunderts, um das fast ausnahmslos aus den Quellen der Kolportageliteratur gespeiste neue Genre zu konsolidieren. Die Mühseligkeit dieser Entwicklung und die häufige Beschränkung auf triviale Unterhaltung resultierten aus der wirtschaftlichen und politischen Rückständigkeit Deutschlands und seiner geistigen Atmosphäre, in der immer wieder Mystizismus, Okkultismus und Wissenschaftsfeindlichkeit tonangebend waren.

Interessant ist, daß bereits Heinrich Zschokke den dritten Band der Geheimbund-Trilogie „Die schwarzen Brüder" (1791, 1793, 1794) im 24. Jahrhundert spielen ließ und die Menschheit in der Rolle eines kosmischen Nutzviehs in der Hand höherer außerirdischer Mächte sah. Auch der bekannte Romancier Julius von Voß darf mit seinem 1820 erschienenen Zukunftsroman „Ini. Ein Roman aus dem ein und zwanzigsten Jahrhundert" als ein entfernter Vorläufer deutscher SF gelten. Bei ihm findet sich eine bemerkenswert reiche technische Phantasie.

Eine weitere Ursache für die unspektakuläre und lange Anlaufphase der SF in Deutschland ist auch in der verzögerten Rezeption der wichtigsten internationalen SF-Klassiker zu sehen. Eine deutsche Ausgabe von Mary Shelleys „Frankenstein" beispielsweise erschien erst 1912 (englisches Original 1818), und auch die Geschichten von Edgar Allan Poe erreichten erst um die Jahrhundertwende einen größeren Bekanntheitsgrad. Eine Ausnahme bildet die Jules-Verne-Rezeption – dessen Romane kamen schnell und mit großem Erfolg in (allerdings oft stark bearbeiteten) deutschen Übersetzungen auf den Markt und fanden zahlreiche Nachahmer, für deren (meist trivialere) Werke der Begriff „Jules-Verniaden" gebräuchlich war.

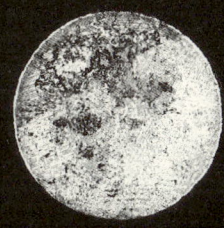

Mit Kurd Laßwitz (1848—1910) ist ein erster und bleibender Höhepunkt deutscher SF verbunden. Während so gut wie alle der ihm vorausgehenden Autoren mit SF-Ambitionen heute längst vergessen sind, gilt Laßwitz als Stammvater der deutschen SF. Sein Hauptwerk „Auf zwei Planeten" (1897) ist ein tausendseitiger Roman der Begegnung des Menschen mit der moralisch und technisch höherstehenden Rasse der Marsianer. Hinter der konfliktreichen Geschichte, die die meisten der heute für die SF typischen Erfindungen und Klischees präsentiert, steht ein Weltbild, das sich aus progressiven Ideen Immanuel Kants, einem Schillerschen Humanismus und einem konsequenten Antimilitarismus zusammensetzt. Philosophisch interessant und originell sind auch viele der SF-Erzählungen dieses Autors, die er als „moderne Märchen" bezeichnete.

Nach der Jahrhundertwende setzten sich die trivialen Tendenzen in den meisten deutschen SF-Publikationen des 19. Jahrhunderts vor allem in großen Lieferungsroman-Serien (das waren Hefte zum Preis von 10 Pfennigen, vergleichbar den amerikanischen dime novels) fort, von denen Oskar Hoffmanns „Mac Milfords Reisen im Universum" (1902/3) und die Serie „Der Luftpirat und sein lenkbares Luftschiff" (ab 1908) zu den bekanntesten gehörten.

Der skurrile Phantast Paul Scheerbart (1863—1915) ist eine der raren nichttrivialen Ausnahmen, allerdings steht er mit seinen noch am ehesten zur SF gehörenden Erzählungen, die u. a. in dem Band „Astrale Novelletten" (1912) gesammelt sind, und mit seinen Romanen wie „Die große Revolution. Ein Mondroman" (1901) und „Lesabéndio. Ein Asteroiden-Roman" (1913) immer etwas neben der eigentlichen SF-Tradition. Seine eigenständigen Literaturwelten sind oft mit phantastischen und märchenhaften Elementen angereichert.

Zu den wenigen Schriftstellern, die bedenkliche soziale Folgen eines rapiden wirtschaftlichen Aufschwungs in SF-Werken diskutierten, zählen Bernhard Kellermann mit „Der Tunnel" (1913) und Alfred Döblin mit „Berge, Meere und Giganten" (1924). Kellermanns Roman um den Bau einer unterirdischen Schnellzugverbindung von Amerika nach Europa gehört als realistisches Werk der Weltliteratur gleichzeitig zu den wichtigsten deutschen SF-Klassikern.

63. Band. Jeder Band ist vollständig abgeschlossen. Preis 10 Pf. (15 Heller)

Der Luftpirat
und sein lenkbares Luftschiff.

"Die Schreckensreise des Weltenfahrzeuges."

Immer tiefer sank der Koloß in die glühend heiße, weiche Masse, deren Feuerwellen über dem Fahrzeug zusammenzuschlagen drohten.

Die deutsche SF zwischen den Weltkriegen wurde mehr und mehr kommerzialisiert, erschien nun auch als Leihbuch und entwickelte eine starke reaktionäre Tendenz, die, ausgehend von einer geistigen Revision der Niederlage Deutschlands im ersten Weltkrieg, schließlich in das Umfeld faschistischen Gedankengutes mündete. Der in dieser Hinsicht populärste (aber nicht reaktionärste) Autor Hans Dominik trat vor allem in den zwanziger und dreißiger Jahren mit über einem Dutzend solide geschriebener „Zukunftsromane" an die Öffentlichkeit und erzielte mit seinen nacherlebbaren Schilderungen der Erfolge deutscher Ingenieurkunst Millionenauflagen. Dominiks hochgezüchteter Patriotismus ging häufig in Chauvinismus und Rassismus über, auch verteidigen seine Werke eine Führer-Ideologie. In „Die Spur des Dschingiskhan" (1923) befürwortet er eine mit Mitteln der meteorologischen Kriegführung bewerkstelligte Zerschlagung der „gelben Rasse", um Land für europäische — vorzugsweise deutsche — Siedler zu erhalten. In der Regel aber beschränkt er sich auf die Schilderung eines technischen Abenteuers: Ein genialer deutscher Erfinder setzt einen phantastischen Einfall in die Tat um, lernt die Natur zu beherrschen und schlägt dabei oft auch gleichzeitig ausländische Konkurrenten und deren Spione aus dem Feld. Unabhängig von seiner Ideologie beeinflußte Dominiks Schreibhaltung, die detailreiche Heroisierung des technischen Abenteuers, die deutsche SF nachhaltig, auch über den zweiten Weltkrieg hinaus.

Rudolph Heinrich Daumann ist formal Dominiks wichtigster Nachfolger. Er propagierte in seinen zwischen 1937 und 1940 erschienenen acht Romanen eine im Ansatz — soweit es die nationalsozialistische Zensur überhaupt zuließ — sozialdemokratische Geisteshaltung (vor allem in „Das Ende des Goldes", 1938), handhabe aber die erzähltechnischen Klischees schlechter als sein Vorbild. Formal wie inhaltlich interessanter ist dagegen die proletarische Utopie „Utopolis" (1930) von Werner Illing — eine Ausnahme auf dem straff organisierten und wenig später auch ideologisch gleichgeschalteten bürgerlichen Buchmarkt.

Nach dem gleichnamigen Roman der Thea von Harbou wurde der Film „Metropolis" gedreht; dieser 1927 uraufgeführte Streifen des Regisseurs Fritz Lang gilt bis heute als der

HANS DOMINIK

ROMAN

Treibstoff SR

wichtigste deutsche Beitrag zur SF-Filmgeschichte. In tricktechnisch hervorragend belebten Kulissen inszenierte Lang mit dramaturgischer Meisterschaft eine erstaunlich banale und reaktionäre Liebesgeschichte, die „Versöhnung von Kapital und Arbeit" durch den Sohn des Großkapitalisten und das Arbeitermädchen Maria, wodurch ein Aufruhr der als dumpfe, gefährliche Masse dargestellten Arbeiter beigelegt wird. Bemerkenswert ist die Gestalt eines weiblichen Roboters, der als Doppelgängerin Marias den Aufstand provoziert und dessen gelungene ästhetische Konzeption bis heute begeistert.

Die Zeit des Faschismus in Deutschland, also etwa ab 1933, zeichnete sich (trotz dem Verbot der Groschenhefte 1939) durch eine rege Konjunktur des SF-Genres aus, sowohl in Buchform wie als Film, wobei die Systemkonformität der SF dieses Genre oft in die Nähe irrationaler Mythen führte (wie die vierbändige Romanfolge des Eduard Kiss, der aus dem Atlantis-Mythos den Herrschaftsanspruch der germanischen Rasse zu begründen suchte) und sich vor allem in den Kriegsjahren auch als beliebte und weitverbreitete ablenkende Unterhaltungsliteratur anbot (wie z. B. das unverbindliche, populäres Wissen vermittelnde Kinderbuch „Das Geheimnis des Riesenhügels" von Albert Sixtus; 1941).

So ergab sich eine recht paradoxe Situation nach dem Weltkrieg: erstens war SF im öffentlichen Bewußtsein ein Genre, das fast völlig mit den technischen Abenteuerromanen Hans Dominiks und seiner Nachfolger zusammenfiel, zweitens waren ihre progressiven Traditionen, die man vornehmlich mit den Werken Kurd Laßwitz' verbinden könnte, weitgehend unbekannt, und drittens wußte so eigentlich niemand in deutschen Landen um die großen literarischen Möglichkeiten der SF, da der faschistischen Zensur auch die Entwicklungen der internationalen SF, vor allem der in den USA, Großbritannien und der UdSSR (einschließlich der vorrevolutionären russischen SF), zum Opfer gefallen waren.

Für die neu beginnenden deutschen Autoren in der sowjetischen Besatzungszone, der späteren DDR, war im Grunde nur ein Weg denkbar, das Genre wieder zu beleben: Man mußte neue Ideen in das ungebrochen populäre, aber diskreditierte literarische Gewand stecken — unausgesprochen war das die

Forderung nach einem „antifaschistischen Dominik". Und es sollte einige Jahre dauern, bis die SF-Autoren der DDR schließlich bemerkten, daß sich das simple literarische Modell Dominiks historisch überholt hatte und die neue SF auch neue literarische Qualitäten erforderte.

3. SF-Publikationen zwischen Kriegsende und Gründung der DDR (1945–1949)

Noch vor Gründung der DDR erschienen in der sowjetischen Besatzungszone einige SF-Publikationen, die bereits andeuteten, welchen Einflüssen eine künftige SF in der DDR unterworfen sein würde. In einer ersten Gruppe handelte es sich um den Kurzroman „Station Nordpol" (1947) von Ewald Jensko, die beiden in einer Broschüre zusammengefaßten Jugenderzählungen „Gefangen am Gipfel der Welt" / „Im Nordmeer verschollen" (1949) von Fritz E. W. Enskat und schließlich um die beiden ebenfalls in einem Band veröffentlichten Kurzromane „Marcon '1937–1975'" / „Das Auge am Nordpol" (1949) von Hermann Müller. Diese – wohl zu Recht – weitgehend unbekannt gebliebenen Autoren (allein Müller publizierte später in einem Westberliner Verlag noch einen SF-Roman, der aber noch weniger erzählerisches Talent verriet als seine beiden Kurzromane) lieferten literarisch unbedeutende Abenteuergeschichten in Dominikscher Tradition für jüngere Leser und wurden bald vergessen.

Eine zweite Gruppe früher SF-Publikationen ist dem SWA-Verlag zu verdanken, dem von 1945 bis 1949 existierenden Verlag der Sowjetischen Militäradministration in Deutschland (SMAD), dessen Aufgabe in der Verbreitung sowjetischer Belletristik, antifaschistischer Dokumentationen und marxistischer Aufsätze bestand. Er druckte Iwan Jefremows „Der Schatten der Vergangenheit" (1946), S. Belja[j]ews „Der zehnte Planet" (1947) und Lasar Lagins „Patent 'A. V.'" (1947) – und machte damit erstmals deutsche Leser mit sowjetischen SF-Texten bekannt, wenngleich nicht mit den anspruchsvollsten.

Und drittens schließlich sind noch zwei Publikationen zu erwähnen, deren demokratisch-sozialistischer Grundton (zumindest mittelbar) einen wichtigen Einfluß auf die folgende DDR-SF der fünfziger Jahre ausübte: 1948 erschien Jack Londons sozialdemokratischer Agitationsroman „Die Eiserne Ferse" und 1949 (bereits als eine der ersten DDR-Publikationen) Edward Bellamys sozialutopischer SF-Roman „Ein Rückblick aus dem Jahre 2000" mit einer Einleitung von Clara Zetkin im Dietz-Verlag — eine editionspolitische Linie, die übrigens bereits 1950 mit der Publikation von Bernhard Kellermanns Roman „Der Tunnel" eine Fortsetzung fand, womit in der DDR begonnen wurde, Klassiker des SF-Genres vorzustellen.

4. Der Start der DDR-SF mit Tureks „Goldener Kugel" und die auf technische Erfindungen orientierte SF der fünfziger Jahre

Als erste SF-Publikation eines Autors der gerade gegründeten DDR darf „Die goldene Kugel" (1949) gelten, verfaßt von dem proletarischen Schriftsteller Ludwig Turek. (Gedruckt wurde das Buch wohl noch unter dem politischen Status der Besatzungszone.) Der Roman spiegelt anschaulich die Probleme der Zeit wider und engagiert sich sehr vordergründig für eine sozialistische Umgestaltung aller Staaten der Erde — in einer verständlichen literarischen Unsicherheit, die SF-Elemente lediglich in trivialer Vereinfachung zu nutzen verstand. Diesem schwachen Start ist es nicht allein anzulasten, daß in der Folgezeit DDR-Autoren sich nur sehr zögernd der SF zuwandten; hinzu kamen etliche ideologische Vorurteile, die zum einen der jüngeren literarischen Tradition des Genres entsprangen, zum anderen aber der in der Nachkriegszeit bald einsetzenden Publikation trivialer Leihbuchromane und Heftserien in der Bundesrepublik Deutschland, die ohne weiteres massenhaft in die DDR gelangten und starke Vorbehalte gegen SF überhaupt induzierten.

In den fünfziger Jahren erschienen in der DDR insgesamt nicht mehr als 11 SF-Romane und pro Jahr im Durchschnitt 5 bis 6 Erzählungen.

BERNHARD KELLERMANN

DER TUNNEL

ROMAN

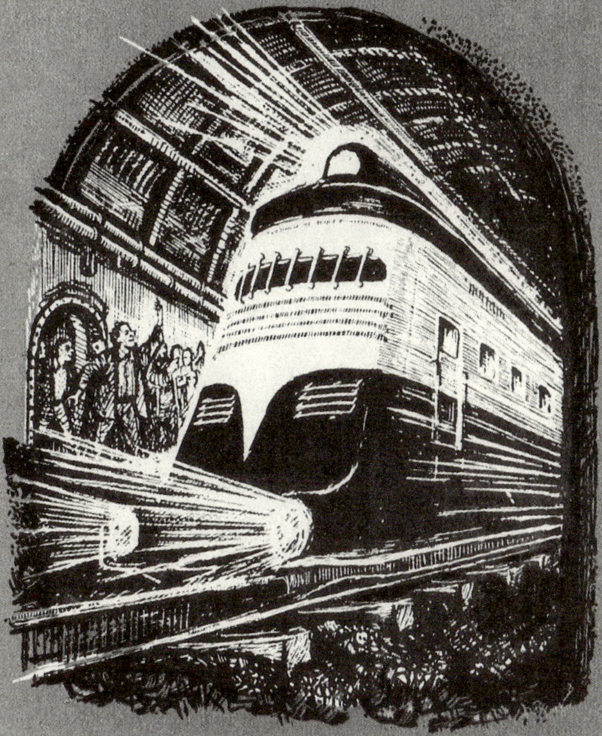

DEUTSCHE VOLKSBIBLIOTHEK

2,85

Unter dem Pseudonym H. L. Fahlberg betrat der Ingenieur Hans Werner Fricke mit drei Romanen die Szene, von denen noch zwei – „Ein Stern verrät den Täter" (1955) und „Betatom" (1957) – als „Kriminalroman" ettikettiert wurden; „Erde ohne Nacht" (1956) erschien in Ermangelung eines besseren als des alten deutschen Namens mit dem Untertitel „Zukunftsroman". Doch zukünftig war, abgesehen von einigen technischen Details, noch recht wenig in diesen Romanen. Fahlbergs Helden agierten in altvertrauter Dominikscher Manier und hatten sich in ebensolchen Konflikten zu bewähren; politisch zeichnen sich diese Romane in der Hauptsache durch Abstinenz aus bzw. übernehmen einige allgemeine Klischees (die spionierende amerikanische Konkurrenz etwa gab es bereits bei Dominik). Auch die Konfliktanlage weist starke Fluchttendenzen ins Private auf. Weltpolitische Ausblicke (die sich in jener stark bewegten Entstehungszeit der Romane doch angeboten hätten) werden bestenfalls angedeutet und von einem undifferenzierten Bedürfnis nach Harmonie und Frieden überstrahlt. Sogar die Handlungsorte bleiben weitgehend anonym, obgleich sie nur als deutsche Landschaften zu deuten sind. Vor allem mit seinem zweiten und dritten Roman orientierte Fahlberg sich an dem in der DDR-Literatur überhaupt gängigen Thema des wirtschaftlichen Aufbaus, blieb jedoch in einer allgemeinen Popularisierung technischer Sachverhalte stecken und ließ relevante aktuelle Themen weitgehend aus.

Realistischer dagegen sind die Romane von Klaus Kunkel „Heißes Metall" (1952) und von Heinz Vieweg „Ultrasymet bleibt geheim" (1955) und „Die zweite Sonne" (1958) – erste Prototypen eines der Gegenwart relativ nahen „Produktionsromans" in der DDR-SF. Der wirtschaftliche Aufbau einer jungen demokratischen Gesellschaft – vorgeführt am Beispiel des Kampfes um die Durchsetzung einzelner technischer Erfindungen – steht im Mittelpunkt der Handlungen, wenngleich immer noch der Bezug zur realen DDR-Geschichte nur sehr vermittelt erscheint. Vielleicht spricht es für den Optimismus jener Jahre, daß die SF-Autoren von Kriegsvergangenheit und wirtschaftlicher Not weit abrückten und zukünftige Gesellschaften entwarfen, für die materielle Sicherheit und ein gewisses Maß an Luxus selbstverständlich waren.

Neben der Spannung, ob dieses oder jenes Experiment nun glücken werde, operierten die Autoren mit Angriffen westlicher Agenten, die (vergeblich) versuchen, den Wirtschaftsaufbau zu sabotieren. Das hier eingeführte politische Schwarzweißdenken – Gut und Böse fanden stets eindeutige Zuordnungen in den Protagonisten – überlebte in der DDR-SF noch bis weit über die sechziger Jahre hinaus.

Auch den Klischees des SF-Produktionsromans verpflichtet, trat in der zweiten Hälfte der fünfziger Jahre mit Eberhardt del'Antonio der interessanteste Autor dieser Richtung auf den Plan. (Günther Krupkats 1956 in der „Roman-Zeitung" erschienenes Werk „Die Unsichtbaren" ist bereits ein thematischer Vorgriff auf die Raumfahrt-SF der sechziger Jahre; zum Thema „Erfindungen und Produktion" trug er lediglich zwei Hefterzählungen bei.) Del'Antonios Roman „Gigantum" (1957) bildete den Höhepunkt sowohl des SF-Produktionsromans als auch der literarischen Entwicklung des gesamten Genres in den fünfziger Jahren. Auch sein Roman „Projekt Sahara" ist hier zu erwähnen, obwohl er längst nicht so überzeugt wie „Gigantum" und zudem erst 1962 erschien – als sich sein Thema bereits überholt hatte und der Autor selbst mit „Titanus" (1959) schon auf das neue Raumfahrt-Thema der sechziger Jahre umgeschwenkt war.

Eberhardt del'Antonio greift in seinem „Gigantum" das Standardthema einer die Gesellschaft revolutionierenden Erfindung bzw. neuer Techniken auf, illustriert es jedoch durch einen breit gezeichneten gesellschaftlichen Hintergrund und spiegelt auf diese Weise sehr anschaulich Wünsche, Hoffnungen und Ideale der Nachkriegszeit. Von einer Welt des friedlichen demokratischen Aufbaus ist da die Rede, deren Konflikte zwar den realen Auseinandersetzungen der Zeit nachgebildet waren, aber doch nur wenig Sorgen um den Fortbestand der neuen Gesellschaftsordnung aufkommen lassen konnten. Probleme im Zusammenleben der handelnden Personen – wie Egoismus und Konkurrenzdenken – erscheinen als leidige Überbleibsel der alten, im Prinzip längst überwundenen Welt.

Dem Autor gelingt es, die unterhaltenden Elemente der SF in den Vordergrund zu stellen. Erstmals erreichen die phanta-

EBERHARDT DEL' ANTONIO

GIGANTUM

ZUKUNFTSROMAN

stischen Einfälle hier eine beeindruckende Größe, vermögen sich von dem dünnen Gerippe trockener Belehrung und permanenter Erläuterung (das für die Vorgänger typisch war und ebenso jene SF in den sechziger Jahren beherrschte, die sich als populärwissenschaftliche Literatur verstand) zu lösen und bieten souveräne Unterhaltung. Mit del'Antonio wurde erstmals eine unverwechselbare, eigenständige DDR-SF-Literatur publiziert; mit ihm erreichte die SF dieses Landes einen ersten Höhepunkt und ein — für die Zeit — akzeptables literarisches Niveau. Wenn das auch noch nicht zum allgemein verbindlichen Maßstab wurde, war doch die Ausgangsbasis für die nun immer raschere Aufwärtsentwicklung des Genres geschaffen.

Nicht zahlreich, doch als Ergänzung des Buchangebots interessant waren die ersten als Hefte in hoher Auflage erschienenen SF-Geschichten. Schon ab 1950 veröffentlichte die gerade erst ins Leben gerufene „Kleine Jugendreihe" (im Verlag Kultur und Fortschritt, Berlin) neben Abenteuererzählungen auch SF. Seit 1953 publiziert der Verlag Neues Leben, Berlin, in seiner Heftreihe „Das neue Abenteuer" (ihr erstes Heft erschien 1952) SF-Texte, vorzugsweise von DDR-Autoren, während die „Kleine Jugendreihe" zunächst ausländische Autoren vorstellte und erst ab 1965 sporadisch SF von DDR-Autoren druckte. Auch in das monatlich erscheinende Magazin „Jugend und Technik" (im Verlag Junge Welt, Berlin) wurden seit 1953 kurze Beiträge von DDR-Autoren aufgenommen, doch hier herrschte eine strenge populärwissenschaftliche Ausrichtung vor, die literarische Qualität nicht entstehen ließ.

Das Abenteuer Raumfahrt – vorherrschendes Thema zu Beginn der zweiten Entwicklungsetappe

1. Der Vorstoß ins All als Gegenstand und Anliegen der Autoren Ende der fünfziger bis Mitte der sechziger Jahre

Die zweite Entwicklungsetappe der DDR-SF läßt sich von der vorangehenden thematisch und auch zeitlich recht genau abgrenzen: Sie begann Ende der fünfziger Jahre, zugleich mit dem Zeitalter der praktischen Raumfahrt, und der Vorstoß in den Kosmos war ihr vorherrschendes Thema, bis etwa 1972/73 eine starke thematische und stilistische Auffächerung deutlich wurde. Wenn wir von isoliert stehenden, eher untypischen frühen Büchern wie Bagemühls „Das Weltraumschiff" (1952) absehen, tauchte das Thema in der DDR-SF erstmals in Abenteuerheften von G. Krupkat („Gefangene des ewigen Kreises", 1956) und Ball/Weise („Alarm in Station Einstein", „Signale von der Venus", beide 1957) gehäuft auf; Krupkats „Die Unsichtbaren" (1956) war der erste, noch vor dem Start von Sputnik I geschriebene Roman ganz im Zeichen der Astronautik. Die neue Tendenz zeigte sich auch in Fahlbergs „Erde ohne Nacht" (1957), wo eine herkömmliche, auf technische Erfindungen orientierte und diesen Roman prägende Fabel zur Nutzung der Erfindung im Kosmos führte.

Die erste Hälfte dieser Entwicklungsetappe hindurch – bis Mitte der sechziger Jahre – dominierte das Raumfahrtmotiv fast uneingeschränkt. Es entwickelte dabei verschiedene Variationen, doch sie alle wurden offensichtlich getragen vom starken Interesse einer breiten Öffentlichkeit an der Raumfahrt selbst – und von der damals gängigen, auch in den Medien verbreiteten Vorstellung, wie sie aussehen und was sie der Menschheit bringen werde.

Wie sehr die Thematik dem Zeitgeist entsprach und von den spektakulären Erfolgen der sowjetischen Raumfahrt (wie Sputnik I 1957 und Gagarins Flug 1961) stabilisiert wurde, ist auch daran zu ersehen, daß sie gleichzeitig in anderen Medien auftauchte – von populärwissenschaftlichen Schilderungen künftiger Kosmosflüge bis hin zu der beliebten Kinderzeitschrift „Mosaik", einer Bildgeschichten-Serie, die 1958/59 ihre Helden von einem fremden Raumschiff ins All entführen ließ und nacheinander den Mond, den Mars, einen ferneren, durch Mißbrauch der Kernkraft verwüsteten Planeten und eine Raumstation vorführte, um anschließend auf dem „Neos" Zukunftsbilder von technizistischen Idealstädten und Industrien zu entwerfen. 1960 kam der in Kooperation mit einer polnischen Filmgesellschaft nach Motiven von Lems Roman „Der Planet des Todes" (DDR: 1954) gedrehte erste SF-Film der DEFA, „Der schweigende Stern", in die Kinos, begleitet von mehreren sowjetischen Filmen über erste Vorstöße ins Sonnensystem. Auch die Übersetzungen sowjetischer Raumfahrt-SF aus den fünfziger Jahren (u. a. Romane und Erzählungen Martynows, Wolkows, der Safronows, Gurewitschs, Fradkins sowie der noch recht traditionell-abenteuerliche Erstling der Strugazkis) erreichten die Leser in der DDR zeitgleich mit analogen einheimischen Produkten.

Natürlich wurden in der SF schon immer soziale Probleme der jeweiligen Gegenwart reflektiert, doch während der kosmische Schauplatz heute in den meisten SF-Werken vor allem als literarische Konvention aufgefaßt und genutzt wird, war der Vorstoß ins All seinerzeit für die meisten Leser und wohl auch einige Autoren der eigentliche Gegenstand. Sogar die Begegnungen mit den durchweg menschenähnlichen Außerirdischen vom Mars, Phaeton, Transpluto und anderen mehr oder minder nahen, mehr oder minder realen Planeten, wie sie in jenen Romanen stattfanden, entsprechen sicherlich durchaus dem, was das Publikum in der Realität für möglich hielt, erwartete oder erhoffte. So erklärt sich, daß nicht nur Kritiker gelegentlich der SF (oder einzelnen Werken) in kurzschlüssiger Fehldeutung des Realismusbegriffes vorwarfen, wovon sie handle, könne (oder dürfe) „in Wirklichkeit" nicht geschehen – auch die Verteidiger bauten ihre Argumentation oft auf demselben Mißverständnis auf, etwa wenn Autoren in Nachworten erklärten, die Handlung sei erfunden, doch die Wissenschaft darin stimme, oder wenn die Mitte der sechziger Jahre in der DDR entstehenden ersten, noch sehr kleinen und kurzlebigen SF-Klubs und Fanpublikatio-

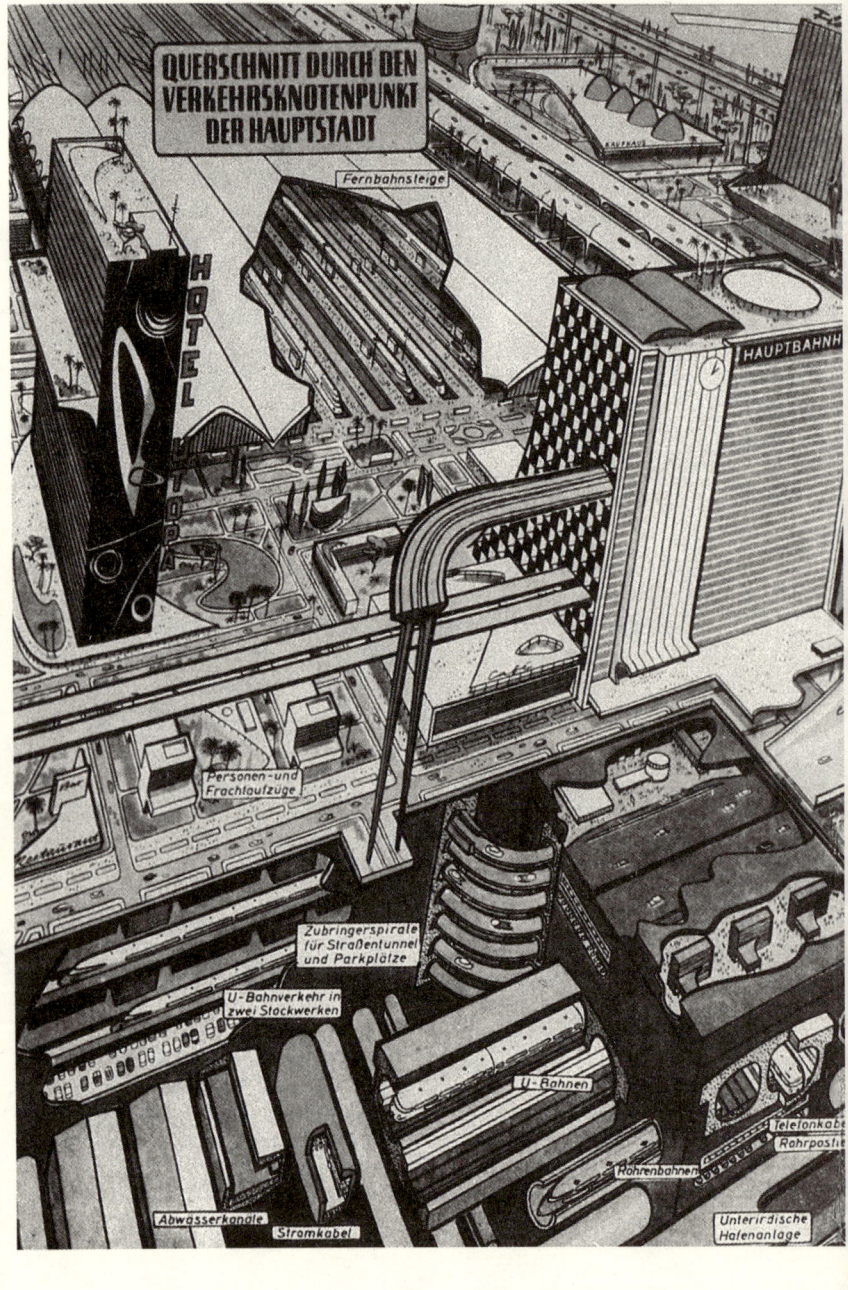

nen mit Vorliebe darauf hinwiesen, die von der frühen SF „vorausgesagte" Raumfahrt sei schließlich auch als Hirngespinst verspottet und dennoch verwirklicht worden. (Überhaupt waren wohl die meisten SF-Fans jener Zeit zugleich Raumfahrtenthusiasten, während die Überschneidung beider Gruppen heute kaum noch signifikant ist.)

2. Der Raumflug: technische Großtat und heroisches Abenteuer

In der frühesten Spielart der Raumfahrt-SF jener Entwicklungsetappe standen der Flug ins All selbst als technisches Problem und die damit verbundenen Bewährungssituationen im Mittelpunkt. Das Raumschiff wurde ausführlich erläutert (der blinde Passagier oder ein anderer Raumfahrtneuling fand sich stets als dankbarer Zuhörer), und einige Romane widmeten auch seinem Bau wie überhaupt der Vorbereitung des Fluges viele Seiten. Darin zeigt sich eine Verwandtschaft zur vorangegangenen SF über technische Erfindungen und ihre Nutzung in der Produktion ebenso wie anfangs noch im gelegentlichen Auftauchen kapitalistischer Agenten und Saboteure in der sozialistischen Kosmosforschung, wenn die Autoren neben technischen Havarien im All, Meteoritenattacken und den Wundern der Mondlandschaft ein weiteres Spannungselement brauchten. (Soweit eine Begegnung mit Außerirdischen in jenen Romanen überhaupt stattfand, war sie in der Regel kein Ausgangspunkt von Handlung und Konflikten, sondern bildete das Finale.)

Zu dieser vor allem den Kampf mit der Natur und die Meisterung der Technik thematisierenden Raumfahrt-SF gehören neben den bereits erwähnten frühen Erzählungen bzw. Romanen von Ball / Weise, Krupkat und (mit der dargelegten Einschränkung) Fahlberg u. a. auch Krupkats „Die große Grenze" (1960), Müllers „Signale vom Mond" (1960), von Rasch „Asteroidenjäger" (1961) und „Die Umkehr der Meridian" (1966), zum Teil auch Weises „Unternehmen Marsgibberellin" (1964). In der zweiten Hälfte der sechziger Jahre verlor das Muster rasch

seine ursprüngliche, bei den verschiedenen Autoren ganz ähnliche Ausprägung und wurde anderen literarischen Zwecken dienstbar gemacht.

3. Die „Interplanetare Revolution"

Wurden in einigen dieser Romane irdische Konfrontationen noch ziemlich direkt als Wettlauf der Gesellschaftssysteme ins All umgesetzt, so tauchte daneben schon bald (1959 mit del'Antonios „Titanus") eine andere Varietät auf, die unter dem Stichwort „Interplanetare Revolution" bekannt ist. Die Bücher beginnen mitunter noch mit ausführlichen Schilderungen des Raumfschiffs und des Fluges (etwa bei E. del'Antonio), und in einem Fall (bei L. Weise) kommt sogar noch ein von den letzten Kapitalisten gedungener Agent vor; doch im Grunde sind die großen sozialen Konflikte auf der Erde beigelegt, und die eigentliche Handlung setzt erst mit der Landung auf dem fremden Planeten ein, wo die Raumfahrer menschenähnliche Bewohner und eine Ausbeutergesellschaft vorfinden, die zumeist Züge des Kapitalismus mit besonders grausamen Formen der Sklaverei verbindet. Die Ankömmlinge werden wider Willen in die Klassenkämpfe verstrickt, und ihre Anwesenheit (bzw. ihr Eingreifen) löst die Revolution aus oder verhilft ihr zum Sieg.

Typische Romane dieser Art sind neben del'Antonios „Titanus", dem ersten und erfolgreichsten von allen, „Der Mann aus dem anderen Jahrtausend" (1961) von R. Groß und „Das Geheimnis des Transpluto" (1962) von L. Weise. In Horst Müllers „Kurs Ganymed" (1962) geht es nicht um Ausbeuter, aber doch um eine Gruppe von Außerirdischen, die ihresgleichen mit Demagogie und Hypnosestrahlen manipulieren und von den irdischen Gästen entlarvt werden.

Der Rollentausch gegenüber Tureks „Die goldene Kugel" ist kennzeichnend; er spiegelt einerseits das gewachsene Selbstbewußtsein der sich in den frühen sechziger Jahren weltweit und besonders in der DDR politisch und wirtschaftlich konsolidierenden sozialistischen Ordnung und andererseits den (u. a. auch von den sowjetischen Raumfahrterfolgen genährten) Glauben, der wissenschaftlich-technische Fortschritt werde im Verein

mit dem Sozialismus die meisten irdischen Probleme in historisch kurzer Frist lösen oder zumindest entschärfen. Soziale und politische Widersprüche wurden auf ferne Planeten verlagert, da sie auf der Erde der Lösung nahe schienen und sich diese Lösung unter den bilderbuchhaft überspitzten und vereinfachten Bedingungen der anderen Welt besonders leicht plausibel machen ließ. In welchem Maße dabei die Konflikte vergröbert und linearisiert wurden, zeigt ein Vergleich mit der 1964, also fast zur gleichen Zeit, in der Sowjetunion veröffentlichten, weitaus komplexeren Powest der Strugazkis „Ein Gott zu sein ist schwer".

Nicht mit der sowjetischen Powest (die in der DDR erst 1975 erschien) zu messen, eher in eine Reihe mit den inländischen Vorgängern zu stellen, doch ambitionierter als sie war. H. Horstmanns Roman „Die Stimme der Unendlichkeit" (1965). Er berücksichtigt, daß soziale Probleme nicht einfach mit überlegener irdischer Technik oder persönlichem Engagement im Handstreich zu lösen sind, als hätte ausgerechnet die Handvoll Erdenmenschen zum Sieg des Fortschritts gefehlt. Zwar kann gerade dieses Buch Anleihen beim Prototyp aller SF über die „Interplanetare Revolution", Alexej Tolstois „Aëlita" (1922/23, DDR 1957), nicht verleugnen, doch bewahrt es auch als einziges in der DDR-SF wenigstens eine Spur der poetischen Stimmung seines Vorbilds.

Horstmanns Roman war der Endpunkt für die Verwendung des Motivs in der zweiten Entwicklungsetappe der DDR-SF; erst 1973 tauchte es in Steinbergs „Die Augen der Blinden" wieder auf — als wenig geeignetes Versatzstück in einem anderen Kontext —, und 1974 benutzten es die Brauns in „Unheimliche Erscheinungsformen auf Omega XI" schon mit unverhüllter Ironie als Farce, während seine ernstgemeinte Wiederaufnahme in Ehrhardts „Nachbarn im All" 1975 anachronistisch wirkte.

4. Die Konfrontation von Vergangenheit und Zukunft in paläoastronautischen Motiven

Ihre dritte spezifische Ausprägung fand die kosmische Thematik in der DDR-SF der sechziger Jahre 1963, als zwei von der Idee her recht ähnliche Romane erschienen: Krupkats „Als die

GÜNTHER KRUPKAT

Als die Götter starben

UTOPISCHER ROMAN

Götter starben" und Raschs „Der blaue Planet". Beide nutzten die phantastische Annahme, der zufolge fremde Raumfahrer vor Jahrtausenden im Zweistromland und im Libanongebiet gelandet seien und die als Hypothese damals auch in der Presse kursierte, um die klassenlose Gesellschaft der Ankömmlinge mit den Widersprüchen der altorientalischen Klassengesellschaft auf der Erde zu konfrontieren. Das war im Grunde dieselbe Konstellation wie bei der „Interplanetaren Revolution", nur unter abermaligem Rollentausch in die Vergangenheit transponiert — die Außerirdischen erscheinen dem Leser näher und verständlicher als die eigenen fernen Vorfahren. Immerhin ist die literarische Situation historisch konkret und realistisch genug, daß der Gedanke, flugs eine Revolution zu inszenieren, gar nicht erst aufkommt — die Verhältnisse sind offensichtlich nicht danach, und selbst Versuche der Fremden, vor ihrem Abflug wenigstens das Los einiger Teile des Volkes zu mildern, haben keinen dauerhaften Erfolg.

Das paläoastronautische Motiv wurde später noch mehrfach von anderen Autoren aufgegriffen, u. a. 1972 von W. Weitbrecht („Orakel der Delphine") und H. Ziergiebel („Zeit der Sternschnuppen"), doch war es da nur noch reiner SF-Kunstgriff, während ihm um 1963 neben seiner Funktion als literarisches Mittel von Autoren und Lesern durchaus auch ein gewisser Eigenwert als wissenschaftliche Spekulation zugebilligt wurde — eine zu jener Zeit für unsere gesamte Raumfahrt-SF typische Haltung.

5. Irdische Themen: die Fortsetzung der technikorientierten SF aus den fünfziger Jahren und das Experiment mit der „Real-Phantastik"

Die wenigen SF-Werke, die bis Mitte der sechziger Jahre in der DDR neben der dominierenden Raumfahrtthematik vorkamen, lassen sich als Fortsetzung der vorangegangenen Erfindungs- und Industrie-SF einordnen: del'Antonios noch ganz der alten Tradition verhaftetes „Projekt Sahara" (1962) ebenso wie „Der Damm gegen das Eis" (1964) von H. Friedrich und die auf der

CARLOS RASCH

DER BLAUE PLANET

PHANTASTISCHER ROMAN

Erde spielenden Passagen in „Unternehmen Marsgibberellin" (1964) von L. Weise, die beide der Gestaltung von Charakteren und sozialem Umfeld mehr Aufmerksamkeit widmeten. Besonders bei Friedrich ist das phantastische Projekt (der Bau eines Dammes durch die Beringstraße) lediglich Kristallisationspunkt für Probleme, wie sie in jedem Gegenwartsroman auftauchen können.

Die Raumfahrt-Monokultur der frühen sechziger Jahre hatte Kritiker auf den Plan gerufen, die eine Hinwendung der SF zu irdischen Problemen verlangten und ihr als neue Aufgabe die Darstellung der nächsten Zukunft auf der Erde verordneten; dabei verwechselten sie — wie einige ihrer sowjetischen Kollegen bis Mitte der fünfziger Jahre — SF-Literatur mit Prognostik (von der in den DDR-Medien jener Zeit viel die Rede war und erhofft wurde). Carlos Rasch, der prominenteste Fürsprecher dieser Nah- oder, wie er es auch nannte, „Real-Phantastik", lieferte unwillkürlich ihre praktische Widerlegung 1965 mit „Im Schatten der Tiefsee". Der Roman fand merklich weniger Interesse als Raschs „kosmische" SF, und gerade die Beschränkung der Phantasie erzeugte das Gegenteil von Realitätsnähe: es wirkte denn doch allzu gesucht, daß ausgerechnet Algenfarmen in der Ostsee in nennenswertem Maße zur Welternährung beitragen sollten. Etliche interessante utopische Ansätze des Romans gingen unter in einer Fabel, die auch dieses Buch als bloßen Nachtrag zur SF der fünfziger Jahre erscheinen ließ.

Daß die Vorherrschaft einiger weniger Spielarten eines einzigen Themas in der zweiten Hälfte der sechziger Jahre rasch abklang, ist nicht der Nahphantastik geschuldet. Vielmehr spielte dabei der Umstand eine Rolle, daß die praktische Raumfahrt und die damit verbundenen gedanklichen Konzepte allmählich von der sensationellen Neuheit zur mehr oder weniger alltäglichen Angelegenheit wurden — und somit vom unmittelbaren Gegenstand des Interesses zur hinreichend vertrauten Vorstellung, die sich nun als literarisches Bild und als sujetbildendes Motiv für andere Zwecke verwenden ließ.

Die Vollendung der zweiten Entwicklungsetappe: Differenzierung des vorherrschenden Themas Raumfahrt

1. Vollendung oder Wandlung des Alten, Keime des Neuen in der Übergangsphase von der Mitte der sechziger bis zum Beginn der siebziger Jahre

Auch in der zweiten Hälfte der sechziger Jahre bis hin zum Umbruch um 1972/73 war nahezu die gesamte DDR-SF mit dem Kosmos verknüpft; dennoch lassen sich Themen und Sujets schon nicht mehr einigen wenigen verwandten Grundmustern zuordnen, und die literarischen Anliegen und Verfahren noch weniger. So taucht die Raumfahrt z. B. bei del'Antonio, Krupkat und Letsche nur noch am Rande auf, während andere Motive im Mittelpunkt stehen; Ziergiebel, Horstmann, Branstner u. a. gewinnen ihr neue Aspekte ab. Die zweite Hälfte des „Raumfahrt-Zeitalters" in der DDR-SF ist in vielerlei Hinsicht eine Übergangsphase, in der manche Entwicklungen der frühen sechziger Jahre ihren Höhepunkt und – auf neuem qualitativen Niveau – zugleich ihren Abschluß finden, während andere mutieren, um in veränderter Gestalt bis in die Gegenwart fortzudauern, und schließlich auch einige Neuerungen der folgenden Etappe sich in einzelnen Werken vorbereiten, ohne indes schon als neuer Trend sichtbar zu werden.

2. Komplexere Gesellschafts- und Charakterbilder bei del'Antonio, Krupkat und Ziergiebel

Mit del'Antonios „Die Heimkehr der Vorfahren" und Krupkats „Nabou" erschienen 1966 bzw. 1968 die bisher letzten Romane dieser Autoren, die beide zur technikorientierten „Erfindungs"-SF beigetragen hatten und neben C. Rasch das Bild der sechziger Jahre bestimmten. Beide Romane knüpften im Sujet an frühere („Titanus" bzw. „Als die Götter starben") an und übertrafen sie in literarischer Substanz und thematischer Breite.

Eberhardt del'Antonios „Heimkehr der Vorfahren" war der erste ernsthafte Versuch in der DDR-Literatur, eine komplexe kommunistische Utopie zu entwerfen. Er leidet — wie viele Utopien — unter der Konfliktlosigkeit der dargestellten Gesellschaft (so daß die Handlung teils eine der Vorführung dienende Pseudohandlung ist, teils von Mißverständnissen der Helden in Gang gehalten werden muß); doch ihm bleibt — neben einigen bemerkenswerten Haltungen der durch die Zeitdilatation in die Zukunft versetzten Raumfahrer — vor allem das Verdienst, erstmals in der DDR-Phantastik „das Bild einer befreiten und freundlichen Menschheit als den Planeten wirklich umspannende Gesamtaufnahme" (H. Entner in „Neue Deutsche Literatur", 12/1976, S. 138) entworfen zu haben.

Auch in Günther Krupkats „Nabou" verlagerte sich das Augenmerk vom kosmischen Abenteuer hin zur Darstellung von Charakteren und Beziehungen innerhalb des Figurenensembles. Die Spannung erwächst nicht mehr allein aus äußerer Aktion (auf die Krupkat freilich nicht vollends verzichtete), sondern vor allem aus dem Rätsel um die Identität eines der Protagonisten, der sich schließlich als Android außerirdischer Herkunft erweist. An die Stelle der in der Abenteuer-SF älteren Stils exemplarisch mit dem Sieg des Guten endenden Sujetabläufe treten naturwissenschaftliche und ethische Disputationen und zumindest in einigen Szenen poetische Bilder, die vielfältige Assoziationen anregen. Die Konfrontation von Menschen mit einem Wesen, das sich menschlich verhält und doch nicht menschlich ist, verlangte und ermöglichte eine stärkere psychologische Durchdringung der Helden und ließ andeutungsweise auch philosophische Fragestellungen erkennen.

Ein damals schon erfahrener, in der Science-fiction jedoch neuer Autor, Herbert Ziergiebel, griff 1966 mit seinem Roman „Die andere Welt" ein klassisches Motiv der frühen Raumfahrt-SF auf: die Havarie eines Raumfahrzeugs und die Rettung seiner Insassen. Was aber Ziergiebels Vorgänger in erster Linie als kosmisches Abenteuer mit viel Heroismus präsentiert hat-

EBERHARDT DEL'ANTONIO

Heimkehr der Vorfahren

ZUKUNFTSROMAN

ten, war für ihn Anlaß zu einem psychologischen Drama um den verzweifelten Kampf der überlebenden Besatzungsmitglieder, angesichts der scheinbar ausweglosen Situation Hoffnung und Menschenwürde zu bewahren. Auch die Parallelhandlung, die die Rettungsversuche von der Erde aus schildert, stellt bezeichnenderweise nicht die damit verbundenen technischen Schwierigkeiten in den Vordergrund, sondern die Mühe, die zuständigen Autoritäten überhaupt von Sinn und Möglichkeit einer Rettungsexpedition zu überzeugen. All das leistet der Autor, ohne irgendwelche neuen phantastischen Motive und Sujetwendungen einzubringen – indem er einfach den literarischen Potenzen des Gegenstandes mehr Aufmerksamkeit widmet.

3. Fortsetzung und Wandlung der Abenteuer-SF

Anders als del'Antonio und Krupkat kehrte Carlos Rasch, der dritte „Klassiker" der kosmischen SF der sechziger Jahre, in der zweiten Hälfte der Dekade nach dem Experiment „Real-Phantastik" zunächst zu den überlieferten, bewährten Themen und Darstellungsweisen zurück. „Die Umkehr der Meridian" (1966) war im Grunde ein Remake seiner Geschichte „Der Untergang der 'Astronautic'" (1963), die sich auch in Raschs Sammelband „Krakentang" (1968) wiederfand. Aus dieser Sammlung von Erzählungen in der Tradition der älteren DDR-SF (technische Erfindungen, Raumhavarien) ragte nur „Das unirdische Raumschiff" mit seiner erfreulich lockeren Behandlung des Kontaktthemas hervor (was vor allem der Figur eines fürwitzigen eridanischen Roboters darin zu danken ist), doch war es immerhin das erste Mal, daß in der noch völlig vom Roman beherrschten DDR-SF ein Autor einen Band mit Erzählungen herausbrachte. Das Gesamtbild der literarischen Genres in unserer SF vermochte dieser eine Band freilich ebensowenig zu ändern wie Tuschels 1970 folgende Zusammenstellung von drei langen Erzählungen „Der unauffällige Mr. McHine".

Eine merkliche Weiterentwicklung zeigte sich erst mit Raschs bisher letztem Roman „Magma am Himmel" (1975), der große Teile von „Im Schatten der Tiefsee" einschließt. Insgesamt gehört er aber schon zu einer neuen Strömung in der DDR-SF, welche ihre volle Breite und Ausprägung in den siebziger Jahren erlangte und bis in die Gegenwart fortdauert, ihre Wurzeln jedoch gerade in der zweiten Hälfte der sechziger Jahre hat. In jenem Zeitraum debütierten auch ihre beiden bis heute prominentesten und produktivsten Vertreter: Karl-Heinz Tuschel 1967 mit „Ein Stern fliegt vorbei", Alexander Kröger 1969 mit „Sieben fielen vom Himmel". Beide Romane — wie auch die ihnen folgenden Werke dieser Strömung — knüpfen insofern an ältere Formen der DDR-SF an, als sie sich auf größtenteils aktionsbetonte, abenteuerlich oder detektivistisch angelegte Sujets mit leicht überschaubaren moralischen Konstellationen stützen, während die Erzählweise recht geradlinig ist, besondere narrative Dynamik, stilistische Komplexität wie auch formale Brechungen und Experimente in der Regel vermeidet. Diese Abenteuerphantastik, die auch als Vernesche Tradition in der DDR-SF bezeichnet wird (im Gegensatz zur Wellsschen Linie) und wie die Werke Vernes den erwachsenen Leser nicht ignoriert, aber den jugendlichen speziell im Auge hat, befreite sich jedoch weitgehend von den populärwissenschaftlichen Ambitionen (oder Pflichtübungen) und den starren Beschränkungen ihrer Vorgänger, was die SF-Themen und die Handlungsmuster anging, nicht zu vergessen eine wachsende Großzügigkeit bei der Dimensionierung der geschilderten Ereignisse.

In diesem Zusammenhang ist erwähnenswert, daß seit Mitte der sechziger Jahre in der DDR auch einige SF-Abenteuerromane aus dem sozialistischen Ausland erschienen, die mit ihrer thematisch unkonventionellen und z. T. recht schwungvoll erzählten, jedenfalls sehr spannenden Handlung Vorbildwirkung hatten, etwa „Gestrandet bei der Sonne Epsilon" von Brabanec und Veselý (DDR: 1964) oder „Das Messer des Pandit" von Woiskunski und Lukodjanow (DDR: 1965). Charakteristisch ist der außerordentliche Erfolg von Snegows Space-opera „Menschen wie Götter" bei den SF-Fans in der DDR (die beiden ersten Bücher des umfangreichen Romans erschienen deutsch 1972).

Raschs „Magma am Himmel" illustriert die großzügigere Verwendung von aus der internationalen SF bekannten Motiven (Zeitreise, historische Diskontinuität infolge einer kosmischen

Einwirkung, Roboter, intelligente Delphine, eine planetare tektonische Katastrophe, als deus ex machina eingreifende Außerirdische . . .) derart ausgiebig, daß um so deutlicher auffällt, wie wenig dieser Aufwand für die Komplexität des *literarischen* Themas ergibt. Tuschel, Kröger und die nach ihnen zur Abenteuer-SF stoßenden Autoren vermochten demgegenüber die SF-Requisiten meistens folgerichtiger und ökonomischer einzusetzen; die Strömung zeigt heute innerhalb ihres konzeptionellen Rahmens eine bemerkenswerte Breite und Entwicklung, und viele ihrer typischen Vertreter erreichten mit einzelnen Arbeiten die Grenzen der Abenteuer-Konzeption oder wuchsen darüber hinaus. Davon wird noch die Rede sein.

Ein frühes Beispiel für diese Art SF ist auch Horstmanns Roman „Die Rätsel des Silbermondes" (1971); darin wurde die Begegnung mit nichthumanoiden, fremdartigen intelligenten Außerirdischen in unsere SF eingeführt und auch schon der sich am Kontakt kristallisierende menschliche Konflikt in einem kleinen, abgeschlossenen Figurenensemble durchgespielt. (Dieser Ansatz ist in der neueren SF der DDR recht häufig und z. B. bei so unterschiedlichen Autoren wie Fuhrmann, Leman und Reich zu finden.)

4. Erste Verwendung von SF-Motiven als unverhüllte literarische Konvention bei Letsche und Branstner

In der zweiten Hälfte der sechziger Jahre wandte sich auch Curt Letsche der SF zu. Seinen drei Romanen „Verleumdung eines Sterns" (1968), „Der Mann aus dem Eis" (1970) und „Raumstation Anakonda" (1974) war nur ein durchschnittlicher Erfolg beschieden; insbesondere die beiden ersten bedienten wohl nicht die Erwartungen des traditionell orientierten SF-Publikums, und der Gegenentwurf wurde nicht spannend und effektvoll genug gestaltet. Im Ansatz jedoch war dieser Entwurf zukunftsweisend: Letsche benutzte überkommene SF-Motive ungeschminkt als Mittel zum Zweck, als Aufhänger für ganz andere literarische Inhalte. Die vermeintliche Invasion aus dem All in „Verleumdung eines Sterns" erweist sich ebenso als „Ente" wie in „Der Mann aus dem Eis" die Reanimation eines Tiefkühlschläfers; beide Romane führen Haltungen und Verhaltensweisen unserer Zeit als Anachronismen in einer utopischen Zukunft vor (wie es später z. B. auch W. Kellner tat).

Ist Letsche eher ein Vorläufer jener Entwicklungsetappe der DDR-SF, die sich 1972/73 in einer Reihe wichtiger neuartiger Werke, im Auftauchen neuer Themen, Stile, Formen und in einem generellen quantitativen Anstieg manifestierte, so gehört Gerhard Branstner zu ihren wichtigsten Autoren. Daß seine beiden Romane „Die Reise zum Stern der Beschwingten" (1968) und „Der falsche Mann im Mond" (1970) schon vor dem sichtbaren Wendepunkt erschienen, ändert daran nichts: mit ihrer souveränen, spielerischen Verwendung von SF-Motiven sind sie – wie auch einige wenige ältere Erzählungen Branstners und seine folgende satirisch-humoristische SF – charakteristisch für die siebziger Jahre.

Die Neuerungen der siebziger Jahre

1. Der Umbruch der Jahre 1972/73

Die genaue Datierung literarischer Entwicklungsabschnitte ist stets in gewissem Grade willkürlich, zumal wenn man bedenkt, daß jede Phase Vorläufer und Nachzügler hat und daß der Publikation eines Buches ein kürzerer oder längerer Zeitraum vorangeht, in dem es konzipiert, geschrieben und gedruckt wird. So kündigte sich die dritte Entwicklungsetappe der DDR-SF schon gegen Ende der sechziger Jahre an; die für sie typische Haltung im Umgang mit dem SF-Instrumentarium ist etwa bei Letsche im Ansatz und bei Branstner in voller Ausprägung zu sehen.

Doch das blieben Einzelfälle (ebenso wie die Vorwegnahme anderer Elemente oder z. B. verstreut publizierte frühe Kurzgeschichten); der Beginn der dritten Etappe wurde sichtbar, als sich 1972/73 in unserer SF neue Erscheinungen unterschiedlichster Art häuften: In diesen beiden Jahren erschienen mit „Der Irrtum des Großen Zauberers" von den Brauns, Ziergiebels „Zeit der Sternschnuppen", Branstners „Der astronomische Dieb", Ranks „Die Ohnmacht der Allmächtigen" und „Das Gastgeschenk der Transssolaren" von Leman und Taubert einige der für die siebziger Jahre charakteristischsten Bücher. Neue Autoren, darunter etliche in der DDR-Literatur schon namhafte, wandten sich der Science-fiction zu. Die Verlage begannen mit einer systematischen und (soweit es die wirtschaftlichen Bedingungen zuließen) repräsentativen Publikation internationaler SF (ein Markstein sind hier die drei von E. Orthmann 1972 bis 1974 herausgegebenen Anthologien). Auf dem Gebiet

der einheimischen SF stieg 1973 die Zahl der Neuerscheinungen pro Jahr sprunghaft an, um sich anschließend etwa beim Dreifachen des Standes der sechziger Jahre zu stabilisieren. Da die Nachauflagen in ähnlicher Relation zunahmen bzw. ein größerer Teil der SF gleich bei der Erstveröffentlichung in auflagenstarken Buch- und Taschenbuchreihen erschien, erhöhte sich auch die Gesamtzahl der gedruckten Exemplare stark. (Die Gesamtauflage der meisten in den siebziger Jahren publizierten SF-Bücher hat inzwischen die Größenordnung von 100000 pro Titel erreicht.)

Das steigende Angebot blieb dabei durchweg noch unter der Nachfrage, so daß in den siebziger Jahren *jeder* SF-Titel binnen kurzer Zeit restlos verkauft wurde. Die Bestellzahlen des Buchhandels gingen in der Regel bei jeder Neuerscheinung in die Hunderttausende; sie belegen ebenso wie Umfragen und die Ausleihquoten der Bibliotheken, daß die SF eins der beliebtesten Literaturgebiete war. (Diese Zahlen gelten – mit Einschränkungen bei einzelnen Büchern – auch noch in den achtziger Jahren.)

Der Kosmos ist bis auf den heutigen Tag Schauplatz vieler Werke der DDR-SF geblieben. Doch anders als die beiden vorangehenden Entwicklungsetappen, läßt sich die um 1972 beginnende dritte nicht durch einen dominierenden Themenkreis oder durch bestimmte wiederkehrende Handlungsmuster und Schreibweisen charakterisieren – eher durch thematische und stilistische Auffächerung, durch die wachsende Vielfalt der Inhalte und Formen. Damit einher ging ein Qualitätsanstieg sowohl nach SF-spezifischen als auch nach allgemein literarischen Kriterien.

2. Die Öffnung der DDR-SF für Impulse von außen

Bis weit in die sechziger Jahre hinein war die Science-fiction in der DDR gegenüber Entwicklungen der internationalen SF und ihren traditionellen Kunstgriffen ebenso verschlossen wie in bezug auf die Errungenschaften und Tendenzen der übrigen Gebiete der Weltliteratur. Auch an den wichtigsten Vorgängen und Leistungen innerhalb der DDR-Literatur hatte sie wenig Anteil, sieht man von solchen Parallelen wie zum Produktionsroman der fünfziger Jahre ab. In den siebziger Jahren wurde die Isolation durchbrochen, zwar nicht für jedes einzelne Werk, jeden Autor, aber für das Genre als Ganzes.

Vorbereitet und begleitet wurde dieser Prozeß von einer Verbesserung des Angebots an ausländischer SF. Iwan Jefremows für die sowjetische SF bahnbrechender Roman „Das Mädchen aus dem All" beispielsweise war zwar in der DDR schon 1958 erschienen, doch nur in einer um wesentliche Teile der gesellschaftsutopischen Passagen reduzierten Kurzfassung; die komplette Version folgte 1965, und abgesehen von einigen Erzählungen in den Heften der „Kleinen Jugendreihe" bzw. der Nachfolgereihe „kap", erreichten die besten Leistungen jenes Aufschwungs, den die sowjetische SF etwa seit 1960 erlebt hatte, unsere Leser erst in den siebziger Jahren. Hier sind vor allem die Romane und Powesti der Strugazkis zu nennen (nur „Atomvulkan Golkonda" erschien in der DDR vor 1970), Erzählungssammlungen von Autoren wie Warschawski, Gansowski, Bilenkin, Bulytschow u. v. a., mehrere thematische Anthologien sowjetischer SF und Romane bzw. Powesti von Schefner („Das Mädchen am Abhang", deutsch schon 1967), Olga Larionowa, Sawtschenko u. a. Eine gewisse Vorbildwirkung für die Autoren in der DDR dürften seit Mitte der sechziger Jahre die Erzählungen Josef Nesvadbas (in der DDR 1968) und vor allem mehrere Bücher Lems gehabt haben, so „Der Unbesiegbare" (DDR 1966), die Erzählungsbände „Test" (DDR 1968), „Robotermärchen" (DDR 1969) und „Die Jagd" (DDR 1972), der Roman „Eden" (DDR 1971) sowie die vollständige Ausgabe der „Sterntagebücher" (DDR 1973). Später schlossen sich Übersetzungen weiterer Werke Lems an.

Die erste Anthologie internationaler SF, „Marsmenschen" (Hrsg.: K. Walther), erschien in der DDR 1966, ihr folgte erst 1972–74 die von Edwin Orthmann zusammengestellte dreibändige Anthologie „Der Diamantenmacher", „Die Ypsilon-Spirale" und „Das Zeitfahrrad". Von da an datiert die systematische Erschließung der internationalen SF in der DDR durch Länderanthologien sowie Romane und Erzählungssammlungen einzelner Autoren. Neben sowjetischer SF erschienen seit 1972 Auswahlbände mit rumänischer, polnischer, bulgarischer, bundesdeutscher und österreichischer, skandinavischer, französischer und frankobelgischer, spanischer und italienischer, anglo-amerikanischer, ungarischer und tschechischer SF; weitere Länder sind mit einzelnen Erzählungen in internationalen Anthologien vertreten. Zu den mit Romanen oder Erzählungssammlungen vorgestellten Autoren gehören z. B. Vl. Colin, K. Fiałkowski, J. A. Zajdel, L. Dilow, H. W. Franke, P. Boulle, R. Merle, P. Levi, R. Bradbury, I. Asimov, Pohl & Kornbluth, U. K. Le Guin und S. Komatsu. Von der ausländischen SF der Vorkriegszeit, die in der DDR vor 1972 hauptsächlich durch J. Verne, A. Tolstoi und K. Čapek repräsentiert wurde, erschienen nun auch Werke von M. Shelley, H. G. Wells, A. Huxley, O. Stapledon, A. Bogdanow, F. Karinthy, J. Żuławski und anderen sowie Anthologien klassischer sowjetischer, polnischer und internationaler SF und Phantastik.

Mit diesen Publikationen wurde nicht nur der von der SF an-

gehäufte Vorrat an Themen, Motiven, tradierten Requisiten und schreibtechnischen Kunstgriffen in der DDR bekannt, sondern Autoren wie Leser fanden hier auch neue Maßstäbe für die Originalität der Ideen, erzählerisches Geschick und die adäquate Umsetzung philosophischer, sozialer, moralischer und psychologischer Fragen. Etwa seit Mitte der siebziger Jahre ist bei fast allen SF-Autoren in der DDR festzustellen, daß sie vom traditionellen Kanon der Welt-SF zumindest die Grundlagen kennen, viele setzen solche Kenntnisse auch beim Leser voraus. Nicht nur das Instrumentarium der Autoren vergrößerte sich, sondern auch der Spielraum für seine Anwendung — traditionelle Motive (Asimovs Robotgesetze, phantastische Raumschiffantriebe, Zeitreisen usw.) brauchen nicht mehr aufwendig erklärt zu werden, und auch vom Autor neu erfundene ordnen sich in die Gesamtkonvention des Gebietes ein, d. h. sie werden vom Leser als phantastischer Kunstgriff verstanden und akzeptiert, ohne daß sie in jedem Fall durch ausführliche Erklärungen glaubhaft gemacht werden müßten. Der Autor kann sich statt der technischen der literarischen Funktion seiner Requisiten widmen.

Zugleich mit der Isolation von der internationalen SF wurde die Abschottung der DDR-SF gegenüber den anderen Bereichen der Literatur zumindest teilweise überwunden. Nicht nur viele (freilich nicht alle) SF-Autoren begriffen ihr Gebiet als eine mit spezifischen Mitteln betriebene Gegenwartsliteratur, sondern auch für die gesamte DDR-Literatur der siebziger Jahre ist eine Neigung zum Phantastischen charakteristisch. Prominente Schriftsteller wie Anna Seghers, Christa Wolf, Franz Fühmann, Günter Kunert, Günter de Bruyn, Irmtraud Morgner, Rolf Schneider, Erich Köhler und Karl-Heinz Jakobs nutzten die Möglichkeiten der Phantastik — teils in der romantischen Tradition und mit Formen der Groteske oder des Kunstmärchens, teils aber auch mit typischen SF-Motiven. Zur SF gehören beispielsweise die „Sagen von Unirdischen" (1972) von Anna Seghers (in dieser Erzählung besucht ein Außerirdischer das vom Dreißigjährigen Krieg zerrissene Deutschland und erfährt die Verankerung der Kunst in der leidvollen Geschichte der Menschheit) sowie die Beiträge von Chr. Wolf und K.-H. Jakobs zur Anthologie „Blitz aus heiterem Himmel" (1975), die die Themen Emanzipation und Geschlechtertausch behandelt (Chr. Wolfs „Selbstversuch" erschien schon 1973 in einer Zeitschrift).

Beschränkten sich die Ausflüge der oben genannten Schriftsteller in die SF (oder allgemeiner: in die Phantastik) auf wenige Erzählungen bzw. im Falle von Erich Köhler (mit dem Roman „Reise um die Erde in acht Tagen", 1979) und Franz Fühmann (mit dem Erzählungszyklus „SAIÄNS-FIKTSCHEN", 1981) auf ein Buch, so wurden einige weitere Autoren, die zuvor Erfahrungen auf anderen Literaturgebieten gesammelt und dort mehrere Bücher publiziert hatten, seit den siebziger Jahren für längere Zeit in der SF heimisch. Hierzu zählen beispielsweise Klaus Möckel, Gert Prokop und Arne Sjöberg (d. i. Jürgen Brinkmann), die u. a. mit Gegenwarts- und Kriminalromanen (Prokop auch mit Kinderbüchern) hervorgetreten sind, und in noch stärkerem Maße Gerhard Branstner sowie Johanna und Günter Braun.

3. Souveräner Umgang mit dem SF-Instrumentarium: Humor, Satire und Parodie

Die gewachsene Souveränität von Autoren und Lesern im Umgang mit der SF ermöglichte und bewirkte in den siebziger Jahren eine rasche Zunahme humoristischer, satirischer und parodistischer Arbeiten. Hatte das Gebiet zuvor unter einer selbstverordneten Beschränkung auf das Ernsthafte, häufig auch in sehr unmittelbarem Sinne Didaktische gelitten, so machen etwa seit 1972 humoristische und satirische Texte (letztere freilich durchaus nicht immer in humorvoll-fröhlichem Tonfall) einen beachtlichen Teil der DDR-SF aus. Gerade sie haben merklich zu dem Qualitätsanstieg beigetragen, und sie folgen wohl am deutlichsten den Tendenzen der allgemeinen Literaturentwicklung.

Für Gerhard Branstner ist der Humor nicht nur Schreibhaltung und -methode, sondern zugleich zentrales Anliegen seiner Werke, der nichtphantastischen in Prosa und Vers ebenso wie der SF. Der (nach zwei kurzen Erzählungen) erste Beitrag Branstners zur SF und ebenso der erste humoristische Roman auf diesem Gebiet in der DDR war „Die Reise zum Stern der Beschwingten" (1968), in dem der Autor eben jene Souveränität der humoristischen Sicht propagiert und die Abenteuer einiger sehr alltäglicher Erdenbürger auf verschiedenen Planeten schildert, deren soziale Zustände Irdisches reflektieren. Auch in den folgenden Romanen, in der Anekdotensammlung „Der astronomische Dieb" (1973), dem Zyklus von Lügengeschichten „Vom Himmel hoch" (1974) und in weiteren Erzählungen nutzt der Autor die SF als Mittel zur Satire, die auf Erscheinungen der Gegenwart zielt; doch Hauptsache bleibt stets Branstners Credo von der entscheidenden Rolle des Humors, der „Kunst der heiteren Verstellung", bei der Bewältigung und schöpferischen Aneignung der Realität.

Von leiserem Humor ist Herbert Ziergiebels Roman „Zeit der Sternschnuppen" (1972). Die Geschichte von der Entführung eines Zeitgenossen durch ein außerirdisches Raumschiff verdankt ihren Reiz dem Schwebezustand zwischen der ernsthaften Verwendung bekannter SF-Motive und -Muster für eine moralisch akzentuierte Handlung einerseits und der gleichzeitigen ironischen Brechung dieser Motive andererseits.

Zu den bedeutendsten und (allerdings nicht immer beim Massenpublikum) erfolgreichsten SF-Autoren der DDR gehörten in den siebziger Jahren Johanna und Günter Braun. Nachdem sie schon zuvor neben Büchern anderer Literaturgebiete zwei SF-Kurzgeschichten geschrieben hatten, veröffentlichten sie von 1972 bis 1981 drei Romane und zwei Sammelbände mit kürzeren Texten, die allesamt zur SF gehören, aber in unterschiedlich starkem Maße auch andere Spielarten der Phantastik einbeziehen. Die Brauns knüpften erklärtermaßen dort an, wo erzählerische Phantastik schon einen festen Platz in der Literatur gewonnen hat, insbesondere bei den Traditionen der deutschen Romantik. Am deutlichsten wird das im Roman „Der Irrtum des Großen Zauberers" (1972), wo die SF-Technik — wie die Automaten E. T. A. Hoffmanns — eher nach künstlerischen als nach wissenschaftlichen Gesetzen funktioniert und es neben logisch, physikalisch plausiblen Vorgängen märchenhafte, rein metaphorische Verwandlungen gibt. Dagegen läuft die Handlung in den Romanen „Unheimliche Erscheinungsformen auf Omega XI" (1974) und „Conviva ludibundus" (1978) sowie in den meisten Erzählungen der Bände „Der Fehlfaktor" (1975) und

„Der Utofant" (1981) nach den Gesetzen der traditionellen SF ab, die jedoch leicht und spielerisch gehandhabt werden.

Wie bei Branstner der Humor zugleich Mittel, Thema und Zweck künstlerischer Darstellung ist, so ist bei den Brauns der spielerische Umgang mit der Wirklichkeit sowohl Schreibgestus als auch literarischer Gegenstand, verkörpert in den Charakteren und Lebensmaximen der Protagonisten und immer wieder vorgeführt (und empfohlen) als Weg zur Konfliktbewältigung. Derselben Aussage dient auch die stark ausgeprägte Satire in der SF der Brauns, die sich gegen perfektionistisch-statische Scheinutopien, gegen Routine und starre Zwänge richtet, vor allem, wenn letztere verinnerlicht werden und zur Erstarrung der Persönlichkeit, zu ein für allemal festgelegten Denkweisen und Werturteilen führen.

Besonders bissig und treffsicher ist die Satire gegen das phantasielos tüchtige, sich selbst zur Norm erhebende graue Mittelmaß in „Conviva ludibundus". In demselben Buch setzt allerdings zugleich ein Verlust an Glaubwürdigkeit der den Gegenentwurf verkörpernden Charaktere ein. In der Erzählung „Fa und Cre" (im Band „Der Utofant") schließlich machen sich die Autoren mit dialektischer Konsequenz über einen zur intellektuellen Mode übersteigerten Drang nach Originalität und Spontaneität lustig. – In den drei auf den „Utofanten" folgenden Büchern, die bisher nur in der BRD erschienen sind, benutzen die Brauns noch das Instrumentarium der SF, bewegen sich dabei aber eher im Gebiet der satirischen Groteske oder reflektieren in vielfacher (und daher z. T. diffuser) Brechung die Konventionen der Unkonventionalität.

Die eher kleinen, aber darum nicht minder lästigen Mißstände im Alltag und vor allem spießbürgerliche Haltungen in verschiedenen Spielarten sind bevorzugte Zielscheiben der satirischen SF Wolfgang Kellners und Klaus Möckels. Während jedoch Möckel in den satirischen Erzählungen (die nur einen Teil seiner SF ausmachen) durchaus auch ein tiefes Unbehagen an den kritisierten Erscheinungen vermitteln kann, entspricht Kellners typischer Tonfall eher einem verständnisvollen Lächeln als bissiger oder gar bitterer Ironie; dadurch ähnelt die Grundstimmung in den Büchern des Satirikers Kellner jener in der (im doppelten Sinne) dem Humor verpflichteten SF Branst-

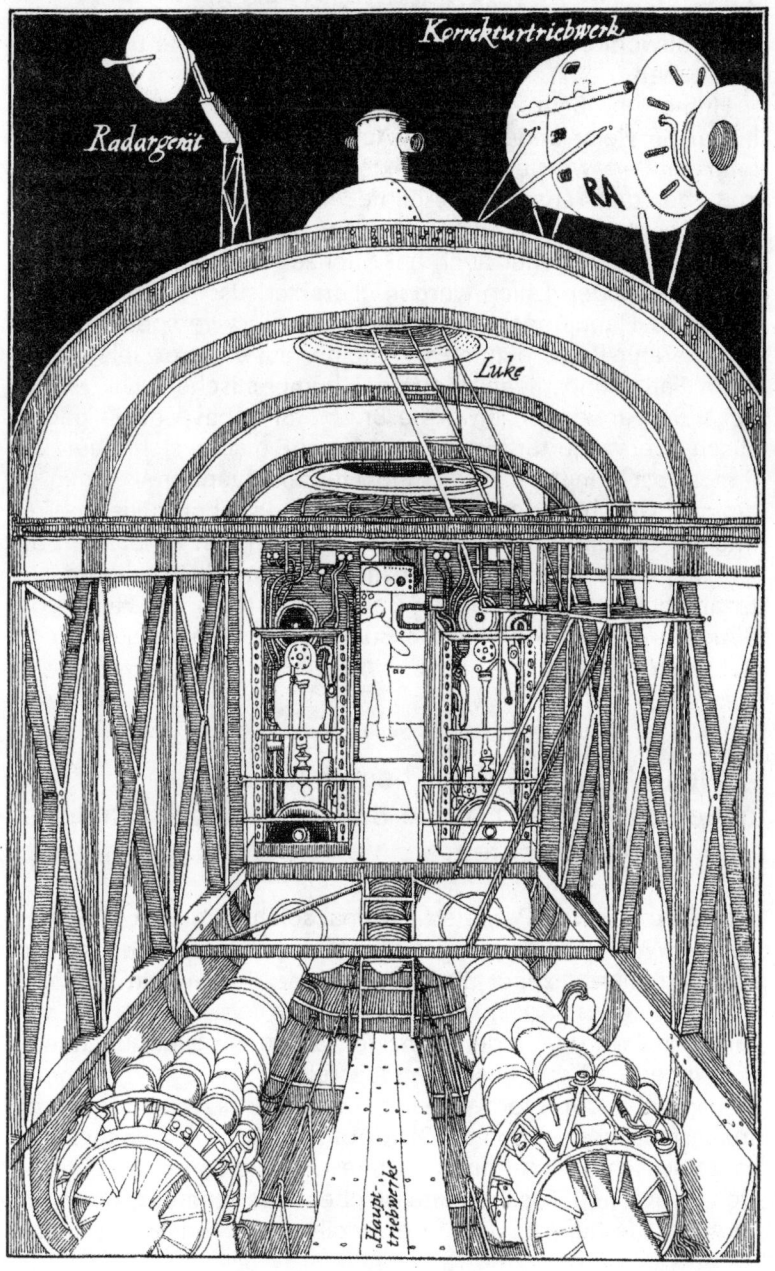

ners, obwohl beide verschiedene Ausgangspunkte und Methoden haben.

Humor und Satire finden sich seit den siebziger Jahren auch in der SF vieler anderer DDR-Autoren, insbesondere in Erzählungsbänden, wo sie neben Texten anderer Machart stehen, so z. B. bei dem sonst die Abenteuer-SF bevorzugenden Wolf Weitbrecht, bei Erik Simon, den Steinmüllers und bei Günter Teske, etwas seltener auch bei Michael Szameit und Bernd Ulbrich. In einigen Fällen werden charakteristische Themen, Formen und Handlungsklischees der SF selbst verspottet, wobei die Literatur-Parodie zumeist mit einer auf andere Ziele gerichteten Satire und nicht zuletzt mit humoristischem Ulk einhergeht. So verwenden etwa die Brauns SF-Motive oft in parodistisch-übersteigerter Form, Weitbrecht macht sich über von ihm selbst benutzte Ideen und Genrekonventionen lustig (in einigen Geschichten des Bandes „Das Psychomobile", 1976), und Simon parodiert in mehreren Erzählungen en passant das Heldenpathos älterer SF. Ausgeprägt parodistisch sind der Erzählungszyklus „Die ersten Zeitreisen" (1977) von Heinrich & Simon und Gottfried Herolds Roman „Die Hunkus schrein am Raklohami" (1978).

4. Neue Namen, neue Themen, neue Formen: das breite Spektrum der Erzählungen und Kurzgeschichten

Das Auftreten von Parodien — zumal solchen, die nicht ein einzelnes Werk, sondern Eigenheiten eines ganzen Genres aufs Korn nehmen — zeugt nicht nur von der Popularität des parodierten Gegenstandes, sondern auch von seiner Breite und Vielfalt. Diese wurden in den siebziger Jahren vor allem bei den Erzählungen und Kurzgeschichten erreicht.

Obwohl in der internationalen SF oft die kürzeren Formen dominierten, erschienen von DDR-Autoren bis Ende der sechziger Jahre ausschließlich Romane, abgesehen von zwei Sammelbänden (Rasch und Tuschel) und etlichen verstreuten, größtenteils in Abenteuerheften publizierten Erzählungen von recht beschei-

denem literarischen Niveau. Diese Eigentümlichkeit der Literaturentwicklung folgte einerseits aus den in Deutschland fehlenden bzw. verschütteten Traditionen kürzerer SF-Prosa, andererseits aus einer zu engen Konzeption des Gebietes. Als dritter Grund kommt hinzu, daß in der DDR Science-fiction überwiegend in Buchform veröffentlicht wird; Publikationen in literarischen Zeitschriften und Unterhaltungsmagazinen sind selten, eine SF-Zeitschrift gibt es nicht, und anders als in den meisten übrigen sozialistischen Staaten Europas drucken populärwissenschaftliche Periodika der DDR keine SF (eine Ausnahme sind die oft von Schülern verfaßten Geschichten im „Technikus").

Erst in den siebziger Jahren wurde eine starke Hinwendung der DDR-SF zur Erzählung und Kurzgeschichte spürbar: zum Beispiel erschienen 1977 mehr Erzählungsbände als Romane. Junge Autoren und „Gäste" aus anderen Literaturgebieten hatten an dieser Entwicklung besonderen Anteil; standen sie in der ersten SF-Anthologie der DDR „Der Mann vom Anti" (1975) noch neben bekannten Namen wie Krupkat und Ziergiebel, so wurde die nächste Anthologie, „Begegnung im Licht" (1976), ausschließlich von Verfassern bestritten, die zuvor nichts oder nur sehr wenig veröffentlicht hatten. Die folgenden DDR-SF-Anthologien, „Wege zur Unmöglichkeit" (1983) und „Zeitreisen" (1986), weisen ebenso wie die DDR-Anteile des seit 1980 erscheinenden Phantastik-Almanachs „Lichtjahr" und der internationalen Anthologie „Aus dem Tagebuch einer Ameise" (1985) bereits ein großes Autorenreservoir aus, das sich aus bekannten SF-Schriftstellern verschiedener Generationen, Debütanten (denen neben „Lichtjahr" auch die Heftreihe „Das neue Abenteuer" ein Podium bietet) und gelegentlichen „Gästen" zusammensetzt.

Die traditionellen Themen, Motive und Kunstgriffe der internationalen SF waren bis Mitte der siebziger Jahre in einem Ausmaß bekannt geworden, das zwar nicht die gesamte Breite des Spektrums erfaßte, sie aber doch erkennen ließ, ebenso wie die Vielfalt der möglichen Formen und Stilrichtungen. Dieser Fundus wurde im Laufe der siebziger Jahre von unserer SF vor allem in den Erzählungen und Kurzgeschichten angeeignet, vermehrt und auch schon durch originäre Ideen weiterentwickelt, zur Gestaltung neuer literarischer Themen und Aussagen umgedeutet.

Der erste in diesem Sinne erfolgreiche Erzählungsband in der DDR war „Das Gastgeschenk der Transsolaren" (1973) von Alfred Leman und Hans Taubert, dem 1980 die von Leman allein verfaßte Sammlung „Der unsichtbare Dispatcher" folgte. Viele Erzählungen in beiden Bänden verdanken ihren Reiz der Eindringlichkeit, mit der ungewöhnliche außerirdische Lebensformen und die Begegnungen irdischer Raumfahrer mit ihnen geschildert werden. Zugleich sind diese Begegnungen stets auch ein Prüfstein für menschliche Charaktere und Haltungen. – Wie die SF-Ideen Lemans und Tauberts ordnen sich auch die Karlheinz Steinmüllers in den großen Rahmen traditioneller Motive ein und sind dabei doch im konkreten Fall neuartig und faszinierend, wie Steinmüllers Erzählungsband „Der letzte Tag auf der Venus" (1979) belegt. Während Leman und Taubert oft biologische und ökologische Systeme entwerfen, sind es bei Steinmüller eher technologisch-gesellschaftliche, die sich zudem meistens aus der Variation eines einzigen Parameters, der Einführung einer singulären phantastischen Innovation in die reale

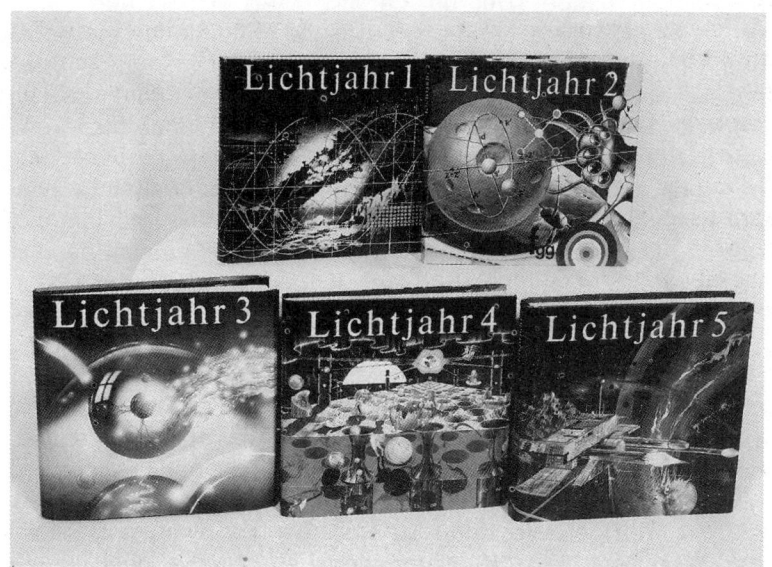

Welt ergeben. Charakteristisch für alle drei Autoren ist, daß den in ihren Erzählungen entworfenen Denkmodellen einerseits ein gedanklicher und literarischer Eigenwert als Spekulation wie als poetisches Bild zukommt, andererseits ihre jeweiligen psychologischen, moralischen und sozialen Implikationen ausgelotet werden.

Demgegenüber greift Erik Simon in den Geschichten seines Bandes „Fremde Sterne" (1979) – wie auch in dem stilistisch und konzeptionell daran anschließenden Band „Mondphantome, Erdbesucher" (1987) – bewußt auf bekannte Muster zurück, variiert sie, relativiert sie durch ironische Distanz. Er operiert, „spielt" weniger mit den Ideen selbst als vielmehr mit den Assoziationen, die sie im Kontext der traditionellen SF auslösen, und unterlegt den althergebrachten Themen und Fabeln neue, unerwartete Bedeutungen.

In noch stärkerem Maße als Mittel zum Zweck, nämlich zur Erörterung oder Illustration einer moralischen oder philosophischen Frage, wird die SF-Geschichte durch eine Reihe von Autoren benutzt, zu denen beispielsweise Bernd Ulbrich gehört. Die thematisch recht unterschiedlichen Erzählungen seiner beiden Bände „Der unsichtbare Kreis" (1977) und „Störgröße M" (1980) stellen in phantastischen Situationen menschliche Charaktere auf die Probe, wobei hinter den Individuen gesellschaftlich relevante Verhaltensweisen und damit soziale Verhältnisse deutlich werden. Die SF-Motive dienen hier weniger dem Gedankenexperiment denn als Stoff für ein Gleichnis oder (insbesondere in einigen Geschichten des zweiten Bandes) nur noch als Hintergrund und auslösendes Moment für die moralische Diskussion. Auf ähnliche Weise bedienen sich des SF-Repertoires u. a. auch Frank Töppe (in dem Band „Regen auf Tyche", 1978) und Klaus Möckel (in mehreren seiner kürzeren Texte sowie in der längeren, einen Band füllenden Erzählung „Die Einladung", 1976).

Seit der zweiten Hälfte der siebziger Jahre sind auch alle wichtigen Vertreter der Abenteuer-SF, obwohl der Schwerpunkt ihres Schaffens auf dem Roman liegt, mit Erzählungen hervorgetreten, von denen ein Teil in Stil, Methode und Anliegen dem übrigen Werk dieser Autoren eng verwandt ist, ein anderer Teil jedoch größere Variationsbreite und Experimentierfreude erkennen läßt und den Rahmen der Abenteuer-SF sprengt. Karl-Heinz Tuschel etwa hat in einigen Erzählungen seiner Bände „Raumflotte greift nicht an" (1977) und „Kommando Venus 3" (1980) Motive und Einfälle erprobt, mit denen er später auch im Roman (insbesondere in „Kurs Minosmond", 1987) an die Grenzen der Abenteuerkonvention vorgestoßen ist, und die beiden bisher einzigen Kurzgeschichten Alexander Krögers (vor allem „Eine unumkehrbare Mutation", 1985) unterscheiden sich in ihrer Machart deutlich von seinen Romanen. Erzählungsbände gibt es auch von Wolf Weitbrecht (dessen humoristische Geschichten schon erwähnt wurden) und Klaus Frühauf, einzelne, verstreut publizierte Erzählungen von Michael Szameit, Peter Lorenz und Rainer Fuhrmann.

Die in den siebziger Jahren begründete Tradition der SF-Erzählung und -Kurzgeschichte in der DDR findet ihre kontinuierliche Fortsetzung und Weiterentwicklung in den achtziger Jahren, sowohl bei schon länger bekannten Verfassern der kurzen Form wie Möckel, Simon und Teske als auch bei solchen, die erst in letzter Zeit mit einzelnen Erzählungen Talent bewiesen haben, wie Andreas Melzer und Karsten Kruschel, oder eigene Sammelbände publiziert haben. Zu letzteren gehören Heiner Hüfner und Ernst-Otto Luthardt sowie Rolf Krohn, der allerdings vorher schon häufig in Anthologien vertreten war. Wolfram Kober knüpft in den besten Erzählungen seiner beiden Bände „Nova" (1983) und „Exoschiff" (1984) an die moralisch akzentuierte SF Ulbrichs an, während das thematische und stilistische Spektrum von Hans-Jürgen Dittfelds Sammlung „Landung in Targestan" (1986) — von moralischen Parabeln über Satire bis zur Groteske — dem bei Möckel ähnelt. „Windschiefe Geraden" (1984) von Angela und Karlheinz Steinmüller setzt charakteristische Züge des früheren, von Karlheinz allein verfaßten Bandes fort; die außergewöhnliche Komplexität einiger Erzählungen darin verweist allerdings zugleich auf neue Qualitäten des SF-Romans in den achtziger Jahren, zu denen die Steinmüllers entscheidend beigetragen haben.

5. Abenteuer außerhalb der Abenteuerkonvention: Entwicklungen auf dem Gebiet des Romans

Wegen des Nachholebedarfs der DDR-SF und der besonderen Eignung kürzerer Formen für die Erprobung neuer Ideen und Kunstgriffe erfolgte die Ausweitung des thematischen und stilistischen Spektrums in den siebziger Jahren vornehmlich im Bereich der Erzählung. Die meisten Romane hatten an der Erschließung neuer Themen Anteil, doch ging die Aneignung und Weiterentwicklung der SF-Motive hier zögernder vonstatten, und sie wurden eher als Triebkraft für eine Abenteuerhandlung eingesetzt denn als spekulatives Gedankenexperiment oder direkt als poetisches Bild. Der überwiegende Teil der SF-Romane in der DDR verblieb vorerst im Rahmen der herkömmlichen Jules-Verneschen Abenteuerkonvention; die Entwicklung innerhalb dieses Rahmens wird im folgenden Kapitel dargestellt.

Auch die wenigen SF-Romane der siebziger Jahre, die in Machart und Zielstellung über die Vernesche Tradition hinausgingen und im stilistischen wie thematischen Ansatz die Entwicklung der Erzählungen mitvollzogen, bedienen sich – soweit sie nicht zur humoristisch-satirischen SF gehören – einer abenteuerlichen oder detektivistischen Fabel.

Solch eine Fabel spielt jedoch in Heiner Ranks „Die Ohnmacht der Allmächtigen" (1973) vor dem Hintergrund einer Schein-Utopie konfliktfreien Müßiggangs und Wohllebens, die sich recht schnell als dystopische, stagnierende und nicht von Menschen gelenkte Welt erweist. Mit dem Denkmodell einer ganzen Welt voller Lust und ohne Sinn stieß Rank zu für die DDR-SF bis dahin ungewohnten Dimensionen des Themas und des philosophisch-moralischen Inhalts vor. Die Position des Helden in einer Umgebung, aus der bestimmte Widersprüche künstlich verbannt sind und in der er allein zur Gewaltanwendung fähig ist, erinnert an Lems Roman „Powrót z gwiazd" (1961, in der BRD als „Transfer" 1974), den Rank aber noch nicht gekannt haben kann; eher sind Einflüsse von Huxleys „Brave New World" oder z. B. von Vejdělek s „Heimkehr aus dem Paradies" (deutsch 1966) denkbar.

Vor dem Hintergrund einer in den USA des 21. Jahrhunderts

Gert Prokop
Wer stiehlt schon
Unterschenkel?

angesiedelten Dystopie spielen auch Gert Prokops SF-Kriminalgeschichten „Wer stiehlt schon Unterschenkel?" (1977) mit dem daran anschließenden zweiten Band „Der Samenbankraub" (1983), ein Erzählungszyklus, der mit seinen abenteuerlich-detektivistischen Sujets und der besonders im zweiten Band deutlichen Verschmelzung der einzelnen Fälle zu einer durchgehenden Fabel in die Nachbarschaft der hier besprochenen Romane gehört. Von der älteren Abenteuerkonvention verpflichteten Werken hebt sich Prokops Zyklus vor allem durch den pointierten, dynamischen und stellenweise die benutzten Muster des Kriminalgenres ironisierenden Erzählstil ab. Letzteres gilt gleichfalls für Erhard Agricolas Roman „Tagungsbericht oder Kommissar Dabberkows beschwerliche Ermittlungen im Fall Dr. Heinrich Oldenbeck" (1976), eine komplexe und kaum zu kategorisierende Legierung vieler literarischer Muster, unter denen sich die des Abenteuer-, Kriminal- und SF-Romans finden.

Ungewöhnliche Brechungen der moralischen Perspektive und der Verzicht auf den bis dahin üblichen optimistischen Schluß kennzeichnen die SF Werner Steinbergs und Arne Sjöbergs. Das gilt noch nicht für Steinbergs ersten Roman auf diesem Gebiet, „Die Augen der Blinden" (1973), dessen Handlung allzu vordergründig als „Beweis" für eine moralische Maxime konstruiert ist und ein ebenso willkürlich herbeigeführtes Happy-End hat, wohl aber für „Zwischen Sarg und Ararat" (1978), wo Steinberg die entarteten sozialen Beziehungen innerhalb eines Generationenraumschiffs und tragisch verlaufende Konfrontationen mit Außerirdischen darstellt. Das Buch schließt mit teuer bezahlten Einsichten der Protagonisten und mit der Hoffnung auf einen Neubeginn, doch von einem summarischen Happy-End alten Stils kann keine Rede sein. Noch tragischer — mit dem selbstverschuldeten Untergang einer irdischen Raumexpedition, den nur der Erzähler überlebt — endet Sjöbergs Roman „Die stummen Götter" (1978). Die Fortsetzung „Andromeda" enthält einige ungewöhnliche Visionen und versucht Reflexionen über den Platz des Menschen, ja der Vernunft überhaupt im Weltall; 1983 erschienen, ist sie doch verankert in der Entwicklung der siebziger Jahre.

Fortsetzung, Ausweitung und Etablierung des traditionellen unterhaltenden SF-Abenteuers in den siebziger Jahren

1. Allgemeine Konstanten und partielle Neuerungen

Der in den Jahren 1972/73 einsetzende, bereits erwähnte Aufschwung in der DDR-SF brachte nicht allein ein schnelles Anwachsen der Anzahl publizierter SF-Romane und -Erzählungen mit sich, sondern auch die sichtbare Differenzierung der von DDR-Autoren geschriebenen SF in zwei große Bereiche, die sich – mit einiger Unschärfe – als „Vernesche" und „Wellssche" Linie im Genre charakterisieren lassen: in der Nachfolge dieser beiden Autoren, die sich erklärtermaßen als Vertreter einer primär unterhaltungsliterarisch (Verne) und einer sozialkritisch und -analytisch orientierten, „spekulativen" (Wells) Literatur verstanden.

Für die „Vernesche" Linie ermöglichte die Tatsache der zunehmenden Anerkennung der SF als relevantes und gegenüber anderen Literaturbereichen gleichberechtigtes Genre in den siebziger Jahren vor allem den nun endgültigen Verzicht auf die stets etwas bemühte und um außerliterarische Anerkennung buhlende Nutzung der SF als Populärwissenschaft oder „Nahphantastik". Neue Autoren traten hervor, veröffentlichten regelmäßig (vor allem) SF-Romane, und sie hatten die Freiheit, ohne formal rechtfertigende Alibis (wie etwa die oft behauptete Berücksichtigung neuester wissenschaftlicher Erkenntnisse) auf ihr eigentliches Ziel hinzusteuern: die Unterhaltung der Leser.

Tatsächlich befreite sich die Abenteuer-SF (wenn auch nicht völlig) von den Zwängen vordergründigen Moralisierens und aufgesetzter, linearer Gegenwartsbezüge. Allerdings führte das nun ungezwungenere Spiel der Phantasie nicht immer auch zu einem Anstieg der unterhaltungsliterarischen Qualitäten. Die neu gewonnene Freiheit existierte nur als Möglichkeit, die von den meisten Autoren der „Verneschen" Linie nicht genutzt wurde. Allen gemein aber war eine neue, spektakuläre Bilderwelt, eine phantasierreichere Gestaltung des Handlungsrahmens — mit sehr unterschiedlichem inhaltlichen Gewinn. Und so ist eine Differenzierung auch innerhalb der Richtung abenteuerlicher SF zu registrieren: Es gibt einen Stamm von nunmehr regelmäßig publizierenden Romanautoren, die die Traditionen der Abenteuer-SF aus dem vorangegangenen Jahrzehnt weitgehend ungebrochen fortführen bzw. nur mit einem neuen Mantel umkleiden; aber es sind mittlerweile auch einige (wenige) Autoren hervorgetreten, die, ohne ihre abenteuerliche Grundorientierung aufzugeben, in Problemdichte und Figurenzeichnung neue — auch stilistische — Qualitäten erreichen und beginnen, die Möglichkeiten des Genres zu einer anspruchsvollen, spannenden und gegenwartsbezogenen Unterhaltung zu erkunden. Von diesen Ausnahmefällen wird noch die Rede sein.

Doch in jedem Fall hatten die DDR-Autoren noch einiges von den Besten der internationalen SF zu lernen, die mittlerweile auch in der DDR bekannt waren und eine Vorbildposition eingenommen hatten. Von den faszinierenden Details der international üblichen SF-Klischees fühlten sich die Autoren der DDR angezogen, und sie versuchten, in ihren Werken ähnlich souverän damit umzugehen — waren aber oft auch von der exotischen Farbigkeit und der formalen „Größe" der literarischen Bilder zu sehr überwältigt und eingeschüchtert.

Die Raumschiffreisen führten aus allen bekannten Sternenräumen hinaus in unvorstellbare Dimensionen (doch dort fand sich dann weniger Staunenswertes, als es jedes Nachbarland der DDR geboten hätte), die Außerirdischen nahmen ein immer grotesderes Aussehen an (was aber die Handlung nicht beeinflußte), die literarischen Helden hielten immer größere technische Machtmittel in den Händen (wobei die damit wachsende Verantwortung selten reflektiert wurde) — die Autoren holten mit großer Geste aus, setzten weitgreifende äußere Abenteuer in Szene, blieben jedoch zu oft in der Schilderung banaler menschlicher Konflikte stecken. Die große Ausstattung bewegte inhaltlich zu wenig, ja selbst von ihr ließe sich sagen, daß das Vorbild der Space-opera in der Abenteuer-SF der DDR meist nur eine Weltraum-Operette erzeugte.

Ein wichtiger Grund für das prinzipielle Mißverhältnis zwischen szenischem Aufwand und literarischem Nutzen der meisten Abenteuer-SF zu Beginn der siebziger Jahre war die ungebrochene Orientierung an erzählerischen Traditionen der vorangegangenen Jahre. Zum einen ließ allgemein die stilistische Sorgfalt zu wünschen übrig (soweit man dies als „Tradition" bezeichnen darf) – was Kritiker oft zu der irrigen Annahme verleitete, es handele sich bei diesen Werken um eine ausschließlich für jugendliche Leser geschriebene SF. Oft genug ließ auch das glitzernde Äußere technischer Apparaturen zu wenig Aufmerksamkeit für die Gestaltung realistischer, glaubwürdiger Figuren übrig. Konsequent blieben die verhandelten Probleme solcher Figuren lebensfremd und uninteressant bzw. traten nur in äußerlicher, verdinglichter Form auf, zu Beginn der Handlung als ein zu lösendes Rätsel gestellt oder als Aufgabe formuliert, deren geradlinige und nie in Frage stehende Erledigung den roten Faden der Handlung bildete. Stets gab es das Happy-End, keine Frage blieb offen, alle Gefahren waren abgewendet, alle Zweifler bekehrt, die Bösen bestraft... Zu deutlich fiel ins Auge, daß jede literarische Konstruktion des Autors mit dem Romanende ihren Zweck erfüllt und keinerlei darüber hinausweisende Bedeutung hatte.

Wenn das SF-Abenteuer überhaupt in ein gesellschaftliches Umfeld eingebettet wurde, so beschränkten sich die Autoren (bis auf wenige Ausnahmen) auf ein vordergründig-optimistisches Bestätigungsdenken. Kritische Ansätze und realistische Problemdiskussionen waren hier – im Gegensatz zur „Wellsschen" Linie, für deren Autoren die SF-Verfremdung nur ein Mittel war, um die Gegenwart unter ungewohntem Blickwinkel kritisch zu befragen – selten bzw. erreichten keine realistische Schärfe. Soziale Entwicklung überhaupt wurde als ein ungefährdet und automatisch ablaufender historischer Prozeß verstanden, zu dem lediglich eindeutig positive oder eindeutig negative Haltungen möglich sind. Da (mitunter selbst in Detailfragen) nur ein Weg der Gesellschaftsentwicklung als überhaupt denkbar und zudem klar erkennbar dargestellt wurde, konnten Figuren, die sich kritisch zu diesem Weg verhielten, nur dumme oder einfältige Störenfriede oder vom Gegner Verführte sein. Die richtige oder falsche Entscheidung zu treffen (zwischen den Polen aus Weiß und Schwarz gab es keine Zwischentöne) war lediglich eine Frage der Intelligenz und der Vermittlung des absolut sicheren Wissens von den „richtigen" Bedürfnissen des Menschen. (Inhaltlich lief das meist auf eine Philosophie der Lösung aller menschlichen Probleme durch technische Innovationen hinaus.) Solch ein dogmatisches und undialektisches Denken sollte gerade eine dialektische Weltsicht dokumentieren, scheiterte aber an zu simplen Interpretationen weltanschaulicher Probleme der Gegenwart.

Thematische Schwerpunkte in dieser „Verneschen" Linie lassen sich nicht mehr ausmachen. Es werden Zeitreise- und Raumfahrtgeschichten geschrieben, die Begegnung mit Außerirdischen steht neben dem Themenkomplex der Konfrontation des Menschen mit Robotern und künstlichen Intelligenzen, die Bewährung des Helden und der Kampf gegen die Tücken der (nichtirdischen) Natur bleiben weiterhin aktuell – immer wieder aber ist die zu meisternde, gerade defekte, rebellierende, rätselhafte außerirdische Technik im Mittelpunkt des Geschehens. Allerdings widmen sich die Autoren nicht mehr nur der Darstellung erstaunlicher Erfindungen und der Abbildung der dadurch möglichen neuen Fähigkeiten des Menschen; in zunehmendem Maße entdecken einige Abenteuer-Autoren die Kategorie der moralischen Verantwortung des Wissenschaftlers für seine Forschungsergebnisse (besonders Klaus Frühauf).

2. Die Spannweite vom konventionellen bis zum psychologisch motivierten SF-Abenteuer

Allein schon durch die Vielzahl ihrer Publikationen sind Alexander Kröger und Karl-Heinz Tuschel die bestimmenden Autoren der Abenteuer-Gruppe. In ihnen verkörpert sich am sichtbarsten die Fortführung der Traditionen aus den sechziger Jahren (Tuschels Debüt erschien 1967, Krögers 1969) ebenso wie ihr Weiterleben bis in die achtziger Jahre hinein. Zu den neu zum Genre gekommenen und rasch populär gewordenen Autoren gehören Wolf Weitbrecht (Debüt 1972 mit „Orakel der Delphine"), Klaus Frühauf (Debüt 1975 mit „Mutanten auf Andro-

meda") und Paul Ehrhardt (Debüt 1975 mit „Nachbarn im All").
Es fällt auf, daß sich die meisten von diesen Autoren beinahe ausschließlich der Romanform bedienen, ebenso wie etwa Rainer Fuhrmann und Peter Lorenz, die in der zweiten Hälfte des Jahrzehnts ihre ersten Werke vorlegten.

Diese Romane nutzten eine wissenschaftlich-phantastische Idee, um eine den Paradigmen der Abenteuer- oder Kriminalliteratur folgende Handlung in Gang zu setzen, die mit dem üblichen Happy-End das eingangs gestellte Rätsel löst. In Richard Funks „Gerichtstag auf Epsi" (1973) ermöglicht die Aufklärung eines Mißverständnisses schließlich den friedlichen Kontakt mit den Außerirdischen. Die irdische Expedition in Hans Prüfers „Planet der Träume" (1973) erkennt den grundlegenden Irrtum, der eine Zivilisation intelligenter Pflanzen zur Stagnation verdammte; die Fremden in Otto Bonhoffs „Besuch aus dem Nebel" (1974) brechen ihren Angriff auf die Erde ab, als sich das eingangs konstruierte Mißverständnis aufklärt (wie in Lems „Gast im Weltraum" ziehen sie falsche Schlüsse über das Leben auf der Erde aus der Untersuchung des Wracks einer alten amerikanischen Raumstation).

Auch Paul Ehrhardts Roman „Nachbarn im All" (1975) findet zu seinem guten Ende, als sich die irdische Expedition in den Kämpfen der Außerirdischen auf die „richtige" Seite stellt und technische Schützenhilfe leistet. Dieser Revolutionsexport ist ein Indiz für das Weiterleben historisch bereits überholter Ideen aus der Frühphase der DDR-SF – was allerdings auch noch in den achtziger Jahren zu beobachten sein wird.

Demgegenüber zeigen einige Autoren, daß den spannenden Abenteuerklischees neben formal unterhaltenden durchaus auch interessante inhaltliche Aspekte abzugewinnen sind. Zunächst bewies das Karl-Heinz Tuschel, der in seinen Romanen „Die Insel der Roboter" (1973) und „Das Rätsel Sigma" (1974) die traditionellen Themen der Abwehr feindlicher Agenten, des Industrieaufbaus und technischer Katastrophen in einer gegenwartsnahen Szenerie mit neuen Motiven (Umdeutung des Roboter-Themas, Diskussion möglicher Folgeschäden der chemischen Industrie) verschmolz und dabei auch durch eine solide erzählerische Qualität überzeugte.

Wolf Weitbrecht kombinierte die traditionelle Suche nach

Botschaften, die Außerirdische bei früheren Besuchen auf der Erde zurückgelassen haben könnten, mit der originellen Idee, vertraute Sagengestalten umzuinterpretieren, und lockert die ansonsten nach einem traditionellen kriminalistischen Aufklärungsschema ablaufende Handlung seines Erstlings „Orakel der Delphine" (1972) durch eine humorvolle Grundhaltung auf.

Damit deuten diese Autoren (allerdings nur in einigen ihrer Werke) an, daß die Abenteuer-SF eine Chance hat, die triviale Grundtendenz zu überwinden; sie stehen damit am Beginn einer Entwicklung innerhalb der „Verneschen" Linie, die gegen Ende der siebziger Jahre eine inhaltlich wie formal neue Qualitätsstufe erreichte. Von der verspielt-ziellosen Erprobung der neuen großen Bandbreite unterhaltsamer SF gelangte ein Teil der Abenteuerautoren – die bereits erwähnten Ausnahmen – durch beharrliche Arbeit am eigenen gestalterischen Vermögen zu einer Weiterentwicklung der alten, jedoch nach wie vor funktionsfähigen Abenteuerklischees, deren gezielte Nutzung auf einem akzeptablen künstlerischen Niveau gegen Ende der siebziger und zu Beginn der achtziger Jahre vor allem durch zunehmend engere Bezüge zu realen sozialen Gegenwartsproblemen auffiel.

Eine solche Entwicklung, die für die achtziger Jahre hoffen ließ, wird vor allem in den Werken Rainer Fuhrmanns deutlich. Sind „Homo sapiens 10^{-2}" (1977) und „Das Raumschiff aus der Steinzeit" (1978) noch in traditionellen Abenteuerhandlungen verbleibende und mit den dafür typischen Mängeln behaftete Romane, so zeigt sich bereits in „Planet der Sirenen" (1981) eine – in späteren Werken weiter vertiefte – Tendenz, die Psyche der agierenden Figuren zu erkunden, ohne dabei die spannende Rahmenhandlung ins Hintertreffen kommen zu lassen. (Ähnliches versucht Thomas K. Reich in „Sinobara", 1982.)

Mit Fuhrmann traten weitere junge Autoren – wie etwa Michael Szameit – in Erscheinung, die Konventionelles mit überraschenden Neuerungen beleben konnten. Hierzu zählt auch Peter Lorenz, der nach einigen gelungenen Figurenzeichnungen in „Homunkuli" (1978) in „Quarantäne im Kosmos" (1981) erstmals in der DDR das Umwelt-Thema ganz in das Zentrum eines SF-Romans rückte. Auch Klaus Frühauf versucht seinem Standardthema – der biologischen und genetischen Forschung und

Peter Lorenz
HOMUNKULI

Wissenschaftlich-phantastischer Roman

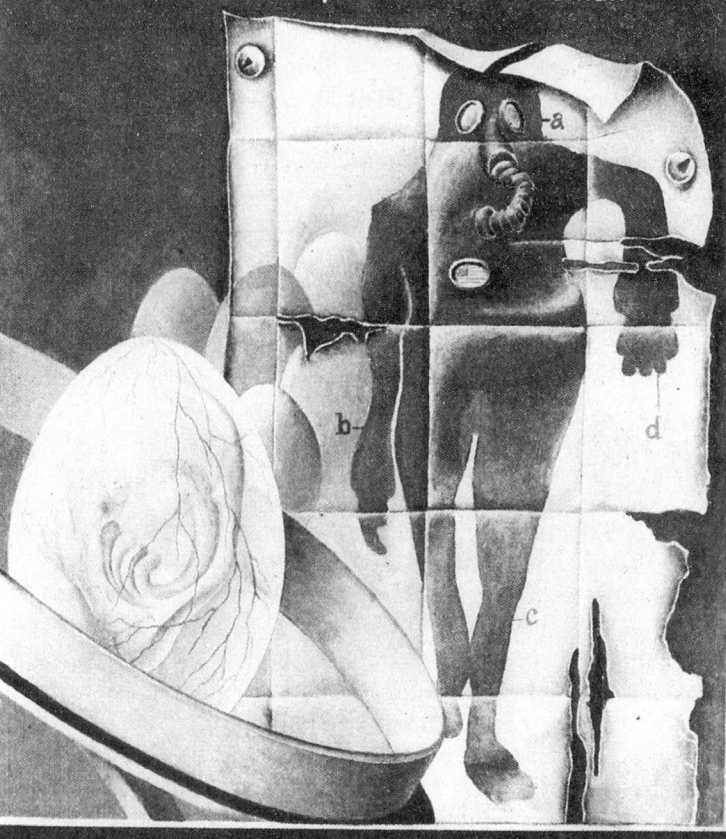

BASAR Verlag Neues Leben

deren möglichen Konsequenzen für den Menschen in unterschiedlichen sozialen Verhältnissen — einige stärker auf die Psyche des Individuums bezogene Akzente abzugewinnen. Dies läßt sich gut durch einen Vergleich seines 1981 erschienenen Romans „Genion" mit den in dem Band „Das fremde Hirn" (1982) gesammelten Erzählungen zeigen.

Der u. a. bei Frühauf sichtbare Zuwachs an gedanklicher Tiefe und präziserer Menschengestaltung in der Abenteuer-SF (der noch keinen Idealzustand, aber eine sinnvolle Weiterentwicklung markiert) vollzieht sich gleichzeitig mit dem Übergang in eine neue Etappe der DDR-SF-Entwicklung. Auf das Stadium einer ersten wichtigen thematischen Ausweitung und der literarischen Reifung, in dem die DDR-SF beinahe von Jahr zu Jahr auf weiteren spürbaren Qualitätsgewinn und optimistische Aussichten für die kommende Entwicklung des Genres verweisen konnte, folgte eine Phase, in der es für die SF-Autoren vor allem das gerade erst selbstbewußt eroberte Neuland literarischer Ausdrucksmöglichkeiten zu befestigen gilt.

Die achtziger Jahre

1. Die neuen formalen Ausweitungen in der DDR-SF

In den achtziger Jahren ist die Science-fiction der DDR endgültig ihren Kinderschuhen entwachsen; längst nicht mehr liegt der Druck auf ihr, ihre Existenzberechtigung im Kreis der DDR-Literatur nachweisen zu müssen. Nach wie vor ist sie eine der Literaturgruppen mit den meisten Lesernachfragen, die Literaturkritik registriert SF-Neuerscheinungen, und auch die Literaturtheorie nimmt neue Entwicklungen im Genre zur Kenntnis. Die DDR-SF selbst sieht sich in der Tradition einer langen Genregeschichte und versteht sich als Teil einer internationalen SF-Literatur, von der sie bereitwillig thematische wie formale Anregungen aufnimmt.

Unter diesen Voraussetzungen kam es Anfang der achtziger Jahre zu einer neuerlichen, vielgestaltigen Ausweitung der DDR-SF. Nicht unwichtig ist, daß die Anzahl der publizierten Bücher von DDR-Autoren größer wird und nun in der Regel über 10 neue Titel pro Jahr erscheinen. Regelmäßig drucken neben den Verlagen Neues Leben (mit den in diesem Zeitabschnitt meisten Büchern von DDR-Autoren) und Das Neue Berlin auch der Greifenverlag zu Rudolstadt und der Mitteldeutsche Verlag Halle—Leipzig SF einheimischer Autoren; sporadisch kommen Publikationen aus anderen Verlagen hinzu.

Im Vorfeld dieser neuen Etappe erscheint 1980, herausgegeben von E. Redlin und E. Simon, mit „Lichtjahr 1" der erste Band eines Almanachs, der neben neuen Erzählungen aus dem In- und Ausland klassische SF-Texte, Essays, Autorenstatements und Bibliographien der in der DDR publizierten SF enthält. Bieten bereits die „Lichtjahre" (Nr. 2 erschien 1981, Nr. 3 im Jahre 1984, Nr. 4 1985 und Nr. 5 1986) eine wichtige Bühne für neue Beiträge in diesem Genre (eine Auswahl erschien in dem Band „Lichtspruch nach Tau", 1986), so gilt das um so mehr für die drei in den achtziger Jahren publizierten Themenanthologien. Für „Wege zur Unmöglichkeit" (1983, herausgegeben von E. Redlin) und „Zeitreisen" (1986, herausgegeben von G. Zschocke) schrieben die meisten SF-Stammautoren der DDR neue Texte, und auch in der zur Hälfte aus DDR-Beiträgen bestehenden Anthologie mit SF-Tiergeschichten „Aus dem Tagebuch einer Ameise" (1985, herausgegeben von M. Szameit) nutzten viele Autoren die insgesamt immer noch zu seltene Möglichkeit, einzelne SF-Erzählungen zu publizieren.

Der Vorzug dieser Anthologien lag in der Präsentation einer breiten Palette unterschiedlichster Handschriften; sie überraschten u. a. durch interessante Beiträge sonst ausschließlich Romane Schreibender (wie A. Kröger) bzw. dem Genre fern stehender Autoren (wie H. Skirecki) — beide in „Wege zur Unmöglichkeit" —; bekannte Autoren legten hier weitere überzeugende Texte vor (z. B. Heinrich/Simon, E.-O. Luthardt, A. und K. Steinmüller — in „Zeitreisen"); originelle DDR-Beiträge (von A. Lorenz, A. Leman, H. Mechtel) wurden in „Aus dem Tagebuch einer Ameise" mit internationaler SF konfrontiert und so in einen zutreffenden Rahmen übernationaler literarischer Entwicklungen gestellt.

Große Publizität erlangte die ab 1980 vom Verlag Das Neue Berlin herausgegebene Taschenbuchreihe „SF Utopia", die – von wenigen Ausnahmen abgesehen – Nachauflagen erfolgreicher Titel aus der Produktion des Verlages brachte und die einzige auf SF spezialisierte Buchreihe der DDR ist.

Eine weitere Form der Ausweitung des Genres in den achtziger Jahren ist qualitativer Natur. Die Zahl der literarisch anspruchsvollen SF-Titel wird nicht kleiner, nach wie vor treten DDR-Autoren mit auch international beachtlichen Leistungen an die Öffentlichkeit, und das sowohl in der „Wellsschen" wie in der „Verneschen" Genrelinie, doch daneben ist eine – womöglich noch stärkere – gegenläufige Tendenz zu beobachten. Der absolute Zuwachs an SF-Publikationen rekrutiert sich vor allem aus trivialen Bereichen des Genres, die bislang nie in diesem Maße in Erscheinung traten. Zum erstenmal in der Geschichte der SF der DDR muß von einem partiellen qualitativen Rückschritt gesprochen werden.

Die dritte Form der Ausweitung: Es stoßen weitere neue

Autoren zur SF, oft sind es Debütanten auf dem Feld der Belletristik überhaupt.

Inhaltlich führen die achtziger Jahre die bereits im vorangegangenen Jahrzehnt registrierten Entwicklungen fort; wohl kommt es auch zu Neukombinationen vertrauter Themen und zu einer konsequenteren Nutzung bekannter thematischer Felder, doch begründet dies keine neue Entwicklung – Ansätze zur Übernahme von Elementen der Fantasy (wie etwa in drei Erzählungen von A. und K. Steinmüller) in die SF bleiben vereinzelt. Die SF der DDR entfernt sich vorerst weiter von einem gemeinsamen thematischen Mittelpunkt und erkundet in Romanen wie Erzählungen die ganze mögliche Vielfalt des Genres. (Entscheidende Qualitätsgewinne allerdings zeichnen sich vor allem auf dem Gebiet des Romans ab.)

Daß für die DDR-SF der Reiz des literarisch neuen Mediums nun endgültig verloren ist, hat zwei sehr unterschiedliche Konsequenzen. Zum einen wird die SF noch bewußter als in der Vergangenheit als probates Mittel gezielter Realitätsverfremdung genutzt; ihre Themen sind hier stets aktuell und zeitkritisch. Zum anderen beginnen einige Autoren der „Verneschen" Linie, die unterhaltenden Möglichkeiten der SF als Eigenwert aufzufassen und den Sinn dieses Genres darauf zu reduzieren; sie heben Klischees der SF ganz von möglichen Gegenwartsbezügen ab und erschöpfen sich im Reiz formaler phantastischer Einfälle – was triviale Formen keinesfalls automatisch hervorbringt, ihr Entstehen aber doch begünstigt und oft genug geradezu provoziert.

Drei wichtige Strömungen charakterisieren die Entwicklung der DDR-SF in den achtziger Jahren. Erstens produziert die Abenteuer-SF einen bemerkenswerten qualitativen Schub; ein Teil ihrer Autoren gelangt – gerade durch die konsequente Weiterentwicklung der vertrauten Paradigmen dieser Literaturgruppe – in Relevanz und Gegenwartsbezogenheit der Themen wie in stilistischer Hinsicht zu einer tendenziellen Annäherung an die Werke aus der „Wellsschen" Gruppe, während ein anderer Teil alte Schreibhaltungen ungebrochen beibehält. Zweitens aber schneiden einige Abenteuerautoren ihre Werke auf die Grundstrukturen abenteuerlicher Unterhaltung zurück. Es kommt bei ihnen zu einer (mitunter sogar treffsichereren und spektakuläreren, aber auch trivialeren) Nutzung alter Abenteuermuster um ihrer selbst willen – oder aber in einer Kombination mit überholten Ideologemen. Drittens schließlich zeigen sich wichtige Neuerungen bei den Autoren der „Wellsschen" Traditionslinie; hier setzt die SF der DDR erfolgreich ihre allgemeine Entwicklungstendenz hin zu einer politisch engagierten, für die Konflikte der Gegenwart wachen Literatur fort und erreicht auch die bemerkenswertesten künstlerischen Erfolge in der DDR-SF.

2. Die Weiterentwicklung der Abenteuer-SF in den achtziger Jahren

Wenn das vermehrte Auftreten von Debütanten ein dominierendes Merkmal für den Beginn der neuen Etappe in der DDR-SF-Entwicklung ist, so muß die Zäsur zwischen den Jahren 1981 und 1982 gesetzt werden. Allein drei Autoren kommen 1982 in dieser Gruppe mit eigenen Bänden neu zur SF: Hans Bach, Thomas K. Reich und Michael Szameit. Und allein diese drei repräsentieren bereits die ganze Breite an Ausdrucksformen der kommenden Etappe in der abenteuerlichen SF.

Hans Bach ist ein Autor, der ab 1982 in schneller Folge zwei Romane und zwei Erzählungssammlungen auf den Markt brachte, die literarisch kaum über dem Durchschnitt liegen, dafür aber außergewöhnlich viele phantasiereiche Details vorzuweisen haben. Vor allem in seinen Erzählungen, gesammelt in den Bänden „Sternenjäger" (1982) und „Wandelsterne" (1984), haben SF-Klischees lediglich die Funktion, eine einzelne Idee zu illustrieren und von erstaunlichen Begebenheiten fern der Realität zu berichten. Auch in Bachs Romanen „Sternendroge Tyrsoleen" (1983) und „Germelshausen, 0.00 Uhr" (1985) steht Abenteuerliches im Vordergrund, diktiert die Suche nach dem spektakulären Einfall den Gang der Geschichte. Hierbei ist Hans Bach in der Regel weit farbenprächtiger als seine Vorgänger in dieser „Verneschen" Linie und versteht es gut, den unterhaltenden „Schauwert" seiner Handlungsfolgen in Szene zu setzen, verliert jedoch dadurch oft die Übersicht und kann unlogische Sprünge in der konstruierten Fabel nicht vermeiden.

Michael Szameit gehört mit seinen 1982, 1983 und 1984 erschienenen Romanen formal der gleichen Literaturgruppe abenteuerlicher Autoren an, vermag jedoch besser als Bach an die hier in den siebziger Jahren gewonnenen erzählerischen Qualitäten anzuknüpfen. Er verbindet spannende Weltraumabenteuer mit der Gestaltung glaubhafter Schicksale jugendlicher Protagonisten, und er nutzt die alten Abenteuerklischees der SF (Erkundung fremder Planeten, Kontakt mit Außerirdischen, phantastische Technik im Konflikt einander feindlicher Gesellschaftssysteme). Indem er der Space-opera eine interessante humorvolle Note gibt, gewinnt er Abstand von seinen literarischen Mitteln und mehr erzählerische Souveränität als seine Vorgänger.

Deutete sich bei Szameit bereits eine *stärkere Psychologisierung der Figuren in der Abenteuer-SF* an — eine Tendenz, die sich bis in die anspruchsvolleren Werke der abenteuerlichen SF in den siebziger Jahren zurückverfolgen läßt —, so findet sich dieses Merkmal auch in dem abenteuerlichen Planetenroman „Sinobara" (1982) von Thomas K. Reich. Die Kolonisierung eines fremden Planeten und der durch die üblichen Mißverständnisse erschwerte Kontakt mit den (möglicherweise) intelligenten, zwischen Tier und Pflanze stehenden einheimischen Lebensformen erfährt in den psychischen Konflikten zwischen den irdischen Erkundern eine interessante Ergänzung. Rückblickend gesehen, geraten die zwischenmenschlichen, realitätsnahen Probleme zum der außerirdischen Welt gleichgewichtigen Erzählanlaß. Die auf diese Art gewonnene Bereicherung der Abenteuer-SF zeigt sich noch deutlicher in den Werken Rainer Fuhrmanns aus den achtziger Jahren — „Die Untersuchung" (1984) und „Medusa" (1985) belegen eine deutliche Qualitätssteigerung dieses Autors, dem es besser als anderen gelingt, Abenteuerlichkeit und Problembewußtsein zu verbinden und gleichzeitig stilistische Schwächen abzubauen. Das ist die wohl vielversprechendste Neuerung in der „Verneschen" Linie.

Beachtenswert ist diese Tendenz ebenfalls bei Klaus Frühauf („Das fremde Hirn", 1982), Wolf Weitbrecht („Die Falle des Alderamin", 1982) und Karl-Heinz Tuschel („Inspektion Raumsi-

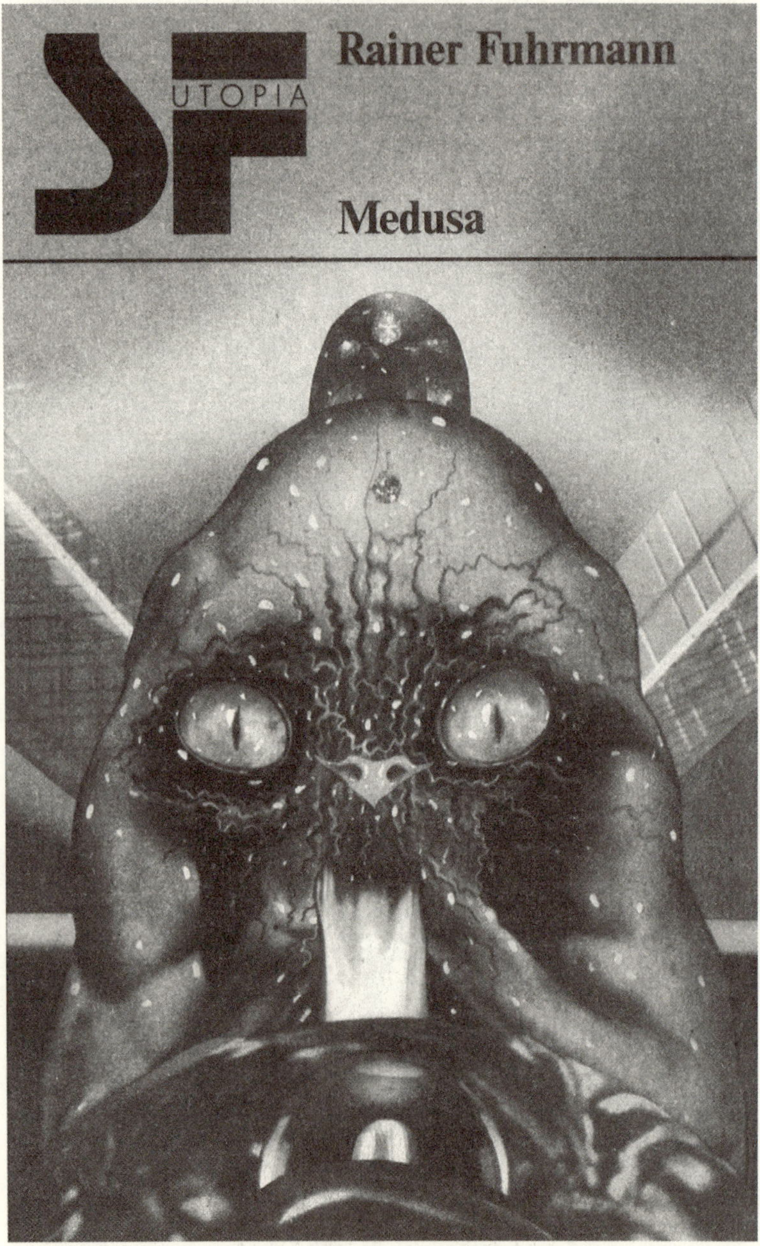

Rainer Fuhrmann

Medusa

cherheit", 1984). Neben einer – im Vergleich zu den siebziger Jahren – realistischeren Figurenzeichnung arbeiteten diese drei Stammautoren abenteuerlicher SF mit dem Rückgriff auf eine bewährte moralische Diskussion menschlicher Verhaltensweisen unter den (oft noch zu konstruiert wirkenden) „Labor"-Bedingungen der SF. Das dabei häufig genutzte Motiv der Verantwortung des Wissenschaftlers für die Konsequenzen seiner Arbeit ist besonders bei Frühauf zu finden und die Debatte des Verhältnisses von Mensch und moderner Technik bei Tuschel. Anschaulich zeigt z. B. Michael Szameits Hefterzählung „Planet der Windharfen" (1983), daß die Autoren von Abenteuerromanen in einer für sie unüblichen kurzen Erzählform zu einer Steigerung ihrer Fähigkeiten finden können: zu einer strafferen Durchgestaltung und prägnanteren Formulierung ihres Anliegens wie auch zu einem höheren stilistischen Niveau. – Szameit weiß diesen Gewinn in seinem jüngsten Roman „Drachenkreuzer Ikaros" (1987) zu nutzen.

Klaus Frühauf und Karl-Heinz Tuschel gehören zu jenen Autoren, die bewährte Traditionen des Genres fortführen und – neben ihren bereits erwähnten für Abwechslung sorgenden Ausflügen auf das Gebiet der Erzählung – in Romanform solide, konventionelle Unterhaltungsliteratur schreiben, die, gemessen an ihren eigenen Leistungen früherer Jahre, Qualitätssteigerungen aufzuweisen hat, also keinesfalls in Routine erstarrt ist. Auch bei diesen Autoren zeigt sich der allgemeine Trend einer großen Autorengruppe hin zu größerer Problembewußtheit und Sensibilität für die in der realen gesellschaftlichen Entwicklung aktuellen Themen. Das gilt für Frühaufs „Die Bäume von Eden" (1983) und sogar noch stärker für seinen Roman „Das verhängnisvolle Experiment" (1984) – aber ebenso für Tuschels „Kurs Minosmond" (1986) und mit einigen Abstrichen auch für seine Romane „Zielstern Beteigeuze" (1982) und „Leitstrahl für Aldebaran" (1983).

Weniger konsequent folgen die jüngsten Bücher von Wolf Weitbrecht („Die Falle des Alderamin", 1982; „Stern der Mütter", 1983; „Die Relativen der Astron", 1985) diesem allgemeinen Trend. Sie sind stärker konventionellen Abenteuerklischees verbunden, die sie freilich – ganz im Sinne der formalen Innovationen der achtziger Jahre – mit größerer

Selbstverständlichkeit nutzen. Die Exotik des Handlungsortes, die Faszination der Technik, die Schilderung des Erstaunlichen überhaupt prägen seine Werke, und wenn diese ihren gewachsenen Unterhaltungswert auch in einigen Fällen einem — thematisch — gegenwartsferneren freien Spiel der Phantasie verdanken, so sind hier doch ebenfalls die Einflüsse eines allgemeinen Hanges zur intensiveren Nutzung psychischer Bestimmungsfaktoren literarischer Figuren zu beobachten. Ein Beispiel hierfür ist Weitbrechts Roman „Die Relativen der Astron", dessen Raumfahrer sich dazu durchringen — und das bricht scheinbar mit einem wichtigen Paradigma der Abenteuer-SF —, den geplanten generationslangen Raumflug abzubrechen und zur Erde zurückzukehren, da nach ihrer Meinung der durch die Expedition zu erwartende wissenschaftliche Erkenntnisgewinn die menschlichen Opfer nicht aufwiegt. Doch immer noch dominieren die typischen abenteuerlichen Handlungselemente (Havariesituationen usw.) den moralischen Disput der Abwägung menschlicher Werte.

Demgegenüber läßt sich ein gut gestaltetes Engagement für gesellschaftlich relevante Themen der Abenteuer-SF an den Romanen von Peter Lorenz zeigen. Wohl am nachdrücklichsten in der DDR-SF hat er — zuletzt in „Blinde Passagiere im Raum 100" (1986) — Fragen des Umweltschutzes verarbeitet (was zwar z. B. Karl-Heinz Tuschel bereits 1974 in seinem Roman „Das Rätsel Sigma" auch tat, doch dort wurde das Problem noch durch die Außergewöhnlichkeit einer Havarie abgeschwächt). Durch die Verbindung phantastischer Sujets mit der SF erreicht Lorenz eine interessante Rückkoppelung kosmischer Schauplätze mit wiedererkennbaren irdischen Orten.

3. Regressive Tendenzen in der Abenteuer-SF

Eine Perpetuierung alter Abenteuerklischees ohne innovative Tendenzen findet sich bei Autoren wie Alexander Kröger, Paul Ehrhardt, Klaus Klauß und Reinhard Kriese. Sie bleiben nicht nur hinter dem in den siebziger Jahren erreichten qualitativen Niveau ihrer Kollegen (und im Falle Krögers dem eigenen) zurück, sondern fallen sogar durch negative Extreme auf.

Alexander Kröger ist der, gemessen an der Zahl seiner Romane, produktivste SF-Autor der DDR. Er führt mit „Energie für Centaur" (1983) zunächst die in den siebziger Jahren begonnene Folge von Konflikten mit Außerirdischen fort, die ihre Probleme nicht ohne Hilfe der Menschen zu lösen vermögen. In „Der Geist des Nasreddin Effendi" (1984) und „Souvenir vom Atair" (1985) kehrt Kröger thematisch auf die Erde zurück — wodurch die bei ihm sonst übliche Exotik fremder Welten allerdings wegfällt. Der Roman „Die Engel in den grünen Kugeln" (1986) hat ebenfalls einen irdischen Schauplatz, ist aber wieder stärker aktionsbetont — was der Autor jedoch nur auf Kosten einiger inhaltlicher Absurditäten erreicht. Außerirdische landen mit einer Invasionsflotte auf der Erde, und es kommt zu einem regelrechten Krieg mit der inzwischen bis zur Hilflosigkeit abgerüsteten (!) Menschheit. Einem altvertrauten Abenteuerklischee folgend, bietet diese Situation dem zunächst tumben Protagonisten reichlich Gelegenheit, sich zum heldischen Einzelkämpfer zu profilieren, der die Erde rettet, wo alle anderen feige versagen.

Ähnlich triviale Muster — in kongenial dürftiger literarischer Gestaltung — greifen auch Paul Ehrhardt in „Boten der Unendlichkeit" (1984) und Klaus Klauß in „Duell unter fremder Sonne" (1985) auf. Beide Romane schließen nahtlos an Art und Umsetzung von Themen aus der DDR-SF der sechziger Jahre an, wirken allein dadurch als Rückfall und können sich auch nicht durch eine wenigstens formal gut gebaute spannende Handlung rechtfertigen.

An Reinhard Kriese, einem erst jüngst in der SF hervorgetretenen Autor, fällt die eklektische Mischung trivialer Erzählmuster auf — eine, wenn man so will, Neuerung, die in der DDR-SF erst in den achtziger Jahren möglich wurde. „Eden-City, die Stadt des Vergessens" (1985) und „Mission SETA II" (1986) sind typische Beispiele für eine anspruchslose, sich selbst genügende Unterhaltungsliteratur, die durch das ausschließliche Aneinanderreihen von Versatzstücken jeden Anspruch auf Originalität aufgibt.

4. Innovationen in der „Wellsschen" Linie

Die wichtigsten Neuerungen entstanden im Bereich der nicht primär am unterhaltenden Abenteuer orientierten Literaturgruppe, also in der „Wellsschen" Linie der SF. Hier erschienen einige künstlerisch und inhaltlich gleichermaßen anspruchsvolle Werke, die der weiteren Entwicklung des Genres Wege vorzeichnen.

1982 publizierte Ernst-Otto Luthardt seinen ersten eigenen Band mit Erzählungen („Die klingenden Bäume"), dem er 1984 einen weiteren („Die Unsterblichen") folgen ließ. Zeichnete sich hier bereits deutlich ab, daß Luthardts literarische Stärke in einer empfindsamen und feinnervigen Zeichnung von Personenschicksalen und einer originellen Konfliktanlage wurzelt — wobei er häufig die SF mit anderen erzählerischen Elementen, z. B. der phantastischen Literatur oder des Märchens, verknüpft —, so überzeugte sein jüngster Erzählungsband „Die Wiederkehr des Einhorns" (1988) durch eine reiche poetische Sprache und die harmonische Verknüpfung von Thema und Handlung.

Angela und Karlheinz Steinmüllers Geschichtenband „Windschiefe Geraden" erschien ebenfalls 1984; Gottfried Meinhold legte den Erzählungsband „Kilidone und andere Merkwürdigkeiten" (1986) vor. Weitere bemerkenswerte Publikationen sind die Erzählungssammlungen „Der Samenbankraub" (1983) von Gert Prokop, „Der negative Erfolg" von Gerhard Branstner, „Die seltsame Verwandlung des Lenny Frick" (1985) von Klaus Möckel, „Mondphantome, Erdbesucher" (1987) von Erik Simon und die beiden Erzählungsbände „Nova" (1983) und „Exoschiff" (1985) von Wolfram Kober sowie „Landung in Targestan" (1986) von Hans-Jürgen Dittfeld — wobei Kober und Dittfeld nur mit wenigen Texten an das Niveau dieser Autorengruppe heranreichen, die die in den siebziger Jahren begründete Tradition der SF-Erzählung fortführt und weiterentwickelt.

Auf dem Romansektor heben sich die wenigen außergewöhnlichen Publikationen noch deutlicher hervor, es sind die Romane „Andymon" (1982) und „Pulaster" (1986) von Angela und Karlheinz Steinmüller, „Weltbesteigung" (1984) von Gottfried

Meinhold und „Schwarze Blumen auf Barnard 3" (1986) von Alfred Leman.

In der Hauptsache stammen die hervorhebenswerten SF-Werke aus der Feder bekannter Autoren, lediglich Luthardt und Meinhold (dessen literarisches Debüt mit einem phantastischen Roman aus dem Jahre 1982 datiert) sind neue Namen in diesem Autorenfeld. Darüber hinaus lassen sich hier nur wenige Gemeinsamkeiten nennen, will man nicht die Merkmale der künstlerischen Originalität und Aktualität zu einer solchen erheben — ein Beweis dafür, daß gut geschriebene Science-fiction nicht auf bestimmte Themen, Schreibweisen oder Literaturformen angewiesen ist.

Die interessantesten und stärksten Impulse gingen von drei Romanen sehr unterschiedlicher Machart aus. „Andymon" von A. und K. Steinmüller (1982) ist eine gelungene Kombination einer Raumfahrtgeschichte mit utopischen Elementen, in der die ganze Breite hierbei möglicher Themen — von der Diskussion von Gesellschaftsmodellen bis zu Fragen der Persönlichkeitsentwicklung — gestaltet wird. „Weltbesteigung" (1984) von G. Meinhold bedient sich der Formensprache der klassischen Sozialutopie, ist im Kern jedoch eine präzis durchdachte und anspruchsvoll dicht geschriebene philosophische Diskussion gegenwärtiger sozialer Werte und Ideale, deren Qualitäten am Sinn menschlicher Existenz in einer zunehmend technisierten Welt gemessen werden. „Schwarze Blumen auf Barnard 3" von A. Leman rückt das Thema der Begegnung einer irdischen Expedition mit den Lebensformen auf einem fremden Planeten weit in den Hintergrund, berichtet psychogrammartig biographische Details aus dem Leben der handelnden Personen und konzentriert sich auf die Probleme ihres Zusammenlebens unter den irregulären Expeditionsbedingungen, die doch nur Anlaß für die Beleuchtung gegenwärtiger menschlicher Verhaltensweisen sind. Über die Schicksale und Charaktere der Helden kommt aus vielfältigen Blickwinkeln eine hochtechnisierte und bis an die Grenze von Undurchschaubarkeit und Selbststeuerung vernetzte Zivilisation ins Bild, die jene Schicksale und Charaktere geprägt hat und ähnlich wie bei Meinhold als zwiespältig-utopisches Modell erscheint.

So deutlich wie in diesen Romanen hat die SF der DDR noch

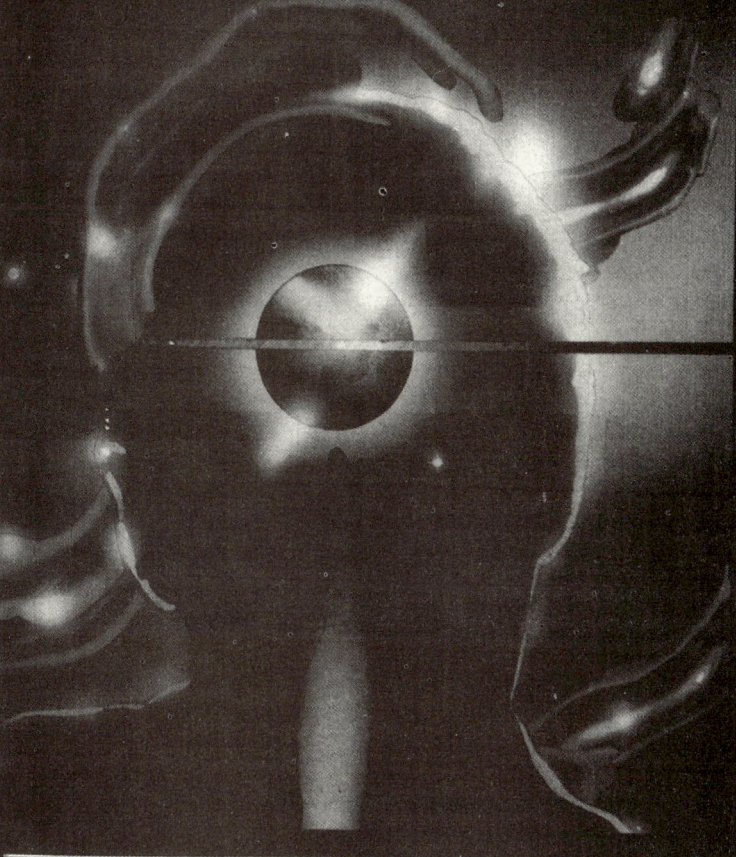

nie zur Darstellung der Probleme heute lebender Menschen, ihrer sozialen Umwelt samt moralischen wie psychischen Determinanten gefunden — ohne dabei auf die ausgesprochen weitgreifenden faszinierenden Verfremdungsmöglichkeiten der SF mit dem dazu gehörenden großen Unterhaltungswert zu verzichten.

Diese Tendenz zum gegenwärtig relevanten Thema findet ihre Entsprechung bei den genannten Erzählungsbänden. Sie illustrieren die künstlerischen Möglichkeiten der DDR-SF, die sich hier am deutlichsten als Spielart der Gegenwartsliteratur versteht und jede falsche Selbstgenügsamkeit mit der Rolle einer nur zweitklassigen Unterhaltungsliteratur aufgegeben hat. Literarischer Anspruch, der formale erzählerische Qualität und aktuelle Relevanz zugleich meint, und Unterhaltung im phantastischen Gewand gehen hier nicht länger auseinander. Dies gilt auch dort, wo die SF parabelhaft moralische Themen (G. Branstner) oder weltanschauliche Fragen des Verhältnisses von moderner Technik und inhumanen Gesellschaftsverhältnissen (G. Prokop) diskutiert.

In ihren besten Werken (allerdings nur dort) hat die SF der DDR ein akzeptables künstlerisches Niveau erreicht und ist nicht länger in Gefahr, trivialliterarischen Vorurteilen zum Opfer zu fallen. Vergleiche mit den wichtigsten Werken der internationalen SF sind ebenso möglich und sinnvoll geworden wie Querbezüge zur nichtphantastischen Gegenwartsliteratur der DDR. Die Selbstinterpretation wichtiger SF-Autoren als lebendiger Teil einer gegenwartsbezogenen Nationalkunst findet in literaturkritischen und -theoretischen Arbeiten ihre Anerkennung. Bewertungskriterien und Qualitätsmaßstäbe der SF werden — als Voraussetzung eines genreübergreifenden literarischen Vergleichs — strenger gehandhabt.

Neben den auf die SF spezialisierten Autoren ist die Gruppe jener DDR-Autoren bemerkenswert, die ausnahmsweise zu den Gestaltungsmitteln der SF gegriffen haben. In den achtziger Jahren geschieht das, wie davor auch, nur selten. Arbeitsteilige Spezialisierungen machen eine Überschreitung der Genregrenze zur SF hin außergewöhnlich. Dort aber, wo es dazu kommt, ist das Ergebnis in jedem Fall beachtlich und demonstriert gleichzeitig einige (meist aber an bestimmte Themen gebundene) Vorzüge der SF-Verfremdung gegenüber einer nichtverfremdenden Literatur (z. B. in der weitgreifenden Kritik sozialer Werte).

An der Grenze zur jüngsten Etappe der DDR-SF-Entwicklung publizierte Franz Fühmann seinen Erzählungsband „SAIÄNS-FIKTSCHEN" (1981), geschrieben unter dem deutlich spürbaren Einfluß von Zukunftsängsten, der Mensch werde auf die wichtigsten Herausforderungen unseres Jahrhunderts keine zufriedenstellenden Antworten finden können.

Ebenso deutlich werden die wirkungsvollen Möglichkeiten der SF, vor realen Bedrohungen der Menschheit zu warnen, in Eberhardt Panitz' Atomkatastrophengeschichte „Eiszeit" (1983). Der eindringliche und aufrüttelnde Appell vermittelt sich bei Fühmann und Panitz wie bei Fritz Rudolf Fries („Verlegung eines mittleren Reiches", 1984) und Rainer Kirsch („Sauna oder Die fernherwirkende Trübung", 1985) – auch an Wolfgang Sämanns Erzählung „Das Haus des Dr. Pondabel" (1978) ist in diesem Zusammenhang zu erinnern – über düstere, dystopische Bilder und findet durch die konsequent genutzte SF-Verfremdung gestalterische Kraft.

Wurde in den siebziger Jahren der Fortschritt der DDR-SF am deutlichsten auf dem Gebiet von Erzählungen und Kurzgeschichten, so trägt der dabei erzielte Gewinn an literarischer Souveränität seit etwa 1982 in stärkerem Maße auch bei den Romanen Früchte. Damit einher geht gerade in den besten Arbeiten eine Wiederbelebung der im eigentlichen Sinne utopischen SF-Tradition: Es werden komplexe, eigenständige Gesellschaftsmodelle entworfen, auf ihren moralischen Wert untersucht bzw. an individuellen Schicksalen und Haltungen in ihrer Wirkung gezeigt (in „Andymon" der Steinmüllers, bei Meinhold und Leman), zwei gegensätzliche Utopien skizziert und miteinander konfrontiert (im Roman „Pulaster" der Steinmüllers) oder wie bei den oben erwähnten „Gastautoren" der achtziger Jahre dystopische Gesellschaften als satirisch verfremdete bzw. warnende Extrapolation gegenwärtiger Tendenzen und Gefahren vorgeführt.

Diese gesellschaftsutopische Strömung in den Romanen der „Wellsschen" Traditionslinie (mit denen auch einige neuere Erzählungen z. B. der Steinmüllers und Meinholds verwandt sind) hat ihr Pendant im jüngeren Romanwerk von Autoren, die von der Abenteuer-SF herkommen: Bei Fuhrmann („Die Untersuchung"), Szameit („Drachenkreuzer Ikaros"), Tuschel („Kurs Minosmond") und Lorenz („Blinde Passagiere im Raum 100") ist der gesellschaftliche Hintergrund nicht mehr eine aus Versatzstücken zusammengezimmerte Kulisse, sondern verkörpert originelle Konzepte sozialer Entwicklungen, die mit der Abenteuerhandlung harmonieren und auch selbst Gegenstand künstlerischer Darstellung sind. So treten bei den anspruchsvollsten Romanen die Grenzen zwischen dem „Verneschen" und dem „Wellsschen" Ansatz zurück, die Qualitätsunterschiede — vor allem innerhalb der Abenteuer-SF — aber um so deutlicher hervor. In den achtziger Jahren hat sich in der DDR-SF eine Tendenz konsolidiert, die sich bereits in den siebziger Jahren andeutete. Science-fiction ist zu einem etablierten literarischen Genre geworden, das — unabhängig von thematischen Ausrichtungen oder einer Bevorzugung der abenteuerlichen Unterhaltung oder der Gesellschaftsanalyse — die ganze Breite aktueller Leserbedürfnisse bedient. Dabei finden sich alle Abstufungen literarischer Qualität. Wenn der DDR-SF mit ihren besten Werken auch der Anschluß an das Hauptfeld der Gegenwartsliteratur gelungen ist, kann doch nicht länger von einer anhaltenden Aufwärtsentwicklung des gesamten Genres gesprochen werden. Tendenzen zu Stagnation und Rückschritt — auf ihre Art ebenfalls ein Zeichen für die Etablierung des Genres — sind nicht zu übersehen, so daß Gesamtbewertungen der DDR-SF nunmehr endgültig durch eine differenzierende Analyse der Werke einzelner Autoren ersetzt werden müssen.

Science-fiction-Autoren der DDR

Die Verfasser der einzelnen
Artikel sind:

- (E) Dr. Heinz Entner
- (F) Dr. Werner Förster
- (K) Karsten Kruschel
- (M) Hartmut Mechtel
- (P) Dr. sc. phil. Steffen Peltsch
- (R) Ekkehard Redlin
- (Si) Erik Simon
- (Sp) Dr. Olaf R. Spittel
- (St) Dr. Karlheinz Steinmüller

Agricola, Erhard

(* 1921 in Leipzig)

studierte von 1946 bis 1951 Germanistik, Anglistik und Publizistik in Leipzig, promovierte 1954 zum Dr. phil. und habilitierte 1966. Von 1951 bis 1959 arbeitete er als Wörterbuchredakteur, wurde 1960 Forschungsgruppenleiter für theoretische Linguistik und Lexikologie am Zentralinstitut für Sprachwissenschaften der Akademie der Wissenschaften der DDR in Berlin. Seit 1986 ist er Rentner und freischaffender Schriftsteller. Er blickt zurück auf etwa 70 Publikationen zu theoretischen Problemen der allgemeinen Linguistik, der Texttheorie und der Lexikologie; er ist Autor bzw. Herausgeber von praktischen Nachschlagewerken zur deutschen Sprache, darunter „Syntaktische Mehrdeutigkeit" (1968), „Wörter und Wendungen" (1962), „Wörter und Gegenwörter" (zusammen mit Christiane Agricola, 1977).

Sein erster Roman erschien 1976: „Tagungsbericht oder Kommissar Dabberkows beschwerliche Ermittlungen im Fall Dr. Heinrich Oldenbeck". Der Roman quillt von Phantasie über; sein Stoff hätte für ein halbes Dutzend der unterschiedlichsten Romane gereicht. Zum einen ist er, wie der Titel verheißt, eine Kriminalgeschichte, zum anderen basiert er auf einem phantastischen Grundeinfall. Ein Wissenschaftler hat ein Medikament entwickelt, das ein spielend leichtes Erlernen fremder Sprachen ermöglicht, aber gefährliche

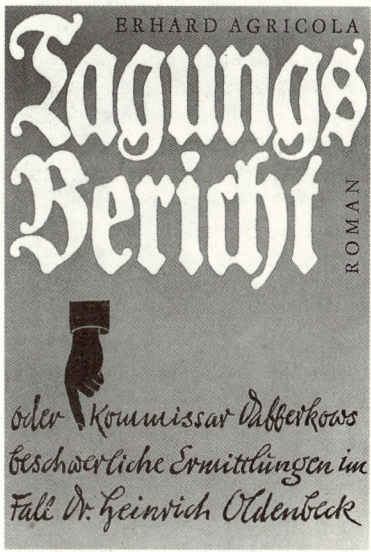

Nebenwirkungen hat. Zum dritten ist „Tagungsbericht" ein historischer Roman, angesiedelt in der exakt erfaßten Zeit um 1930. So ist dies der Sonderfall eines historisch-phantastischen Kriminalromans (in dem von Militärsatire bis Liebesschnulze noch andere Stoffe verborgen sind). Die vielen miteinander konkurrierenden Geschichten werden durch erzählerische Souveränität und Humor verbunden.

Ein phantastischer Einfall ist auch am Zustandekommen der verwickelten Handlung von Agricolas zweiter belletristischer Veröffentlichung, dem humoristisch-satirischen Gegenwartsroman „Im Bann der zaubermächtigen Kirke" (1987), beteiligt. Ein Bühneninspizient hat mittels Lasertechnik eine neue Art Bühnentrick kreiert, der von der Fachwelt nicht anerkannt wird. Da entschließt er sich zu einer Demonstration, in deren Verlauf ein Verzauberter spurlos von der Bühne verschwindet. Die Polizei und ein paar Amateure nehmen die Ermittlungen auf . . . Beide Romane nutzen, der erste stärker als der zweite, phantastische Einfälle, um zu realistischen Geschichten über unsere Gegenwart bzw. jüngere Vergangenheit zu finden.

(M)

Antonio, Eberhardt del'

(* 1926 in Lichtenstein/Sachsen) lernte Metallhandwerker und technischer Zeichner. 1944 unterbrach die Einberufung sein Ingenieurstudium. 1945 wurde er interniert, danach dienstverpflichtet. Er arbeitete in Bremerhaven als Hafenarbeiter, Entroster, Maler, Schmied und Kranführer, nach der illegalen Rückkehr in die sowjetische Besatzungszone dann als Reklamezeichner, Dispatcher, Sachbearbeiter, Schriftrichter, Mechaniker und schließlich als Konstrukteur in einem Entwicklungsbetrieb, wo er ein Büro für Erfindungswesen aufbaute und später als Kulturfunktionär eingesetzt wurde. Seit 1959 lebt er als freischaffender Schriftsteller in Dresden. Er ist Mitglied der Kammer der Technik und der Gesellschaft für Weltraumforschung und Raumfahrt der DDR.

Er hat zahlreiche Märchenspiele und die längere SF-Erzählung „Reise zur Venus" (1959/60 in der sorbischen Zeitschrift „Płomjo") verfaßt; an einer SF-Motive enthaltenden Kinderrevue und der Folge von SF-Hörspielen für Kinder „Der milde Hugo" (1969) war er als Mitautor beteiligt. Als sein Hauptwerk gelten seine vier SF-Romane.

„Gigantum" (1957) ist ein technischer Zukunftsroman, der in der Tradition der Entstehungszeit wurzelt sowie einen an Hans Dominik geschulten Handlungsaufbau aufweist. Die Helden sind Techniker und Wissenschaftler, die etwa um 1990 herum in einem längst geeinten Deutschland einen Supertreibstoff, das nicht radioaktive Transuran Gigantum, entwickeln und zur großtechnischen Nutzung vorbereiten. Dabei werden sie durch die Sabotageakte von überseeischen Spionen und mißgünstigen Kollegen behindert, kommen aber dennoch zum Erfolg. Der ungebrochene Zukunftsoptimismus läßt den Roman als einen heute noch lesbaren Traum erscheinen, der freilich mehr über die Auffassungen der Entstehungszeit als über gesellschaftliche und technische Entwicklungen der Zukunft aussagt.

Mit „Titanus" (1959) wandte sich del' Antonio der Weltraumutopie zu. 240 Männer starten mit einem Photonenraumschiff ins All, um Gravitationsexperimente zu unternehmen, finden im Zielgebiet aber den bewohnten Planeten Titanus vor, auf dem sie in Klassenkämpfe verwickelt werden, die den irdischen ähneln. Die Ausbeuter vernichten sich und ihren Planeten mit Atomwaffen. Die Menschen können sich auf den von Ausbeutung freien Titanus II retten und lernen dort Brüder im All kennen. An Bord befindet sich auch ein amerikanischer Kernphysiker, der in einem geheimen Werk an der geächteten Kernwaffenproduktion mitgearbeitet hat und fürchtet, durch sein langes

Schweigen mitschuldig an einer irdischen Katastrophe geworden zu sein. Naive Zukunftsvorstellungen und schematisierte Handlungsmuster dürfen nicht den Blick darauf verstellen, daß dies eine frühe, ernsthafte Warnung vor einem Atomkrieg ist, die mit den Jahren an Aktualität gewonnen hat.

„Projekt Sahara" (1962) ist eine Alltagsutopie, die ohne Saboteure, Außerirdische und ohne spektakuläre Erfindungen auskommt. Probleme gibt es nur noch im zwischenmenschlichen Bereich. Dargestellt wird die Entwicklung eines begabten Unbesonnenen zu einem sozialistischen Leiter. Eine eher triste Geschichte, da äußerliche Sensationen und tragfähige innere Spannungen fehlen.

Der wohl wichtigste Roman ist „Heimkehr der Vorfahren" (1966). Nach 345 Jahren kehrt die zum Titanus gestartete Expedition, gealtert gerade um zehn Jahre, zurück. Sie findet eine gründlich veränderte Erde vor, die von einer kommunistischen Menschengemeinschaft besiedelt wird. Der unter kapitalistischen Verhältnissen aufgewachsene Amerikaner wird gemütskrank, aber auch die anderen finden sich nur schwer zurecht. Wissenschaft, Technik und Gesellschaft haben ein Niveau erreicht, dem gegenüber sie sich als Urmenschen fühlen. Einige brechen aus dem starren, durch beigegebene Betreuerinnen kaum versüßten Lehrprogramm aus und machen eigene Entdeckungen. Der Roman ist eine echte Utopie, läßt den Leser mit den Augen von Fast-Zeitgenossen eine ferne Zukunft mit in gleichberechtigter Völkergemeinschaft lebenden Menschen entdecken. Zugleich besitzt der Roman antiutopische Züge, denn die unbesonnenen, oft törichten Heimkehrer sind menschlicher als die kalt-überlegenen Zukunftsleute. Mit erstaunlicher Vorstellungskraft schildert del' Antonio den individuellen Leidensweg von Menschen, die sich in einer perfekt eingerichteten Gesellschaft nicht heimisch fühlen. – Nach Motiven dieses Romans entstand 1972 ein SF-Schauspiel, an dem Eberhardt del' Antonio als Mitautor beteiligt war.

In dem Zeitungsartikel „Kind von Kunst und Technik" („Sonntag", 45/1962) hat der Autor seine Auffassung von der SF dargelegt.

(M)

Bach, Hans

(* 1940 in Berlin) führte nach Abschluß der zehnten Klasse ein berufliches Nomadenleben, absolvierte seinen Wehrdienst, machte ein externes Abitur, studierte Psychologie an der Humboldt-Universität zu Berlin und war danach im Gesundheitswesen tätig. Seit 1981 ist er freischaffend. Er schrieb vorwiegend SF-Erzählungen und -Romane, daneben auch einige nichtphantastische Erzählungen („Elblichter", 1985).

1982 debütierte er mit dem Erzählungsband „Sternenjäger" Bach nutzt meist bekannte Gattungstopoi und findet in oft aktionsreichen Geschichten phantastische Metaphern für Tendenzen und Gefahren der Gegenwart. In „Wüstenmais" wird die Problematik sinnvollen Forschens und erfüllten Lebens mit einer Abrüstungsmahnung gekoppelt. In „Generalprobe" bringt eine Pilotin mit totaler Friedfertigkeit das einseitig aggressive Weltbild einer denkenden Superwaffe ins Wanken. In den vier Erzählungen „Aus den Memoiren des Doktor med. R. T." nutzt Bach Erfahrungen, die er als Psychologe gewonnen hat; er läßt in der Schwebe, ob es sich bei den Patienten der Nervenklinik tatsächlich um Geisteskranke oder um Menschen mit außergewöhnlicher Klarsicht handelt; besonders interessant sind „Die zwei Gespräche mit der Elisa N.". Im ersten hat die Titelfigur Schreckensvisionen von einer sich selbst durch Krieg zugrunderichtenden Menschheit. Dr. R. T. versagt, weil er nur für Wahn hält, was seinen realen Kern besitzt. Das zweite Gespräch ist eine von Filmen wie „Die Vögel" und „Formicula" angeregte Vision von der organisierten Rache der Insekten für die planmäßige Ausrottung. In der emotional ansprechend gezeichneten paranoiden Übersteigerung klingt ein Appell

zur Aufrechterhaltung des biologischen Gleichgewichts mit.

Der zweite Erzählband „Wandelsterne" (1984) ist dem Erstling vergleichbar. Allerdings wird die Variation von Grundmustern stärker zum Selbstzweck; die großen Themen des Erstlings sind kaum noch zu finden. In „Liebeszauber" wähnt ein Mann, auf einem fremden Planeten die lange vermißte Heimat gefunden zu haben, aber er erliegt nur der Lockung fleischfressender Pflanzen. „Wasserlosigkeit" ist die Variation des Themas Not im All; der Raumheld opfert sich für den Neuling — unnötigerweise, stellt sich danach heraus. Ungewöhnlicher ist „Rosalie", eine Geschichte über die tödliche Gewalt des Spottes. Einem jungen Wissenschaftler wird ein Spitzname verpaßt, und er läßt sich auf ein Himmelfahrtskommando ein, bei dem er mit dem Spitznamen auch das Leben verliert. „Tharantosubtoxin Theta Zwei" ist in einer spätkapitalistisch-dystopischen Gesellschaft angesiedelt und thematisiert in einer spannend-tragischen Handlung die Verantwortung des Wissenschaftlers für die Ergebnisse seiner Forschungen.

Wie in seinen Erzählungen mischt Bach auch in seinem Romanerstling „Sternendroge Tyrsoleen" (1983) Abenteuer auf der Erde und im All. Die Handlung spielt in ferner Zukunft. Die Menschheit ist von einer furchtbaren Krankheit bedroht, der Hyperverpilzung. Amon Deltar soll ein Gegenmittel besitzen, aber er gibt es nicht heraus. Einer Ärztin, die das Wundermittel dringend benötigt, erzählt er die Geschichte seines Lebens und der Sternendroge. Als Jugendlicher stieß er während der Suche nach seiner Identität auf die Spuren einer verschollenen interstellaren Expedition und die des seltsamen, immerjungen Ehepaares Sebal, das in einem Superlabor inmitten des australischen Naturparks forscht. Von ihnen erfuhr er die Geschichte der Jahrhunderte zurückliegenden Expedition, die auf der Suche nach einem Planeten war, von dem eine automatische Sonde den Ausgangsstoff für die Sternendroge mitgebracht hatte. Eine Vielzahl von kosmischen Abenteuern mußten die Raumfahrer durchleben, trafen auf antiutopische Gesellschaften à la Huxleys „Brave New World" und auf als Haustiere gehaltene Menschen wie in Swifts „Gulliver", bis sie schließlich umkamen. Die Sebals haben die in letzter Sekunde zur Erde geschickte Sonde gefunden und versehentlich von den Früchten gegessen, wodurch sie unsterblich und zunehmend interesselos wurden. Amon, selber langlebig, genetisches Ebenbild des damaligen Expeditionsleiters und Sohn der Sebals, hält den Preis der Unsterblichkeit angesichts des Dahinvegetierens seiner Mutter für zu hoch, als daß die Droge freigegeben werden dürfte – wozu er sich am Ende dann aber doch entschließt. Die Handlung ist komplex ineinander verschachtelt, die Einfälle jagen sich, und fast erscheint der Roman als von Ideen und Geschichten übersprudelndes Chaos. Traditionelle Motive werden umgekehrt: Unsterblichkeit ist nicht erstrebenswert, sondern ein Fluch (auch das im „Gulliver" vorgezeichnet und schon in der Titelerzählung von „Sternenjäger" verwendet); die Revolution wird nicht auf andere Planeten exportiert; die Zukunft ist trotz allgemeiner Läuterung der Menschen keinesfalls problemfrei.

Eine Kurzgeschichte von Friedrich Gerstäcker inspirierte Bach zu seinem zweiten Roman, „Germelshausen 0.00 Uhr" (1985). In

dem fiktiven mitteleuropäischen Staat Riedland taucht in unserer Gegenwart direkt neben einem geheimen ABC-Labor eine verwunschene mittelalterliche Kleinstadt auf. Der wegen seines Übereifers strafversetzte Polizist Gerondet und ein schießwütiger Antiterrorspezialist gelangen in die nach außen abgeschirmte Stadt. In aktionsreicher Ermittlungsarbeit kommt Gerondet hinter das Geheimnis. Einem Alchimisten ist es gelungen, eine Art Zeitmaschine zu bauen, die Germelshausen nur alle 25 Jahre für einen Tag zum Leben erwachen läßt. Mit Hilfe einer Satan genannten Riesenspinne übt er Macht aus, läßt Widersacher ermorden. Aber die Menschen der Neuzeit sind noch furchtbarer als der Alchimist. Als Germelshausen in einem Flammeninferno untergeht, entkommenhappy-endlich Gerondet und seine neugewonnene Geliebte, um draußen gegen den wahren Satan, die Bombenproduzenten, zu kämpfen. Der Roman lebt eher von dramatischen Aktionen als von – wie sich hier anböte – psychologisch erfaßten Charakteren im Spannungsfeld der Jahrhunderte.

(M)

Bagemühl, Arthur

(1891–1972)

hat in Berlin gelebt. Sein einziger Roman „Das Weltraumschiff" (1952), das erste SF-Jugendbuch unseres Landes, ist wie die meiste SF dieser Jahre der Popularisierung wissenschaftlicher Erkenntnisse verpflichtet. Der Roman schildert, wie Heinz, ein Knabe von elf Jahren, seinem Vater, einem Professor, der im „Atominstitut" ein kernkraftgetriebenes Raumschiff entwickelt, zur Hand geht, wobei sich ausgiebig Gelegenheit für populärwissenschaftliche Exkurse ergibt. Durch einen Radiumdiebstahl erhält zudem Heinzens Pioniergruppe die Chance, in die Fußtapfen von „Emil und die Detektive" zu treten. Als schließlich der Assistent des Professors ausfällt, darf Heinz seinen Vater auf einen Probeflug um den Saturn begleiten. Nach einer Notlandung im Nord

iran entspinnt sich im zweiten Teil des Buches eine für die SF dieser Zeit typische Abenteuergeschichte, die ihre Spannung aus den Machenschaften imperialistischer Geheimdienste, hier des englischen und des amerikanischen, bezieht. Über das reine Abenteuer hinaus von Bedeutung ist die erstmalige Schilderung von Strahlenkrankheit in der DDR-SF. „Nie wieder darf das, was forschender Menschengeist schuf, in ein Instrument der Vernichtung ... umgefälscht werden." (S. 199)

Bagemühls Roman erreichte dank einer um einigen Ballast gekürzten Heftausgabe eine für seine Zeit beachtliche Breitenwirkung.

(St)

Ball, Kurt Herwarth
(1903–1977)

ist das Pseudonym von Joachim Dreetz. Er war Holzarbeiter, Heizer, Hilfsarbeiter und Redakteur, bis er 1930 freischaffender Schriftsteller wurde. Er schrieb eine stattliche Reihe von Abenteuer- und Kriminalerzählungen, die zumeist in der Heftreihe „Das neue Abenteuer" erschienen, sowie Gegenwartsromane und -erzählungen – „Halle zwo" (1949), „Kathrin Wenzel" (1958), „Meister Annette" (1960) u. v. a.

Seine Beiträge zur SF entstanden durchweg in Zusammenarbeit mit dem wesentlich jüngeren Lothar Weise (s. d.).

1957 erschien ihre Erzählung „Alarm auf Station Einstein", ein der Tradition der Zeit verhaftetes Weltraum-Abenteuer. Ein genialer amerikanischer Wissenschaftler soll für einen Konzern eine Weltraumstation bauen. Ähnliches hat die sozialistische Staatengemeinschaft längst, und so werden Spione darauf angesetzt. Auch der amerikanische Wissenschaftler wird unter falschem Namen eingeschleust, kommt aber zur Einsicht und verhindert einen Sabotageakt.

Im gleichen Jahr erschien die zweite Weltraumabenteuer-Erzählung, „Signale von der Venus". Eine irdische Expedition ist auf der Venus gestrandet. Nach fünf Jahren melden sich die Totgeglaubten. Die Erzählung beschreibt dramatische Abenteuer der Rettungsexpedition von Raumangst bis zum Kampf mit polypenähnlichen Pflanzen. Präsentiert wird, wie in der vorangegangenen Erzählung, vor allem die Raumtechnik der Zukunft.

„Brand im Mondobservatorium" (1959) erzählt, ähnlich dem gemeinsamen Erstling, ein Raumabenteuer mit Sabotage. Ein britischer Astrologe heckt gemeinsam mit einem Konzernchef den Plan aus, ein sowjetisches Mondobservatorium zu vernichten, um Geld für ein britisches Projekt zu bekommen. Der Anschlag glückt zwar, aber die Besatzung überlebt, und die Urheber werden – ausgenommen die Konzerngewaltigen – entlarvt.

Das umfangreichste und wich-

tigste Ergebnis der Koautorschaft mit Lothar Weise ist der Roman „Atomfeuer über dem Pazifik" (1959). Es gibt darin keine phantastischen Erfindungen, kein Vorverlegen in nahe Zukunft, keinerlei Gesellschafts- oder Technikprognostik, also handelt es sich um einen Gegenwartsroman. Durch Milieu, Personen- und Handlungsführung, Konflikte steht er jedoch der SF nahe. Die Protagonisten befassen sich mit Entwicklungen, die im Handlungszeitraum tatsächlich erforscht wurden — etwa der „sauberen" Atombome, die nur zerstört, nicht auch verseucht, oder dem Kernfusionsreaktor. Auch gab es im Handlungszeitraum (1957/58) erste erfolgreiche Versuche der unmittelbaren Umwandlung von Kern- in Elektroenergie. Die Handlung ist in einem (fiktiven) US-amerikanischen Kernforschungsbetrieb angesiedelt und schildert realistisch die Konflikte von Wissenschaftlern, die ihre Forschungsergebnisse für die Bombenproduktion mißbraucht sehen oder mißbrauchen lassen. Es ging den Autoren darum, den Leser mit Gefahren der Kerntechnik vertraut zu machen. Die Verantwortung der Wissenschaftler für die Anwendung ihrer Forschungsresultate wird nacherlebbar gestaltet. Zugleich werden die Schwierigkeiten deutlich, die ihrer direkten politischen Wirksamkeit im Weg stehen. Die Problematik des Romans hat nichts von ihrer Aktualität verloren.

(M)

Bender, Werner

(* 1928 in Mittweida/Sachsen)

arbeitete nach einem nicht abgeschlossenen Studium der Naturwissenschaften und der Philosophie ab 1949 als Volontär, später als Redakteur beim Rundfunk und bei der Presse. Seit 1952 ist er, abgesehen von kurzen Unterbrechungen, freischaffend.
Nachdem er zunächst humoristisch-satirische Texte für die Presse schrieb, ist Bender auf den unterschiedlichsten Gebieten — vom Kinderbuch über das Hörspiel bis zum Kurzfilm — wirksam geworden. 1956 leistete er mit seinem Kinderbuch „Messeabenteuer 1999" einen beachtens-

werten Beitrag zu dem sich in der DDR gerade erst herausbildenden Genre der SF. In diesem Roman nutzt er eine einfache, doch spannende Detektivhandlung, um zwei Jungen auf den Spuren zweier Wundermänner, die schneller als der schnellste Läufer rennen und Schachweltmeister schlagen, sich aber in alltäglichen Situationen reichlich dämlich anstellen, durch eine Welt voller technischer Zukunftswunder zu schicken. Obwohl er dabei — ganz im Sinne der damaligen Erwartungen — weder Einschienenbahnen noch computergesteuerte Produktion oder Wetterbeeinflussung aus dem Weltraum ausspart, verpackt er die Populärwissenschaft immer jugendgemäß, unterhaltend und bisweilen sogar witzig.

Das Buch, zu dem Erich Schmitt passende Illustrationen beisteuerte, wurde mit einem Preis des Ministeriums für Kultur ausgezeichnet. 1975 entstand auf seiner Grundlage in einer Gemeinschaftsproduktion der Studios in Babelsberg und Barrandov der Kinderfilm „Abenteuer mit Blasius". Weiterhin hat Bender das SF-Kinderhörspiel „Die Erfindung, die alles erfindet" (1972 gesendet) verfaßt.

(St)

Beuchler, Klaus

(* 1926 in Kattnitz bei Döbeln)

war nach dem Kriege Volontär bei der Hallenser Tageszeitung „Freiheit", danach Reporter beim Berliner „Nacht-Expreß" und arbeitete, bevor er als ständiger Vertreter des DDR-Rundfunks bei den Vereinten Nationen in Genf akkreditiert wurde, als Kommentator auf außenpolitischem Gebiet beim Deutschlandsender. Er hat Germanistik, Wirtschafts- und Kunstgeschichte studiert. Beuchler trat literarisch zunächst als Autor von Reportagen auf und schrieb später Hörspiele. Es folgten zahlreiche Kinderbücher, darunter „Entscheidung im Morgengrauen" (1957), „Die Sache mit Fliegenschnepper" (1969), „Parole Feuerstein oder Die zwölf Monde des Gwendolin Zeising" (1972), „Pirat mit Hindernissen" (1974), „Das rote Etui" (1976). Für Erwachsene erschienen u. a. „Aufenthalt vor Bornholm" (1967), „Die Mission des Doktor Wallner" (1971) und „Jan Oppen" (1983). Der Autor wurde mit dem Kunstpreis des FDGB und mit dem Alex-Wedding-Preis der Akademie der Künste ausgezeichnet.

Beim Blick auf seine SF-Bücher für Kinder („Einer zuviel im Lunakurier", 1964, „Zepp und hundert Abenteuer", 1967, beide Bände erschienen 1974 unter dem gemeinsamen Titel „Abenteuer Futuria") und auf seinen SF-Roman „Silvanus contra Silvanus" (1969), der an Erwachsene adressiert ist, fällt eine Reihe von Unterschieden auf, die konträre Tendenzen und Qualitäten der SF charakterisieren.

In den beiden Kinderbüchern, die kurz vor dem „Silvanus"-

Roman herauskamen, setzt Beuchler ganz auf ungetrübten und „problemlosen" Zukunftsoptimismus. Er malt den kindlichen Lesern über präzise geografische Angaben (Rhin-Luch, Oder-Havel-Kanal, Kremmen, Finowfurt usw.) ein Bild unserer heimischen Welt im Jahre 2071 bzw. 2074, dessen Rückprojizierung in die Gegenwart allerdings auf erhebliche Schwierigkeiten stoßen muß. Sechs- und zwölfspurige Straßen, gewaltige Wasserwege, am Himmel allenthalben schwirrendes Fluggerät, Jugendclubs mit Desinfektionsmechanik, ein monströses Kosmodrom mitten im Havelland haben das Land von Grund auf verändert. So entsteht zumindest unter Lektürebedingungen und Lesarten von heute, da wir das bedenkenlose Feiern einer technisch überfrachteten Umwelt kritisch sehen, ein makabres Totalbild. Durch gelegentlich eingeflochtene Naturimpressionen wird das eigentlich Sterile, Kalte des geschilderten SF-Milieus noch bedrückender. Herzerfrischend hebt sich der Brief der beiden Pioniere aus den sechziger Jahren unseres Jahrhunderts in Duktus und Sicht auf Wirklichkeit von dem ab, was über die siebziger Jahre des kommenden Säkulums berichtet wird. Den Einfall von novellistischem Format, uns gleichsam als archäologische Entdeckung unseren Nachfahren nahezubringen und so anspruchsvolle Verfremdung

anzubieten, wie ihn Beuchler mit der Kassettenbotschaft heutiger Kinder an ihre nach ihnen lebenden Freunde gefunden hat, vergibt der Autor im Erzählen. Es fehlt *allen* Figuren der Nachzeit an Individualität. Die SF hat den Schriftsteller gepackt, nicht er sie. Alles ist überzogen, was auf Kosten der realistischen Tiefe und auch der Vorstellbarkeit geht. Wenn Raketenkonstrukteure singen, singen sie Raumschifflieder (auch unter der Dusche); wenn ein Professor Lyrik vorträgt, ist sie gleichen Themas; wenn im Jahre 2071 ein Film im Superkino läuft, geht es um Raumfahrerei. Nicht unbedingt für den kindlichen Leser (jüngerer Jahrgänge), unbedingt aber für den älteren und für

Erwachsene wird gegen die Wirkungsintentionen des Autors – Lesartenwandel eingerechnet – partiell eine negative Utopie entworfen.

In der Figurenzeichnung stören Klischees. Die edelsten Figuren haben „kein Gramm überflüssiges Fett", sind „durchtrainiert", verfügen über „gebräunte Gesichter" und „kluge Augen". Im Sprachlichen spiegelt sich die heute frivol anmutende Unbekümmertheit im Umgang mit Natur und Welt, die als knetbare, lax und locker zu verändernde Größen erscheinen. Über die häufig strapazierten Stereotype „man brauchte nur ...", „man brauchte auch hier nur ..., und schon ..." wird die Illusion suggeriert, in Zukunft sei alles per Knopfdruck zu lösen. Auffallend ist auch die Abstinenz, die Beuchler in seiner Kinder-SF gegenüber Konflikten moralischer Art praktiziert. Das befremdet um so mehr, als Klaus Beuchler in den anderen Kinderbüchern den Nachweis erbracht hat, daß er über die künstlerischen Mittel und Fähigkeiten verfügt, von Kindern und deren realen Problemen lebensnah und realistisch zu erzählen.

In „Silvanus contra Silvanus" hingegen stehen moralische Probleme im Zentrum. In dem Roman, der im Verlag Das Neue Berlin erschien, stellt der Autor einem jungen Wissenschaftler, dem es an Selbstvertrauen und Risikobereitschaft fehlt, einen „anderen" Silvanus an die Seite. Dieses Alter ego verkörpert die rational-rationalistische Seite und zwingt den anderen zur Prüfung und Wägung seiner Position. Ein innerer Konflikt, der Fragen von Wissenschaftsmoral, wissenschaftlicher Produktivität und deren Risiken, Gefährdungen und Voraussetzungen berührt, wird gleichsam geöffnet und in Dialoge und Dispute umgesetzt. Beuchler bringt hier Menschen- und Menschheitsfragen wirkungsvoll zur Sprache, wobei ihm die Inkarnation des zweiten Ich dazu verhilft, den Leser in Spannung zu halten und zur Messung eigener Lebensmaximen aufzufordern. Erschwert wird die Aufnahme allerdings – neben anderen Schwächen des Buches – durch eine partielle Redundanz. Daß Beuchler im „Silvanus"-Roman Motive Lems und Goethes aufnimmt und produktiv nutzt, ist anzumerken.

(P)

Bonhoff, Otto

(* 1931 in Leipzig)

war Schauspieler, Reporter, und seit 1961 schreibt er regelmäßig – zunächst Tatsachenerzählungen und Kurzhörspiele, dann größere Arbeiten. Bekannt geworden ist er vor allem durch die in Zusammenarbeit mit Herbert Schauer entstandenen Fern-

sehserien, etwa „Schatten über Notre Dame" (1966), „Über ganz Spanien wolkenloser Himmel" (1971), „Das unsichtbare Visier" (1973), die auch als Romane vorliegen. Sein Hauptschaffen liegt auf dem Gebiet der Abenteuerliteratur sowie der Spannungsliteratur (Krimi, Spionage).

Zur SF hat er nur einen Beitrag geleistet. 1973 wurde sein Schauspiel „Besuch aus dem Nebel" uraufgeführt, 1974 erschien unter dem gleichen Titel die Romanversion. Vom Andromedanebel ist ein Raumschiff eingetroffen und kreist neben einer irdischen Raumstation um die Erde. Die Völker der Erde sind friedlich geeint, einem freundschaftlichen Kontakt dürfte nichts im Weg stehen, doch haben die Andromedaner das waffenstarrende

Wrack eines amerikanischen Raumschiffs inspiziert und sich dort einen alten amerikanischen SF-Film angesehen. So kommt es zu einem tödlichen Mißverständnis vor dem am Ende doch noch freundschaftlichen Kontakt. Eine große Rolle spielt die Theorie von früheren Besuchen aus dem All, die entsprechend den Thesen von Erich von Däniken referiert wird. Zentrales Anliegen ist die breit erörterte Frage, ob gegen die aggressiv scheinenden Besucher Waffen angewendet werden sollen; sie wird erst in letzter Sekunde mit Nein beantwortet.

(M)

Branstner, Gerhard

(* 1927 in Blankenhain/Thüringen) war nach Krieg und Gefangenschaft Verwaltungsgehilfe, studierte Philosophie in Jena und Berlin, wurde Hochschullehrer und promovierte 1963 mit der Dissertation „Über den Humor und seine Rolle in der Literatur" zum Dr. phil. (1980 publiziert als „Kunst des Humors – Humor der Kunst"). Er war Cheflektor der Verlagsgruppe Das Neue Berlin / Eulenspiegel Verlag und ist seit 1968 freischaffender Schriftsteller.

Branstners literarisches Werk ist außerordentlich vielgestaltig, er verfaßte Romane und Erzählungen, Fabeln, Anekdoten, Lieder und Aphorismen, Filmszenarien und Gedichte; vor allem aber versteht sich der Autor als Dramatiker, dessen Stücke zwar gedruckt wurden, die Hürden der Theaterbürokratie aber so gut wie nie überwinden konnten, also nicht auf die Bühne kamen. Das Theater ist für ihn die wichtigste, die „kulturvollste Kunst, [...] weil es die kulturvollste, da geselligste und produktivste Beziehung zum Publikum herstellen kann" (Weimarer Beiträge, 5/1987, S. 777).

Gleichzeitig ist Branstner immer wieder mit Essays und Aufsätzen zur Kunst-, Theater- und Literaturtheorie an die Öffentlichkeit getreten, so z. B. mit der 1984 als Broschüre erschienenen Abhandlung „Das eigentliche Theater oder die Philosophie des Augenblicks". Theorie und Praxis der Künste bilden für ihn eine Einheit, befruchten und bedingen einander und führen sich gegenseitig im dialektischen Widerstreit zur Höhe einer sich selbst, d. h. ihrer eigenen Gesetze bewußten Kunst. „Aus seiner Definition des allgemeinen Inhalts der Kunst – soziale Heiterkeit – und der allgemeinen Funktion der Kunst –, Vorahnung' des Spiels mit der Wirklichkeit – leitet er als allgemeine Form der Kunst das heitere Spiel ab, das sich realisiert mittels der Technik der ‚heiteren Verstellung'." (Peter Reichel in: Weimarer Beiträge, 5/1987, S. 791)

Getreu seiner ästhetischen Konzeption war es Branstners Ziel, die Tragfähigkeit seiner Thesen in so gut wie allen literarischen Genres auf die Probe zu stellen. So ist der Band „Zu Besuch auf der Erde" (1961) eine gelungene Mischung aus Erzählungen, Aphorismen, Anekdoten und Sentenzen des Nepomuk (eines Verwandten der Brechtschen Keuner-Figur). Bereits hier setzt der Autor Verfremdungstechniken der Science-fiction ein. Neben der zur SF gehörenden Titelgeschichte finden sich zwei weitere parabelhafte SF-Erzählungen („Kumpelfings im Weltraum" und „Die Stadt der Letzten").

In der Folgezeit publizierte Branstner einen Kriminalroman („Der verhängnisvolle Besuch", 1967), den Band „Der Narrenspiegel" (1971), dessen Untertitel treffend die Breite der darin enthaltenen Aphorismen und Kurzgeschichten umreißt: „Aber auch Das Buch der sieben Künste als da sind die Kunst zu lachen, die Kunst zu lieben, die Kunst zu leiden, die Kunst zu lästern, die Kunst zu loben, die Kunst zu lernen, die Kunst zu leben" – und auch hier nutzt der Autor die Möglichkeiten der SF zum spielerischen Umgang mit der Wirklichkeit: in der „ulktopischen" Geschichte „Wer hat denn jetzt den Einbrecher erschossen?" wird – wie in allen SF-Texten – deutlich, daß für Branstner die literarische Form der SF nie Selbstzweck ist, sondern Transportmittel satirisch-gesellschaftskritischer Ideen.

Nach der im Stile Rabelais' geschriebenen „Plebejade" (1974), dem dramatisierten Disput „Kantine" (1977) und dem Band mit bearbeiteten bzw. nachgedichteten Texten aus der deutschen Volksdichtung „Das Verhängnis der Müllerstochter" (1985) gehört der Stücke-Band „Der Himmel fällt aus den Wolken" (1977) zu den wichtigsten Publikationen Branstners. Letzterer enthält die SF-Komödie „Das Testament des Roboters" sowie ein (auch für das Verständnis der SF-Texte des Autors wichtiges) nachgestelltes Traktat „Das Gesetz des Menschen oder die Natur der Kunst", worin er ein „Gesetz der Aufhebung des Ernstes in Heiterkeit" als universales Entwicklungsgesetz „des

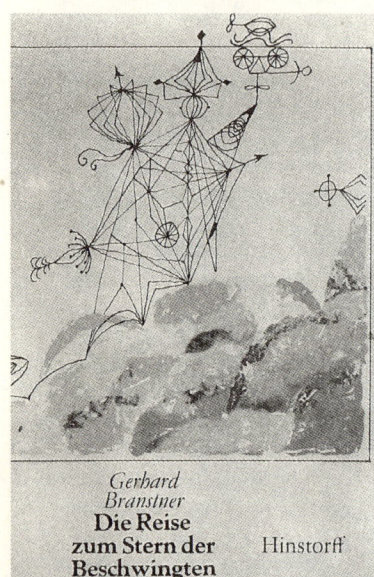

Gerhard Branstner
Die Reise zum Stern der Beschwingten
UTOPISCHER ROMAN

Hinstorff

ideellen Seins, des spezifischen Sinns des menschlichen Lebens" proklamiert. Die Kunst habe im Rahmen dieser Bestimmung die Aufgabe, den Zustand der „ästhetischen Schwerlosigkeit", „die aus historischer Souveränität entspringende heitere Beschwingtheit", herbeiführen zu helfen.

Obwohl die Spannweite seiner literarischen Arbeiten weit über die SF hinausweist, hat Branstner in diesem Genre einige seiner wichtigsten Werke verfaßt, die zugleich neue Impulse in die SF der DDR einbrachten. Sein in dieser Hinsicht bedeutendster SF-Text, der auch sehr konsequent Heiterkeit als Lebenshaltung einer fortgeschrittenen Menschheit vorführt, ist der Roman „Die Reise zum Stern der Beschwingten". Er erschien im Jahre 1968, zu einer Zeit, als der darin geübte respektlose Umgang mit den Klischees der sich seriös gebenden Raumfahrt-SF und dem zeitgemäßen Pathos ihrer Helden für die DDR-SF noch außergewöhnlich war.

„Die Reise zum Stern der Beschwingten" ist die Schilderung einer ungewöhnlichen Weltraumfahrt: Eine recht skurrile Besatzung startet mit dem altersschwachen Raumschiff „Bommel" in Richtung Milchstraße. Der Flug gerät zu einer turbulenten und lustigen Odyssee durchs All, gewürzt mit philosophischen Bonmots. Diverse am Wege liegende und mehr oder weniger zufällig angesteuerte Planeten dienen dem Autor als Bühne für humorvolle Parodien menschlich-irdischer Verhaltensweisen, (mindestens) doppelsinnige Wortspiele und unterhaltsamen Nonsens. Das letzte Reiseziel ist ein utopisch-paradiesischer Ort, an dem sich eine Menschheit findet, die in Glück und Frieden, in weiser Eintracht von Kunst und Wissenschaft lebt und Heiterkeit als oberste Lebenskunst vorexerziert.

Der 1970 folgende SF-Roman „Der falsche Mann im Mond" nähert sich mehr dem Muster gängiger Darstellungen einer irdischen Zukunftswelt an. Daß es ein Verbrechen gibt, das aufzuklären ist, macht das Buch zum

Kriminalroman, daß der Verbrecher einer der letzten seiner Art auf der Erde ist und mit allgemeinem, d. h. öffentlichem Gelächter bestraft wird, macht es zur satirischen Utopie. Der Täter will die Erfindung der partiellen Aufhebung der Schwerkraft dazu benutzen, seine alten Machtpositionen (als Privatkapitalist) in der Gesellschaft zurückzugewinnen, und setzt dabei bedenkenlos das Leben eines anderen aufs Spiel. In der von Branstner entworfenen Modellwelt aber sind diese und andere Verbrechen nicht nur beinahe schon undenkbar geworden, der herrschende soziale Zustand „schwereloser Heiterkeit" erweist sich auch als eine kraftvolle Haltung, die einem solchen Rückfall ins Verbrechen als Mittel individueller Bereicherung leicht Paroli bieten kann. Konsequenterweise ist der Mond – als ein Ort verringerter Schwere – der Hauptschauplatz der Handlung.

„Der astronomische Dieb" (1973) demonstriert die Vorliebe des Autors für eine pointierte, mit dem Paradoxen spielende (oft nur ein, zwei Seiten lange) Kurzprosa; in diesem kleinen Band sind eine Reihe gleichnishafter „utopischer Anekdoten" (Untertitel) versammelt. Die Tradition der Parabel nutzt Branstner auch in den folgenden Bänden, wenngleich auch in einer längeren Erzählform. „Vom Himmel hoch oder Kosmisches Allzukomisches" ist eine Sammlung von

SF-Lügengeschichten. Im philosophischen Redespiel tischen Weltraumveteranen, in einer alten Orbitalstation um die Erde kreisend, einander ihre Lebensgeschichten auf, hüllen Wahrheiten in den Mantel der Lüge (gemäß Branstners Konzept der heiteren Verstellung), um auf diese Art dem Wesen der Wirklichkeit näher zu kommen, als durch eine platte Abbildung der Realität (was zugleich auch ein Grundanliegen der SF ist). Wieder dient die literarische Technik des Autors zugleich der Unterhaltung wie dem Denkanstoß.

Die bandfüllende Erzählung „Der Sternenkavalier" (1976) greift eine der Ideen der „Reise zum Stern der Beschwingten" erneut auf: Das Weltall soll nach ästhetischen Grundsätzen umkonstruiert werden, und so begeben sich Eto Schik und sein Gefährte As Nap (die literarische Anleihe wird durch die Inversion der Namen deutlich) auf eine nicht ernst zu nehmende Reise durchs Weltall, die Gelegenheit gibt, auf diversen Stationen über Sinn und Unsinn menschlicher Lebenshaltungen zu philosophieren — was allerdings den Handlungsrahmen allzusehr als bloßen Erzählvorwand entlarvt.

Auch hinter den der Aufklärung durch einige Raumlotsen von der „Station für außergewöhnliche Vorfälle" harrenden technischen Pannen, von denen Branstner in den drei Erzählungen des Bandes „Der indiskrete Roboter" (1980) berichtet, sind es wieder allein die menschlichen Konflikte, die den Autor interessieren. Getreu der für den Autor typischen künstlerischen Methode, ist der moralische Disput in heitere, unterhaltsame Geschichten verpackt. Der im Titel genannte skurrile Roboter Oskar ist hierbei wichtiges Indiz menschlicher Eigenheiten, da er als Produkt des Menschen nur dessen Vorzüge und Schwächen spiegelt, als verfremdetes (verstelltes) Abbild. (Spätestens hier fallen Parallelen zum SF-Werk Wolfgang Kellners ins Auge, der eine verwandte Schreibhaltung hat, wenngleich für den „Moralisten" Kellner eher individuelle Konflikte, für den „Moralisten" Branstner eher gesamtgesellschaftliche Themen typisch sind.)

„Ihre Wirkung machen Gerhard Branstners literarische Prosatexte tatsächlich in erster Linie mittels Verstellung und Spiel, Verstellung heißt dabei zuvörderst Entfernung. Der banale Alltagszusammenhang wird aufgegeben, [...] allzu Bekanntes wird verfremdet, verstellt räumlich-zeitliche und existenzielle Entrückung und Verrückung findet statt, die Wiederbegegnung ereignet sich in galaktischer oder fantastischer Dimension. Solche Entfernung ist spielerisch und macht das Spiel erst möglich. [...] Nicht Flucht oder Konspiration ist der Zweck, sondern Erkenntnis und Vergnügen." (Peter Reichel in: Weimarer Beiträge, 5/1987, S. 789)

(Sp)

Braun, Günter

(* 1928 in Wismar) und

Braun, Johanna

(* 1929 in Magdeburg)

leben als Schriftsteller in Magdeburg. Bevor sie beide 1954 freischaffend wurden, hat der in Königsberg in einer Familie mit antifaschistischer Haltung aufgewachsene Günter Braun, der nach kurzer Militärzeit bei Kriegsende nach Stendal kam und dort das Abitur ablegte, als Apothekergehilfe, Lokalreporter, Redakteur

und Bibliothekar gearbeitet; seine Frau Johanna war Landarbeiterin, Kaufmannslehrling, Stenotypistin, Sekretärin, Redakteurin und Reporterin.

„Die Brauns" – so sagt man im Milieu der Insider, weil sie stets gemeinsam publizieren und niemand die Anteile der beiden Ehepartner am Werk wie am einzelnen Buch sicher zu scheiden vermag; es ist aber auch einfach der Name, den man sich macht –, die Brauns nehmen in der phantastischen Literatur der DDR eine Spitzenposition ein, obwohl sie keineswegs zu den auf Phantastik oder gar Science-fiction spezialisierten Autoren gehören, solche Spartenbildung vielmehr entschieden ablehnen, weil es ihrer Meinung nach nur eine Literatur geben kann mit letztlich nur einem Gegenstand: dem Menschen. Ihre künstlerisch gelungensten Bücher liegen sogar thematisch außerhalb des phantastischen Bereichs. So die Erzählung „Bitterfisch" (1974), die von einem phantasiebegabten und phantasiebedürftigen jungen Mann handelt, an dessen produktiver Eigenwilligkeit sich die Geister der Mitmenschen scheiden, so die reportagehaften Feuilletons des Bändchens „Lieber Kupferstecher Merian" (1974), das moderne Wanderungen durch die Altmark beschreibt, intensiv wirklichkeitshaltig und zum Anfassen dicht in einer Art, die den Maßstab Fontanescher „Wanderungen" nicht zu scheuen braucht.

Weitere Beispiele für die Vielseitigkeit der Brauns sind abenteuerliche Erzählungen für die Jugend wie „Herren der Pampa" (1957), die historische Erzählung „Preußen, Lumpen und Rebellen" (1957), der satirische Roman „Die seltsamen Abenteuer des Brotstudenten Ernst Brav" (1959), „Mädchen im Dreieck" (1961, ein Roman über Gewissenskonflikte der Jugend unter dem Faschismus), zahlreiche Fernsehspiele mit Gegenwartsthematik, die Geschichtensammlungen „Die Nase des Neandertalers" (1969) und „Fünf Säulen des Eheglücks" (1976). 1981 erschien ihr feuilletonistisch-literarisches Kochbuch „Kleiner Liebeskochtopf", 1984 im Suhrkamp Verlag „Der unhandliche Philosoph. Berichte zur Biografie des Sokrates".

In ihren phantastischen Büchern geht es folgerichtig auch nicht so sehr um ausschweifend beschriebene Weltentwürfe, um die Konstruktion denkbarer Wirklichkeiten als kohärente Systeme, die funktionieren könnten. In dieser Hinsicht bleiben sie eher bescheiden-andeutend. Viel mehr geht es ihnen um das Verhalten von Menschen im Umgang mit sich selbst, miteinander und mit der Welt, derjenigen, mit der sie nun einmal vorliebnehmen müssen. Das ist auch bei anderen Autoren nicht wesentlich anders, natürlicherweise. Die charakteristische Besonderheit steckt bei den Brauns allerdings in ihrem eigentümlichen Ton frischer, unbekümmerter, nicht immer feiner und rücksichtsvoller, vor allem nicht in bezug auf erstarrte Konventionen und Tabus rücksichtsvoller Heiterkeit, die auch die Klamotte nicht verachtet, aber immer jenes Quentchen Ironie enthält, das den Leser daran hindert, den Ulk als Ulk abzutun, weil es dazu provoziert, über den möglicherweise dahinterstehenden Ernst selbständig nachzudenken.

Dieser besondere Ton bestimmte schon ihr erstes Phantastikbuch „Der Irrtum des großen Zauberers" (1972) durchgehend, und er hat nicht geringen Anteil daran, daß es sofort ein Erfolg wurde. Geht man freilich davon aus, daß Science-fiction einst ihren Ursprung hatte in der Faszination durch Wissenschaft und ihr Produkt, die anscheinend unbegrenzten Möglichkeiten von Technik, dann hat man es hier eher mit Anti-Science-fiction zu tun. In den Spielvoraussetzungen der Fabel stehen Faszination durch die Maschine, die logisch operierende Maschine unserer Tage, und Einschläferung des menschlichen Grundbedürfnisses nach selbstbestimmter Arbeit in wechselseitigem Zusammenhang.

Ein scheinbar allmächtiger, weil scheinbar allwohltätiger Diktator zwingt die Menschen des von ihm beherrschten Territoriums zu konsumierendem Dahindämmern, indem er ihnen primitiven Genuß zuteilt, Arbeit dagegen in immer stärkerem Maße

Maschinen vorbehält. In Gang kommt die Fabel dadurch, daß auch solche Herrschaft nicht ewig dauern kann – der Diktator braucht einen Nachfolger, den er natürlich selber bestimmen will: selber auswählen und sich selber möglichst ähnlich machen. Von seinen kretinierten Hofschranzen kommt keiner in Frage, der Erbe soll schließlich intelligent sein. Doch das ist der Irrtum des großen Zauberers – Intelligenz und Kadavergehorsam sind miteinander unvereinbar. Außerdem besitzt jede Herrschaft blinde Flecken: Jeder zufällige Defekt im System von Narkose und Hypnose muß zwangsläufig die Leere darin fühlbar machen und den Widerstand aktivieren, den menschlicher Drang nach dem Selberentscheiden und Selbertun auch der scheinbar wohltätigen Manipulation entgegensetzt.

Gewiß vollzieht sich das im Verlauf der Geschichte eher auf dem Niveau von Max-und-Moritz-Streichen, aber der Leser läßt sich gern darauf ein, weil hier Fabel und Held genau zueinander passen. Denn erzählt wird konsequent aus der Perspektive des intelligent-renitenten Jungen Oliver Input, der in seiner spontanen, immer wieder gebrochenen und immer wieder neu aufflammenden Rebellion zu einer Art Kondensationskern für das Handeln anderer wird. Seine eigene eigentliche Geschichte freilich, als Weg zum Verstehen seiner selbst und zur schließlichen Selbstbestimmung des eigenen Platzes in der Gemeinschaft, wird richtig erst nach dem Ende des Romans beginnen, wenn er sich auf die Suche nach dem klugen und mutigen Mädchen Naida begibt. So bleibt dem Leser genug Raum zum Weiterspinnen.

Hier liegt zugleich der Grund, weshalb der nächste, mit ähnlichen Mitteln arbeitende Roman „Unheimliche Erscheinungsformen auf Omega XI" (1974) nicht so fraglos funktioniert. Es macht sich schon darin bemerkbar, daß er regelrecht in zwei Teile zerfällt: Zwei Raumfahrer von einer Erde, die ihre Probleme schließlich in den Griff bekommen hat, sollen starten,

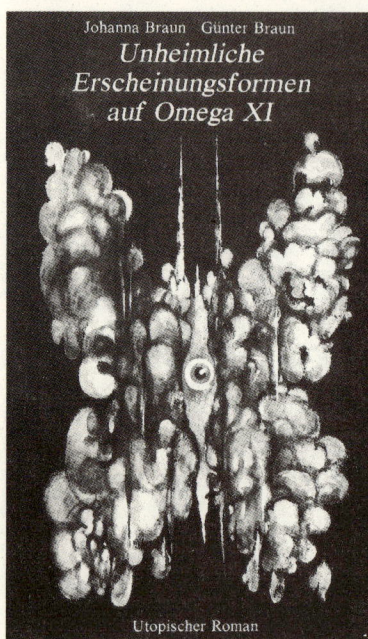

Johanna Braun Günter Braun
Unheimliche Erscheinungsformen auf Omega XI

Utopischer Roman

um die Bewohner eines fernen Planeten von den ihren, ebenjenen unheimlichen Erscheinungsformen, zu erlösen. Im ersten Teil der Geschichte wird erzählt, wie man die beiden auswählt, so daß sie einander in ihren Eigenschaften ergänzen, und wie sie während der Reise sich erst einmal zusammenraufen und lieben, um auch das Zusammenarbeiten zu lernen, auf das sie dringend angewiesen sein werden. Im zweiten Teil verschwindet das ganz rasch in der Versenkung als nun anscheinend abgehakte Vorgeschichte, weil die merkwürdigen Phänomene des Planeten alle Aufmerksamkeit beanspruchen, nachdem man gelandet ist. Bald wird klar, daß es sich dabei um die Folgen einer hemmungslos produzierenden Überflußökonomie handelt, betrieben zunächst auf Rechnung einer Ausbeuterklasse, die aber nun die Rechnung präsentiert bekommt, weil der Produktionsapparat ihrer Verfügung entwachsen ist und sie in seinen Produkten und Beiprodukten zu ersticken droht wie einst im Märchen das ganze Dorf im süßen Brei. Natürlich findet sich eine Lösung, als erst einmal offenbar ist, daß die Bedrohten an ihrer Lage selbst schuld, nur zu faul zum Denken sind und zu bequem, sich zu ändern, aber diese Lösung kommt als Klamotte. Dabei spielt Ironie mit, gezielt auf das in älteren Büchern gern verwendete Klischee einer interplanetarischen Revolution, aber dennoch bleibt ein Nachgeschmack von Unangemessenheit, besonders, da auch die Paarbeziehung der siegreich heimkehrenden Raumhelden sich in freundlicher Gleichgültigkeit auflöst, nachdem sie ihre Schuldigkeit getan hat. War alles nur Mittel zu einem Zweck, der solchen Aufwand kaum rechtfertigte?

Setzt man freilich das Anliegen des Romans zu seiner Entstehungszeit in Bezug, dann erscheint es bedeutungsvoll genug: Auf einen Deus ex machina darf nicht hoffen, sagt er, wer sich als Ausbeuter der Natur ins Auswegslose manövriert. Von möglichen Grenzen des Wachstums war damals aber nur in polemischer Abwehr die Rede. Daß jedoch im Buch von diesem Anliegen so wenig über die Rampe kommt, hängt auch mit der Figur des Ich-Erzählers Merkur Erdenson zusammen, der ein gealterter Oliver Input ist, spontan wie dieser, schnoddrig wie dieser, aber leider auch naiv wie dieser, was man ihm angesichts seiner vielfach bemühten Biographie nur ungern glaubt. Offenbar hat er aus seinen Erfahrungen wenig gelernt, und am Ende der Fabel betrachtet man seine Lernfähigkeit und seine menschliche Substanz überhaupt eher skeptisch.

Rundum gelungen wirkt dagegen die Roman-Erzählung „Conviva ludibundus" (1978), die wieder mit SF-Motiven souverän spielt, diesmal aber nicht so vordergründig ironisch, obwohl Ironie auch über dieser ganzen Geschichte liegt, die ein bekanntes Märchen neu erzählt – das Märchen von einem, der auszog, weil er das Fürchten nicht gelernt hatte. Es ist die nur teilweise heitere Geschichte eines phantasielosen Strebers, der durch Fleiß hoch stieg, oben aber Unheil anrichten muß, sowie etwas vorfällt, wovon seine Schulweisheit sich nichts träumen läßt, wie es ja bei den wirklich schwierigen Dingen gewöhnlich der Fall zu sein pflegt. Geradezu exemplarisch versagt hier das beliebte Rezept „Mehr desselben". In dieser Geschichte stimmen Mittel und Ziel überein, weil der alte Professor Philemon, Opfer, Beobachter und Erzähler in einem, vielschichtig genug angelegt ist, um über dem Geschehen und gelegentlich sogar über sich selbst zu stehen.

Nicht ganz so geglückt in bezug auf die Mittelpunktsfigur, im ganzen aber mindestens gleichrangig mit „Conviva ludibundus" ist der vorläufig letzte phantastische Roman der Brauns, „Das kugeltranszendentale Vorhaben" (1983 in der BRD). Auch hier herrscht satirischer Ton, auch hier wird im Grunde eine Märchenfabel erneuert, die von „Kaisers neuen Kleidern", nur ist es hier kein unbelastetes Kind, das ruft: „Aber er hat ja gar nichts an", sondern ein Eisenbahn-Gepäckabfertiger im Rentenalter, der sich abends nach Dienstschluß als Kurzwellenbummler vergnügt und dabei quasi durch die Lautsprechermembran seines Radios in ein phantastisches Land gerät, in dem das Wort die absolute Macht ausübt. Welches Wort? Jedes, weil hier alles sich auf Wörter reduziert, so daß es Überfluß an Wörtern gibt, aber nur an ihnen, zugleich jedoch auch Mangel sogar an Wörtern, weil sie sich im Mißbrauch rasend schnell verbrauchen. Unmöglich? Schon Goethe war da anderer Meinung, siehe Faust I, Schülerszene. Jedenfalls wird hier aus der allzu menschlichen Neigung, Wörter an die Stelle von Taten oder Tatsachen zu setzen, eine „konformierte Gesellschaft" abgeleitet, in der Wörter, in Wahrheit sinnentleerte Worthülsen, jeden Blick auf die Wirklichkeit verstellen, ähnlich dem „Doppeldenken" und der „Neusprache" des Big Brother in George Orwells „1984". Nur mit dem Unterschied, daß sogar diese Negativutopie nicht als bedrückende Allegorie herauskommt, sondern heiter, zwar mit bissigen Spitzen, aber doch so, daß befreiendes Lachen in der Wirkung überwiegt, statt wie bei Orwell die entmutigende Resignation bitteren Enttäuschtseins.

Die Brauns schreiben nicht nur Romane, sondern ebenso fleißig, und das ist in unserer Literatur keineswegs selbstverständlich, Kurz- bzw. kürzere Prosa. Auch hier steht, wie nur normal, Gelungenes neben weniger Gelungenem. Gern benutzen sie die kleine Form dazu, Konstellationen auszuprobieren, sich an Themen heranzuschreiben. So lassen sich z. B. im Erzählungsband „Der Fehlfaktor" (1975) gleichsam die Keimzellen für alle drei ersten phantastischen Romane wiederfinden: die Titelgeschichte präludiert dem „Irrtum des großen Zauberers", „Raumfahrerauswahl" weist auf die „Unheimlichen Erscheinungsformen" und „Das System R" auf „Conviva ludibundus" voraus.

Gelegentlich wächst sich die Fingerübung zum ganzen Buch aus, ohne doch prinzipiell den Charakter von Kurzprosa und auch von Vorläufigkeit zu verlieren. Diesen Eindruck vermittelt jedenfalls das Bändchen „Die unhörbaren Töne" (1984 in der BRD), das man vielleicht am ehesten als Folge von Begegnungen mit dem Inkommensurablen deuten kann. Nur haben es solche gereihten Episoden leicht an sich, daß sie beliebig vermehrbar wirken, ohne einen mehr als äußerlichen Zusammenhang zu gewinnen. Da hier auch der zunächst die einzelnen Texte verbindende Gesichtspunkt, daß im Zusammentreffen mit dem Ungewöhnlichen Gemüt und Intelligenz sich geradezu zwangsläufig offenbaren, nicht konsequent durchgehalten wird, sieht

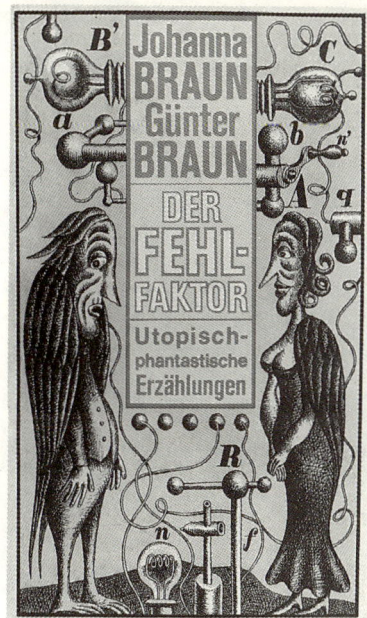

am Ende alles so aus, als habe man dieses Ungewöhnliche so ganz ernst gar nicht zu nehmen. Was bleibt, ist eine gewisse Verwirrung, die das „Vielleicht" am Eingang dieses Beschreibungsversuchs dick unterstreicht.

Im Vordergrund Braunscher Geschichten steht fast immer die satirisch überhöhte Momentaufnahme, Splitter von Alltäglichkeit, der in phantastischer Verfremdung und ironischer Brechung erst seine wahre Farbe enthüllt, und es wundert einen nicht, wenn dabei mitunter die des schwarzen Humors zum Vorschein kommt („Der Utofant", 1981). Wundern aber muß und freuen darf man sich eher darüber, daß sich in diesen Geschichten durch die Jahre hin vom ursprünglichen Ton nachdenklicher Heiterkeit so viel bewahrt hat.

Wie zäh die beiden Autoren auch an den Grundgedanken festhalten, um derentwillen sie einst antraten, mag sich daran zeigen, daß noch ihr derzeit neuester Erzählungsband „Der x-mal vervielfachte Held" (1985 in der BRD) mit einer Geschichte schließt, in der die Botschaft ihres ersten phantastischen Romans wieder aufscheint. Der Text heißt „Kinderinsel": Kinder einer Gesellschaft, die sich alles leisten kann außer der Muße zum Spiel, Kinder also, überhäuft mit Dingen, deren Perfektion jedes eigene Dazutun unmöglich macht, folglich unbefriedigte Kinder, schwer erziehbare, von den atemlos schuftenden Erwachsenen als Nervensägen empfunden und nur zu gern abgeschoben in eine pädagogische Provinz, wo ihnen ausgerechnet das Selbsttun nach dem eigenen Kopf erlaubt und abgefordert wird, solche Kinder leisten energischen Widerstand, als sie nach dem vierzehnten Jahr aus der Kindheit und aus ihrem Paradies verstoßen werden sollen, zurückgeholt in die grell bunte graue Welt bloß auf Verdienen und Konsumieren ausgerichteten Erwachsenseins.

Die Brauns wurden 1969 mit dem Kunstpreis des Bezirks Magdeburg ausgezeichnet, erhielten im selben Jahr den Internationalen Kurzgeschichtenpreis von Neheim-Hüsten und 1985 für ihren Band „Der x-mal vervielfachte Held" den Phantastikpreis der Stadt Wetzlar.

(E)

Brennecke, Wolf D.

(* 1922 in Magdeburg)

absolvierte eine kaufmännische Lehre. Im zweiten Weltkrieg als Soldat schwer verwundet, arbeitete er nach der Rückkehr aus der Kriegsgefangenschaft als Enttrümmerungs- und Transportarbeiter, später als Kohlentrimmer, Bauhilfsarbeiter und Druckereikaufmann. Seit 1949 ist er freischaffender Schriftsteller und lebt in Magdeburg.

Brenneckes literarisches Schaffen liegt vorwiegend im Bereich der Kinder- und Jugendliteratur („Peter zwischen den Stühlen", 1958, „Die Nacht in der Hütte", 1959, „Monk oder Wer dreht schon Tauben den Hals um", 1979; weitere Romane, Erzählungen und Hörspiele).

Wolf D. Brenneckes einziger Versuch in der Science-fiction ist der Roman „Die Straße durch den Urwald" (1972). Darin wird eine abenteuerliche Handlung um den Bau einer Straße geschildert, die den brasilianischen Urwald erschließen soll. Konflikte erwachsen vor allem aus Versuchen reaktionärer Kräfte, das Projekt zu Fall zu bringen. Held ist ein Ingenieur aus der DDR, der auf der „Fabrik" helfen soll. Diese Fabrik ist ein gewaltiges Aggregat, das alle Teile und Materialien für die Hochstraße produziert und sich auf der selbst gebauten Trasse vorwärtsbewegt.

Das Buch gehört der sogenannten Nahphantastik an, die mit wenigen technischen Neuerungen und einer kaum verfremdeten Welt operiert, dafür mit um so mehr schwarzweiß gezeichneten Charakteren und politischen Vereinfachungen. Große Wirkung war dem Buch nicht beschieden, da es zu einer Zeit erschien, als die Phase der Nahphantastik in der DDR-SF zu Ende ging.

(K)

Dittfeld, Hans-Jürgen

(* 1938 in Potsdam)

studierte Physik in Berlin (1957—1962), war u. a. wissenschaftlicher Mitarbeiter im Halbleiterwerk Stahnsdorf. Seit 1967 arbeitet er am Zentralinstitut für Physik der Erde der Akademie der Wissenschaften der DDR in Potsdam, beschäftigt sich vor allem mit geophysikalischen Präzisionsmessungen (Schwerevariationen). 1972 promovierte er zum Dr. rer. nat. Seine etwa 50 Veröffentlichungen in nationalen und internationalen Zeitschriften und Monografien sind vorwiegend fachlicher Art. Ferner erschienen Gedichte und Anmerkungen zu Tagesthemen in der Presse. Er publizierte in Anthologien eines Zirkels Schreibender, den er seit 1985 leitet, und schrieb auch für Kinder, etwa die technikpopularisierende Kurzgeschichte „Minus und die Rechenmaschine" (in „Der automatische Großvater", 1976).

In der SF debütierte er mit dem Abenteuerheft „Raumschiff ‚Neptun' kehrt um" (1975). In der Erzählung geht es, vermittelt über traditionelle Raumabenteuer, um menschliche Einsamkeit und die unterschiedlichen Möglichkeiten, damit fertigzuwerden. Persönlichkeitstests und andere in sich abgeschlossene gesellschaftliche Beurteilungssysteme werden in Frage gestellt.

Ein Jahr später folgte in der

Anthologie „Begegnung im Licht" die Erzählung „Z 17", die auch in den ersten eigenen Erzählungsband „Landung in Targestan" (1986) aufgenommen wurde.

Dittfelds bevorzugte Helden sind Menschen von beschränktem Verantwortungsbereich, die sich der eigenen Schöpferkraft besinnen, Verantwortungsbewußtsein für die Gemeinschaft entwickeln. Der Held der Titelgeschichte des Erzählungsbandes hat das nicht getan, sondern ist allen Auseinandersetzungen in die Einsamkeit relativistischer Erkundungsflüge ausgewichen, wofür ihm, während er stirbt, der Alptraum von Targestan, dem Zielland, vorgegaukelt wird. Der sinnlose Tod entspricht dem vergeudeten Leben.

Der Held von „Reserven" hingegen, ein bejahrter Reservist, fühlt sich für seine Kameraden und die gemeinsame Sache — das Urbarmachen eines Wüstenplaneten — verantwortlich und kann sich durchsetzen, indem er, der Praktiker, mit dem theoretisierenden General zusammenarbeitet. Die Nutzung des Armeejargons für den Kampf mit dem Sand schafft eine heitere Atmosphäre, in der mit Leichtigkeit über die schwere menschliche Bewährung erzählt wird. „Kannibaleske" handelt schwarzhumorig von der Begegnung des Vertreters einer technisch hochentwickelten Kannibalenzivilisation mit menschlichen Erkundern, die sich einfach nicht fressen lassen wollen. „Docker Epsilon", der kleine Raumschiffmonteur mit dem großen Verantwortungsbewußtsein, setzt sich gegen papierkriegslüsterne Vorgesetzte durch und überzeugt durch die Qualität seiner Arbeit. „Rückkehr" ist eine Liebeserklärung an unsere unvollkommene, veränderbare Gegenwart: Ein Gast aus ferner Zukunft entscheidet sich für das Weiterleben in unserer Zeit. Der Held der Pygmalionvariante „Z 17" ist ein auf seine Aufgabe fixierter Wissenschaftler, der Gefühle nicht artikulieren kann und so, wie das sagenhafte Vorbild, am Ende sein Geschöpf verliert — eine Unfalltote, deren Gehirn er prägte, die er wieder zum Menschen machte, ohne zu begreifen, was ein Mensch ist.

Mit ihrem humoristischen oder satirischen Grundton sind Dittfelds Erzählungen eher phantastische Parabeln denn abenteuerliche SF. Daß der Humor einer aktionsträchtigen Handlung nicht im Weg steht, wird vor allem in „Reserven" deutlich. Es geht dem Autor nicht um Technikpopularisierung, sondern um eine heiterkritische Sicht auf die Gegenwart.

(M)

Ebert, Günter

(* 1925 in Meerane)

ist Kinderbuchautor, Erzähler, Essayist, vor allem aber Literaturtheoretiker und Kritiker. Voraussetzungen hierfür erwarb er sich im wesentlichen autodidaktisch; er ist aber auch Absolvent des Literaturinstituts „Johannes R. Becher" in Leipzig. Günter Ebert wurde 1977 mit dem Edwin-Hoernle-Preis des Kinderbuchverlags ausgezeichnet. Er begleitet seit Jahren die Entwicklung der Literatur für Kinder und Jugendliche der DDR mit kritischen Aufsätzen und hat vielfältige produktive Impulse in die literarische Debatte eingebracht. Unter anderem hat er sich speziell zu Fragen des Verhältnisses von Poesie und Pädagogik, zur Abenteuerliteratur und zur SF-Literatur aus dem Verlag Neues Leben geäußert. 1976 legte er seine „Ansichten zur Entwicklung der epischen Kinder- und Jugendliteratur in der DDR von 1945 bis 1975" in der „Studien"-Reihe des Kinderbuchverlags vor. Für Kinder schrieb er u. a. „Mein Vater Alfons" (1977) und „Meine Freundin Katrin" (1980). Zudem ist Ebert als Herausgeber hervorgetreten.

In seiner Besprechung mehrerer SF-Bücher für jugendliche Leser (Beiträge zur Kinder- und Jugendliteratur 14, 1970, S. 79 ff.), deren kritischer Tenor von einem hohen ästhetischen Anspruch an das Genre zeugt, fordert der Rezensent für die SF, daß sie „sich auf die Probleme von heute beziehen" müsse und gesellschaftliche Konflikte nicht vom „Schema neue(r) Erkennt-

nisse" überwuchert und an den Rand gedrängt werden dürften. Außerdem plädiert Ebert dafür, daß die Menschen der Zukunft für den heutigen Leser erreichbar bleiben müssen.

In dem SF-Roman für Kinder „Meine Freundin Katrin" hat sich Ebert den selbstgestellten Postulaten zu entsprechen bemüht. Die dreigeteilte Geschichte (Die Zeitmaschine, Die Rätsel der Zukunft, Die Macht der Computer) knüpft er in der Handlungsstruktur an Vorbilder (u. a. aus der proletarisch-revolutionären Kinderliteratur) an und hebt sie gleichzeitig auf. Wenn O. R. Spittel konstatiert, daß „weder die Menschen der Gegenwart noch die der Zukunft langweilige Klischeehelden" seien und „ihre Probleme im Umgang miteinander" und „durch die Konfrontation mit den ihnen jeweils fremden Verhaltensweisen einer anderen Zeit" hätten (in: Beiträge zur Kinder- und Jugendliteratur 79, 1986, S. 12), ist ein wesentlicher Vorzug des Buches genannt und gleichzeitig die Einlösung Ebertscher Postulate in einem wichtigen Punkt belegt. Hinzu kommt, daß der Autor, ohne der Gefahr des Deklarierens zu erliegen, „auch das Erbe der großen sozialen Konflikte unserer Zeit sichtbar werden läßt und einiges von dem langen und mühseligen Weg sozialen Fortschritts begreifbar macht" (Spittel, a. a. O., S. 12).

Neben der Ausgewogenheit von individueller Figurenzeichnung und Betonung des Aktionshaften und den SF-gerechten Erfindungen immer neuer Wundermittel und -maschinen auf der anderen Seite dürfte die vom Ich-Erzähler gewählte selbstbewußt-heitere Sprache Ursache für die große Beliebtheit des Buches sein.

(P)

Ehrhardt, Paul

(* 1922 in Caßdorf/Hessen)

wurde nach einer Lehre als Maschinenschlosser zunächst Ingenieur für Elektrotechnik, später Diplomingenieur für elektrische Maschinen und Antriebe und arbeitete als Prüffeldingenieur, Konstrukteur und Projektierungsingenieur.

Ehrhardt schrieb drei SF-Romane, in denen er dem Vorurteil Nahrung liefert, die SF befasse sich ausschließlich mit technischem Krimskrams der Zukunft und vergesse darüber den Menschen der Gegenwart. In geradlinig erzählten Abenteuern werden Einzelfiguren in äußere Bewährungssituationen gestellt, wo der Einsatz nicht allzu erfinderisch ersonnener Techniken bereits den Erfolg garantiert. Das Raumfahrtthema dominiert; in allen drei Romanen läßt der Autor die Menschen auf Außerirdische (oder deren Botschaften) treffen und variiert die aus diesem Ansatz sich entwickelnden, bereits in den frühen sechziger Jahren bekannten Konfliktklischees.

Eine irdische Raumschiffbesatzung findet auf einem Planeten des Doppelsternsystems Sirius/Ra eine technisch überlegene Zivilisation vor, von der sich eine Gruppe gefühlskalter Technokraten abgespalten hat. Ungesäumt greifen die Erdenmenschen in den Kampf gegen diese nach Vormacht strebende Gruppe ein und verhelfen den friedliebenden „Nachbarn im All" (1975) zum Sieg. Hier – wie auch in den beiden folgenden Romanen – nahm der Autor eklatante Widersprüche zwischen dargestellter technischer und sozialer Entwicklung in Kauf.

In Ehrhardts zweitem Roman „Spuren im Mondstaub" (1979) entdecken irdische Mondkolonisten in einer Höhle Bauwerke einer außerirdischen Rasse, die in grauer Vorzeit an den klassischen Orten Dänikens die Erde besucht hatten, schließlich aber sang- und klanglos ausstarben – nicht ohne den Menschen technische Artefakte, eine Bibliothek ihrer „Wissensrollen" sowie ein lunares Antimateriedepot zu hinterlassen. Die Handlung konzentriert sich zunächst auf die (langatmig beschriebene) Erforschung der außerirdischen Technik und schwenkt, als sich die gehortete Antimaterie als eine existentielle Bedrohung der Menschheit erweist, zu einem abenteuerlich-heroisierenden Rettungsunternehmen um.

In den „Boten der Unendlichkeit" (1984) treten aus dem Dreiecksnebel anfliegende Außerirdische zur Rettung der Erde an,

als sich dieser eine todbringende Dunkelwolke nähert.

Wichtigster Schwachpunkt der Ehrhardtschen Romane ist (neben ihrer sprachlichen Dürftigkeit) eine mangelhafte Personenzeichnung: Die Figuren des Autors besitzen kaum individuelle Eigenheiten, ihre Gefühlswelten bestehen aus einander widersprechenden Extremen, und ihr Verhalten ist oft unglaubhaft: gereifte Wissenschaftler z. B. tragen eher pubertäre Züge – und so resultieren literarische Konflikte auch in aller Regel aus simplen Dummheiten oder unbegreiflichem Fehlverhalten.

(Sp)

Fahlberg, H. L.

ist das Pseudonym von Hans Werner Fricke, der nach einem Ingenieurstudium freiberuflich als Mathematiker arbeitete. Er publizierte mehrere Fachbücher über mathematische Arbeitsmethoden, digitale Meßverfahren sowie populär aufbereitete Grundkenntnisse der Elektrotechnik. Als H. L. Fahlberg schrieb er einen Abenteuerroman („Meuterei auf der ‚Blue Bird'", 1956) und drei SF-Romane, mit denen er für die Anfangsphase der DDR-SF – zeitlich noch vor del' Antonio und Rasch – zu einem der wichtigsten und populärsten Autoren wurde. Im Jahre 1961 siedelte er in die BRD über.

Fahlbergs SF-Romane sind das typische Beispiel für die in den fünfziger Jahren in der DDR publizierte, am technischen Abenteuer orientierte SF. Wenngleich Fahlbergs Bücher stilistisch nicht ungeschickt sind, bleiben sie doch in ihrer Ausführung hinter der sie inspirierenden deutschen Vorkriegs-SF, vor allem der Hans Dominiks, zurück, folgen aber getreulich der tradierten Verknüpfung singulärer (technischer) SF-Einfälle mit den Handlungsklischees des Kriminal- und Abenteuerromans. Als Absage Fahlbergs an das Dominiksche Vorbild kann bereits eine deutliche politische Abstinenz der Romane gewertet werden. Das Hauptaugenmerk des Autors liegt auf einer durch äußere Konflikte, denen psychologisches Einfühlungsvermögen weitgehend abgeht, spannend wirkenden Handlung. Über das singuläre Abenteuer hinaus ist nichts von Interesse. Soziale Verhältnisse werden nicht thematisiert und nur mit wenigen Stichworten charakterisiert. Wie für den technischen SF-Abenteuerroman der fünfziger Jahre allgemein, gilt auch für Fahlbergs Romane, daß handelnde Charaktere nur als Typen auftreten und bestenfalls die Farbigkeit von Abziehbildern erreichen. Die Faszination einer neuen Erfindung, einer Entdeckung allein steht im Mittelpunkt aller dramaturgischen Anstrengungen – und folgerichtig entwickelt sich die Handlung danach in den engen Grenzen der Schilderung, wie sich die entsprechende technische Idee praktisch ausbeuten läßt und gleichzeitig gegen Kriminelle und Agenten fremder Mächte geschützt werden kann.

„Ein Stern verrät den Täter" (1955) ist ein Kriminalroman (so auch der Untertitel), dessen Verbrechen allein durch eine SF-typische Erfindung (um deren Besitz es geht) aufgeklärt werden kann. Ein „Spezialbreitbandverstärker für Lichtstrahlen" fängt das in der Vergangenheit von der Erde ausgesandte Licht wieder ein, und man kann nun beliebige geschichtliche Ereignisse auf einem Fernsehschirm verfolgen – und so auch den kriminellen Anschlag desjenigen, der im Auf-

trage eines amerikanischen Trusts die Erfindung einem harmlosen deutschen Professor stehlen sollte.

In dem Roman „Erde ohne Nacht" (1956) wird Fahlbergs besonderes Interesse an der Popularisierung technischer Fakten deutlich. Ingenieure sind die Akteure der Handlung, die sich von der Schilderung eines kühnen Technik-Projekts zur nächsten hangelt, nur mühsam belebt durch schüchterne Liebesszenen und einige Rivalitäten zwischen Arbeitskollegen. Spannung entwickelt sich (immerhin) aus der Realisierung der kühnen Idee der handfesten Fachschulpraktiker, neben denen die Akademiker beim gelegentlichen Kampf mit den Tücken der Technik oder

anfallender Rettungsaktionen nur noch blaß und einfallslos wirken. Ein neuer Atomtreibstoff ermöglicht es, beliebig schwere Raketen in die Erdumlaufbahn zu schießen, eine radförmige Weltraumstation wird gebaut, man fliegt zum Mond und entdeckt dort spaltbares Material – was man dazu nutzt, durch einen steuerbaren Atombrand den Mond in eine zweite Sonne zu verwandeln und die Pole der Erde freizuschmelzen, fruchtbarer „neuer Lebensraum" entsteht. All das wird ohne Unterlaß durch Erklärungen in die Länge gezogen; meist dient ein unglaublich dummer Journalist, den es nach Belehrung dürstet, dazu, den Leser in den Genuß trockener Vorträge über physikalische Grundkenntnisse kommen zu lassen. Ein weit wichtigerer Einwand gegen den Roman allerdings muß sich gegen die sträflich unüberlegte gedankliche Spielerei mit der Atomkraft und den Eingriffen in das Großklima der Erde richten – Ausdruck eines undialektischen Weltverständnisses, das (nicht nur) in der SF der DDR bis in die Gegenwart überlebt hat.

Diese Projekte werden von einer offensichtlich friedlich miteinander auskommenden Gruppe aus 35 Staaten finanziert, allein die USA erweisen sich als reaktionärer Störenfried, der jedoch sehr einfach vor vollendete Tatsachen gestellt werden kann. Eine nähere Charakterisierung sozialer Verhältnisse gibt es nicht.

In einem Nachwort zu „Erde ohne Nacht" (in dem Fahlberg sich übrigens auf die Darstellung eines „radförmigen Erdtrabanten" von Kurd Laßwitz aus dem Jahre 1879 beruft) bekennt sich der Autor zur Belletristikfeindlichkeit seiner literarischen Erfindungen: Er habe sich „bemüht, sich möglichst selten auf das Gebiet der *Utopie* zu begeben. [. . .] Gewiß, es wäre interessant gewesen, auch seltsame Lebewesen als Bewohner fremder Planeten auftreten zu lassen. Doch damit verlöre der Roman die exakte Grundlage und ein Abgleiten ins Spekulative wäre unvermeidbar." (S. 322) Damit befindet sich Fahlberg in Übereinstimmung mit jener weitverbreiteten Auffassung der fünfziger Jahre, die von der SF primär populärwissenschaftliche Propaganda fordert.

In „Betatom" (1957) geht es wiederum um Versuche, eine Erfindung zu stehlen – die wissenschaftlich zurückgebliebenen USA wollen das Geheimnis der direkten Umwandlung der Atomenergie in Elektrizität in ihre Hände bekommen. Der darauf angesetzte Spionagering fliegt auf, die Wissenschaftler und Techniker des (wahrscheinlich deutschen) Werkes „Betatom" (von dem auch schon in dem vorausgegangenen Roman die Rede war) behalten ihre Vorrangstellung, kooperieren aber mit dem friedlichen Ausland, und in dem Konkurrenzwerk in den USA ereignen sich schwere Katastrophen, da dort die richtigen Erkenntnisse fehlen – Klischees, die den Autor wiederum recht deutlich in die Nachfolge Hans Dominiks verweisen.

(Sp)

Fickelscherer, Helmut

(* 1939 in Leipzig)

hat, wie auch Ekkehard Redlin, erheblichen Anteil an der Entwicklung einer eigenständigen und breitgefächerten SF-Literatur der DDR seit Beginn der siebziger Jahre.

Nach Sinologie- und Germanistikstudium in Leipzig und Berlin

wurde er 1964 Mitarbeiter des Verlages Neues Leben. Als Lektor betreute und betreut er vor allem SF-Autoren der DDR und damit einen Großteil der Neuerscheinungen bzw. Debüts in diesem Genre. Er stellte verschiedentlich im „Börsenblatt für den Deutschen Buchhandel" und in der Leserzeitschrift „buchclub 65" Autoren und Werke des Verlages Neues Leben vor. Im Jahre 1985 wurde ihm (im Kollektiv) der Nationalpreis für Kunst und Literatur verliehen.

Helmut Fickelscherer sammelte und lektorierte die Beiträge der 1976 erschienenen Anthologie „Begegnung im Licht", die einen besonderen Platz in der SF-Geschichte der DDR einnimmt: Sie markiert den Einstieg der jungen Autorengeneration in der

Mitte der siebziger Jahre. Während Ekkehard Redlins Anthologie „Der Mann vom Anti" 1975 zwar – neben älteren, gestandenen Autoren – auch einige jüngere SF-Autoren der DDR einbezogen hatte, sind es in „Begegnung im Licht" fast ausschließlich Debütanten der jüngeren Generation. Die Anthologie machte deutlich, daß eine junge Autorengeneration bereitstand, die der DDR-SF neue Impulse geben würde, und daß ein Trend zur pointierten, kurzen Prosaform abzusehen war. Diese wenig kunsterfahrene, vor allem naturwissenschaftlich-technisch interessierte und ausgebildete Nachkriegsgeneration brachte – wie in andere Bereiche der DDR-Literatur – auch in die SF originelle und gesellschaftlich relevante Angebote ein. Mehrere Texte in „Begegnung im Licht" belegen das (z. B. Beiträge von Baudach, W. Köhler, Simon, Szameit). Allerdings wurden zunächst nur wenige Autoren dem gewachsenen Anspruch gerecht – die Spanne zwischen Wollen und Können war doch erheblich. So dokumentiert die grundsätzlich verdienstvolle Anthologie eben auch Ergebnisse und Konsequenzen unbedarften Literatur-Machens im ungeübten Umgang mit (Literatur-) Sprache, in schematischer (wenn überhaupt) Figurenzeichnung, in wenig durchdachten Strukturen und philosophisch-ästhetischen Wirkungen. Was übrigens nicht dem Genre oder nur den Autoren anzulasten ist, sondern auf ein allgemein verbreitetes Mißverständnis im Verhältnis zu Kunst (etwa: Ich schreibe – also mache ich Literatur) zurückgeht.

Immerhin aber sind seit Mitte der siebziger Jahre sieben der achtzehn in „Begegnung im Licht" versammelten Autoren mit eigenen Bänden in Erscheinung getreten und bestimmen inzwischen das Bild der DDR-SF mit: Hans-Jürgen Dittfeld, Rainer Fuhrmann, Reinhard Heinrich, Wolfram Kober, Rolf Krohn, Erik Simon und Michael Szameit.

(F)

Friedrich, Herbert

(* 1926 in Zschachwitz bei Dresden)

ist vor allem als Verfasser zahlreicher Kinder- und Jugendbücher und Autor von Kinderhörspielen und Fernsehfilmen bekannt.

Nach dem Besuch der Volksschule studierte er 1941—44 an der Frankenberger Lehrerbildungsanstalt. Die Jahre 1945—49 verbrachte er in sowjetischer Kriegsgefangenschaft in Mittelasien. Ab 1950 war er Hilfsarbeiter, später Lehrer, und von 1958 bis 1961 studierte er am Institut für Literatur „Johannes R. Becher" in Leipzig. Seitdem lebt er als freischaffender Schriftsteller in Dresden.

„Wassermärchen" (1960) ist die erste Veröffentlichung Herbert Friedrichs. Von da an erschien jährlich mindestens ein Kinder- oder Jugendbuch von ihm. Besonders bekannt dürfte das Kinderbuch „Die Reise nach dem Rosenstern" (1963) sein, das Märchenmotive und SF-Topoi verwendet und über eine Rahmenhandlung phantasievolle, märchenhafte Geschichten verbindet, die auf für Kinder aufbereitete moralische Aussagen zielen. Seine bisher vier Bücher um „Krawitter, Krawatter..." (1973, 1980, 1982, 1985) sind inzwischen fester Bestandteil der DDR-Kinderliteratur geworden. Daneben schrieb er auch historische Romane, u. a. „Die Eissee. Die letzte Reise des Willem Barents" (1969) oder „Dorado oder Unbekanntes Südland" (1975). 1987 erschien sein Erzählungsband „Nachmittag eines Schriftstellers".

Herbert Friedrichs literarisches Schaffen ist mit zahlreichen Preisen und Auszeichnungen bedacht worden, so z. B. mit dem Kunstpreis der Stadt Dresden, dem Kunstpreis der FDJ und dem Vaterländischen Verdienstorden in Bronze.

Sein einziger „Zukunftsroman" ist „Der Damm gegen das Eis" (1964). Der Tradition der SF-Variante der sogenannten „Produktionsromane" verpflichtet, macht der Roman ein ingenieurtechnisches Großprojekt im 21. Jahrhundert zum Gegenstand der Romanhandlung. Im Unterschied zu vergleichbaren Büchern aber

zeichnet sich Friedrichs Roman durch profunde Sachkenntnis aus und durch erzählerisches Vermögen, das technisch-naturwissenschaftliche Informationen unaufdringlich an den Leser vermittelt.

„Der Damm gegen das Eis" kann das Vorbild von Bernhard Kellermanns Roman „Der Tunnel" in Fabelanlage und Figurengestaltung nicht verleugnen, ist aber dennoch ein eigenständiges und für die DDR-SF jener Jahre wichtiges Buch: Der Bau eines Damms durch die Behringstraße (zwischen dem US-amerikanischen Alaska und der sowjetischen Tschuktschen-Halbinsel) steht im Mittelpunkt. Der Damm soll die Lage des Golfstroms verändern, um das Nordpolarmeer vom Eis zu befreien, also eine Klimaveränderung zu bewirken. Diese Größenordnung der Umgestaltung natürlicher Gegebenheiten schließt natürlich internationale Zusammenarbeit, überragende ingenieurtechnische Leistungen und die Mobilisierung großer Menschenmassen ein. So sind die Hauptfiguren auch nicht nur als Ausführende des Projekts dargestellt, sie werden vielmehr gezeichnet in ihrer psychischen Befindlichkeit, in ihren menschlichen Konflikten untereinander und in einem kommunistisch geprägten gesellschaftlichen Umfeld.

(F)

Fries, Fritz Rudolph

(* 1935 in Bilbao, Spanien)

besuchte die Schule und studierte in Leipzig (Romanistik, Anglistik, Germanistik). Er arbeitete als freischaffender Übersetzer und Dolmetscher, war von 1960 bis 1966 Assistent bei der Akademie der Wissenschaften der DDR in Berlin und lebt seitdem als freischaffender Schriftsteller und Übersetzer in Petershagen bei Berlin. Neben seinen Romanen und Erzählungen mit Gegenwartsthematik veröffentlichte Fries Reiseberichte, Hörspiele, Nacherzählungen, Essays, eine Lope-de-Vega-Biografie sowie zahlreiche Übertragungen spanischer und lateinamerikanischer Literatur.

Auf diesem Gebiet wurde er auch als Herausgeber tätig (u. a. J. L. Borges).

Der utopische Roman „Verlegung eines mittleren Reiches. Aufgefundene Papiere, herausgegeben von einem Nachfahr in späterer Zeit" (1984) treibt ein teils satirisch-ironisches, teils gallig-philosophierendes Spiel mit der Realität. Es handelt sich um ein angebliches Tagebuch aus der Zeit des „Letzten Krieges". Eine Ortschaft in der Nähe der ungenannt bleibenden Hauptstadt wird von einer nicht genau bestimmten fremden Macht besetzt. Es gibt allerlei Andeutungen, aus denen mancher Leser herausdeuten mag, die Chinesen hätten die DDR besetzt. Fries legt sich nicht fest auf solch haarsträubende Idee. Es bleibt vieles ambivalent in diesem Roman, in dem die Einwohner jener Ortschaft unaufhörlich versuchen, sich mit der neuen Macht zu arrangieren. Es gibt weder Widerstand noch den Versuch, eigene Kultur zu bewahren – es wird gar zweifelhaft, ob diese Menschen so etwas je besessen haben. Sie leben in ihrer Oase dahin, von den Folgen des weltweiten Krieges unberührt (bis auf eine Wendung des Klimas ins Subtropische). Der Ich-Erzähler und die zwielichtige Gestalt des Gelehrten Zu-Rebmann versuchen mit Gedankenakrobatik und selbstbetrügerischen Sophistereien einen Sinn in ihr Dasein und die unverständ-

lichen Handlungen der Besatzer zu bringen (der fiktive Herausgeber spricht von Gelehrten als „ideologischer Ausbeuterklasse"). Man redet unablässig davon, etwas tun zu müssen, flüchtet aber nur in Scheinbeschäftigungen – des Tagebuchschreibers Frau beteiligt sich z. B. an diversen Vereinen. Am Ende holen die Wirkungen des Krieges, als wären sie aufgespart worden, den Ort ein. Das Tagebuch vermerkt den Beginn eines feurigen Untergangs, damit den Bogen zu den ersten Eintragungen schließend, in denen vom allgegenwärtigen Wahnwitz der ins Unendliche hinaufgetriebenen Rüstungsspirale geschrieben wird. Die Suche nach den Ursachen für die selbstmörderische Tatenlosigkeit der Bürger jener Passivitäts-Dystopie ist an den Leser delegiert. Vielleicht macht der es sich leicht und klassifiziert diese Menschen als unentschlossene Kleinbürger. Daß das zu einfach ist, bestätigt Fries, indem er von der Mitte spricht, „die jeder sucht, um sich zu finden". Von der Notwendigkeit eines innern Ziels also, das dem Leben Richtung und Triebkraft gibt. Ein solches Ziel haben die Einwohner des dahindämmernden Ortes nicht, sie haben es nie gehabt. Ihre materiell orientierte, von allerlei Vorwänden nur mühevoll kaschierte Lebensweise, die sich aufs Nehmen beschränkte und das Geben nicht kannte, ist erst durch die seltsame Besatzung an die Oberfläche gehoben und deutlich gemacht worden. Fries untersucht und verurteilt eine Verhaltensweise, die hier und heute existiert – das macht die Brisanz des Gedankenexperiments aus.

(K)

Frühauf, Klaus

(* 1933 in Halle)

studierte nach einer Tätigkeit als Maschinenschlosser Maschinenbau, war Konstruktionsingenieur und Chefkonstrukteur. Seit 1980 lebt er als freischaffender Schriftsteller in Rostock.

Frühaufs Beitrag zur Sciencefiction besteht aus bisher sechs Romanen und zwei Erzählungsbänden, von in Anthologien erschienenen Geschichten abgesehen. Vier seiner Romane schildern abenteuerliche Begegnungen mit außerirdischen Zivilisationen, die jeweils ein Problem haben, bei dessen Lösung ihnen die Mannschaft des irdischen Raumschiffes oder die ganze Menschheit hilft.

In „Mutanten auf Andromeda" (1974) ist dieses Problem eine durch radioaktive Strahlung ausgelöste Mutation, die alle Lebewesen des Planeten Koarna schwerwiegend verändert hat. Eine irdische Expedition landet auf der Koarna und wird von den degenerierten Koarnalen angegriffen. Die nicht mutierten Koar-

nalen, die sich auf einen Nachbarplaneten geflüchtet haben, verhindern die drohende Katastrophe – so daß es zur Begegnung mit den „Brüdern im All" kommen kann.

„Am Rande wohnen die Wilden" (1976) schildert die Expedition von Außerirdischen des Planeten Morn zur Erde. Die Mornen haben ihre natürliche Umwelt eliminiert und leben in einer künstlichen und sterilen Welt. Der Kontakt mit den Menschen – die von den Mornen für Wilde gehalten werden, die am Rande der Galaxis wohnen – zeigt ihnen den Weg, der sie aus ihrer Stagnation herausführen kann. Als ideal wird ein Mittelweg zwischen künstlicher und natürlicher Umwelt dargestellt, eine Bewahrung des Erbes der Natur, ohne auf die Fortschritte der Technik zu verzichten.

In „Stern auf Nullkurs" (1979) tauchen Insektenwesen auf, die schon in einer Randszene von „Am Rande wohnen die Wilden" erwähnt wurden. Sie besitzen eine völlig andere soziale Struktur (eine Art von Ameisenstaat) und fliegen mit einem Riesenplaneten ins Sonnensystem ein, weil die Insektenzivilisation an Energiemangel leidet; den allerdings hat sie durch unbegreifliche Verschwendung selbst verschuldet. Nach einigen Auseinandersetzungen gestatten die Menschen den Insekten, sich im Sonnensystem anzusiedeln, auch wenn dadurch auf der Erde das Klima völlig durcheinandergerät.

„Das verhängnisvolle Experiment" (1984) handelt von einer Expedition zum Planeten Procyon 4, an der Hastoniden teilnehmen, optimierte Menschen in Superkörpern von immenser Kraft und Widerstandsfähigkeit. Auf Procyon 4 lebt eine Zivilisation, die dabei ist, krasse Fehler der Vergangenheit auszubügeln. Man hatte versucht, den erreichten und für optimal gehaltenen Entwicklungsstand einzufrieren, indem man zu parthenogenetischer Fortpflanzung überging. Wegen der damit verbundenen Degenerationserscheinungen muß man nun die umgestaltete Welt vernichten und eine neue, die eigentlich die alte ist, aufbauen. In diesen Prozeß tappen die Irdischen hinein, die zudem noch Probleme mit ihren Hastoniden bekommen. Die haben durch die Umgestaltung ihre Menschlichkeit verloren und fühlen sich den zum Untergang verurteilten unnatürlichen Geschöpfen verwandt. Sie solidarisieren sich mit ihnen und gehen unter (gemeinsam mit ihrem Schöpfer, der praktischerweise mit an Bord des Raumschiffs war).

Während diese Kosmos-Abenteuer eine abstrakte Problematik in eine aktionsreiche Handlung kleiden (Mutation, natürliche oder künstliche Umwelt, Insektenstaat, entmenschlichte Menschen), behandelt Frühauf in den beiden anderen, auf der Erde spielenden Romanen nicht gar so weit hergeholte Themen.

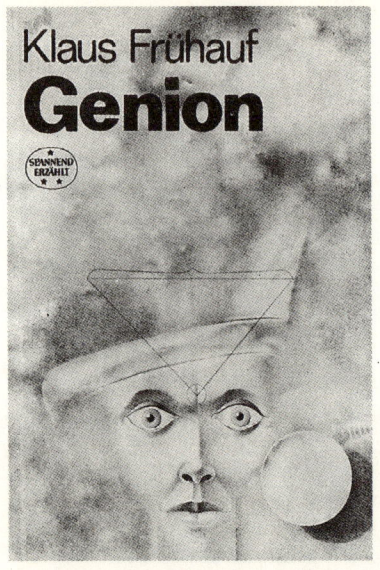

„Genion" (1981) befaßt sich mit ethischen Problemen genetischer Forschung, die schließlich auf die Frage nach der Verantwortung des Wissenschaftlers hinauslaufen. In einer mehrfach verschränkten und nicht immer überschaubaren Handlung wird die Geschichte Kandlers erzählt, eines begabten Genetikers, der sich ihm bietende Möglichkeiten rigoros nutzen will, ohne auf die Bedenken seines Gegenspielers Bachmann zu hören. Nachdem Monstren und Chimären entstanden sind, trennen sich die Wege Kandlers und Bachmanns. Jahre später – hier setzt die Handlung des Romans ein – wird Bachmann zu Hilfe gerufen, als Kandlers Sohn tödlich verunglückt ist. Kandlers Experimente, mit denen er ein Wesen zwischen Mensch und Affe schaffen wollte, haben sich gegen ihn gekehrt. Sein Sohn, so stellt sich nach vielen Rückblenden, Erinnerungen und zähen Dialogpassagen heraus, war ein Homo superior: überdurchschnittlich intelligent, fellbewachsen, von fremdartig schönem Aussehen und empathisch begabt. Seine Andersartigkeit rief Abscheu hervor, und diese Abscheu spürte er qualvoll. So wandte er sich von der Menschheit ab und ging einsam zugrunde.

Im Bemühen um psychologische Charakterisierung der Figuren und um verständliche Motivationen ihrer Handlungen zerdehnt Frühauf den ohnehin dünnen Handlungsfaden. Er versucht, die Gewissensqualen der beiden Hauptfiguren – Bachmann und Kandler – zu gestalten und so Kandlers Wandlung begreiflich zu machen, der nach Genions Tod die Verwerflichkeit seines Tuns vollends einsieht und am Ende ein gebrochener Mann ist (nachdem ihn schon jahrelang Vorwürfe geplagt haben, die sich nun als berechtigt erweisen).

„Die Bäume von Eden" (1983) bezieht den Reiz eines exotischen Schauplatzes nicht wie „Genion" von der französischen Mittelmeerküste, sondern aus einem London der Jahrtausendwende, in dem künstliche Bäume als Sauerstoffpumpen dienen und Polizisten von silberglänzenden Kyberhunden begleitet werden. Der Biologe Prof. Roßberg wird nach London entsandt, um rätselhafte Fälle plötzlicher Geistesverwirrung aufzuklären, von denen auch ein Trainer aus der DDR betroffen war. Auf der Suche nach den Ursachen äffischen Benehmens macht Roßberg eine Reise durch ein alptraumhaftes London und lernt allerlei eigenartige Leute kennen. Frühauf erzählt die Geschichte zum größten Teil im Kriminalgestus, verfällt dabei aber immer wieder ins Dozieren über Biochemie, über pharmazeutische Technologie und über Londoner Wohnviertel. Nebenbei erteilt er dem Leser politischen Nachhilfeunterricht und zeichnet die Charaktere im Schwarzweiß-Schema. Als Ursache des tierischen Verhaltens (sexuelle Gewaltakte, Schlafen auf Bäumen) erweist sich ein Computer, der beim Kopieren aufputschender Substanzen aus Affenhirnen andere Substanzen sozusagen mit abschreibt. Die massenhafte und unkritische Anwendung der daraus hergestellten Anregungsmittel bewirkt dann die Fälle entmenschten Verhaltens.

Die Erzählungen Frühaufs sind in zwei Sammlungen erschienen. „Das Wasser des Mars" (1977) bietet traditionelle SF-Geschichten über Kämpfe mit unwirtlicher Marsnatur, über widerspenstige Kyberneten, gescheiterte Raumexpeditionen und die zurückkehrende Sonde, die für ein außerirdisches Raumschiff gehalten wird.

Weit in den Schatten gestellt wird dieser Band von der zweiten Storysammlung Frühaufs, die durchweg eine höhere Qualität aufweist. Die Erzählungen in „Das fremde Hirn" (1982) werden von kurzen Darlegungen wissenschaftlicher Erkenntnisse oder Hypothesen eingeleitet, die es dem Autor ersparen, in den Geschichten Erklärungen zu liefern. Vor diesem Hintergrund werden allerdings keine Thesen verhandelt, sondern Geschichten von Menschen erzählt. Dabei ist nicht zu übersehen, daß Frühauf bemüht ist, seine Figuren psychologisch glaubhaft und lebendig zu gestalten (wie er es auch in „Das verhängnisvolle Experiment" tut, wo die Charaktere aus ihrem gesellschaftlichen Umfeld heraus gestaltet werden).

„Petras Mütter" etwa ist die einfühlsame Studie eines Mädchens, dessen außergewöhnliche Geburt zu einem psychischen Trauma geführt hat. Als Keimling aus dem Körper der bei einem Unfall getöteten Mutter entnommen und von verschiedenen Tieren, darunter einem Kaninchen, ausgetragen, verkraftet es das Wissen darum nur schwer und isoliert sich von den „normalen" Menschen. In „Regeneration" geht es um einen geistig Kranken, für den sich Liebe und Menschlichkeit als heilsamer und lohnender erweisen als jede medizinische Therapie. „Der Mörder" wird zum Modellfall, an dem pointiert die Unmenschlichkeit eines Systems dargestellt wird, das Bildung nach Zahlungsfähigkeit verteilt. Die Weltraumgeschichte üblichen Zuschnitts, die Frühauf selbst im ersten Storyband pflegte, wird in „Hoffnung" demontiert, falsches Heldentum bloßgestellt. Auch „Die Erde ist ein fremder Stern" ist eine Geschichte, in der herkömmliche Erzählmuster der Science-fiction gegen den Strich gebürstet werden: In einem zur Erde fliegenden Raumschiff revoltieren die auf einem anderen Planeten geborenen Kinder irdischer Siedler gegen die Zumutung, ein obligatorisches Jahr auf einer ihnen völlig fremden Welt zu verbringen und lassen das Raumschiff umkehren.

Auch wenn die zugrundeliegenden phantastischen Ideen nicht immer Anspruch auf Neuheit erheben können, baut Frühauf darauf gute Geschichten auf. Sie sagen wenig über Wissenschaft und Technik aus, dafür mehr über die Charaktere der literarischen Figuren und ihre Lebensmaximen (besonders deutlich in „Transfer", „Kontakt" oder „Herzfehler").

Insgesamt scheint sich Frühauf — vor allem mit den Erzählungen des Bandes „Das fremde Hirn" — von den hauptsächlich auf Technik und abenteuerliche Spannung zielenden Geschichten zu lösen und die Möglichkeiten der Science-fiction zu überhöhter Verfremdung der Realität besser zu nutzen; es geht hierbei weniger um technische und wissenschaftliche Abenteuer als vielmehr um die Befragung und Prüfung moralischer Werte.

(K)

Fühmann, Franz

(1922—1984)

wurde in Rochlitz/Rokytnice (ČSR) als Sohn eines Apothekers geboren, entlief einem Wiener Jesuiteninternat, schloß sich als Jugendlicher nationalsozialistischen Vereinigungen an und wurde 1941 Soldat. Die sowjetische Kriegsgefangenschaft (1945—1949) wurde zum Wendepunkt seines Lebens: Nach der Entlassung entschied er sich für die DDR. Von 1950 an lebte er in Berlin. In Lyrik („Die Fahrt nach Stalingrad", Poem, 1953) und Prosa („Das Judenauto", autobiografischer Episodenzyklus, 1962; „Kameraden", 1955; „König Ödipus", 1966, Novellen) rechnete er mit der faschistischen Vergangenheit ab, gestaltete Notwendigkeit und Prozeß des Umdenkens. Er schrieb, anfangs voller „affirmativer Pathetik" (Selbsteinschätzung), über den sozialistischen Aufbau und seinen Versuch, sich eine neue Heimat zu erschließen („Kabelkran und Blauer Peter", Bericht, 1961). Beachtung fanden seine Nacherzählungen weltliterarisch bedeutsamer Stoffe für Kinder („Reineke Fuchs", 1964; „Prometheus", 1974) sowie das nicht nur für Kinder aufschlußreiche Sprach-

Spiel-Buch „Die dampfenden Hälse der Pferde im Turm von Babel" (1978). Fühmanns Bemühen um Selbst- und Weltverständnis kulminierte in Essays, in denen er sich mit dem mythischen Element in der Literatur, mit Schriftstellern wie Sarah Kirsch, E. T. A. Hoffmann, Georg Trakl und mit kulturpolitischen Fragen befaßte („Essays, Gespräche, Aufsätze 1964 bis 1981", 1983; „Vor Feuerschlünden", 1982).

Seinem Anliegen, zu benennen, was den Menschen am Menschsein hindert, blieb er auch in seinem einzigen Beitrag zur SF verpflichtet, der Novellensammlung (bzw. dem sich aus Novellen konstituierenden Roman) „SAIÄNS-FIKTSCHEN" (1981). Er fand, schreibt er im Vorwort, „in jener irrealen Welt und Weise die mir anders nicht gewinnbare Form, das, was mich quälte, in Worte zu fassen". In der einleitenden Novelle „Die Ohnmacht" (separat bereits 1974 veröffentlicht) wird die phantastische Welt des Bandes konturiert und die Philosophie der Texte zum schlüssigen Bild verdichtet. Eine Apparatur ermöglicht einen kurzen Blick in die eigene Zukunft, Sekunden oder Minuten voraus, und die Betrachter wollen nach der Schau nicht wahrhaben, daß sie gleich tun werden, was sie gesehen. Das Spätere bedinge das Frühere, setzt der erklärende Physiker dagegen, und seine These von der Realität der Antikausalität scheint sich zu bestätigen angesichts der Ohnmacht, den vorausgesehenen Absturz eines Kindes zu verhindern. Nutzt Voraus-Wissen, da es sich auf Unabwendbares bezieht? Wie frei ist der menschliche Willen?

In den sechs anderen Geschichten wird die dystopische Welt konkretisiert. Nach zwei Atomkriegen ist die Erde in zwei Großreiche gespalten. Die drei typisierten Hauptfiguren leben in Uniterr. Dort ist Stagnation die Triebkraft, neue Erkenntnisse sind verpönt, die Unfriedensquelle der persönlichen Rechte ist beseitigt, Bücher sind eingezogen, unbequeme Gedanken werden aus dem Bewußtsein getilgt, Probleme durch Klassikerzitate gelöst. Im Gegensatz dazu Libroterr, dessen Volk in scheinbar absoluter Freiheit lebt, eine Überflußgesellschaft mit zehntausend Fernsehprogrammen (im Unterschied zu Uniterrs Einheitssender), die mittels unüberschaubarer Informationsflut, Schwulst und Sadismus manipulieren. Und das System von Libroterr, in dem für Geld alles möglich ist, bringt dann auch „Das Denkmal" hervor, ein mit Riesenaufwand errichtetes Werk, in dem Wasser mikromechanisch zu absoluter Reinheit verdichtet wird und sich in stinkenden, unbrauchbaren Morast verwandelt. Ein Denkmal für die heimatliche Welt scheint es dem Beobachter aus Uniterr zu sein, doch ist es eher Denkmal für die auf höchst unterschiedliche Weise gleichermaßen des Sinnes für den Menschen beraubten Erd-Teile. Mit dem Namen des Fabrikschöpfers wird auf den niederländischen Grafiker Maurits Cornelis Escher (1898–1972) angespielt, einen zeichentechnischen Experimentator, der augentäuschend in sich verschobene, fremdartig-geschlossene Welten kreierte. Eine in sich stimmige, geschlossene Welt mit verschobenen Perspektiven hat auch Fühmann geschaffen, kein Abbild erahnter oder befürchteter Zukunft, auch kein plattes Abbild der Gegenwart (wiewohl einige fast kabarettistische Späße solcherart Zuordnung nahelegen). Es ist eine antiutopische SF-Spielwelt, in der sich aus unserer Gegenwart erwachsende Beklemmungen materialisieren. Wegen des sprachlichen und gedanklichen Anspruchs, der novellistischen Dichte und wegen jeglichen Verzichts auf beschwichtigende Pseudolösungen läßt sich „SAIÄNS-FIKTSCHEN" kaum mit den meisten anderen Werken des Genres vergleichen, dem es angehört.

(M)

Fuhrmann, Rainer

(* 1940 in Berlin)

ist gelernter Dreher, arbeitete als Mechaniker, erwarb 1965 den Meisterbrief als Mechaniker und brach 1970 ein Maschinenbautechnologiestudium ab. Danach war er wissenschaftlich-technischer Mitarbeiter und Konstrukteur, ehe er 1980 freischaffender Schriftsteller wurde.

Fuhrmanns literarisches Werk, das neben der Science-fiction Kriminalerzählungen und den Kriminalroman „Versuchsreihe 17" (1988) umfaßt, konzentriert sich auf Romane (bisher fünf SF-Romane). Seine in Heften oder in Anthologien erschienenen SF-Erzählungen greifen Motive und Erzählweisen seiner Romane in kleinerer Form wieder auf, die kriminalistischen Strukturen etwa in den „Blaulicht"-Heften „Per Kippschalter" und „Herzstillstand", den Typ des selbstsüchtigen Wissenschaftlers in

"Golem". In dieser Geschichte wird ein Computerkonstrukteur schuldig, indem er mit allen Mitteln, beinah gewaltsam, eine Entwicklung vorantreibt, die einen schöpferisch arbeitenden Computer hervorbringen soll.
Die schließlich entstehende Maschine ist ein gefühlloses Monstrum und tötet, als sie einen Menschen als Hindernis empfindet.

Fuhrmanns zweites Buch (eigentlich sein Erstling, denn die beiden ersten Romane erschienen in der umgekehrten Reihenfolge ihrer Entstehung), „Das Raumschiff aus der Steinzeit" (1978), war eine volltechnisierte Geschichte um Spuren einer fremden Zivilisation, die wie schon die Marsianer bei H. G. Wells von irdischen Mikroben dahingerafft wurden; ein im Vergleich zu Fuhrmanns späteren Veröffentlichungen eher belangloses Buch.

Immer wieder verwendet Fuhrmann eine bestimmte Figurenkonstellation. Auf der einen Seite steht ein überaus intelligenter, sehr selbstbewußter Mann, der sich seine Mitmenschen rücksichtslos unterordnet, sie selbstsicher dominiert und benutzt. Dieser „Starker-Mann-Typ" hat einen sensiblen, etwas schüchternen Gegenspieler, der sich seiner Mittel nicht völlig sicher ist und im Lauf der Handlung zum eigentlichen Protagonisten wird, sich als der moralisch Überlegene erweist. Zwischen beiden steht ein „Dritter", der mehr passiv angelegt ist und die Folgen der Auseinandersetzung zu tragen hat.

In „Homo sapiens 10^{-2}" (1977) ist der amerikanische Genetiker Britannus der „Starke Mann". Er hat eine Möglichkeit entdeckt, Lebewesen auf ein Hundertstel ihrer Größe zu verkleinern, und will daraus eine Waffe gegen die sozialistische Welt entwickeln. Sein Gegenspieler ist Robert Langard, der vom Sicherheitsbüro (einem Geheimdienst des sozialistischen Lagers) in das Projekt eingeschleust wird. Nachdem er die Unmöglichkeit des militärischen Einsatzes der Erfindung bewiesen hat, wird er enttarnt und zum Versuchskaninchen gemacht, ebenso wie sein Assistent Henry. Dieser „Dritte" wurde zufällig in den Konflikt verstrickt. Langard und Henry zwingen Britannus, ihnen in die Welt der Verkleinerung zu folgen, in der Skorpione Panzer und noch winzigste Spinnen tödliche Gefahren sind. Im Verlauf haarsträubender Abenteuer müssen erst Henry und dann Britannus ihr Leben lassen, wobei Letzterer im Tode die Verwerflichkeit seines Tuns und die völlige Sinnlosigkeit seiner Erfindung einsieht. Schließlich gelingt es Langard, die Öffentlichkeit von den verbrecherischen Experimenten zu unterrichten, ehe er spurlos verschwindet — vielleicht hat ihn ein Vogel gefressen...

Ist hier noch eine Schwarzweißzeichnung der Charaktere zu erkennen, so umgeht Fuhrmann dies im folgenden Roman „Planet der Sirenen" (1981), indem er jeden der drei Helden in seiner Widersprüchlichkeit plastisch und farbig darstellt. Beschrieben wird zunächst die Landung dreier Überlebender einer Raumschiffkatastrophe auf einem fremden Planeten, der Sirena. Merser (der „Starke Mann") hatte in fahrlässiger Selbstüberschätzung einen Unfall verschuldet, in dessen Folge das Raumschiff aus dem Sonnensystem herausgeschleudert wurde. Nach sechsunddreißigjähriger Drift leben nur die drei ehemals Jüngsten noch und setzen sich vom hoffnungslos verschlissenen Raumschiff ab, so daß nun drei Herren gesetzteren Alters, nur mit dem Allernotwendigsten versorgt, auf der Sirena landen. Merser kommandiert seine Kameraden, die nicht soviel Aggressivität und Vitalität aufbringen, überheblich herum. Er versteht nicht, daß eine Partnerschaft auf Gegenseitigkeit beruhen muß, daß Verständnis und Gefühle wichtiger sein können als geschliffene Logik und wendiger Intellekt. Sein Gegenspieler Lindner löst sich zu spät aus der duldsamen Zurückhaltung und aus seiner Passivität, so daß Merser die kleine Gemeinschaft zerstört. Der „Dritte", ein langsamer, aber gründlicher Denker, der übersensible Ray, kommt auf tragische Weise ums Leben.

Schmerzhaft müssen Merser und Lindner erkennen, daß sie sich, gefangen in ihrer Auseinandersetzung, menschlich als Versager erwiesen haben.

Diese Geschichte von den Schwierigkeiten des Zusammenlebens spielt sich vor dem Hintergrund einer SF-Handlung ab, die sich mit der Entdeckung und Erforschung einer zunächst unverständlichen atechnischen Zivilisation befaßt. Sie erweist sich am Ende als arbeitsteilig organisiertes Über-Ich, das den Kontakt zu den Menschen sucht und herstellt.

Im nächsten Buch bindet Fuhrmann seine Protagonisten noch stärker in ihre persönlichen Geschichten und Besonderheiten ein, so daß es weder Verurteilte noch Richter gibt, eine dialektische Sicht gewahrt bleibt. In „Die Untersuchung" (1984) ist der „Starke Mann" der Commander Metz, ein verdienter und erfahrener Haudegen der Raumfahrt, den man wegen seiner (auf dem Papier) fehlenden Qualifikation vor den Kopf stößt und ins Abseits drängt, wo er mit seiner auf ihn eingeschworenen Mannschaft der Obrigkeit ablehnend gegenübersteht. Diese wird vom Gegenspieler Kilian verkörpert, den man zu der einsamen Station auf einem Saturnmond schickt, um einen Unfall aufzuklären. Es entwickelt sich eine Krimihandlung nach dem Inselschema: Ein Untersucher muß innerhalb einer isolierten Gemeinschaft einen Vorfall rekonstruieren, und niemand ist bereit, ihm zu helfen.

Die SF-Handlung dreht sich um seltsame kristallische Aliens, die durch die Untersuchungen der jungen unerfahrenen Leute, die man Metz vor die Nase gesetzt hatte, bedroht wurden und die Forscher in Notwehr töteten. Diese Erkenntnis darf Metz nicht zur Obrigkeit dringen lassen, was mit der besonderen Struktur der Zukunftsgesellschaft zusammenhängt. Man hat ein bildungsorientiertes Kastensystem aufgebaut: Jeder Bürger trägt ein Schildchen mit Namen und Gehaltsklasse, welche sich nach Qualifikationsgrad (Facharbeiter bzw. Höhe des akademischen Grades) und Dienstjahren bestimmt. Danach beurteilt man Menschen, und dem für seine Position „mindergebildeten" Metz würde man seine Erkenntnisse nicht glauben. Ja, man würde sie nicht einmal zur Kenntnis nehmen, denn man mißachtet bei diesem Verfahren, daß andere Werte über menschliche Qualitäten entscheiden (hier liegt eine der Verbindungen zur Gegenwart, die der Roman enthält).

Metz, der den Krieg mit den Aliens verhindern will, setzt genau wie die anderen Fuhrmannschen „Starken Männer" alle Mittel ein, um sein Ziel zu erreichen. Doch sind seine Beweggründe zu begreifen. Die Rolle des „Dritten" übernimmt

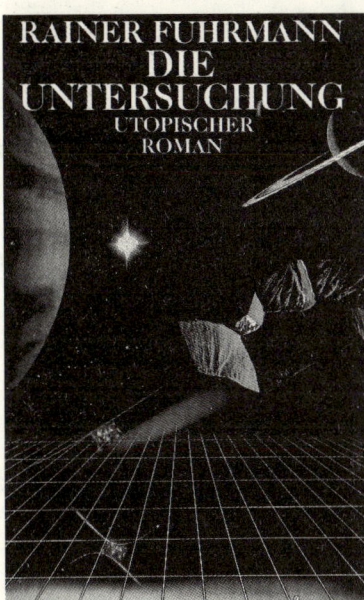

im Lauf der Handlung Metz' Partnerin Maud (am Anfang war es der Untersucherkollege Lewin), die zunächst aus reiner Opposition gegen die rüden Methoden des Commanders auf Kilians Seite wechselt. Damit löst sie aber bei Kilian einen Wandlungsprozeß aus. Der Untersucher wächst ins kleine Kollektiv der Station hinein, nachdem er sich durch Metz' Lügengespinste gefitzt hat, und trägt jenen Gedanken bei, der den Kontakt zu den Aliens ermöglicht. Vorher aber spürt der einsame vertrocknete Bürokrat Kilian die Mängel seines bisherigen Lebens, schmerzlich bemerkt er seine Unfähigkeit zu wirklich menschlichem Kontakt und ist so vorbereitet auf seine Umerziehung zu einem liebenswerten und liebesfähigen Menschen durch Maud. Fuhrmann hat hier nicht nur ein beeindruckendes Figurenensemble geschaffen, er hat auch eine erstaunliche Vielschichtigkeit erreicht. „Die Untersuchung" ist SF-Roman, Krimi, Entwicklungsroman und Utopie zugleich. Eine Utopie, die durchsetzt ist mit dystopischen Elementen — sie ist in Gefahr, zu Tode verwaltet zu werden; eine aufgeblähte und allgegenwärtige Bürokratie droht menschenfreundliche Absichten ins Gegenteil zu verkehren.

Die gewohnte Figurenkonstellation begegnet dem Leser wieder im jüngsten SF-Roman Fuhrmanns. Während in „Medusa" (1985) eine Absolutheit des moralischen Urteils herrscht, die an „Homo sapiens 10^{-2}" erinnert, ist die Psychologie der Figuren doch weitaus durchdachter und glaubhafter. Der „Starke Mann" ist hier der geniale Arzt Kadenbach, selbstherrlich und skrupellos. Gegenspieler ist sein Gehilfe Rührtanz, den die schillernde Persönlichkeit Kadenbachs zunächst blendet und total vereinnahmt. Er wird von seinem neuen Chef Kadenbach sogar aus seinen bisherigen Bindungen gelöst und zum willfährigen Werkzeug gemacht. Es geht um Experimente mit menschlichem Genmaterial, die der Techniker Rührtanz nicht beurteilen zu können glaubt.

Wesen zwischen Mensch und Monster entstehen, eines überlebt: Medusa. Während Kadenbach sie als Objekt und Werkzeug betrachtet, sieht Rührtanz in dem anfangs hilflosen Ungeheuer den verstümmelten und liebebedürftigen Menschen. Er beginnt sich von seinem Chef geistig abzunabeln — jener will Medusa für Weltherrschaftspläne mißbrauchen. Dabei gedenkt er, Medusas übersinnliche Kräfte einzusetzen, Telepathie und Telekinese (deren Möglichkeit Fuhrmann geschickt aus Sagen und Überlieferungen ableitet, ohne parapsychologisches Geschwafel zu bemühen). Kadenbach hat schon begonnen, seine Pläne hemmungslos durchzusetzen, hat Medusa gezwungen, ihm mißliebige Menschen zu töten, als Rührtanz seine Haltung, er könne nur Dinge des eigenen Fachgebietes bewerten, aufgibt. Er stellt sich offen gegen seinen Chef und verhindert den weiteren Mißbrauch Medusas, die ihren Schöpfer, diesen „Starken Mann", am Ende vernichtet.

Fuhrmann zeichnet zwei gegeneinanderlaufende Entwicklungslinien. Kadenbach wird vom neugierigen Wissenschaftler zum wissenschaftlichen Verbrecher. Rührtanz gelangt von selbstverordneter Beschränktheit zu verantwortungsvoll kritischer Sicht (und zur Gegenspieler-Rolle). Der Roman zeichnet sich gegenüber den anderen Büchern Fuhrmanns durch seine Konzentration auf menschliche Konflikte aus. Medusa ist lediglich der Kristallisationspunkt des moralisch prüfenden Experiments und übernimmt nur andeutungsweise die Rolle des „Dritten".

Fuhrmann versucht, seine Figuren auch sprachlich exakt zu charakterisieren, geht dabei bis zum Saloppen und schreibt sehr lebendige Dialoge (von „Das Raumschiff aus der Steinzeit" abgesehen). Im Gesamtüberblick fällt auf, daß Fuhrmanns Romane von Buch zu Buch besser geworden sind ...

(K)

Funk, Richard

(* 1926 in Warschau)

war Bauhilfsarbeiter, Physikstudent, Hilfslektor im Verlag Technik, Berlin, und technischer Angestellter im VEB Filmfabrik Wolfen. Nach einem Fernstudium in Köthen war er als wissenschaftlicher Mitarbeiter (Chemieingenieur) tätig. Anschließend arbeitete er im VEB Magnetbandfabrik Dessau. Seit 1954 wohnt er in Dessau. In den Jahren 1964—70 veröffentlichte er Gedichte und Prosatexte in Zeitungen, Zeitschriften und Anthologien.

1973 erschien sein SF-Roman „Gerichtstag auf Epsi". Vor dem Hintergrund der Begegnung dreier kosmischer Zivilisationen zeigt er den Zusammenstoß entgegengesetzter Auffassungen von Verantwortung, Disziplin,

Selbstachtung und Ehre. Der Kommandant eines den Planeten Epsi umkreisenden Raumschiffs hält sich strikt an die einengenden und oft schroffen Weisungen der wie Riesenspinnen aussehenden Planetenbewohner. Der zu cholerischen Ausbrüchen neigende Expeditionsleiter empört sich dagegen. Während die Hauptgruppe wissenschaftliche und soziale Einrichtungen studiert und allmählich ein Vertrauensverhältnis zu den mißtrauischen Epsilonen herstellt, geht der in seiner Eigenliebe verletzte Expeditionsleiter eigenmächtig vor und entführt aus einer verbotenen Zone zwei im Kälteschlaf ruhende menschenähnliche Wesen.

Seine Disziplinlosigkeit löst harte Reaktionen aus. Die Epsilonen kerkern die Landegruppe ein, erzwingen die Herausgabe der Entführten und machen den Raumfahrern einen hochnotpeinlichen Prozeß. Die beiden aus dem Tiefschlaf erweckten Unbekannten können die Lage entspannen. Sie beweisen, daß sie Überlebende einer Zivilisation sind, die den Planeten vor Millionen Jahren bewohnte und bei einem Strahlenausbruch des Zentralgestirns zugrunde ging. Daß nur die Spinnen überlebt haben, ist als Warnung vor dem Mißbrauch der Atomenergie aufzufassen.

Anmaßende Selbstgerechtigkeit führt in eine Katastrophe, die die Existenz der Expedition

gefährdet und das Bordkollektiv vor eine Zerreißprobe stellt, dank der Vernunft aller Beteiligten jedoch zu einem Katalysator wird, der die Ereignisse in eine positive Richtung lenkt. Schlußakkord: Verständnis und gegenseitiger Beistand überbrücken kosmische Abgründe.

(R)

Geelhaar, Anne

(* 1914 in Teichroda,
heute Tuchorka, VR Polen)

gehört zu den Kinderbuchautoren der DDR mit der höchsten künstlerischen Produktivität und dem breitesten Themenkatalog. Mit „Till Eulenspiegel – Abenteuer und Erlebnisse eines Bauernsohns" legte sie 1953 ihr erstes

Kinderbuch vor, dem mehr als vierzig weitere folgten. Dazu gehören u. a. „Der Hirt" (1967), „Das Märchenhaus" (1969) und „Der kleine Kommandeur" (1974). Anne Geelhaar hat als Herausgeberin (Volksbücher für Kinder) und Autorin von Filmszenarien („Das singende, klingende Bäumchen", 1957) gearbeitet und Fabeln aus Afrika und Indien für junge Leser unseres Landes nacherzählt. Die Autorin hat den Beruf eines Redakteurs erlernt und lebt als freischaffende Schriftstellerin in Berlin.

„Der Prinz von Hovinka" (1974) ist der Versuch, ein SF-Märchen zu erzählen. In verschiedenen Details bringt die Autorin Gegenwärtiges in eine Märchenwelt ein (dies aber meist über Begriffe wie Studenten, Examen usw.), die technisch extrem weit entwickelt ist und kosmische Dimensionen hat. Tiefe Antagonismen prägen das Leben in Hovinka wie auch das Verhältnis zu benachbarten Sternen. Anne Geelhaar ist in dem sprachlich durchaus anspruchsvoll erzählten Kinderbuch darum bemüht, ideologische Einsichten parabelhaft zu vermitteln. Allerdings spiegelt sich in der Erzählung die Unentschiedenheit und Unentschlossenheit einiger Kinderbuchautoren in den siebziger Jahren im Umgang mit SF wider: die Märchenmotive und die Motive aus dem Arsenal der SF kommen nur mühsam zusammen und wirken dann in der Synthese konstruiert. Anne Geelhaar wählt das Märchenmotiv vom schönen Prinzen und der klugen Magd, um aufklärerisches Denken in Bilder umsetzen zu können. Daneben und zwischendurch tauchen andere Motive, Anspielungen, soziale Postulate usw. auf, die den Leser ob ihrer Anordnung und Bezüge eher verwirren als erregen dürften. Die SF-Elemente entzücken durch ihre poesievolle Namensgebung durchaus, es gibt Wachrobbis, Hubis, Feuerschwänze, einen Blumenstern — was sich von sonst üblicher Benennung (Dyn, Dan, Don) positiv abhebt. Im Grunde aber bleibt das, was aus dem Repertoire der SF entlehnt wurde, lediglich Transport- und Verfremdungsmittel für ein interessantes Kunstmärchen, das, um seine Botschaft an den Leser bringen zu können, nicht unbedingt dieser Anleihen bedurft hätte.

(P)

Geske, Matthias

(* 1943 in Berlin)

erlernte den Beruf des Krankenpflegers und studierte dann Theologie. Im kinderliterarischen Bereich machte er durch biografische Erzählungen, die sich mit den Renaissance-Repräsentanten Galileo Galilei („Galileo und die Hunde des Herrn", 1974) und Johannes Gutenberg („Johannes Gutenberg", 1983) beschäftigen, und durch „Angeln mit ODYSSEUS" (1976) auf sich aufmerksam. Für Erwachsene

schrieb Geske, der Absolvent des Literaturinstituts „Johannes R. Becher" ist, u. a. „Der Dieb im Kittel" (1974).

In den 13 Kapiteln der Erzählung „Angeln mit ODYSSEUS" wird von den Unglaublichkeiten berichtet, die die zwölfjährige Susi mit dem von ihr und ihrem Bruder hergestellten kybernetischen Wurm ODYSSEUS erlebt. Der zunächst unbeholfen und dadurch für den Leser höchst komisch reagierende elektronische Kobold, auf dessen technische Beschaffenheit und Funktionsweise Geske, als für sein Anliegen unwichtig, keinen Wert legt, emanzipiert sich in seinem Wissen und Können auf kuriose Weise. Für den kindlichen Leser wird Erinnerung an eigene Vorgänge des Lernens und Lebens in früheren Jahren möglich. Gleichzeitig erhellt Geske auf geistreich-dialektische Art Prozesse der Sprachbeherrschung, der Logik, des Umgehens mit Wissen in der Praxis. Lernen und Anwenden sind die Voraussetzungen, die Odysseus zum „segensreichen Geschöpf" werden lassen. In der Erfindung zahlreicher Nonsens-Situationen wird im Falle dieser Erzählung einmal mehr die produktive Nachbarschaft der SF für Kinder zur Nonsens-Literatur deutlich.

(P)

Groß, Richard

(1921–1968)

Der gebürtige Königsberger war Angestellter, bis er 1954 in Berlin freischaffender Schriftsteller wurde. Er schrieb sechs Romane, zwei Erzählungen, neun Hörspiele und ein Kinderfilmszenarium, die allesamt nichts mit SF zu tun haben, ferner zwei SF-Hörspiele, eines davon nach Motiven seines einzigen SF-Romans „Der Mann aus dem anderen Jahrtausend" (1961). Der Roman kombiniert zeittypische Genremittel wie Zukunftsutopie, Raumfahrtabenteuer, Entdeckung vernunftbegabter Außerirdischer, auf fremde Planeten projizierte irdische Klassenkämpfe und ähnelt damit etwa „Titanus" von del' Antonio oder „Das Geheimnis

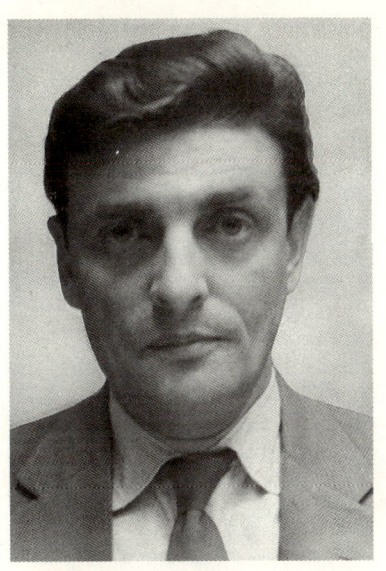

Trotz fast krankhafter Bespitzelung und Verfolgung erkennt der durchweg sympathische Mordgen die Vorzüge der neuen Gesellschaft und stellt sich auf dem Planeten Novi Swesda gegen die Nachkommen seiner Vorfahren, die sich dorthingerettet haben und die Ureinwohner versklavten. Durch den Titelhelden entfernt sich die Utopie von der ihrem Ansatz immanenten Harmlosigkeit und Sterilität und stellt ein Zeitproblem zur Diskussion.

(M)

des Transpluto" von Weise. Ungewöhnlich jedoch ist der Titelheld. Sidney Mordgen, Sohn des oberkommandierenden amerikanischen Generals, wurde bei der überstürzten Flucht der letzten Kapitalisten in einer Hibernationskammer zurückgelassen. Zweihundert Jahre später wird er gefunden und aufgetaut. Dank seiner Jugend findet er sich schnell in die neue, kommunistische Zeit, nimmt die Ideale der Menschheit an. Das glauben jedoch nicht alle, und er wird von Mißtrauen verfolgt, das auch während der Raumexpedition, an der er teilnimmt, nicht nachläßt. Für die Mißtrauischen zählt nicht, wer er ist und was er leistet, sondern wer er war und was er hätte getan haben können.

Heinrich, Reinhard

(* 1954 in Dresden)

erlernte den Beruf eines Maschinen- und Anlagenmonteurs und studierte nach dreijährigem Dienst in der NVA am Institut zur Ausbildung von Ingenieurpädagogen in Karl-Marx-Stadt. Während dieser Zeit verfaßte er bisweilen Texte für Singegruppen. Nach dem Studium arbeitete er neun Jahre als Lehrausbilder in Dresden. Gegenwärtig ist er Angestellter einer SED-Stadtbezirksleitung in Dresden.

Reinhard Heinrich hat ausnahmslos in Koautorschaft mit Erik Simon (s. d.), den er im Dresdener Stanisław-Lem-Klub kennenlernte, publiziert. Die Erzählungen Heinrichs und Simons sind satirisch oder parodistisch angelegt, sie nehmen entweder Klischees der SF oder Zeiterscheinungen aufs Korn. So ironisiert ihre erste gemeinsame Kurzgeschichte „Die Ignoranten" (1976 in der Anthologie „Begegnung im Licht" erschienen) das geläufige Motiv des Kontakts mit Außerirdischen: Dieser kommt nicht zustande, weil beide Seiten viel zu sehr mit sich selbst beschäftigt und in ihre eigenen Vorstellungswelten verstrickt sind. Offen bleibt nur die Frage, wer die größeren Ignoranten seien.

Höhepunkt des gemeinsamen Schaffens von Heinrich und Simon wurde der satirisch-parodistische Erzählungszyklus „Die ersten Zeitreisen" (1977), der sich in scheinbar seriösem Tonfall als eine „Beilage zum ‚Lehrbuch der Temporalistik'" ausgibt und als solche reichlich mit Fußnoten und einem pseudodokumentarischen Anhang ausgestattet ist. Mit geradezu barocker Kraushheit wird eine Art Chronik der Zeitreisen entrollt; bald ist die Vergangenheit nicht mehr Domäne ernsthafter Forscher; Zeittouristen und Temporalrowdys sorgen für Verwirrung und wuchernde Legendenbildung.

In ihrem Spiel mit (und folglich gegen) Mystifikationen kehren Heinrich und Simon bekannte Motive und Paradoxien der Zeitreise-SF ins Groteske. Moderne Mythen à la Däniken, die sich um Atlantis, die Terrasse von

Baalbek und andere echte oder angebliche Rätsel der Menschheitsgeschichte ranken, werden gründlich verspottet, wobei auch eine bierernste Wissenschaft manchen Seitenhieb abbekommt. „Die ersten Zeitreisen" zählen zu den vergnüglichsten, witzigsten SF-Büchern der DDR.

Im gleichen spielerisch-satirischen Geist ist die Erzählung „Etemenanki" (erschienen in der Anthologie „Zeitreisen", 1986) geschrieben. Hier begibt sich ein Mensch der Gegenwart ins antike Babylon, um mit den Methoden der wissenschaftlichen Arbeitsorganisation den Bau des Turmes zu Babel zu fördern. Die haarsträubenden Verwicklungen dabei – der Ausgang ist bekannt – werden in einem ernsthaften Tagebuch-Stil erzählt, was die Schlaglichter auf gegenwärtiges Fehlverhalten nur umso deutlicher macht.

(St)

Herold, Gottfried

(* 1929 in Weißbach/Oberlausitz)

erlernte den Beruf eines technischen Zeichners und übte ihn bis 1955 aus, wurde 1956 Redaktionsmitarbeiter der „Sächsischen Zeitung", danach freischaffender Schriftsteller. Er schrieb Gedichte, Kantatentexte, Liedzyklen, Romane und Erzählungen sowie dreiunddreißig Kinder- und Jugendbücher. Er beteiligte sich an der technik-

popularisierenden Anthologie „Der automatische Großvater" (1976) mit der Titelgeschichte, in der ein Junge mit einem selbstprogrammierten Roboter Schwierigkeiten bekommt.

Der Kurzroman „Die Hunkus schrein am Raklohami" (1978) ist eine übermütige SF-Parodie, in der mit Seitenhieben auch auf andere Genres nicht gespart wird. Der kaltblütige Kommandant Professor Frankenhausen, die sexbesessene Bordärztin Dr. Grimm und der noch sexbesessenere ahnungslose Journalist Julo Tschikosch starten mit der „Phänomen" ins All und erreichen bereits nach neun Tagen den bewohnten Planeten Schluranka. Standardwirkungseffekte der SF werden maßlos übertrieben oder versimpelt, um das Muster kenntlich zu machen (z. B. geistert der einstens unvermeidliche amerikanische Spion über die Seiten), zum anderen wird durch Umkehrung auf Fehlendes aufmerksam gemacht (z. B. kontert Julos Sexbesessenheit die Sexabstinenz früherer SF). Anspielungen auf heimische Mißstände finden sich ebenfalls, so daß SF nicht nur parodiert, sondern in ihrem grundsätzlichen Wirkungsmechanismus, Gegenwart phantastisch zu verfremden, auch genutzt wird.

(M)

Höricke, Lothar

(* 1937 in Züllichau, heute Sulechów, VR Polen)

wurde 1945 nach Berlin umgesiedelt, erlernte den Beruf eines Druckereifacharbeiters, studierte von 1956 bis 1960 Dramaturgie an der Hochschule für Film und Fernsehen (Potsdam-Babelsberg) und war danach als Fernsehdramaturg tätig. Von 1967 bis 1968 arbeitete er als Decksmann in der Hochseefischerei, dann wieder als Dramaturg. 1974 erhielt der Autor den Preis des Ministeriums für Kultur zur Förderung der Kinder- und Jugendliteratur. Höricke veröffentlichte u. a. die Erzählung „Fischzüge" (1972) und den Roman „Rando" (1977). In einer satirischen Kolumne bekennt sich Höricke

zu „seinen Leuten", die ihr Brot in der Seefahrt oder als Mississippilotsen verdienen, als literarischen Vorbildern, zu Melville und Mark Twain (vgl. „Empfehlung", in „Jedes Buch ist ein Abenteuer", Berlin 1986, S. 88).

In der vorrangig an jugendliche Leser adressierten „Neuen Edition" des Verlags Neues Leben erschien mit Hörickes Erzählung „Entführt von den Tiaias" (1980) das bislang einzige Buch der Reihe, in dem SF-Motive und -Figuren in den DDR-Alltag eingebracht werden. Dabei greift Höricke auf UFO-Legenden ebenso zurück wie auf andere tradierte Elemente des Genres.

Torsten Klemm, Lehrling für Fertigungsmittelbau und Ich-Erzähler, wird von den Tiaias, „Leuten jenseits der Kassiopeia", in deren Raumschiff geholt — gerade als ihm seine Probleme in der Lehre und in der Liebe über den Kopf zu wachsen drohen. Für die Fremden ist er ein Medium ähnlich jenem „armen westindischen Wilden, den Kolumbus auf seine Santa Maria gelockt hatte". Von ihm wollen sie erfahren, wie es auf Erden zugeht. „Jeder sollte sich auf die Aufgabe vorbereiten, seine Welt zu vertreten!" — diesem Postulat entsprechend handelt der Junge. Zunächst hat er Mühe, sich in die Perfektion der Raumschiffumgebung zu finden. Mit längerem Aufenthalt erkennt er, daß die Tiaias in vielem so handeln, wie es auch unseren Idealpostulaten entspricht, gleichzeitig sieht er fragwürdige

Konsequenzen, so die der Stagnation, welche aus totaler Perfektionierung resultiert. Am Ende deutet sich eine „Vermenschlichung" der Außerirdischen an.

Hörike, der anspruchsvoll zu erzählen weiß und Vorbilder in Motiven und Sprachgestus (Plenzdorf) nicht leugnet, spickt seinen Text mit Anspielungen zeitkritischer Art und setzt gelegentlich freundliche Ironie ein.

(P)

Horstmann, Hubert

(* 1937 in Mosbach)

erlernte den Beruf eines Gärtners, studierte Philosophie und Mathematik, promovierte und ist heute Philosophieprofessor an der Akademie der Wissenschaften der DDR. Seine wissenschaftlichen Veröffentlichungen („Der Physikalismus als Modellfall positivistischer Denkweise", 1973, „Studien zur metaphysischen und dialektischen Denkweise", 1977, und das von ihm herausgegebene Sammelwerk „Studien zur weltanschaulichen und methodologischen Funktion der materialistischen Dialektik", 1981) weisen auf seine beruflichen Interessengebiete hin. Die hierin verarbeiteten Ideen sind z. T. auch in seine belletristischen Arbeiten eingeflossen.

1965 erschien sein Roman „Die Stimme der Unendlichkeit". Er zeigt die sich zu jener Zeit in der DDR-SF abzeichnende Tendenz, über naturwissenschaftliche und gesellschaftliche Extrapolationen hinauszugehen und Menschenschicksale zu gestalten. Hauptperson ist ein in Apathie verfallener Raumschiffkommandant, der auch nach der Landung auf einem fremden, von einer teils feudalistischen, teils progressiven Zivilisation bewohnten Planeten vom Flug in die Unendlichkeit träumt und verständnislos neben seinen energisch handelnden Gefährten steht. Die von ihnen angestrebte Rettung der von zunehmender Vereisung bedrohten Planetenbewohner läßt ihn gleichgültig. Erst die Begegnung mit einer jungen Priesterin löst ihn aus seiner Erstarrung. Erschüttert vom Elend ihres Volkes, befreit sie sich von den Fesseln uralter Dogmen und schließt sich den Ärmsten an, die gegen die dem Eistod entgegendämmernden Schmarotzer des Adels und der Priesterschaft aufbegehren. Ihr tragisches Ende reißt den Kommandanten vollends aus seiner Teilnahmslosigkeit. Die Einsicht, daß man sich nicht in verschwommenen, lebensfremden Idealen verlieren darf, sondern sich den realen Problemen stellen muß, gibt ihm seine alte Tatkraft zurück. Ausmalende Beschreibungen, reflektierende Passagen und aktionsbetonte Szenen fließen zu einer farbigen Komposition mit philosophischem Anspruch ineinander.

In seinem zweiten Roman, „Die Rätsel des Silbermonds" (1971),

geht Horstmann noch mehr auf die Psyche der literarischen Figuren ein. Weltweiter Rüstungsabbau, verbunden mit der Umstellung von Wissenschaft und Technik allein auf zivile Aufgaben, leitet einen neuen Abschnitt der völkerverbindenden Zusammenarbeit ein und erlaubt die Ausrüstung einer fünfköpfigen Expedition, die auf dem Saturnmond Titan Gelände für später zu errichtende Forschungsstationen erkunden soll.

Die Handlung beginnt mit einem Disziplinverstoß des jungen sowjetischen Geologen. Obwohl hart gerügt, bleibt es nicht bei dem einen Vorkommnis. Die französische Ärztin lehnt sich gegen bindende Weisungen auf, ebenso der im Wissenschaftsmanagement erfahrene US-amerikanische Astrochemiker und das Musterbeispiel für bedingungslose Vorschriftentreue, der bundesdeutsche Pilot. Was anfangs als menschliches Versagen erscheint, erweist sich als persönlichkeitsbedingte unterschiedliche Reaktion auf das Unvorhergesehene. Der Titan wird von den Lissitschki (russisch, „Pfifferlinge") bewohnt, einer Lebensform, die Eigenschaften sowohl von Tieren wie von Pflanzen aufweist. Die Landung des irdischen Raumschiffs und die mit Bohrungen und Probesprengungen verbundene Forschungstätigkeit greifen in das Leben der wie Riesenpilze aussehenden Titanbewohner ein und gefährden vor allem den Nachwuchs. Die Kontaktversuche der Lissitschki mittels

langwelliger elektromagnetischer Schwingungen bleiben erfolglos, ihre Abwehrmaßnahmen dagegen machen die Menschen handlungsunfähig und blockieren die elektronischen Anlagen. Als es feststeht, daß zwischen Menschen und Lissitschki keine Kommunikation möglich ist, wird die Expedition abgebrochen.

Horstmann wirft Fragen auf, die bis dahin in der DDR-SF nicht gestellt wurden. Er argumentiert gegen die zu verschiedenen Zeiten in der anglo-amerikanischen Science-fiction-Literatur gängige Auffassung von einer Pax americana, d. h. einer Ausdehnung der amerikanischen Lebensweise und Sozialordnung auf den Kosmos. In den Lissitschki entwirft er das Bild einer Spezies, die infolge Fehlens jeglicher anderer Lebewesen in ihrer naturgeschichtlichen Entwicklung keinen Kampf ums Dasein kennengelernt hat und in gesellschaftlicher Hinsicht von nationalen Konflikten verschont geblieben ist. Raub- und Verteidigungskriege sind ihnen fremd, doch können sie sich wirkungsvoll zur Wehr setzen. Mit dem phantastischen Entwurf einer auf Vernunft gerichteten, von Aggression freien Zivilisation sprengt Horstmann den Rahmen des anthropozentrischen und geozentrischen Weltbildes und greift, in die Zukunft weisend, auf das sich heute abzeichnende neue Menschheitsverständnis vor.

Die Charaktere der Romanpersonen gründen sich auf individuell ausgeprägte soziale Erfahrungen. In dem Piloten regt sich, ihm selbst unbewußt, ein Rest Herrenmenschentum. In allem anders Gearteten vermutet er einen Feind. Sein markiges Selbstbewußtsein ist in Wirklichkeit von Mißtrauen ausgehöhlt, er kommt vom Schwarzweißdenken nicht los und wittert in dem, was ihm unbegreiflich ist, einen unerbittlich zu bekämpfenden Gegner. Der Astrochemiker, der seinen Ruf in hartem Konkurrenzkampf errungen hat, denkt, als die Existenz der Lissitschki sein Forschungskonzept entwertet, hauptsächlich an den Marktwert seiner einmaligen Filmaufnahmen. Beider Verhalten zwingt die Ärztin und Psychologin zu der Einsicht, daß es keine gesellschaftlich neutrale Psychologie gibt, weil Wertvorstellungen und Motivationen sozial determiniert sind. Der hitzige Geologe lernt seinen unbekümmerten Tatendrang in dem Maße zu zügeln, wie er sich der Verantwortung der Expedition gegenüber den Titanbewohnern und auch vor der Menschheit bewußt wird.

In Horstmanns Buch wurde zum erstenmal in der DDR-SF das Bekenntnis zur Achtung des Lebens, des Territoriums und der Gemeinschaft vernunftbegabter Wesen auf anderen Himmelskörpern artikuliert, auch und gerade wenn zwischen ihnen und den Menschen keine Verständigungsmöglichkeit besteht. (R)

Hubert, Fred

(* 1930)

arbeitete nach nicht beendeter Lehre als Klischee-Ätzer nach dem zweiten Weltkrieg in verschiedenen Berufen, so als Kranführer, Maschinenwäscher, Druckereiarbeiter und Sachbearbeiter in der Druckerei. Danach war er als Hausmeister tätig.

1974 erschien in einer Heft-Reihe vom Verlag Neues Leben Berlin seine SF-Erzählung „Die Traumfalle", 1975 der Roman „Zeitsprung ins Ungewisse". Die unverbindlich-abenteuerlichen und künstlerisch anspruchslosen

Geschichten reihen sich ein in eine große Gruppe ähnlich gelagerter SF-Texte mit trivialen Zügen, wie sie seit Mitte der siebziger Jahre in der DDR-SF aufgrund stärkerer Differenzierung im Genre und damit verbundener qualitativer Polarisierung noch deutlicher als zuvor zutage traten. In „Zeitsprung ins Ungewisse" gerät eine Gruppe junger Leute zufällig in ein unbemanntes außerirdisches Raumschiff, das zugleich Zeitmaschine ist. Sie fliegen in verschiedene Erdzeitalter und schließlich in das Jahr 2860. Zwei der Freunde bleiben in der Zukunft.

(F)

Hüfner, Heiner

(* 1940 in Wintersdorf)

heißt eigentlich Ernst Heinrich Hüfner und studierte von 1960 bis 1965 an der Technischen Universität Dresden Physik; vorher arbeitete er im Maschinenbau. Nach dem Studium kehrte er als Problemanalytiker für ingenieurtechnische Berechnungen (CAD/CAM) in den Maschinenbau zurück. Er publizierte über ein Dutzend Artikel in Fachzeitschriften. 1976 promovierte er mit einer Dissertation über Mustererkennung durch Automaten zum Doktor-Ingenieur.

Unter seinem Autorennamen veröffentlichte Hüfner die ersten Erzählungen 1981 in dem Band „Utopische und phantastische Geschichten", der auch SF-Texte E.-O. Luthardts enthält. In seinen Erzählungen schildert Hüfner – bei nur leicht phantastischer Verfremdung durch eine technische Innovation oder ein wissenschaftliches Rätsel – die menschlichen Probleme, die sich im Umgang mit hochgezüchteter, teilweise intelligenter Technik zwangsläufig ergeben, insbesondere, wenn diese in den Alltag eindringt. Hüfners Erzählungen und Romane sind zumeist in dem ihm vertrauten Milieu der Südbezirke der DDR angesiedelt, was allein schon eine Besonderheit wäre, und erhalten durch die Konfrontation der durchaus unheroischen, mit beiden Beinen auf der Erde stehenden Protagonisten (häufig Frauen) mit der einmal mehr, einmal weniger zukünftigen Technik einen zusätzlichen Reiz.

In seinem Romanerstling „Juliane und der Synthorg" (1983) macht Hüfner das tradierte Kyborg-Motiv eben durch die Einbettung in Alltägliches auf neue Weise fruchtbar – und spiegelt zugleich das Verhalten der Menschen zueinander im Verhältnis von Mensch und Technik. In dem Roman hat sich die Computergraphikerin Juliane als Mann einen Synthorg, die kybernetische Kopie eines Kriminalisten, unterschieben lassen. Dieser Kunstmensch, der aus seinem Institut ausbrach, um die Menschen zu studieren, ahmt nun archetypische männliche Verhaltensweisen nach: Juliane ist ihm allein für Bett und Küche gut. Der Mann wird in der Metaphorik zum einfühlungsunfähigen Roboter. Die Titelheldin steht dem Macho-Gebaren des Synthorgs hilflos gegenüber; sie flieht in die Traumwelt einer hüttenähnlichen Raumzelle. Erst als eine Art technischer Reifungsprozeß die kreatürlichen Funktionen des Synthorgs lahmlegt, findet er zu wirklich menschlichen Regungen. Doch trotz der abwechselnden Personensicht Julianes und des Synthorgs wird dessen Tragödie nicht voll ausgespielt. Verschränkt mit der Synthorg-Handlung rollt eine Kriminalhandlung um den Tod eines berühmten Malers ab, wobei mit dem Mordmotiv auch die Frage aufgeworfen wird, wo in einer Welt mit Computergraphik und computergestützter Malerei menschliches Schöpfertum noch einen Platz hat. Allerdings beeinträchtigen sich die in den drei Lesarten – als Beziehungsgeschichte, als Krimi und als Ideenroman um Kunst und Computer – angelegten Erzählstrukturen gegenseitig.

Stärker als in seinem ersten Roman nutzt Hüfner in seinem zweiten, „Sonne fünf" (1985), die Gegenüberstellung von traumhaften Innenweltbildern und aktionsgeladener Realhandlung. In dem Roman startet ein museales Raumboot versehentlich mit zwei Frauen an Bord zu dem noch vor Inbetriebnahme aufgegebenen Orbitalkraftwerk

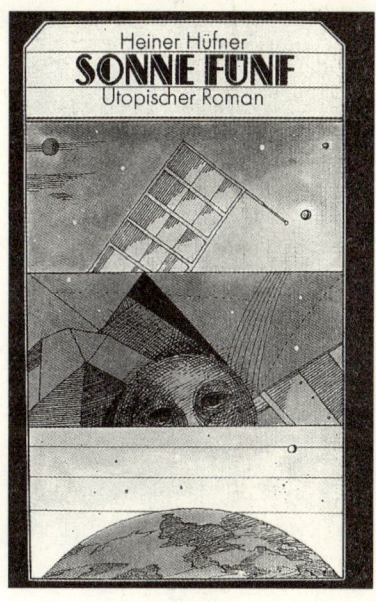

Sonne fünf. Der Verantwortliche für den Start vertuscht seinen Fehler vor der Institutsleitung, die beiden Frauen sind praktisch auf sich allein gestellt. Hüfner nutzt nun das traditionelle SF-Motiv des Sauerstoffmangels, um seine Heldin mit schwer beherrschbaren quasiintelligenten Systemen zu konfrontieren, u. a. mit dem Persom, einem „Automaten der 11. Generation", der unberechenbar wird, als sie ihm entgegen der Instruktion Bücher zu lesen gibt (obwohl es vorerst nur Fachliteratur ist). Fortan entspinnt sich ein Kampf von Automaten gegen Automaten, der für die Heldin tragisch endet. Angereichert wird die Handlung durch sogenannte

Psycho-Bilder, die das innere Erleben der Protagonistinnen teils im Erinnerungsstrom, teils in visionären, allegorischen Szenen auf dem „Wirklichen Theater" des Planeten Daux-Jawel aufleuchten lassen.

Während die Flut der oft eher illustrierenden Psycho-Bilder bisweilen überschwappt, bestimmt in manchen Kapiteln eine sehr harte, kurzsätzige Präsensdiktion die Aktionshandlung; umgangssprachliche Wendungen fließen insbesondere in die Gedankenkommentare der handelnden Personen ein. Hüfners Wortneuschöpfungen sind durchweg originell und lehnen sich nicht wie bei manch anderem Autor an Schulenglisch an; sie sind vielmehr dem Fachjargon des Ingenieurs nachempfunden. Allerdings entgeht er u. a. bei der Verwendung pseudo-dokumentarischen Materials, das die Computer-Welt charakterisiert, nicht immer der Gefahr, sich im rein Technischen zu verlieren. Sowohl in seinen Romanen als auch den Erzählungen gebraucht Hüfner starke und eigenwillige Bilder, die in kontrapunktartigem Gegensatz zur eindimensionalen Logik der Automaten stehen, deren konstruiertes Weltbild durch Kunst erschüttert werden kann. Vielfach leben diese Bilder vom Kreatürlichen, vom Sexuellen, was sich auch an dem „Zeitspalt" aus der gleichnamigen Erzählung (erschienen in der Anthologie „Zeitreisen", 1986) nachweisen läßt. (St)

Hüttner, Hannes

(* 1932 in Zwickau)

war nach dem Studium der Journalistik — später studierte er Medizin und Ökonomie — als Reporter tätig. Hüttner, der in Berlin und Bad Saarow lebt, ist wissenschaftlicher Mitarbeiter am Institut für Sozialhygiene und Organisation des Gesundheitswesens. Er zählt zu den produktivsten Kinderbuchautoren der DDR. Zu seinem Œuvre gehören u. a. Bilderbuchtexte („Der Fasan Johann", 1984), das Sachbuch „Die Leute mit den runden Hüten" (1968), Bearbeitungen des Beowulf- und Heraklesstoffes, die Nacherzählung des chewsuretischen Märchens „Das Lachen" (1982). Hannes Hüttner hat die Szenarien zu den DEFA-Filmen „Dr. med. Sommer II", „Es ist eine alte Geschichte" und „Die Flucht" geschrieben. Hervorzuheben ist sein Beitrag zur Literatur- und Medienrezeption durch Kinder und Jugendliche, wozu er in der „Schriftenreihe des DDR-Zentrums für Kinderliteratur" mehrere Arbeiten veröffentlichte. Hüttner ist Träger des Heinrich-Greif- und des Alex-Wedding-Preises.

Schon die 1974 erschienene Erzählung für Kinder „Das Blaue vom Himmel" spielte mit einigen Ideen der Science-fiction. Geschildert wird eine Raumschiffreise zum Quarkstern – das Raumschiff ist eine alte Hütte.

Märchendetails verbindet der Autor mit Problemen und Konflikten, in denen der Leser ohne Schwierigkeiten gleichermaßen „hiesige" Fragen wiedererkennt: Ausbeutung und Kampf dagegen, Terror, Kolonialismus, Solidarität, Aufstand, Streik, Revolution. Dabei gelingt es Hüttner, Märchen- und Nonsens-Elemente und -Motive mit klassischen SF-Elementen zu ästhetisch überzeugender Synthese zu bringen. Der fast durchweg beibehaltene heitere, mitunter leicht ironische Erzählgestus hat neben den geglückten Details in Atmosphäre und Gestalten – da taucht ein Tomatenhund auf, der halb Hund, halb preisgekrönte Pflanze ist – Anteil daran, daß „Das Blaue vom Himmel", das natürlich auch eine „Lügengeschichte" ist, zu einem der beliebtesten Kinderbücher der siebziger Jahre wurde.

Im Verlag Neues Leben erschien 1983 „Grüne Tropfen für den Täter", eine „utopische, aber streng wissenschaftliche Kriminalerzählung", mit der sich Hüttner der SF ganz stellt, aber nur zur partiellen Bewältigung des Themas gelangt. In einem Institut, das sich im Jahre 2300 mit Streß- und Alternsforschung befaßt, geschehen mysteriöse Dinge, die eine Inspektorin einer zentralen Behörde und deren Geliebten betreffen. Den Menschen täuschend ähnliche Roboter sind darin ebenso verwickelt wie ehrgeizige Wissenschaftler. Über spezielle Verfahren ist Altern ebenso möglich wie Verjüngung; zum SF-Kolorit gehört auch eine Vielheit von Beiwerk: Roboter mit aufflakkerndem Denkfeld, genüßlich erfundene Abkürzungen (BISS, QNO, BEP) usw. Daß Aktion und Reflexion nicht ausbalanciert sind, zeigt – ebenso wie die kolportagehaften Elemente –, wie wenig ausgereift der Entwurf und seine Umsetzung sind: Die Aktion kommt teils schleppend, teils hastig voran; die Denkvorgänge der Figuren kreisen um immer die gleichen Fragen.

(P)

Kellner, Wolfgang

(* 1928 in Berlin)

besuchte die Oberschule, bis er sie 1943 als Sohn eines jüdischen Vaters verlassen mußte – seine Erlebnisse aus dieser Zeit beschrieb er in seinem autobiographisch beeinflußten Roman „Abenteurer wider Willen" (1984), der 1987 von der DEFA unter dem Titel „Stielke, Heinz, fünfzehn . . ." verfilmt wurde. Nach Kriegsende lernte Kellner Goldschmied, arbeitete als Holzfäller, Barmixer, Theaterinspizient und Regieassistent, wurde 1953 beim Studio für Synchronisation der DEFA Filmvorführer und begann bald darauf, Texte für Kurz- und Dokumentarfilme zu schreiben, er wurde Schnittmeister und Regisseur für Kurz- und Dokumentarfilme. Von 1967 bis 1971 studierte er am Institut für Literatur „Johannes R. Becher" in Leipzig und war anschließend als Dramaturg an der Sektion Gestaltung der Filmhochschule Babelsberg tätig.

Wolfgang Kellner ist ein Moralist, der mit seiner leichten, humorvollen Erzählhaltung selbst ernsten Themen der Gegenwart unverkrampft und unkonventionell begegnet – eine Tonart, die auch in seinem bislang wichtigsten literarischen Werk, dem Roman „Abenteurer wider Willen" (1984) überzeugt. Das realistisch nachgezeichnete Schicksal eines halbjüdischen Jungen, der vor der nationalsozialistischen Rassengesetzgebung quer durch Deutschland flieht und das Ende des Hitlerfaschismus erlebt, ist Kellner (wie auch in seinen SF-Texten) Anlaß, psychischen Reaktionen einzelner nachzuspüren, das Individuum im Räderwerk der Geschichte zu zeigen, scheinbar ohnmächtig angesichts der großen sozialen Verhältnisse, aber doch fähig, im Verhalten seinem Mitmenschen gegenüber Humanität zu bewahren.

Seit 1973 ist Wolfgang Kellner freiberuflicher Schriftsteller, anfänglich vornehmlich als Synchrontexter bei der DEFA und beim Fernsehen (er schrieb deutsche Textfassungen für über 60 Spielfilme und mehrere TV-Serien), aber er publizierte auch bereits ein erstes SF-Buch ("Der Rückfall", 1974). In der Folge schrieb er einige Kinderfernsehspiele, u. a. "Die Sternstunde des K. E. Ziolkowski" (1977) und "Der Trichtermann" (1984), blieb aber auf dem Gebiet der Belletristik im wesentlichen der SF verhaftet. Hier erweist er sich als ein Autor, der die Formensprache der SF bewußt nutzt, um Kritikwürdiges in der gegenwärtigen Alltagsmoral zu karikieren und so moralisches Fehlverhalten in den zwischenmenschlichen Beziehungen als bedauerliche Anachronismen unserer Zeit zu charakterisieren. Seine humorvoll angelegten Texte zeichnen sich durch eine optimistische und heitere Grundhaltung aus; stilistisch fällt Kellners besondere Begabung zur Dialoggestaltung auf.

Bereits in seiner 300-Seiten-Erzählung "Der Rückfall" (1974)

WOLFGANG KELLNER
DER RÜCKFALL

Utopische Erzählung

konfrontiert er einen Spießbürger und dessen egoistisches Konsumdenken mit einer freundlichen Zukunftsgesellschaft, die sich ein solches Verhalten einfach nicht mehr erklären kann. So erfüllt man zunächst zwar alle obskuren Wünsche dieses unzeitgemäßen Zeitgenossen (wozu ein Privatauto mit Hirschgeweih gehört), versucht aber auch gleichzeitig durch den "Klärer" Leo Lex vom KKsF (Komitee zur Klärung schwieriger Fälle) die Hintergründe dieses Rückfalls in die Moral der "Altvorderen" – d. h. unserer Gesellschaft – zu ergründen; der Autor urteilt mit nachsichtigem Lächeln.

Auch in den Erzählungen seines 1981 erschienenen Bandes

„Die große Reserve" beschäftigt sich Kellner mit den kleinen menschlichen Schwächen unserer Zeit (Karrierismus, Bürokratie, Egoismus, Fachidiotentum . . .), deren Kritik erst in seinen Augen unsere Gesellschaft lebenswert macht (siehe Titel!). Beweist schon hier das erneute Auftreten des Klärers Leo Lex in einigen Texten Kontinuität in Anliegen und humorvoll lockerer Schreibhaltung des Autors, so gilt das ebenso für dessen Roman „Der Ausbruch" (1987). Wie bereits im „Rückfall" ist eine Zukunftsgesellschaft Schauplatz der Handlung, die sich vor allem durch eine allgemeine Harmonie und freundliche Umgangsformen zwischen den Menschen auszeichnet – was für den Autor insbesondere die absolute Respektierung der Persönlichkeitsrechte jedes Individuums einschließt. Kindern und Jugendlichen allerdings billigt man dieses Recht zum eigenverantwortlichen Handeln (als ein Relikt aus der Gegenwart) erst nach einer der Jugendweihe ähnlichen formalen Prüfung, der „Prozedur" (sic!), zu.

Der zentrale Konflikt des Romans resultiert aus dem etwas oberlehrerhaften Umgang der Alten mit den Jungen, die wiederum als Gleichberechtigte akzeptiert werden wollen, ist aber weniger als allgemeiner Generationskonflikt zu verstehen, sondern ist vielmehr Illustration der These, daß auch eine (utopische) Zukunftsgesellschaft, die es gelernt hat, ohne Kriege und Klassenkämpfe auszukommen, nichtsdestotrotz immer aufs neue Probleme im zwischenmenschlichen Bereich gebiert, die durchaus tragische Dimensionen annehmen können.

Bemerkenswert ist die Art der Konfliktlösung, die der Autor mit durchaus kritischem Seitenblick aufs Heute gestaltet: Obwohl sich Jugendliche und Erwachsene zeitweise erbittert auf ihre konträren Standpunkte zurückziehen, verlieren beide Parteien nie die Achtung vor ihrem Gegner, ist bloße Gewalt für die Erwachsenen kein gangbarer Weg, den sozialen Frieden wiederherzustellen – da auf diese Weise niemand überzeugt werden kann und niemand auf die Idee kommt, ein Mensch könnte gegen seinen Willen zu etwas gezwungen werden.

Einer für ihn untypisch direkten, spannenden Schreibweise bedient sich Wolfgang Kellner in der Erzählung „Tödlicher Irrtum" (1985 in „Lichtjahr 4"). Die Landung eines fremden Raumschiffes auf der Erde und die Möglichkeit, das außerirdische Wesen könnte feindliche Absichten haben, nutzt der Autor, um eine für ihn neue Variable des Konflikts zwischen Individuum und Gesellschaft durchzuspielen. Der Protagonist hält Verteidigungsmaßnahmen für notwendig, kann aber keine Mehrheit finden, die seine Ängste teilt. So sieht er sich gezwungen, in einer demokratischen Gesellschaft mit terroristischen Mitteln für das Wohl aller zu kämpfen. Da die Bewertung dieses Ziel-Mittel-Konflikts nicht durch eine nachträgliche Bestätigung der vermuteten Angriffsabsichten des Fremden ersetzt werden soll, läßt der Autor offen, ob der versuchte Präventivschlag gegen den Fremden gerechtfertigt war.

Neben Gerhard Branstner ist Wolfgang Kellner der wichtigste Autor in der DDR, der im Rahmen der SF durch eine humorvoll-ironische Verfremdung der Wirklichkeit einen Spiegel vorhält und dabei weitgehend auf die technischen Erfindungen der SF verzichtet.

(Sp)

Klauß, Klaus

(* 1933 in Breslau, heute Wrocław) studierte von 1953 bis 1957 Geschichte an der Humboldt-Universität Berlin, von 1957 bis 1958 Archivwissenschaft in Potsdam; 1966 promovierte er. Von 1959 bis 1967 war er wissenschaftlicher Referent im Zentralen Staatsarchiv in Potsdam, seit 1968 ist er Leiter der Nachlaßabteilung im Zentralen Archiv der Akademie der Wissenschaften, außerdem nebenamtlicher Lehrer an der Fachschule für wissenschaftliche Information und wissenschaftliches Bibliothekswesen. Er hat Fachtexte über Wissenschaftsgeschichte, zwei historische Rundfunkfeatures, einen Kriminalroman („Der vierte Schlüssel", 1980) und eine Krimi-

nalkurzgeschichte veröffentlicht.

1985 erschien sein SF-Taschenbuch „Duell unter fremder Sonne", ein triviales Weltraum- und Planetenabenteuer mit vordergründig gleichnishaften historischen Bezügen. Vier Männer und eine Frau fliegen zum zweiten Planeten des Barnardschen Pfeilsterns. Das Raumschiff havariert, wobei der Kommandant stirbt. Die Übriggebliebenen retten sich auf den Planeten, wobei sie getrennt werden. Sie finden eine Sklavenhaltergesellschaft vor. Einer landet bei den Herrschern und versucht sich an Reformen von oben. Ein anderer tritt in Wort und Tat für anarchistischen Individualkommunismus ein. Der dritte wird nach langem Zögern zum Anführer eines Sklavenaufstandes. Das weibliche Expeditionsmitglied beschränkt sich auf karitative Maßnahmen. Das Klassenkampfexempel findet seinen vorhersehbaren Ausgang. Der Reformer scheitert, der Anarchist kommt um, während der Volksaufstand siegreich verläuft und auch danach für Karitas Raum bleibt.

(M)

Kober, Wolfram

(* 1950 in Zwickau)

war Elektromonteur, studierte an der Humboldt-Universität Berlin Körpererziehung und Geschichte. Er arbeitet als Lehrer in Zwickau. In der Zeitschrift „Technikus" publizierte er zwischen 1970 und 1973 einige populärwissenschaftliche Artikel über Raumfahrt sowie zwischen 1968 und 1986 siebzehn SF-Kurzerzählungen, weitere folgten 1987. Die Geschichten wirken teilweise naiv und didaktisch („Der Lunaride", „Wasser", „Die neuen Götter"), variieren bekannte Grundthemen („Computerkrieg" – ein Computer handelt menschenfeindlich, doch menschliches Versagen ist die Ursache), aber Kober wagt sich auch an ein so großes Thema wie den Krieg der Sterne („Testfall Peace-War"; alle 1986).

In „Begegnung im Licht" (1976, herausgegeben von Helmut Fikkelscherer, s. d.) erschienen zwei längere Erzählungen, „Kategorie Roboid", in der ein alter Forscher sich einem Roboter unterlegen fühlt und ihn dazu bringt, sich selbst wegzurationalisieren, und „Auftrag Lemur", in der es um die Verantwortbarkeit des Eingriffes in die Natur geht.

Neunzehn Erzählungen erschienen in den Bänden „Nova" (1983) und „Exoschiff" (1984). In den meisten Geschichten stellt sich Kober der Grundfrage jeder Kunst: Wer ist der Mensch, was vermag er? „Ich bin ein Mensch", will der Held der gleichnamigen Erzählung einer außerirdischen Intelligenz beweisen. Diese kann nicht recht entscheiden, ob der Mensch, das seltsame Gemisch aus Unlogik, unkontrollierten Emotionen, Lern- und Erkenntnisfähigkeit, Aggressivität und Opferbereitschaft, Egoismus und Altruismus, tatsächlich vernünftig ist. In „Schuld" wird anhand eines durch Leichtsinn verursachten Unglücksfalles nach dem Sinn von Opfern gefragt. Macht es den Menschen aus, daß er mit einem anderen sterben kann, auch wenn das nichts einbringt als Sterbenserleichterung für den anderen, und vielleicht nicht einmal das? Ähnlich steht die Frage in „Nova", als eine fremde Zivilisation durch das im Titel angekündigte Ereignis zum Untergang verurteilt ist. Die irdischen Raumfahrer versuchen zu helfen, doch die Natur ist stärker. Aber diejenigen, die am meisten mit

den Ureinwohnern verbunden sind, bleiben und sterben mit ihnen. „Zero Welt" unterwirft die Raumfahrer einem Test. Die außerirdische Intelligenz ermittelt unter der Besatzung den Kontaktwürdigsten und entscheidet sich für den, der ihr am unähnlichsten ist: ein ruheloser Suchender, während sie in Tatenlosigkeit erstarrt. Der Kontakt bringt die Raumfahrer dazu, sich selbst besser zu erkennen. Und immer wieder wird gefragt, was menschlich ist – Humanität? Fehlerlosigkeit? Durchsetzungsvermögen? Wenn man nur mit Gewalt weiterkommt, kommt man dann überhaupt weiter? Was ist wichtiger – die Erkundung des gestrandeten „Exoschiffs" oder der Schutz menschlichen Lebens? Und wenn man Gewalt hinnimmt wie die „Astriden", ohne sich zu wehren, handelt man dann menschlich? Sind die Raumfahrer mit ihrer überlegenen Technik und dem durchorganisierten Tagesablauf den einfach lebenden Siedlern irdischer Abkunft (in „Die Kolonie") überlegen?

Kobers Helden tun stets etwas, und sei es auch falsch, sie stellen rigorose Ansprüche an sich oder werden dahin gebracht. Charakteristisch ist der in zwei Erzählungen auftauchende Di-Vreil („Die Grenze"; außerdem „Der Alte" in „Wege zur Unmöglichkeit", 1983, herausgegeben von Ekkehard Redlin, s. d.). Der alte Raumfahrer, fast schon ein lebendes Denkmal, läßt sich von einem jungen Burschen so sehr reizen, daß er aus Wut wieder einmal alle rettet. Und die „Grenze" überwindet er im Alleingang, wobei er den Kreis von Gewalt und Gegengewalt durchbricht. Den Di-Vreils gegenüber stehen weiche, tatenlose Menschen, kalte Logiker, Egoisten, Schießwütige, Anpasser, Duckmäuser. Einige der Figuren versagen, ordnen sich unter, überleben um den Preis der moralischen Ächtung durch den Leser, so etwa der Antiheld der Kurzgeschichte „Persönlichkeit" (in „Lichtjahr 3", herausgegeben von Erik Simon, s. d.). Ein Hang zur Typisierung ist nicht zu übersehen, was aber die durchweg spannenden, anschaulich geschriebenen Erzählungen verkraften können.

(M)

Köhler, Erich

(* 1928 in Karlsbad, heute Karlovy Vary)

war nach erfolgloser Bäcker-, Schneider- und Malerlehre Landarbeiter und Bergmann. Von 1958 bis 1961 studierte er am Institut für Literatur „Johannes R. Becher" in Leipzig, heute lebt er als freischaffender Schriftsteller in Alt Zauche bei Lübben. Er veröffentlichte Romane und Erzählungen mit Gegenwartsthematik, Theaterstücke und Kinderbücher. Hier sei nur „Hinter den Bergen" (1976) erwähnt, ein schwungvoll

geschriebener Roman, in dem 1945 in einem einsamen Dorf der Kommunismus ausgerufen und der Werdegang dieser seltsamen „Utopie" untersucht wird.

Phantastische Elemente verwendet Köhler in „Der Krott" (1976) und der Sammlung „Kiplag-Geschichten" (1980), wobei allerdings deutlich wird, daß er E. T. A. Hoffmann näher ist als Verne – etwa, wenn sich die Helden in „Die Glücksinsel" durch ein Gebirge verwesender Kadaver zum Gold durchgraben müssen, um, aus dem Alp erwachend, ihr Glück doch lieber anders zu suchen.

Einziges Beispiel von Sciencefiction bei Köhler ist die umfangreiche Erzählung „Reise um die Erde in acht Tagen" (1979). Es ist die Geschichte, die der Lehrling Fiebig zur Rechtfertigung seiner mehrtägigen Abwesenheit zusammenspinnt. Eine Irrfahrt durch eine unernst gemeinte Welt, voller Seitenhiebe auf DDR-Realitäten, die Köhler Gelegenheit gibt, sich über von ihm als blödsinnig empfundene „Heldentaten" der Menschheit lustig zu machen – Umweltverschmutzung, Wettrüsten, Wissenschaftsmißbrauch. Dabei wird die Erzählung naturgemäß zur bitteren Satire, wenn Pläne beschrieben werden, die Spaltung der Erde in kommunistische und imperialistische Welt nun auch im Wortsinn zu verewigen, indem der Globus zerteilt wird. Natürlich findet Fiebig keinen Glauben, zu abenteuerlich war die Geschichte, in der immerhin ver-

sucht wurde, Menschheitsprobleme auf zugespitzte und gleichzeitig unernste Art zu betrachten. Man maßregelt den vermeintlich zu phantasievollen Lehrling. Fiebig formuliert daraufhin den Schlußsatz, der auch Motto des schmalen Bandes hätte sein können: „Gold geht unverdaut durch derbe Mägen." Die Hoffnung, Fiebigs eigenwillige Zusammenschau von brennenden Weltproblemen möge in den Zuhörern (und Lesern) ein Nachdenken auslösen, wird von diesem resignierend-provozierenden Schlußsatz nicht zurückgenommen.

(K)

Kriese, Reinhard

(* 1954 in Weißenfels)

studierte in Zwickau Maschinenbau, ist Diplomingenieur und arbeitet als Arbeitsgruppenleiter Konstruktion in Halle. Er veröffentlichte bislang zwei SF-Romane.

„Eden City, die Stadt des Vergessens" (1985) ist eine Bunker-Dystopie, in der genetisch fixierte Sozialstrukturen einer imperialistischen Oberschicht das Überleben des Atomkrieges in einer unterirdischen Stadt ermöglichen sollen. Durch Kloning vermehrte Arbeitssklaven (intelligente und stumpfsinnige Ausführung) erhalten eine kleine Gruppe sogenannter „Alphas" am Leben, die sich, als Genpool für die Zukunft, natürlich fortpflanzen. Beherrscht wird das Ganze von den „Magistern", die dazu den allmächtigen „great calculator" und die von ihm gesteuerten Polizei-Bioroboter benutzen. Ral, der zu den intelligenten Arbeitssklaven gehört, gerät in die Widerstandsbewegung, die sich (trotz der angeblich absoluten Kontrolle) über zwanzig Jahre hinweg entwickeln konnte. Mit Hilfe eines Magister-Doppelgängers, den sich die Rebellen „besorgt" und den sie großgezogen haben, findet eine Revolte statt, die das Zwangssystem zerschlägt. Der Atomkrieg hat derweile nur in der unmittelbaren Umgebung des Bunkers stattgefunden, und die unversehrte Welt ist bereit, die befreiten Bunkerinsassen aufzunehmen.

Sind es hier Motive von Autoren wie Aldous Huxley („Schöne neue Welt") und Herbert W. Franke („Ypsilon minus"), an die sich die Fabel anlehnt, so kopiert Kriese in seinem zweiten Buch die Passionsgeschichte und greift die Idee vom Besuch überlegener Raumfahrer in einer rückständigen Gesellschaft auf.

„Mission Seta II" (1986) beschreibt die Abenteuer Arkons auf der Seta, deren Gesellschaft in der Phase der Sklaverei ist. Arkon gehört einer Raumschiffbesatzung an, deren Heimat sich atomar zerstört hat. Nun will Arkon die Entwicklung der Seta so beeinflussen, daß diesem Planeten ein ähnliches Schicksal erspart bleibt. Mit Predigten zur Gewaltlosigkeit und den übernatürlichen Fähigkeiten, die ihm mit dem „Zauberkristall" (einem Verbindungsgerät zum Schiffscomputer) zur Verfügung stehen, wird er in die Rolle eines Erlösers gedrängt und kommt um. Diese ärgerlich simplifizierte Christuslegende wird mit zahlreichen schablonenhaften Nebenfiguren verknüpft – ein treues Liebespaar, ein schurkischer Wucherer, ein feiger König, eine lüsterne Königin, ein lügnerischer Priester, ein bösartiger Verräter, ein edler Rebell usw. – und strotzt von unlogischen Wendungen. Schließlich kehren die Raumfahrer zu ihrer zerstörten Heimat zurück, um zu retten, was da noch zu retten ist, und auf der Seta hat Arkons Tod natürlich eine neue Religion begründet.

Krieses Science-fiction ist auf abenteuerliche Unterhaltung bedacht, liefert aber durch ihr geringes ästhetisches Anspruchsniveau, ihre stereotype sprachliche Gestaltung und ihre willkürlich installierten Scheinhandlungen und Pseudokonflikte bestenfalls eskapistische Unterhaltung.

(K)

Kröger, Alexander

(* 1934 in Zarch/ČSR)

ist das Pseudonym von Helmut Routschek. Er absolvierte eine wissenschaftliche Ausbildung – Markscheidewesen und Bergschadenkunde – an der Bergakademie Freiberg, promovierte zum Doktor-Ingenieur und qualifi-

zierte sich postgradual zum Fachingenieur für Datenverarbeitung. Als Markscheider, Abteilungsleiter für Automatisierungsvorbereitung und Beauftragter für Untergrundgasspeicherung war er siebzehn Jahre in der Energiewirtschaft tätig, jetzt ist er Stellvertreter des Vorsitzenden des Rates des Bezirkes Cottbus. Neben zahlreichen fachwissenschaftlichen Artikeln schrieb er eine Gegenwartserzählung, einige Berichte über Reiseerlebnisse, Artikel zur SF sowie zwei SF-Kurzgeschichten in Anthologien.

Als Verfasser von bisher zehn SF-Romanen gehört er zu den produktivsten SF-Autoren der DDR. 1969 debütierte er mit „Sieben fielen vom Himmel". Raumfahrer aus dem System Proxima Centauri stranden auf der Erde, deren gesellschaftliche Gegensätze – es sind die unserer Zeit – sich ihnen schwer erschließen. Sie kämpfen sich durch Dschungel, stoßen auf Indianer und eine amerikanische Expedition. Ein Konzern will dann mit Hilfe der Außerirdischen einen Vorsprung in der Raumfahrt erreichen. Aber ihr Absturz ist nicht unbemerkt geblieben, eine internationale Gruppe sucht und findet sie, so daß die Öffentlichkeit von ihrer Ankunft erfährt. Am Ende starten die Centauren mit einem auf der Erde gebauten Raumschiff, begleitet von Kosmonauten.

Mit „Antarktis 2020" (1973) folgt Kröger der etwa bei Weise oder Vieweg vorgezeichneten Tradition, einem spannenden Abenteuer eine Alltagsutopie folgen zu lassen. Der Held absolviert in friedlich-demokratischer Welt sein Praktikum auf Großbaustellen, in Auseinandersetzung mit Natur, Technik und noch im Kapitalismus erzogenen problematischen Menschen.

„Expedition Mikro" (1976) ist eine SF-Adaption von Gullivers Reisen. Anders als in Fuhrmanns etwa gleichzeitig entstandenem Roman „Homo sapiens 10^{-2}" ist die von kapitalistischen Sektierern betriebene Miniaturisierung hier bis zum Extrem einer mehr als zweitausendfachen Verkleinerung getrieben. Kröger interessiert nicht die Unmöglichkeit des Überlebens bei solcherart Verkleinerung, sondern das Abenteuer, das sich aus dem Kontakt der Mikros zur Makrowelt ergibt. Begegnungen mit Insekten, Naturereignissen und die komplizierte Kontaktaufnahme sorgen für Spannung. Vorgestellt wird das Ideal einer geeinten, kommunistischen Erde.

„Die Kristallwelt der Robina Crux" (1977) ist, wie der Name der Heldin kenntlich macht, eine Robinsonade. Anders als das klassische Vorbild ist Robina von der ersten bis zur letzten Seite tatsächlich allein, andere Menschen kommen nur in ihren Reflexionen vor. Robina, gestrandet auf einem Kristallboliden, ist von ihrer Ausbildung und Veranlagung her ein durchschnittlicher Mensch, kaum gerüstet für ihre Robinsonade. Es gelingt ihr, den jahrelangen Aufenthalt auf dem lebensfeindlichen Planetoiden zu überstehen. Sie entdeckt eine außerirdische Funkstation und kann sich nach Mühen und Fehlschlägen mit einem außerirdischen Roboter verständigen. Der Roman preist in spannender Handlung die Schöpfer- und Lebenskraft des Menschen in Extremsituationen.

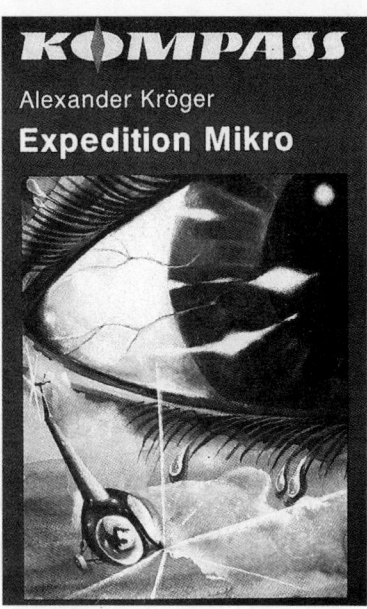

„Die Marsfrau" (1980) erzählt die Geschichte der sonderbaren Entdeckung, die zwei Insassen einer Marsstation machen: Eine grüne Frau läuft nackt durch die Natur des Planeten, dessen Kultivierung gerade begonnen hat. In einer Parallelhandlung auf der Erde kommt ein junger Ingenieur auf die Spur einer auf dem Mars verschwundenen Frau, die an dem Experiment beteiligt war, Schweine auf photosynthetische Ernährung umzustellen. Das Fehlverhalten der vereinsamten Stationsbesatzung zögert die Entdeckung hinaus, daß es sich bei der grünen Frau um die Verschwundene handelt.

„Das Kosmodrom im Krater Bond" (1981) schließt an „Sieben fielen vom Himmel" und „Die Marsfrau" an. Jahrhunderte sind seit der ersten Landung der Centauren vergangen, der Kontakt ist fast abgerissen. Die Menschheit hat den Mars besiedelt, das erste Kosmodrom fertiggestellt, da nähert sich eine centaurische Raumflotte. Auch die Centauren

wollen den Mars besiedeln. Die Menschheit hält das nicht zu Unrecht für eine Invasion und zieht sich vorerst zurück. Jul Roth, Erbauer des Kosmodroms, soll es zerstören und fällt dabei mit seiner Mannschaft in die Hände der Centauren. Ohne Kontakt mit der Erde, muß Roth selber entscheiden und wählt die Zusammenarbeit mit den Außerirdischen, weil er meint, ihre Mentalität im Nebeneinander verschiedener Zivilisationen im humanistischen Sinn beeinflussen zu können. Von der Erde aus wird die Zusammenarbeit als Verrat gewertet und sabotiert, aber Roths Plan geht auf. Roth wird von der Frau, die er liebt, hintergangen und am Ende von der Erde für sein versöhnliches Verhalten kritisiert, aber dem Leser übermittelt sich der Eindruck, Roth habe richtig, weil menschlich gehandelt.

In „Energie für Centaur" (1983) wird die Handlung auf dem in seinem ökologischen Gleichgewicht gestörten Heimatplaneten der Centauren fortgesetzt. Extrem unterschiedliche Lebensauffassungen stehen sich gegenüber: die der Menschen, welche aus dem vollen leben, und die der Centauren, die ihre wegen des Energiemangels auferlegten Selbstbeschränkungen für eine Tugend halten, wobei sie untereinander uneins sind. Ein Energiegroßprojekt, von Menschen realisiert, soll Abhilfe schaffen, aber nicht alle Centauren sind einverstanden. Eine starke Gruppierung will ein fast religiöses Traumziel nicht aufgeben: die Entkörperlichung, die totale Vergeistigung der Centauren. Die Lebensweise der Menschen könnte anstecken und vom Ziel ablenken, also wird kräftig sabotiert. Der sympathische Heißsporn Gernot Wach widersetzt sich allen Beschlüssen und betreibt Gegensabotage. Die Centauren werden zu ihrem Glück gezwungen.

„Der Geist des Nasreddin Effendi" (1984) ist die Geschichte einer ungewöhnlichen Zeitreise. Chodscha Nasreddin erwacht nach seiner Hinrichtung auf einem Marktplatz. Weit über 500 Jahre sind seit seinem Tod vergangen. Er befindet sich im heutigen Usbekistan, findet sich schwer in der neuen Zeit zurecht. Vor allem versucht er das Geheimnis seines Überlebens und des Zeitsprungs zu ergründen. Schließlich stellt er eine arabische Privatgelehrte, die ihn insgeheim beobachtet. Sie hatte Nasreddins Kopf gefunden und die noch erhaltenen Gehirnströme auf das Gehirn ihres schwachsinnigen Gärtners übertragen. Nasreddin zeigt sich der Wahrheit gewachsen. Der Roman präsentiert eine Gegenwartsgeschichte mit phantastischer Grundidee.

Ein „Souvenir vom Atair" (1985) hatte Wallys Gefährte von einem Raumflug mitgebracht, war aber auf der Venus tödlich verunglückt. Wally hielt die außerirdischen Zellkerne für die ihres Mannes und brachte ein Kind zur Welt. Als sie begriff, daß ihr Sohn ein Außerirdischer war, beunruhigte sie das nicht weiter, und sie sorgte dafür, daß insgeheim noch eine Außerirdische zur Welt kam, um so die fremde Rasse nachzüchten zu können.

„Die Engel in den grünen Kugeln" (1986) führen sich auf wie die Marsianer in Wells' „Krieg der Welten". Sie unternehmen eine Invasion der Erde, Verständigung ist nicht möglich. Sie ermorden und versklaven dank überlegener Technik die Menschen und werden am Ende in Privatinitiative des Ich-Erzählers vernichtet. Der Roman wendet sich gegen die in der DDR-SF verbreitete, auch in Krö-

gers Werk dominierende Grundthese von der prinzipiellen Friedfertigkeit technisch hochentwickelter Zivilisationen. Insofern ist er die längst fällige Abrechnung mit verklärenden Darstellungen der Vergangenheit, erfolgt freilich zu einem Zeitpunkt, da es weltweit darum geht, Möglichkeiten für Verständigung trotz aller Gegensätze zu finden.

In seinen ersten fünf Romanen hat Kröger seinen Spielraum innerhalb der Gattung erkundet, um sich dann, von einer Ausnahme („Nasreddin") abgesehen, in immer neuen Varianten dem Problemkomplex seines Erstlings zuzuwenden: dem Kontakt von Menschen zu Außerirdischen. Die größte Herausforderung, der sich der Mensch stellen kann, ist die Begegnung mit nichtmenschlichen Intelligenzen. Kröger ersinnt keine Monster oder Superhirne; seine Außerirdischen sind immer menschenähnlich, nicht nur vom Aussehen, sondern vor allem von ihrer gesellschaftlichen Organisation her. Die Centauren leben in einer Art militarisiert-bürokratischem Mangelkommunismus, die Atairleute wachsen als Glieder der menschlichen Gemeinschaft auf und übernehmen deren Wertvorstellungen, während die Engel ihr kapitalistisches System konserviert haben und dem Erscheinungsbild nach faschistoid auftreten, wodurch eine moralische Rechtfertigung für ihre Ausrottung durch den Helden geschaffen werden soll.

Ein weiteres Grundthema, das in acht Romanen entweder anklingt oder zum zentralen Problem wird, ist die Gestaltung des einzelnen, der auf sich allein gestellt ist und gegen die Auffassung der Mehrheit handelt. Bereits in „Sieben fielen vom Himmel" gibt es die Episode um den Centauren Kark, der eigenmächtig die Konstruktionspläne für ein Raumschiff den Amerikanern ausliefert. Das wird verurteilt wie die Arroganz und der Egoismus des Helden aus „Antarktis 2020", der aber zugleich ein Tausendsassa ist, der im Interesse aller handelt. Robina Crux ist zwangsläufig allein und kann sich behaupten; gerade in der Einsamkeit handelt sie im Interesse aller. Stationsmitglied Mac verheimlicht die Entdeckung der „Marsfrau", verhält sich zunehmend pathologisch. Jul Roth, Erbauer des Marskosmodroms, verstößt gegen Beschlüsse seiner irdischen Vorgesetzten, ist dabei aber sympathischer als der irdische Rat mit seiner starren Bürokratie und seinem sabotageversessenen Sicherheitsbeauftragten. Konsequenter noch wird das Einergegen-Alle in „Energie für Centaur" propagiert: Gernot Wach will den Centauren helfen, setzt sich gegen ihren Willen und den der zum Rückflug bereiten Menschen durch. Anora, die Privatgelehrte, hat ein verantwortungsloses Experiment unternommen, als sie Nasreddins Hirnströme auf einen Schwachsinnigen übertrug. Sie hat Gewissensbisse, aber nur wegen Nasreddin; nach dem Schwachsinnigen fragt keiner, und so wird der Ausgang des Experiments positiv bewertet. Wally Esch umgeht schon bei der Geburt ihres Sohnes, den sie für einen Menschen hält, ein Gesetz, und als sie weiß, daß er ein Extraterrist ist, überredet sie eine Freundin, dem Sohn eine außerirdische Gefährtin zu gebären. Bei ihrem unverantwortlichen Handeln wird sie mit Sympathie gezeichnet. Igor Walrot schließlich beobachtet die Invasion der Engel an vorderster Front und handelt, wo andere zaudern. Er verläßt sich nicht auf die Friedensbekundungen der vielleicht nur vermeintlich geschlagenen Invasoren und gewinnt den Krieg im Alleingang. Einer im Widerspruch zur Mehrheit – Kröger hat diesem zentralen Problem sehr unterschiedliche Blickpunkte abgewonnen und dadurch eine innerhalb der SF ungewöhnliche Verbindungslinie in seinem bisher vorliegenden Werk gezogen.

(M)

Krohn, Rolf

(* 1949 in Halle)

studierte nach Abitur und Ausbildung als Chemiefacharbeiter sieben Semester Physik an der TU Dresden, wo er als Mitglied des Stanisław-Lem-Klubs mit dem Schreiben von SF begann. Nachdem er sein Studium 1973 trotz guten fachlichen Leistungen abbrechen mußte, arbeitete er als Chemiefacharbeiter und Nachtwächter in Halle, bis er 1984 freischaffender Schriftsteller wurde. Er debütierte 1975 mit zwei SF-Erzählungen in der Anthologie „Der Mann vom Anti"; als sein erstes Buch erschien 1979 der historische Roman „Das Grab der Legionen".

Als historischer Roman ist auch „Das Labyrinth von Kalliste" (1983) einzuordnen, eine Detektivgeschichte „im Niemandsland zwischen Historie, Legende und Hypothese" (Autorkommentar im Buch), deren spekulative Elemente über das bei historischer

Literatur übliche Maß hinausgehen, aber weder im Text als Phantastik ausgestellt werden noch genrebestimmend wirken: Die Handlung spielt zur Zeit der kretisch-mykenischen Kultur (um 1500 v. u. Z.) auf der Ägäis-Insel Thera (im Roman Kalliste), deren fast vollständiger Untergang beim späteren Ausbruch des Vulkans Santorin einer der gängigen Hypothesen zufolge im Atlantis-Mythos reflektiert wird, doch im Roman selbst werden weder Atlantis noch sein Untergang erwähnt. Fiktiv ist auch die Einführung der Eisentechnologie zur Waffenherstellung, bei der Thera eine Schlüsselrolle spielt – ein streng gehütetes Geheimnis, dem der Held des Romans zufällig auf die Spur kommt und das ihn als uner-

wünschten Mitwisser gefährdet.
– Ähnlich einzuordnen ist die kleine Skizze „Am Ufer der Unendlichkeit", die anhand einer historischen Analogie (die Ankunft der Spanier in Mittelamerika) die SF-These von der gesetzmäßigen Friedfertigkeit technologisch überlegener Besucher aus dem All diskutiert.

Rolf Krohns Science-fiction und Phantastik im eigentlichen Sinne umfaßte Ende 1986 achtzehn Erzählungen und Kurzgeschichten, veröffentlicht in mehreren Anthologien (insbesondere in „Begegnung im Licht", 1976) und in seinem Band „Begegnung im Nebel" (1986). Gegenüber den meisten frühen Erzählungen zeigt der Band von 1986 eine stärkere und literarisch überzeugendere Ausarbeitung der moralischen und psychologischen Aspekte jener SF-Ideen, die vordem eher um ihrer selbst und um der Faszination des Ungewöhnlichen willen erzählt wurden; thematisch und stilistisch jedoch repräsentieren die zehn Erzählungen des Bandes die für Krohns gesamte SF typischen Richtungen.

Der Band ist nach der Zeit der Handlung in drei Abteilungen gegliedert, die zugleich unterschiedlichen Themenkomplexen und Arten von Phantastik entsprechen. Herkömmliche SF, in einer (relativ nahen) Zukunft angesiedelt, sind die drei unter dem Titel „Morgen?" am Schluß des Bandes versammelten Geschichten: eine phantastische Erfindung stellt die Helden vor eine moralische Entscheidung. In „Mein Lied" (wo eine individuell der Psyche angepaßte Melodie einen cleveren Mörder läutert) und der erstmals 1975 veröffentlichten „Cora" (wo sich die Freundin des Helden nach einem Unfall als Roboter erweist und er entscheiden muß, ob sie wie ein Mensch geheilt, d. h. repariert, oder wie eine Maschine verschrottet werden soll) wird die Moral zu vordergründig serviert, was die Wirkung der Texte mindert; eindrucksvoll ist dagegen „Das Triom" – ein bei verbotenen genetischen Experimenten geschaffenes Monster, sehr fremdartig und dabei anschaulich geschildert, das Intelligenz entwickelt und damit zur potentiellen Gefahr, aber auch zum Objekt humanistischer Prinzipien wird.

„Heute?", die mittlere Abteilung, enthält drei Geschichten, die an den Grenzen der Science-fiction zur Fantasy und vor allem zur Unheimlichen Phantastik angesiedelt sind und sich durch eine ungewöhnlich dichte erzählerische Atmosphäre und die gelungene Konfrontation phantasmagorischer Welten mit dem Alltag auszeichnen. Die SF-typischen Rationalisierungen (eine Zeitdeformation in „Der Haltepunkt", parallele Universen in „Die Kündigung" und „Das Labyrinth") tun dem Reiz der Begegnung mit dem Wunderbaren keinen Abbruch, sondern verstärken ihn eher; insbesondere „Das Labyrinth" lebt ganz von der Spannung zwischen den von Bierce inspirierten, stellenweise an expressionistische Traumsequenzen erinnernden Szenen in der grausamen und schönen Anderen Welt und den ganz diesseitigen Bemühungen eines Kriminalisten, die Tür dorthin zu lokalisieren und unter Kontrolle zu bringen.

Die für Rolf Krohn besonders typische, da sonst recht seltene historische SF findet sich im ersten Teil des Bandes, „Gestern?". Drei der Erzählungen spielen im Imperium Romanum der Kaiserzeit, wo in der Titelgeschichte zwei Fremdlinge – ein Zeitreisender und ein auf der Erde gestrandeter Außerirdischer – einander begegnen und der Mensch zugunsten des Gestrandeten auf die Rückreise in die Zukunft verzichtet. „Der Arzt" ist eins von vielen römischen Seuchenopfern, die von anderen Fremdplanetariern vor dem Tode bewahrt und als Siedler auf einen fernen Planeten gebracht werden – doch er allein weiß darum. „Die Söhne des Feuers" bringt eine antirömische Verschwörung, die verfrühte Erfindung des Schwarzpulvers und den Ausbruch des Vesuvs miteinander in Verbindung. Doch die Geschichten beschränken sich nicht auf das bloße Durchspielen der SF-Idee, sondern überzeugen durch ihre Charaktergestaltung und die abenteuerliche, dabei geschickt Fakt und Fiktion verzahnende Handlung. Das gilt auch für die vierte in diesem Abschnitt eingeordnete Erzählung, „Die vierte Tür", die jedoch nicht in der irdischen Vergangenheit spielt, sondern auf einem fernen Planeten, wo irdische Raumfahrer vor langer Zeit eine automatische Station zurückgelassen haben, die durch Frage und Antwort immer wieder den Entwicklungsstand und damit die Kontaktfähigkeit einer noch wenig entwickelten Zivilisation testet: erzählt wird das als Geschichte eines außerirdischen Gelehrten, für dessen Wissensdrang sich völlig neue Horizonte auftun. Mit ihrer Kombination von Vergangenheit und Zukunft, einer SF-Idee mit einer spannenden, dabei nicht in banale Action abgleitenden Handlung und einer an Fantasy erinnernden Farbigkeit vereint diese Erzählung in sich die besten Züge der Phantastik Rolf Krohns.

(Si)

Krupkat, Günther

(* 1905 in Berlin)

begann nach dem Gymnasium ein Ingenieurstudium und schrieb als Neunzehnjähriger, angeregt durch A. Tolstois „Aëlita", den utopischen Roman „Od", der jedoch wegen allzu „linker" Gesellschaftskritik keinen Verleger fand. Nachdem er aus Geldmangel das Studium aufgeben mußte, war er Fabrikarbeiter, Filmdramaturg, Geschäftsreisender, Elektromonteur, Reklametexter und Laborant, ehe er ständiger Mitarbeiter bei Presse und Rundfunk wurde und in den Jahren 1929–1933 eigene Kurzgeschichten veröffentlichen konnte. Infolge seiner Teilnahme am antifaschistischen Widerstand mußte er in die Tschechoslowakei flüchten. Nach dem Krieg war er Chefredakteur; seit 1955 lebt er als freiberuflicher Schriftsteller in Berlin. Außerhalb der Sciencefiction hat er die Romane „Das Schiff der Verlorenen" (1957, über die Titanic-Katastrophe) und „Das Gesicht" (1958) sowie mehrere Fernseh- und Schauspiele verfaßt. Von 1972 bis 1978 war er Vorsitzender des Arbeitskreises für Utopische Literatur beim Schriftstellerverband der DDR, außerdem Mitglied des Europa-Komitees für SF.

Die beiden ersten von seinen vier SF-Romanen sind mit ihrem recht biederen Erzählstil, den ausführlichen Erläuterungen wissenschaftlich-technischer Zusammenhänge und der Thematisierung der politischen Konfrontationen jener Zeit als Wettlauf ins All charakteristisch für die DDR-SF an der Schwelle der Raumfahrt-Ära; in beider Zentrum steht der erste Mondflug. „Die Unsichtbaren" (1958) sind insgeheim auf der Erde agierende marsianische Beobachter, die schließlich die 1999 erstmals auf dem Mond landenden irdischen Raumfahrer in ihrem Stützpunkt dort freundlich in Empfang

nehmen. Vorher allerdings hatten die letzten Kapitalisten noch Bomben in den beiden sozialistischen Raumschiffen deponiert, und nur durch den Opfertod der Tochter eines Kapitalisten konnten jene rechtzeitig gewarnt werden. (In dem nach Motiven des Romans entstandenen, 1968 gesendeten dreiteiligen Fernsehfilm „Stunde des Skorpions" fehlen diese melodramatischen Komponenten.)

In „Die große Grenze" (1960) sind die technischen und sozialen Spekulationen schon durch realistischere Konzepte ersetzt: Die im Wettlauf zum Mond in den sechziger Jahren zuerst gestartete amerikanische Rakete hat unterwegs eine Havarie und kreist hilflos im Orbit, bis die Besatzung von einem sowjetischen Raumschiff gerettet wird. (Caidins „Marooned" erschien erst 1964!) Dieser Kern ist eingebettet in Szenen aus dem Leben der Akteure auf beiden Seiten, die vom Jahre 1957 bis zur ersten bemannten Landung auf dem Mars reichen. Insbesondere deren tragischer Ausgang und die geheimnisvolle Stimmung der Mars-Episoden (gewisse Phänomene scheinen auf die Anwesenheit einer fremden Kraft auf dem Mars hinzudeuten) geben dem Roman eine Dimension, die in die Zukunft weist und sich von dem sonst damals üblichen glatten und summarischen Happy-End abhebt.

Thematisch spekulativer und

„SF-mäßiger", zugleich auch abenteuerlicher ist „Als die Götter starben" (1963) mit seinen zwei Zeitebenen: In der Zukunft entdecken Raumfahrer auf dem Mond und dem Phobos Spuren einer Zivilisation, die einst auf dem Doppelplaneten Meju-Ortu (Phaëton) bestand; in einer Jahrtausende zurückliegenden Vergangenheit machen Mejuaner, unterwegs von ihrer zerstörten Heimat zu anderen Sternen, Station auf der Erde, wo sie u. a. die Terrasse von Baalbek bauen. (Diese Hypothese hat Krupkat nach einem Besuch der Terrasse auch in Vorträgen dargelegt — unabhängig von Däniken und ohne sie in dessen synkretistischen Mythos einzubeziehen.)

Stehen im dritten Roman noch kosmische Abenteuer, die phantastische Spekulation und die Begegnung der Außerirdischen mit Bewohnern des alten Vorderen Orients im Mittelpunkt, so betont die Fortsetzung „Nabou" (1968) eher psychologische Momente, ohne daß die SF-Handlung zu kurz käme. Held und Ich-Erzähler ist der deutsche Geologe Pertenkamp, der 1996 von Beirut aus mit dem Unterwasser- und Untererdfahrzeug „Sindhbad" zur Erforschung der Erdkruste des Mittelmeeres aufbricht. Zur Besatzung gehören u. a. die Araberin Yamina, in die sich der Held verliebt, und der Konstrukteur der „Sindhbad", Nabou, ein sonderbar gefühlsarmer, distanzierter Mann, zu dem nur Yamina Kontakt zu finden scheint und den Pertenkamp daher für einen Rivalen hält. Während der Expedition wechseln sich Gespräche und Diskussionen an Bord der „Sindhbad" mit Abenteuern im Innern der Erde ab, wo eine flüchtige Begegnung mit fremdartigen, wohl schneckenähnlichen und möglicherweise sogar intelligenten Wesen stattfindet und später die „Sindhbad" in eine Magmablase gerät. Dabei offenbart Nabou ungewöhnliche Fähigkeiten, aber z. B. auch frappierende Gedächtnislücken, so daß Pertenkamp ihn gegen Ende der Fahrt für einen von Wissenschaftlern gebauten und heimlich getesteten Biomaten (also einen Androiden) hält. Doch er erfährt, daß die irdische Wissenschaft dazu noch längst nicht in der Lage ist, forscht weiter nach Nabous wahrer Identität, stößt dabei auf neue merkwürdige Sachverhalte, folgt ihm in einen verborgenen Raum tief unter der Terrasse von Baalbek, findet dort eine außerirdische Relaisstation vor und erfährt, daß Nabou ein vor sechstausend Jahren von den Mejuanern auf der Erde als Beobachter zurückgelassener Bioroboter ist — genauer, der dreißigste in einer Folge einander ablösender Biomaten, der nun seinerseits ersetzt wird. Der nächste Resident der Mejuaner stellt den direkten Kontakt zur Menschheit her.

Bezieht der Roman seine Spannung anfangs vor allem aus dem vermeintlichen Dreieckskonflikt und den Abenteuern im Erdinnern, so tritt gegen Ende die (von Anfang an angelegte) Detektivfabel stärker hervor. Der durchgehend saubere, bis dahin unprätentiös geradlinige Stil gewinnt in den Szenen unter der Terrasse an traumhaft-visionärer Dichte; so ist nicht nur die Konfrontation mit dem fremden Biomaten, die „die beteiligten Menschen ... zu tieferem Selbstverständnis zwingt", „... recht konsequent und mit erfreulichem psychologischem Einfühlungsvermögen gemacht." (H. Entner in „NDL", 12/1976), sondern „Nabou" zeichnet sich überhaupt durch eine glückliche Synthese von SF-

Handlung, abstrakten Problemdiskussionen und menschlichen Konflikten aus.

Vor und nach seinen vier Romanen hat G. Krupkat insgesamt sieben SF-Erzählungen veröffentlicht. Die drei Texte der frühen Gruppe stehen noch ganz in der Tradition technisch orientierter SF; „Gefangene des ewigen Kreises" (1956) lieferte überdies nicht nur die Vorlage zu Krupkats gleichnamigem Hörspiel (1956), zu dem Schauspiel „AR-2 ruft Ikarus" (1960) und den beiden darauf fußenden Fernsehspielen (1960 bzw. 1961), sondern auch für Passagen in „Die große Grenze". Die vier nach den Romanen, 1969 bis 1975 veröffentlichten Erzählungen ordnen sich in die damalige Entwicklung zum souveräneren, moralischgleichnishaften oder (wie in „Bazillus phantastikus oder Die Nixe mit dem Hackebeil", 1975) spielerischen Gebrauch vielfältigerer SF-Motive ein, ohne diesen Trend jedoch anzuführen. Krupkats Romane hingegen sind im besten Sinne beispielhaft für die vom Abenteuer Raumfahrt inspirierte DDR-SF der sechziger Jahre, und „Nabou" ist eins der wichtigsten Werke jener Übergangsphase, in der sich der Qualitätsanstieg der siebziger Jahre vorbereitete – „eins der besten Beispiele für Science-fiction aus der DDR" (F. Rottensteiner im „Survey of Science Fiction Literature", Bd. 3, Englewood Cliffs 1979). (Si)

Küchenmeister, Ernst-Dieter

(* 1928 in Chemnitz, heute Karl-Marx-Stadt) wurde nach der Kriegsgefangenschaft Neulehrer, später qualifizierte er sich in einem Fernstudium zum Fachlehrer für Mathematik und Chemie und arbeitete an einer polytechnischen Oberschule. Der Autor lebt in Karl-Marx-Stadt. Von seinen drei Erzählungsbänden für Kinder gehören zwei zur SF, der dritte, „Zutritt für Prinzen verboten" (1981), enthält „moderne Märchen".

In „Der Hund vom Bumerang" (1977) und „Roboter und Gespenster" (1980) greift der Autor auf ein altes Erzählmittel zurück und macht es für sein Anliegen produktiv: Zeit- und Wegkürzung durch Geschichtenerzählen. Der Weg führt hier durch den Weltraum; eine Kindergruppe ist auf dem Rückflug vom Mars; Zeit ist Wartezeit – die Rakete havarierte, nun wird auf die (sichere) Rettung gewartet. Dabei sind Rahmen und in ihn eingebrachte Erzählungen vom gleichen Stoff. Es geht um Zukunftsgerät und Zukunftsexpeditionen und immer wieder um abenteuerliche Bewährungssituationen. Für die kindlichen Helden allerdings ist dies normale Gegenwart, allein das Abenteuerliche bringt Außergewöhnliches ein.

Die Leser, Kinder zwischen dem zehnten und zwölften

Lebensjahr sind die Adressaten, werden von Küchenmeister nicht überfordert. Er geht auf ihre Erfahrungen (auch Lektüreerfahrungen) und Probleme ein und bedient sowohl Wünsche nach Spannung wie das Bedürfnis nach heiterer Unterhaltung und Phantasie, obwohl auch ernste Konflikte nicht ausgespart werden. Dabei spielt das Zusammenbringen von tradierten Märchenmotiven, die Küchenmeister unbekümmert als Figuren (Gespenster, Drachen, Zwerge, Puppen) und Situationen zitiert, und SF-typischen Standardmustern eine wichtige, den Erzählgestus bestimmende Rolle, der so von durchgängiger Spannung geprägt wird. Die Welt, die des Kosmos wie die der Märchen, wird als erkennbar und als Raum für immer neue Entdeckungen vorgeführt.

Kritisch anzumerken ist, daß Küchenmeister auch für die SF-Kolportage charakteristische Standards pur übernimmt, so daß die Spannungselemente sich mitunter verselbständigen. Gelegentlich werden Figuren zu Sprachröhren und agitieren sich wechselweise mit Allgemeinplätzen. Zu den Schwächen beider Bücher gehört auch, daß der Autor rasche Lösungen auch komplizierter, ja bedrohlicher Situationen favorisiert. Das hat zur Folge, daß sich in der Rezeption eine tiefergehende Beziehungsaufnahme zum Text nur schwerlich einstellen wird. Als Beispiel kann, neben der betont

munteren Figurensprache der „positiven" Protagonisten, der Eröffnungsteil von „Roboter und Gespenster" („Lat vor dem Spiegel") gelten. Auch daß sich der Autor fallweise in direkter Ansprache an die Leser wendet, um moralische Grundsätze zu verkünden („Die heilige Rakete" in „Der Hund vom Bumerang"), weist indirekt auf weitere gestalterische Mängel hin.

(P)

Leman, Alfred

(* 1925 in Nordhausen)

war 1948 bis 1954 Lehrer und studierte anschließend bis 1960 an der Friedrich-Schiller-Universität Jena, wo er nach dem Abschluß als Diplombiologe 1961 promovierte und 1960 bis 1968 als Oberassistent an der mathematisch-naturwissenschaftlichen Fakultät arbeitete. Danach war er wissenschaftlich-technischer Mitarbeiter im Forschungszentrum des VEB Kombinat Carl Zeiss JENA; seit 1985 ist er Rentner. Er hat in Fachzeitschriften Artikel zu Aspekten der Zellphysiologie und zur Applikation optisch-physikalischer Meßgeräte und Mikroskope veröffentlicht und ist Mitautor zweier botanischer Hochschullehrbücher.

Sein gesamtes belletristisches Werk gehört zur Science-fiction: zwei Erzählungsbände, vier in Anthologien publizierte Geschichten (darunter „Romanze in SF" in dem Band „Auf der Suche nach dem Garten Eden", Baden-Baden 1984) und der Roman „Schwarze Blumen auf Barnard 3". Alle diese Arbeiten sind von bemerkenswerter stilistischer Geschlossenheit; Leman pflegt eine zurückhaltende, dabei sorgsam ausformulierte Erzählweise mit sprachlichen Bildern und kleinen Pointen, die seine SF ebenso individuell und wiedererkennbar macht wie ihr im einzelnen breit gefächertes, aber um charakteristische Zentren gruppiertes thematisches Spektrum.

Selbst der erste der beiden Erzählungsbände, „Das Gastgeschenk der Transsolaren" (1973), der in Zusammenarbeit mit Hans Taubert (s. d.) geschrieben wurde, ordnet sich nahtlos in diesen

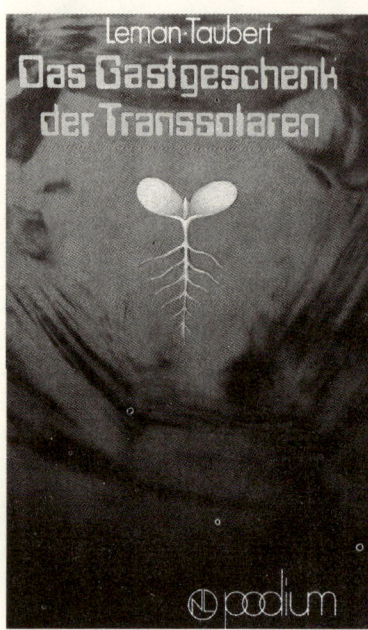

Zusammenhang ein. Wie auch die später von Alfred Leman allein verfaßten Geschichten behandeln die sechzehn Texte des ersten Bandes Episoden aus dem Bereich zukünftiger Raumfahrt und insbesondere mannigfaltige Varianten der Begegnung mit außerirdischen Lebensformen. Leman und Taubert vermitteln dabei, was die SF als „sense of wonder" kennt, und schildern das — intellektuelle, emotionale, mitunter aber durchaus auch mit handfester Aktion verbundene — Abenteuer des Forschens, der schöpferischen Suche nach Erkenntnis. Die Fabel der meisten Erzählungen rankt sich um ein wissenschaftliches Rätsel, das im Laufe der Handlung gelöst oder aber überhaupt erst einmal wahrgenommen wird; vor diesem Hintergrund gestalten die Autoren mit viel Phantasie und unübersehbarer biologisch-fachlicher Kompetenz Bilder von teilweise sehr fremdartigem Leben, so etwa in „Parallelen", wo die Begegnung alternierend vom irdischen und außerirdischen Standpunkt geschildert wird, oder in „Agonie", wo eine Gruppe von Raumfahrern mit recht verschiedenen Mentalitäten und Konzeptionen in den Tiefen einer fernen Welt Wesen findet, die vielleicht die letzten Vertreter des planetaren Lebens sind, aber zugleich eine irdische Maßstäbe weit übertreffende evolutionäre Potenz repräsentieren. Reaktionen auf Fremd- und Andersartiges enthüllen dabei menschliche Haltungen, Wertmaßstäbe und Vorurteile, oder das Fremde selbst enthält ein philosophisches Gleichnis: in „Glas?" endet die Entdeckung einer hochorganisierten glasähnlichen Substanz, die einen ganzen Planeten umhüllt und vielleicht lebt, vielleicht auch eine „absolute Maschine" ist, mit der Spekulation, die Erbauer dieser Maschine hätten, von der Arbeit befreit, allmählich ihre Intelligenz wieder verloren und lebten nun noch als rudimentäre Parasiten irgendwo auf, in ihrem Produkt.

Im zweiten Band, „Der unsichtbare Dispatcher" (1980), konzentriert sich Leman (nun als alleiniger Autor) noch stärker auf die Darstellung von Charakteren und Lebenshaltungen mit deutlichem Gegenwartsbezug. Das führt in einigen Geschichten, wo das außerirdische Leben nur mehr als Hintergrund oder als die Aussage augenfällig parallelisierendes Symbol fungiert, zu einem Verlust an Prägnanz und jenem „sense of wonder", in anderen jedoch zu einer überaus glücklichen Synthese – so in „Die Revision" und „Die Straße", die beide aus der Sicht desselben Untersuchers erzählt werden, der im All nach verschollenen Expeditionen fahndet. In „Die Straße" verbringt ein Raumfahrer, dessen Schiff bei einer Havarie zerstört wurde, auf einem völlig von Wasser bedeckten Planeten fünf Jahre der Einsamkeit in einem Bathyskaph, den für ihn unerreichbar fernen Meeresgrund betrachtend, wo er die Lichter einer fremden Zivilisation sieht. „Die Revision", Lemans wohl beste Erzählung, spielt auf einem Planeten voller Kalkwüsten mit einer seit langem erlöschenden Biosphäre, wo eine kleine Gruppe von Raumfahrern eigenmächtig zurückgeblieben ist, um in jahrelanger Arbeit die größtenteils fossile Fauna des Planeten zu erforschen und ihre letzten, quasiintelligenten Vertreter vor dem Aussterben zu bewahren. Die Faszination dieser Erzählung resultiert gleichermaßen aus dem komplexen Entwurf der fremden Öko-

logie wie aus der den kargen Umweltbedingungen angepaßten, andersartigen, aber durchaus menschenwürdigen Lebensweise, die die Forscher gewählt haben.

Das Modell einer kleinen abgeschlossenen Menschengruppe unter ungewöhnlichen Bedingungen – eins der typischen Themen in der DDR-SF – steht auch im Mittelpunkt des Romans „Schwarze Blumen auf Barnard 3" (1986); es wirkt freilich weniger positiv utopisch. „Neun Kosmonauten, drei Frauen und sechs Männer, sind auf dem dritten Planeten von Barnards Pfeilstern abgesetzt worden, weil es die Masse-Schub-Bilanz ihres Raumschiffes so erforderte" (Klappentext), mitsamt ihrer Ausrüstung gemäß einer Planvariante als abzuwerfender Ballast „ausgetaktet". Sie sollen nichts als sich und die Ausrüstung intakt halten, bis sie vom Schiff auf dem Rückflug wieder eingesammelt werden; eine Erkundung des Planeten ist im Plan nicht vorgesehen, und dem Drang der meisten Gefährten hinaus in die weite, rätselhafte, von fremdartigem Leben erfüllte Welt setzt der trotz seinem russischen Namen eher preußisch anmutende Leiter der Gruppe, unterstützt von einem tüchtigkeitsbesessenen Techniker und toleriert von einem tricksenden, opportunistisch taktierenden Biologen, die strikte Abarbeitung der endlosen, detaillierten Planprozeduren entgegen, in denen die Außenwelt nicht vorkommt. Nur den Bau einer Frischwasserleitung genehmigt er, um die Spannungen zu entschärfen. Dabei geraten die Menschen an planetare Wesen, die in enger sozialer und emotionaler Gemeinschaft leben, deren Berührung auch bei den Menschen starke, z. T. erotische Gefühle auslöst, deren mögliche Intelligenz jedoch befehlsgemäß weder erforscht noch bei den Aktivitäten der Station ins Kalkül gezogen wird — bis mehr oder minder heimliche Kontaktversuche einiger Menschen eine tragische Wendung nehmen und die vermeintlich unzivilisierten Eingeborenen mit technischen Mitteln, die das Verständnis der Raumfahrer übersteigen, ihrerseits die Station

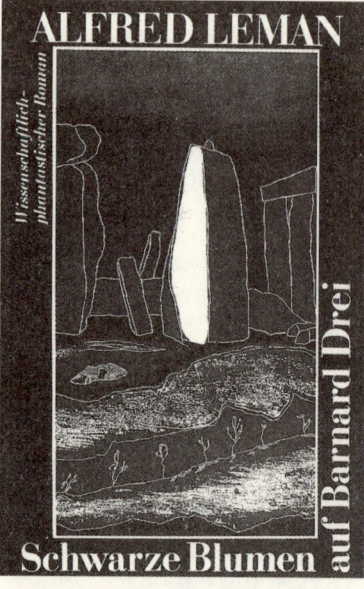

völlig isolieren. Sie heben die Blockade erst auf, als die Liebe eines Mannes und einer Frau zueinander ihnen begreiflich macht, daß die für ihre Begriffswelt unerhörte und bedrohliche Absonderung der Menschen von ihresgleichen, ihr harter Umgang miteinander nicht die einzige Lebensart der Ankömmlinge ist.

In diese Romanhandlung (eigentlich eher eine längere Erzählung), die reichlich die Hälfte des Buches ausmacht, sind acht kürzere Geschichten eingebettet, in denen charakteristische Ereignisse aus dem Vorleben jeweils eines (in einem Falle zweier) der neun Protagonisten vorgeführt werden, etwa wie der Kommandant seinerzeit in buchstäblicher Ausführung eines

Befehls seinen Vorgesetzten umgebracht hat, weil ebender auf strikter, gedankenloser Ausführung des Befehls bestanden hatte – wobei seitens des Ausführenden keinerlei Haß oder Häme im Spiel war, sondern nur die bis zur Selbstaufgabe gehende Erfüllung von außen vorgegebener Pflicht. Diese Episoden, von denen einige dynamischer und eingängiger wirken als die etwas spröde erzählte, aber von starker und mitunter beklemmender unterschwelliger Spannung erfüllte Haupthandlung, verdeutlichen sowohl den Charakter der Helden als auch den gesellschaftlichen Hintergrund, die Zukunftswelt, der die Raumfahrer angehören. In dieser hochkomplexen, ein Maximum an sozialer Sicherheit und Bedürfnisbefriedigung gewährenden Industriegesellschaft sieht Alfred Leman die Gefahr einer Verselbständigung – nicht etwa der Technik, sondern der von ihr realisierten Prozesse und Routinen, der unüberschaubar vernetzten Planmaschine, die Gefahr des nur allzu willigen Sich-Einfügens der Menschen in die „ineinandergreifenden Mechanismen des Lebensbetriebs" (S. 136), des Verlusts an Spontaneität und Initiative, der Inflation menschlicher Gefühle und Bindungen. Doch auch der Gegenentwurf ist präsent, als Möglichkeit in der Gesellschaft und in jedem einzelnen der neun Raumfahrer angelegt; besonders manifest wird er freilich in Ana – und die tauchte als Kind schon in der utopischen Gesellschaft der „Revision" auf. „Schwarze Blumen auf Barnard 3" ist bisher die sozial prägnanteste, komplexeste und am stärksten gegenwartsbezogene Arbeit Alfred Lemans und zugleich die folgerichtige Fortsetzung seines Erzählwerkes, ein Roman, dessen gedankliche Substanz die nicht immer leichtgemachte Lektüre lohnt.

(Si)

Letsche, Curt

(*1912 in Zürich)

hat in die DDR-SF drei Romane eingebracht, die die qualitativ neuen Momente der Genreentwicklung seit Ende der sechziger Jahre mitbestimmten. Auf die SF festgelegt ist er als Schriftsteller nicht. Schon seit 1960 erschienen von ihm Kriminalromane bzw. Romane mit kriminalistischen Momenten, so „Der graue Regenmantel" (1960) oder sein neuestes Buch „Operation Managua" (1986).

In Ulm aufgewachsen, absolvierte er vor 1930 eine Buchhändlerlehre. Die sozialökonomischen und politischen Verhältnisse der Zeit – Weltwirtschaftskrise, Massenarbeitslosigkeit usw. – brachten ihn dazu, „sich mit den Ursachen einer derartigen Krise zu beschäftigen und über Möglichkeiten nachzudenken, was verändert werden muß, um den

Menschen eine bessere Zukunft zu sichern". Curt Letsche nahm Verbindung zu einer Gruppe junger Antifaschisten auf und wurde 1939 von der Gestapo festgenommen. Das Oberlandesgericht Stuttgart verurteilte ihn wegen Vorbereitung zum Hochverrat zu sechs Jahren Zuchthaus, aus dem er 1945 befreit wurde. Nach Wiederherstellung seiner Gesundheit war er erneut in Buchhandel und Verlagswesen tätig, zuletzt als Kreisbibliothekar im Bezirk Magdeburg. Er lebt als freischaffender Schriftsteller in Jena-Neulobeda.

Curt Letsches Bücher sind zwar, schon bedingt durch die Genrewahl, unterhaltend angelegt, sie zielen jedoch nicht auf vordergründige abenteuerliche Unterhaltung, sondern sind Angebote – zuweilen auch im aufklärerischen Sinne – zur Diskussion moralischer Problemstellungen wie gesellschaftlicher Entwicklungsmöglichkeiten.

Kriminalistische Momente enthält auch der erste SF-Roman Letsches „Verleumdung eines Sterns" (1968), dessen Fabel auf einer originellen Ausgangssituation gründet: Eine klassenlose irdische Zukunftsgesellschaft wird mit in jenen Verhältnissen unbekannten und anachronistischen kriminellen Delikten konfrontiert. Nur Außerirdische also könnten die Urheber sein, nach denen man fahndet. Kriegshysterie entsteht, Ängste und Verhaltensweisen leben auf, die einer längst überwundenen Gesellschaftsformation adäquat sind, hier aber – durch die zeitliche Transponierung verfremdet – in ihren Mechanismen und Wirkungen um so deutlicher und damit für den Leser einsichtiger werden. Die vermeintlichen „außerirdischen" Kriminellen stellen sich schließlich als Zeitgenossen heraus, die mit Präparaten behandelt wurden, welche sie in Psyche und Denkstrukturen zu Menschen vergangener Jahrhunderte machten.

Distanz zum Abenteuerlichen und Phantastischen des Erzählten schafft der Autor durch Ironie und hintergründigen Humor, wie übrigens auch in seinen anderen SF-Romanen. Bei aller zeitlichen, wissenschaftlich-technischen und sozialen Entrückung der

Romanhandlung in eine ferne Zukunft zielt „Verleumdung eines Sterns" letztlich auf Problemstellungen der Gegenwart. Das macht den Roman auch heute noch lesenswert, wobei Schwächen in Struktur und Erzählweise nicht verschwiegen werden sollen.

Letsches zweiter SF-Roman „Der Mann aus dem Eis" (1970) geht von einer ähnlichen Konstellation wie der erste aus: Ein vorgeblich nach vier Jahrhunderten aus dem Kälteschlaf erwachter Historiker will das Verhalten seiner Mitmenschen testen, kann aber schließlich nicht überzeugend den moralisch unterentwickelten Menschen einer antagonistischen Gesellschaftsordnung spielen. Auch hier spielen humorvolle Momente eine wichtige Rolle, wodurch didaktische Züge z. T. überspielt werden.

In „Raumstation Anakonda" (1974), Curt Letsches drittem SF-Roman, werden Raumfahrt- und Kontaktsujets genutzt, um aus der Sicht des Autors anachronistische, kritikwürdige Verhaltensweisen in einer phantastisch überhöhten Ausnahmesituation verfremdend darzustellen. Die irdischen Kosmonauten begreifen nicht – im Unterschied zu den zahllosen Kontakt-Geschichten mit Happy-End der sechziger Jahre – die hochentwickelte Zivilisation der Anakondaner, unterliegen vielmehr den mannigfaltigen, durch wunderbare, unbegreifliche Technik erzeugten Verlockungen. Sie erweisen sich als moralisch zu unreif für eine solche auf gegenseitiges Verständnis zu gründende Beziehung zu fremden Intelligenzen. Eine mögliche zweite Expedition zur „Anakonda" wird Fehler der ersten auszugleichen versuchen.

Letsches Roman ist in Problemkonstellation und Neuansätzen, in Fabel und Figurenzeichnung symptomatisch für Neuorientierungen in der DDR-SF der siebziger Jahre. Dem philosophischen Anspruch entspricht allerdings die eher durchschnittliche ästhetische Bewältigung nur unzureichend.

(F)

Lorenz, Peter

(* 1944 in Erfurt)

arbeitete als Schlosser, studierte Biologie und Chemie und war als Fachlehrer und Lehrmeister tätig. Nach der Arbeit als selbständiger Kunsthandwerker ist er jetzt freischaffender Schriftsteller in Erfurt.

Lorenz' ausschließlich zur Science-fiction gehörende Veröffentlichungen umfassen außer einigen Kurzgeschichten drei Romane, die sich mit der Verantwortung des Menschen für die Beschaffenheit der Welt befassen.

„Homunkuli" (1978) geht von der Idee aus, mit menschlichem Genmaterial künstliche Menschen zu erschaffen. Die junge Wissenschaftlerin Wanderfeld arbeitet an einem Projekt, das die Nachzüchtung körperidentischer Organe für Transplantationen bezweckt. Der Chef der Forschungsarbeiten, der geschäftstüchtige und skrupellose Jazdani, steuert die Arbeiten jedoch in eine andere Richtung: Er will Homunkuli in Großserie herstellen und damit kommerziell erfolgreich sein. Die Wanderfeld wird im Verlauf des ersten Teils des Romans, wo es sowohl ausgiebige Erörterungen (bio)technischer Probleme als auch Versuche psychologischer Ausdeutung der Figuren gibt, vor die Alternative gestellt, entweder vom Mißbrauch wissenschaftlicher Erkenntnis zu profitieren

oder die schon erreichten Arbeitserfolge aufzugeben und ihre humanistischen Ideale zu bewahren. Sie sagt sich nach langen inneren Kämpfen von Jazdani los (mit dem sie auch eine intime Beziehung verband) und besinnt sich auf das ursprüngliche Ziel ihrer Arbeit.

Der zweite Teil des Romans schildert, wie Jazdani seinen Plan mit Hilfe der Militärs verwirklicht. Nach dem dritten Weltkrieg sollen Armeen von Homunkuli die nuklear verseuchte Erde für die oberen Zehntausend herrichten, die in unterirdischen Refugien überleben wollen. Hier unterläßt Lorenz alle Versuche, seinen Figuren menschliche Tiefe und Glaubwürdigkeit zu verleihen. Es entspinnt sich eine abenteuerliche Handlung, während der die Homunkuli eine geheime Organisation bilden und die Pläne ihrer Erzeuger vereiteln. Die im ersten Teil gestalteten Charaktere gehen im Strudel der sich jagenden Ereignisse und technischen Darlegungen unter.

Lorenz' zweiter Roman „Quarantäne im Kosmos" (1981) schildert eine Erde, die die Umweltkatastrophe, welche von der SF oft in den schwärzesten Farben gemalt wird, schon hinter sich hat. Man ist dabei, aufzuräumen und die gewaltigen Schäden, die jahrhundertelange hemmungslose Verseuchung von Luft und Wasser angerichtet hat, zu reparieren. In der Streitfrage, auf welche Weise dies zu geschehen habe, entzweit sich das Ehepaar Per und Lif Engen. Während Lif, Biologin in einem Meeres-Reinigungs-Projekt, eine Vertreterin der „Optimalökologie" ist, hält Per, Biologe im Raumfahrtdienst, ebendieses Konzept und damit die Arbeit seiner Frau für ausgemachten Schwachsinn. Die Optimierung läuft darauf hinaus, durch Ausmerzen aller unliebsamen Pflanzen und Tiere, Beschränkung auf wenige hocheffektive Arten und permanente Computerüberwachung völlig beherrschbare künstliche Ökosysteme zu schaffen. Dasselbe Optimierungskonzept wird im gesellschaftlichen Bereich angewendet. Nicht nur, daß ein Computer über die beantragte Scheidung der Engens befindet, auch die Besatzung des Raumschiffs, mit dem Per fliegt, ist computeroptimiert, ein perfekt zusammengestelltes Team. Doch man begegnet einem außerirdischen Flugobjekt, und unter extremen Bedingungen bricht das ausgeklügelte soziale Gefüge zusammen – genau wie die künstlichen Ökologien auf der Erde zusammenzubrechen beginnen.

So stehen sowohl Per in seinem havarierten Raumschiff als auch Lif, die durch Computerfehler aus der Bahn geworfen wird, vor der Frage, wie sie weiterleben sollen. Lorenz plädiert für eine gesunde Synthese aus Natürlichem und Künstlichem, für die Berechtigung von auf den ersten Blick scheinbar negativen Erscheinungen – seien es für schädlich gehaltene Insekten oder die unberechenbaren und deswegen vermeintlich störenden Gefühle der Menschen. Das eine wird für ebenso wichtig erachtet für das Funktionieren der Natur wie das andere für das Funktionieren der Gesellschaft. Dieselbe Botschaft wird noch auf einer dritten Ebene transportiert, wo Per von den Aliens im fremden Raumschiff mittels einer alptraumhaften Halluzinationsreise mit der festgefahrenen Geschichte jener Zivilisation bekannt gemacht wird, die ein ähnliches Optimierungskonzept bis in den drohenden Untergang hinein verfolgt hat. Damit die Menschen den Aliens aus der Sackgasse heraushelfen können,

strative Selbstherrlichkeit drohen das ohnehin arg lädierte Utopia zu Tode zu verwalten.

„Blinde Passagiere im Raum 100" (1987), Lorenz' dritter Roman, strotzt zwar von überraschenden Wendungen, spielt sich aber zum Großteil nicht in üblichen Weltall-Gegenden ab, sondern hauptsächlich in den Köpfen der Beteiligten. Zu einer Zeit, da SDI und Anti-SDI im Orbit unsichtbare Schützengräben aufgerissen haben, droht ein fremdes Raumschiff das strategische Gleichgewicht zu stören. Die Supermächte schieben den unliebsamen Besuch mit einer Mannschaft von entbehrlichen Versagern zusammen ab, um den Weltfrieden zu retten. Um den Homo sapiens zu erforschen, werden Per und Genossen zu Aliens umgewandelt. Lif setzt durch, daß auch sie umgeformt wird, damit sie wieder mit Per zusammensein kann. Damit werden die beiden Handlungsstränge, die sich nach vier Seiten Text getrennt hatten, auf der vorletzten Seite des Buches wieder verknüpft. Das macht einen ebenso gewaltsamen Eindruck wie die jähe Wendung zum allgemeinen Happy-End auf allen Ebenen — sowohl was die Ökologie der Erde angeht als auch die Haltung der Behörden zu den bis zur Bedrohlichkeit fremdartigen Aliens. Überhaupt spielen Behörden in Lorenz' Romanen eine eher negative Rolle. Bürokratische Engstirnigkeit und administrative dringen die allmächtigen Aliens in die Innenwelten der Menschen ein, Erinnerungen und Halluzinationen werden immer wieder in die Realität eingeblendet. In den Vordergrund rücken die Vorgeschichten, die die „Hallerström-Kugeln" (so wird eine Erscheinungsform der Aliens genannt) aus den Hirnen holen. Das Thema Umwelt taucht wieder auf, als der Kampf eines gescheiterten Ökologen um die Wiederbelebung eines verseuchten Flusses in einem Land Mitteleuropas geschildert wird. Diese Geschichte ist auch die einzige, die Lorenz zu einem Ende bringt. Denn ebenso wie die Geschichte des liebenswerten Kauzes Hallerström (den der Autor anfangs beeindruckend einführt), verlaufen die meisten der mehr angerissenen als erzählten Geschichten im Sande, hören irgendwo auf, statt zum übergreifenden Spannungsbogen verknüpft zu werden. Logischerweise endet die Reise des Raumschiffes (das denselben Namen trägt wie das aus „Quarantäne im Kosmos") nach einem großen Kreis dort, wo sie begann: auf der Erde. Ohne Antworten auf die vielen Fragen, die gestellt wurden.

Lorenz geraten seine Figuren nur selten zu farbigen Charakteren, während seine Erzählweise durch Schärfe und Pointiertheit auffallend frisch wirkt (das trifft insbesondere auf das mit Witz und Schwung geschriebene letzte Buch zu). Dabei fällt eine für die DDR-SF untypische Neigung zum Einsatz von Satire und Ironie auf, die auch Lorenz' Kurzgeschichten prägt.

(K)

Lüdemann, Hans-Ulrich

(* 1943 in Greifswald)

studierte Germanistik und Körpererziehung, arbeitete als Redakteur und Kameramann. Der Autor – er lebt in Berlin – brachte 1972 sein erstes Kinderbuch heraus („Doppelzweier"). In den folgenden Jahren veröffentlichte er weitere Kinderbücher („Der Eselritt", „Patenjäger") und Kriminalgeschichten. Seine 1976 im Kinderbuchverlag erschienene Erzählung „Ich – dann eine Weile nichts" – ein „Mädchenbuch für Jungen" – wurde von der Kritik stark als wichtiger literarischer Beitrag zur Überwindung von Rollenklischees beachtet, zur „Einweihung" des jeweils anderen Geschlechts in spezifische psychische und emotionale Vorgänge. Lüdemann, der auch als Verfasser von Hörspielen und Filmszenarien einen Namen hat, fühlt sich der Befragung kindlicher Wirklichkeit besonders verpflichtet, wobei er kindliche Figuren wie Leser auch mit komplizierten Konfliktlagen nicht verschont. Lüdemann erlitt 1977 einen schweren Unfall. 1979 erschien „Plumpsack geht um",

1983 „Um Himmels willen keine Farbe", 1986 „Das verflixte Rollenspiel".

In dem SF-Buch „Um Himmelswillen keine Farbe" bleibt Lüdemann in Milieu und Zeit ganz auf dem Boden hiesiger (mecklenburgischer) Realität: kein Exkurs in ferne Welten, kein Flug zum fernen Stern. Auch das einzige SF-Element, das er einbringt, ist so weit nicht von der Wirklichkeit entfernt — eine Art Ehrlichkeitscomputer („Alkibiades") kann Menschen zwingen, ihre intimsten Gedanken und Gefühle zu offenbaren. Tewje Butt macht sich für eine Nacht unbefugt zum Herrn des Geräts. Alkibiades fungiert als Metapher für totales Eingeweihtsein, er rückt Oberflächliches zur Seite, macht Verstellung unmöglich und wird so auch zum Medium des Autors. Der Schüler Tewje wird allwissend. Indes erweist sich bald die Ambivalenz dieser Fähigkeit; der Junge lebt nicht souveräner, sondern unter immer stärkerer Belastung, die ihm sein Wissen verschafft. Die Mitwisserschaft vom Werdegang seines Schuldirektors zum Beispiel bereitet Tewje Butt mehr Probleme als Freude oder Genugtuung.

Lüdemann wirft eine ganze Reihe moralischer Fragen auf: nach Opportunismus und Ehrlichkeit, nach Macht (erwachsen aus Information) und deren Ge- und Mißbrauch (was das Problem „Würde" nicht nur tangiert), und — hiermit verbunden — die nach dem jeweils gebotenen Maß von Schonung und Offenbarung innerer Vorgänge, nach dem, was dem Menschen heute und künftig bleiben muß, soll er Mensch bleiben.

In Lüdemanns Buch kommt eine Vielzahl tradierter Literaturmotive zusammen, vor allem das vom „Zauberlehrling", in dessen Rolle sich Tewje Butt oft versetzt sieht. Von der Chance, die in der „Alkibiades"-Idee liegt, nämlich psychische Reaktionen und Abläufe stärker zu betonen, hat der Autor nur zögernd Gebrauch gemacht, wodurch er einige ästhetisch reizvolle Potenzen verschenkt. Hervorzuheben bleibt, daß Hans-Ulrich Lüdemann in „Um Himmels willen keine Farbe" ein SF-Motiv von der Peripherie ins Handlungszentrum rückt und zum Katalysator kindlicher Entscheidungen macht. Möglicherweise liegt hier eine Empfehlung, eine Offerte vor, an der sich künftige Texte der Kinder-SF orientieren können.

(P)

Luthardt, Ernst-Otto

(* 1948 in Steinach/Thüringen) studierte Germanistik und Geschichte in Jena, war Forschungsstudent und promovierte mit der Arbeit zur Romantheorie „Tendenzen der Lyrisierung in deutschsprachigen Prosawerken des 20. Jahrhunderts" zum Dr. phil. Bis 1979 war er wissenschaftlicher Assistent an der Jenenser Universität, seither arbeitet er als freiberuflicher Schriftsteller, aber auch als Außenlektor und Gutachter für mehrere Verlage. Neben Rezensionen publizierte er Essays (auch zur SF), verfaßte Nachworte (zu Buchausgaben von Robert Walser und Otto Flake) und gab die Sammlung von Märchen und Novellen Ludwig Tiecks „Der Runenberg" (1983) heraus. 1987 erschien sein Band mit literarischen Reiseberichten aus Rumänien „Die Hora nimmt kein Ende". Darüber hinaus schrieb Luthardt stilistisch ausgefeilte, oft mit poetischen Bildern arbeitende Erzählungen, die allesamt der SF zugerechnet werden können, gleichzeitig aber auch die Möglichkeiten anderer Genres zu nutzen verstehen.

Die drei Debüt-Erzählungen des Autors (enthalten in dem Band Heiner Hüfner/Ernst-Otto Luthardt „Utopische und phantastische Geschichten") erschienen 1981. Sie verarbeiten vertraute Themen der SF (Zeitreise, mad scientist) und literarische Traditionen der Phantastik (alter ego, Motiv der beseelten Natur) gleichermaßen und sind verknüpft mit einfühlsamen Charakterstudien, die den handelnden Figuren Individualität und Realitätsnähe verleihen.

In den beiden folgenden Sammelbänden „Die klingenden Bäume" (1983) und „Die Unsterblichen" (1984) beweist sich Luthardt nachdrücklich als ein phantasievoller, origineller Erzähler, dem es in zunehmendem Maße gelingt, sich von eingefahrenen

Ernst-Otto Luthardt
DIE UNSTERBLICHEN
Phantastische Erzählungen

Klischees zu emanzipieren und phantastische Verfremdung gezielt als Ausdrucksform realistischer Themen zu nutzen. Meist erhebt er sich recht weit über die vertraute Wirklichkeit, wobei die unterhaltenden Qualitäten phantastischen Fabulierens durchaus nicht zu kurz kommen, der Realitätsbezug andererseits aber nie verlorengeht.

So ist z. B. „Das Ende vom Anfang" (im '84er Band) ein beeindruckend entwickelter Alptraum von beachtlicher Dichte und Konsequenz. Menschliche Grundwerte werden einer extremen Belastung unterworfen und erweisen gerade angesichts der dystopischen Schwärze absoluter Erniedrigung des Individuums ihre unzerstörbare humanistische Kraft.

Stilistisch keinesfalls eingleisig (in beiden Bänden wird die Freude des Autors an literarischen Formexperimenten deutlich, was aber nicht immer auch der Geschlossenheit der Texte dient), erreicht Luthardt bereits mit diesen Publikationen den Anschluß an die Spitzengruppe der SF-Autoren in der DDR.

Der jüngste Erzählungsband des Autors „Die Wiederkehr des Einhorns" (1988) vereint sechs Geschichten, die noch mehr als bisher die ganze Breite des Phantastischen ausschöpfen und den Weltraum wie das Meininger Oberland als Schauplatz nutzen, Zukunft, Gegenwart und Vergangenheit durchmessen und auch die Art der phantastischen Verfremdung stets variieren: Von der präzis konstruierten SF-Geschichte geht es zur philosophischen Antiutopie, von der parabelhaften, humorvollen Satire bis hin zur tagträumerisch-visionären Gegenwartserzählung und weiter bis hin zur märchenhaften Sage, die den Bereich der SF verläßt. In dreien dieser Texte erreicht Luthardt beispielhafte erzählerische Qualitäten. „Wo das Leben?" ist eine antiutopische Vision einer Welt des Verfalls, der Sinnentleertheit, die der Autor gerade durch die Konsequenz der vorgeführten Destruktivität überzeugend ad absurdum zu führen weiß.

„Die Wiederkehr des Einhorns"

macht das sichere Gespür des Autors für das Besondere im Alltäglichen deutlich, sein Verständnis für das Phantastische als reale Ergänzung der Wirklichkeit. Hier wie in der dritten hervorzuhebenden Geschichte („Seltsame Überlieferung von einem Kreuzschnabel", die aber nicht mehr zur SF gehört, ganz in einem phantastischen Geschichtsbild verbleibt und viel vom kundig und liebevoll gezeichneten Thüringer Lokalkolorit profitiert) bezieht Luthardt Emotionalität und Glaubwürdigkeit vor allem aus der feinnervigen, psychische Zwischentöne festhaltenden Zeichnung der Hauptfigur.

Luthardts poetische SF-Texte haben ihn zu einem der wichtigsten in den achtziger Jahren neu zur SF gekommenen DDR-Autoren werden lassen.

(Sp)

Matzke, Gerhard

(* 1925 in Waltershausen/Thüringen) hat in die DDR-SF zwei längere Erzählungen eingebracht, die beide im Verlag Neues Leben Berlin als Taschenbücher erschienen.

Nach seiner Rückkehr aus britischer Kriegsgefangenschaft wurde er Industriekaufmann und danach Sachbearbeiter. Seit 1965 ist er Redakteur der Betriebszeitung im Gummiwerk von Waltershausen, in der er auch eigene satirische Gedichte veröffentlicht hat. Seine literarischen Aktivitäten stehen in engem Zusammenhang mit dem Beginn des Raumfahrtzeitalters, der für die DDR-SF zugleich Anstoß für eine umfangreiche Raumfahrtliteratur in den sechziger Jahren wurde.

Gerhard Matzkes Intentionen gingen weniger auf Literarisch-Künstlerisches als vielmehr auf literarisch eingekleidete populärwissenschaftliche Information. Seiner ersten SF-Erzählung „Marsmond Phobos" (1967) ist ein Nachwort angefügt, in dem er bekennt: „Die 1957 mit ‚Sputnik I' beginnende Raumfahrt veranlaßte mich, ein altes Hobby wieder aufzugreifen: die Astronomie. Der Rat eines Freundes, Literatur und Astronomie zu verbinden und über Raumfahrt zu schreiben, brachte mich schließlich auf den Gedanken, eine heitere utopische Erzählung zu verfassen, die dem Leser gleichzeitig astronomisches Wissen vermitteln soll." Die Erzählung transportiert astronomische Sachinformationen über eine heiter angelegte, einfache Fabel, nämlich die abenteuerliche Teilnahme eines jungen Mannes an einer Expedition zum Phobos als blinder Passagier.

Damit ließ es Gerhard Matzke jedoch nicht bewenden, sondern veröffentlichte 1976 die Raumfahrt-Erzählung „Projekt Pluto". Irdische Kosmonauten begegnen auf dem Planeten Pluto einer Zivilisation, die dem Untergang geweiht ist, wenn die Planetenumlaufbahn nicht geändert wird. Im Umfeld der SF der siebziger Jahre allerdings nimmt sich diese Erzählung ein wenig deplaziert aus.

(F)

Meinhold, Gottfried
(* 1936 in Erfurt)

studierte bis 1959 Germanistik und Sprechwissenschaft in Jena, wurde wissenschaftlicher Assistent an der Martin-Luther-Universität Halle-Wittenberg, arbeitete als Logopäde an der dortigen stomatologischen Klinik, erhielt einen Lehrauftrag am Institut für Sprechkunde und Phonetische Sammlung der Universität und wechselte nach der 1964 an der Humboldt-Universität zu Berlin verteidigten Promotion (über ein Thema aus der Phonetik der deutschen Gegenwartssprache) an das Germanistische Institut der Friedrich-Schiller-Universität Jena. Er habilitierte sich 1968 mit „Untersuchungen über den zeitlichen Verlauf gesprochener deutscher Texte", war ab 1971 Dozent für Phonetik und Sprechwissenschaft, ab 1985 Professor. Ergebnisse seiner Tätigkeit auf den Gebieten der Phonetik, Phonologie, Logopädie, Sprachstatistik, Psycholinguistik und allgemeiner Sprachtheorie finden sich in zahlreichen Fachpublikationen, darunter mehrere interdisziplinäre und gemeinschaftliche Arbeiten

und das Lehrbuch zur „Phonologie der deutschen Gegenwartssprache" (1980, zusammen mit E. Stock).

Das erste belletristische Werk Meinholds erschien 1982. Bereits diese längere, in Buchform publizierte Erzählung „Molt oder der Untergang der Meltaker" verknüpfte phantastische Elemente – der Protagonist wird mit der Überlieferung von einem (fiktiven) lateinamerikanischen Volk konfrontiert, das vor langer Zeit ausgerottet wurde, weil es selbst unfähig zu jeder Art der Gewaltausübung war – mit dem subtilen Psychogramm jenes Geschichtswissenschaftlers; die Anlage des Textes ist durchaus realistisch, jedoch gleichzeitig auf unmerkliche Weise der Alltagsebene enthoben.

„Weltbesteigung" (1984) ist Meinholds wichtigster SF-Text – ein philosophisch ambitionierter Roman, mit dem der Autor die Möglichkeiten des SF-Genres zur Analyse realer sozialer Entwicklungsprozesse und alternativer Möglichkeiten überzeugend demonstrierte und sich sogleich in die Gruppe der anspruchsvollsten SF-Autoren der DDR einreihte.

„Weltbesteigung" verbindet das Bild einer faszinierenden Zukunftsstadt mit den Traditionen der Sozialutopie. In außergewöhnlicher stilistischer Qualität und reicher bildhafter Gestaltung wird das Thema der menschlichen Entwicklung hin zu einer wahrhaft humanen Gesellschaft

und der dabei stets präsenten Gefahr, in katastrophale Sackgassen zu geraten, in Beziehung zu den dazu notwendigen technischen Möglichkeiten und Zwängen gesetzt, die das Wesen des Menschen selbst verändern müssen.

Der literarischen Form nach handelt es sich bei diesem Roman um einen phantastischen Reisebericht durch die in der Antarktis gelegene Wissenschaftlerstadt Cargela. Vier Männer durchstreifen die Millionenstadt als Besucher unter Anleitung eines Reiseführers, um herauszufinden, ob sie künftig hier leben und arbeiten wollen und können. In Cargela ist die Wissenschaftler-Elite der ganzen Erde konzentriert; hier ist eine Sphäre effektivster Forschung entstanden, wo allein die geistig-schöpferische Höchstleistung zählt, denn die Produktion kommt längst ohne den Menschen aus. Ein neuer Menschentyp hat sich entwickelt, dessen Lebensrhythmus und Erlebnisfähigkeit stark beschleunigt sind. Ebenso ist die Intensität der in dieser Stadt-Welt erlebbaren sinnlichen Reize dank einer phantastischen Technik bis in rauschhafte Extreme gesteigert; die permanent geforderte geistige Hochleistung bedingt einen auch außerhalb der eigentlichen Arbeitsphase äußerst agilen, aktiven Menschen — ein schwindelnder, ständig schneller werdender Kreislauf aus Produktion und Regeneration ergibt sich, den nicht alle Menschen verkraften können.

Die Bewertung der Cargelenser Lebensweise bleibt ambivalent. Vielen Wissenschaftlern erscheint diese „neue" Welt als ein Forschungsparadies, andere werden abgestoßen und empfinden Cargela als Perversion humaner Fortschrittsideale, wieder andere sind fasziniert von der Möglichkeit zur Potenzierung menschlicher Fähigkeiten durch Technik und Medizin Cargelas, bleiben aber ohne jede Chance, das geforderte geistige Niveau jener dort lebenden Elite zu erreichen. Konsequent spielt der Autor in seinem Denkmodell die Dialektik eines Perpetuum mobile der Hochtechnologie durch und stellt die Frage, ob (oder in welchen Teilen) dies als Zielvorstellung menschlicher Entwicklung dienen soll, und verweist gleichzeitig auf reale Ansätze solcher Entwicklungen in der Gegenwart.

Die Erzählungen des 1986 erschienenen Sammelbandes „Kilidone und andere Merkwürdigkeiten" variieren Themen im Umfeld der „Weltbesteigung"; Meinhold diskutiert die Folgen neuer Techniken für das Leben des Menschen und dessen Selbstverständnis. Der in die Pflicht der Verantwortung genommene Wissenschaftler steht im Mittelpunkt der Geschichten. Wichtiger Inhalt der Texte ist der Gedanke, daß wissenschaftliche Forschung erst durch die Spezifik der sozialen Verhältnisse ihren

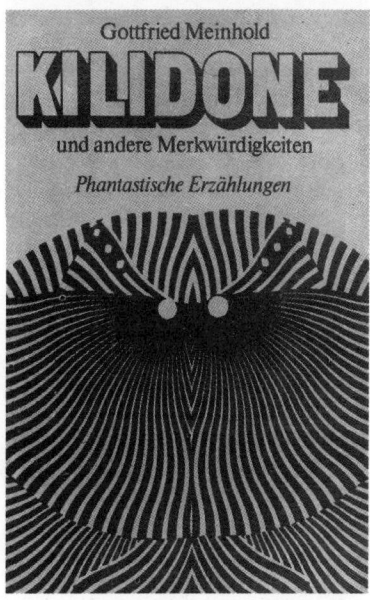

Wert erhält. Daneben geht es dem Autor um die Erkenntnis, daß noch vor dem Ziel größter Effektivität und tieferer Naturerkenntnis die Frage nach der humanistischen Qualität als Maßstab für Wert und Sinn rangieren muß.

Für seine abstrakten weltanschaulich relevanten Themen findet Meinhold originelle phantastische Erzählformen, die ohne aufdringliche Didaktik auskommen und auf die Urteilskraft des Lesers vertrauen.

In der (bereits früher in einer anderen Fassung als „Liana Halwegia" publizierten) Erzählung „Halwegs Liane" liegen die Menschen in einem planetenweiten Vernichtungsfeldzug gegen eine explosionsartig alles überwuchernde Pflanzenmutante, die ganze Kontinente in einen unbewohnbaren Dschungel zu verwandeln droht, gleichzeitig aber auch als Nahrungsmittel verarbeitet werden kann, wodurch das Hungerproblem auf der Erde gelöst werden konnte. Der Kampf gegen die Liane, der bei Anspannung der vereinten Kräfte der Menschheit mühevoll in einem labilen Gleichgewicht gehalten werden kann, führt unzählige Menschen aller Nationalitäten friedlich in Arbeitsbrigaden zueinander. Alle Hände werden gebraucht, denn technische Hilfsmittel versagen an der Dschungelfront weitgehend. Die alten sozialen Konflikte zwischen den Nationen haben an Gewicht verloren – da entdeckt ein Wissenschaftler im Nachlaß des Züchters der Liane, daß jener zum einen vorausplante, was die Mutante bewirken würde, zum anderen auch ein einfaches Gegenmittel entwickelt hatte, es aber geheimhielt. Nun liegt es in der Hand des Wissenschaftlers, die alten Zustände wieder herzustellen ...

Daneben ist „Das Ungeheuer" die wohl bemerkenswerteste Geschichte der Sammlung. Sie thematisiert die Konfrontation des Menschen mit dem Fremden und Unbekannten schlechthin. In einem nahe einer Großstadt gelegenen See taucht eines Tages ein seltsames Wesen auf, von dessen biologischer Beschaffenheit sich so gut wie nichts sagen läßt. Der Autor interessiert sich für die sehr verschiedenartigen Reaktionen einzelner wie gesellschaftlicher Kräfte auf das rätselhafte Etwas. Wissenschaftliche Neugier und Kontaktfreudigkeit artikulieren sich ebenso wie Ängste, Sicherheitsbedürfnisse und irrationale messianische Hoffnungen. Ein nüchterner Rationalismus und der Ruf nach überschaubarer Ordnung beseitigen schließlich die mögliche Bedrohung durch das Fremde, nicht Einzuordnende – Bedrohung nicht zuletzt auch eines statischen Weltbildes, das keinen Platz für das rätselhafte Etwas kennt.

Auch in den anderen Erzählungen bricht das Phantastische in den Kreis gesicherter Erfahrung ein, zwingt zur Relativierung des bisher scheinbar sicher Gewußten, zur Neuorientierung, zur produktiven Verunsicherung.

Alle Texte Meinholds zeichnen sich durch eine Einheit detailreicher Schilderung und anspruchsvoller Problemdiskussion aus, wobei oft die Grenze der SF zur Phantastik überschritten wird. Realistische Konflikte und Figurenkonstellationen sind mit parabelhaften, grotesk überzeichneten, satirischen, ironisch gebrochenen oder utopischen Schreibhaltungen verschränkt, was dem Leser die Möglichkeit zu einer oberflächlichen Lektüre nimmt, ihm oft genug bewußt den Reiz des Denk-Spiels nicht ohne Denk-Arbeit schenkt – und Meinholds Texte zu einer Literatur von Rang und zu guter SF allemal werden läßt.

(Sp)

Möckel, Klaus

(* 1934 in Kirchberg/Sachsen)

erlernte den Beruf eines Werkzeugschlossers, studierte Romanistik, war wissenschaftlicher Assistent an der Friedrich-Schiller-Universität Jena und danach Lektor im Verlag Volk und Welt, Berlin. Seit 1969 arbeitet er freiberuflich als Schriftsteller und Herausgeber. Er publizierte einen historischen Roman („Ohne Lizenz des Königs", 1973) und mehrere Kriminalromane, zwei Bände satirischer Gedichte („Die nackende Ursula", 1980; „Kopfstand der Farben", 1982) sowie die Märchensatiren „Tischlein deck dich!" (1980). 1983 erschien der Bericht über ein behindertes Kind „Hoffnung für Dan". Als Herausgeber hat sich Klaus Möckel vor allem durch Editionen aus dem Französischen einen Namen gemacht, so mit Auswahlbänden von Jean Cocteau (1971), Blaise Cendrars (1974) und André Stil (1976) sowie mit verschiedenen Anthologien, darunter „Der Alabastergarten" (1980), eine Sammlung von SF-Erzählungen aus Frankreich, Italien und Spanien. Schließlich schuf er Übersetzungen und Nachdichtungen, u. a. von Arthur Rim-

baud, Marcel Marceau, Robert Desnos, Pablo Neruda und Jewgeni Jewtuschenko.

Mit der größeren Erzählung „Die Einladung" debütierte Möckel 1976 in der SF. Es ist eine Zeitreisegeschichte, bei der es um ein in der SF unübliches, fast absolut technikfreies Problem geht: die direkte moralische Bewertung des Heute vom Standpunkt einer zukünftig-idealisierten Welt aus. Ein Dichter wird zu einer Lesung geladen, die nicht in seiner – unserer – Zeit stattfindet, sondern in ferner Zukunft. In einem schmerzlichen Erkenntnisprozeß muß er begreifen, daß alles, wofür er in der Gegenwart gelobt wurde, in hundert Jahren nichts mehr gilt. Überlebt haben nur sein naives Frühwerk, von dem er sich um der Karriere willen distanziert hat, und sein Spätwerk, das er erst schreiben wird. Die Begegnungen mit einer Nachfahrin und den anderen Menschen der Zukunft lassen ihn seinen literarischen und menschlichen Werdegang als Weg der Anpassung und Bequemlichkeit erkennen. Zurückgekehrt in die Gegenwart, bemüht er sich, zu dem zu werden, als den man ihn in Zukunft kennt: ein kompromißloser Autor, der Zeitfragen nicht in den leichtverdienten, kurzlebigen Ruhm modischer Literatur ausweicht.

Vorwiegend satirisch intendiert sind die phantastischen Erzählungen in dem Band „Die gläserne Stadt" (1979). In der Titelgeschichte, einer Dystopie, geht es um das Verhältnis der Hauptstadt zu den Bezirken, um das zwischen Regierenden und Regierten. Eine Dozentin wird durch die Entscheidung ihres Beststudenten, nicht in die Hauptstadt, sondern in die finsterste Provinz zu gehen, überrascht und fährt ihm nach. Sie entdeckt die Provinz für sich und kehrt mit Zweifeln zurück, die ihr gläsernes Haus rissig werden lassen. In „Der Irrtum" wird ein herrschsüchtiger Graf von einem findigen Untertanen mittels einer Zeitmaschine in die Zukunft geschleudert, die unsere Gegenwart ist. Als der Erfinder ihm folgt, um zu sehen, wie der Graf unter den neuen gesellschaftli-

chen Verhältnissen gescheitert ist, findet er ihn als Betriebsleiter wieder, dessen Methoden von denen des einstigen Feudalherren kaum zu unterscheiden sind. Zuweilen pointiert Möckel überdeutlich bzw. spitzt vordergründig zu, etwa in „Der Ernst des Lebens", wo ein humorloser Bürokrat in eine Zukunft versetzt wird, in der es nur noch ein Verbot gibt, das der Humorlosigkeit, wobei er freilich oft nur mit Albereien konfrontiert wird.

Überdeutlichkeiten fehlen im zweiten Erzählungsband, „Die seltsame Verwandlung des Lenny Frick" (1985). Der Titelheld verliebt sich in sein Auto, zieht sich vor der verständnislosen Umwelt zurück und zeugt schließlich mit der Schönen zwei Automenschlein, die munter im Laufgitter herumrollen.

„Das reproduzierte Gewissen" erweist sich zunächst als Wohltat, die psychisch gereinigten Menschen gehen ehrlicher miteinander um. Aber da sich ihnen das Leben trotzdem nicht fügt, stellt sich zur Erleichterung des Erzählers schnell die alte Gewissenlosigkeit wieder ein. „Die Grenze ist erreicht", sagt der Alte, der sein urwüchsiges Grundstück verkauft; weiter dürfe die Natur nicht zerstört werden. Aber der Käufer hält sich nicht daran, betoniert das Grundstück zu. Die Natur läßt es sich nicht bieten, sie schlägt zurück.

„Besuch aus der Spiegelwelt" erhält ein angesehener Pianist. Sein Doppelgänger sieht ihm zum Verwechseln ähnlich, hat aber ein prinzipiell anderes Wesen. Die beiden tauschen für einen Monat ihre Identität, ihre Familie, ihre Welt, leben in der Rolle des anderen ihre geheimen Wünsche aus. Natürlich bringt das Schwierigkeiten mit sich, aber am Ende hat beiden der Austausch genutzt: Sie erkennen die Vereinigung der Extreme, der einander widersprechenden Charaktereigenschaften als Ideal. „Einer von vier" ist die einzige nichtsatirische Erzählung des Bandes. Sie thematisiert die SF-Standardsituation, daß in einem Raumschiff nach einer Havarie nur einer gerettet werden kann. Die Figuren verhalten sich so uneigennützig, wie man erwarten darf. Satire und Humor liegen Möckel eher, etwa die boshaft-witzige Abrechnung mit unserem Dienstleistungsunwesen in „Immer zu Diensten!", wo falsch programmierte Roboter systematisch eine Wohnung verwüsten und dafür gepfefferte Rechnungen präsentieren. „Briefe aus dem Ü.", dem Übermorgen, erhält ein Friedensforscher, und der sie schreibt, ist einer seiner schärfsten Widersacher, ein Sternenkrieger. In der Zukunft, weiß er durch eine Zeitreise, haben sich die Aufrüster durchgesetzt, die Menschheit habe sich gerade wegen der Politik der starken Hand erhalten können. Doch stellt sich dann heraus, daß der Sternenkrieger das Vertrauen der Zukunftsleute mißbraucht und alles erlogen hat, um seinen Gegner zu entmutigen. Er wird in unsere Zeit zurückversetzt – die härteste Strafe.

Klaus Möckel nutzt in seiner parabolisch-satirischen Phantastik fast alle SF-Topoi und -Spielarten zwischen Zeitreise und Raumabenteuer, Parallelwelt und Antiutopie, Geschichten von Robotern und skurrilen Erfindungen, Anthropomorphisierung der Natur und Verdinglichung des Menschen, um pointiert auf – vorwiegend ablehnenswerte – Erscheinungen der Gegenwart hinzuweisen.

(M)

Klaus Möckel
Die seltsame Verwandlung des
Lenny Frick
Phantastische Erzählungen

Müller, Horst

(* 1923 in Gleisen/Kreis Ost-Sternberg, heute VR Polen)

holte nach Rückkehr aus zweijähriger Kriegsgefangenschaft (1947) das Abitur nach und studierte in Leipzig Bibliothekswesen. Er war 33 Jahre Leiter der Stadt- und Kreisbibliothek Hoyerswerda und wurde zum Bibliotheksrat ernannt. Gelegentlich veröffentlichte er Gedichte in Zeitungen, schrieb als Volkskorrespondent und publizierte in der Zeitschrift „Der Bibliothekar" fachspezifische Beiträge. Er gründete und leitete an seiner Bibliothek den Jugendklub „Utopia", der von

1968 bis 1986 existierte und somit der am längsten aktive SF-Klub der DDR war. Seine SF-Romane erschienen zu Beginn der sechziger Jahre: später hinderte ihn eine langjährige Krankheit daran, neben seiner Arbeit noch zu schreiben. Seit er jedoch 1983 wegen Invalidität aus dem Bibliotheksdienst ausschied, arbeitet er an neuen SF-Projekten.

Müllers erster Roman „Signale vom Mond" (1960) steht im Banne der Weltraum-Euphorie nach dem Start von Sputnik I und nutzt eine Vielzahl von später zum Klischee verkommenen Motiven der Weltraum-SF: Ein Journalist treibt von einer Raumstation ab, wird von Außerirdischen gerettet und auf dem Mond abgesetzt, wo gerade das erste irdische Raumschiff — ein amerikanisches — landet. Ein schurkischer US-Astronaut läßt den Journalisten sowie den zweiten Astronauten auf dem Mond zurück. Die Abenteuer der beiden, die nach einer Sauerstoffquelle suchen und dabei in einem Mondmobil die bizarre und tödliche Kraterlandschaft durchqueren, bilden den einprägsamsten Teil des Buches. Der Rest der Handlung verläuft in den für die Zeit typischen Bahnen: Beim Bau eines Raumschiffs müssen imperialistische Störversuche abgewehrt werden. Der Roman kommt nahezu ohne populärwissenschaftlichen Ballast aus und präsentiert ein breites Spektrum von technischen Wundern der Zukunft.

Die Fortsetzung „Kurs

Ganymed" (1962) schildert eine internationale Expedition zu dem Jupitermond und die Auseinandersetzungen unter den Bewohnern des Ganymed, in die die Menschen verwickelt werden. Die Ganymeden stammen vom hypothetischen Planeten Phaëton, der bei einem Kernkraftunfall explodierte. Die wenigen Überlebenden haben sich auf dem Ganymed eingerichtet, doch untergraben die dortigen Umweltbedingungen ihre Fortpflanzungsfähigkeit. Dies allerdings ist nicht der einzige Schönheitsfehler in dem Utopia der Ganymeden. Infolge der kargen Umwelt haben sie sich einem Ideal äußerster Sachlichkeit verpflichtet und unterdrücken deshalb mittels Hypnosestrahlen ihre Gefühle. Müllers zweiter Roman zeichnet sich vor allem durch seine Kritik an personenkultähnlichen Zuständen auf dem Ganymed, an Machtbesessenheit und Unterdrückung der freien Willensentfaltung des Volkes aus.

Neben den beiden Romanen hat Müller zwei technisch orientierte SF-Erzählungen verfaßt. „Nichts Besonderes" handelt davon, wie Bioströme eingesetzt werden, um von der Erde aus Baumaschinen auf dem Mond zu steuern; „Der Tauchversuch" stellt ein Kiemenatmungsgerät zur Erschließung der Tiefsee vor. Beide Erzählungen erschienen nur in sorbischer Übersetzung in der Zeitschrift „Płomjo".

(St)

Orthmann, Edwin

(1926–1975)

wurde in Berlin geboren und hat dort bis zu seinem Tode gewohnt. Nach einer Lehre in der Verwaltung und einem Germanistikstudium wurde er 1953 Lektor im Verlag Neues Leben, wo er in den sechziger Jahren u. a. für die SF verantwortlich war. Ab 1970 arbeitete er freiberuflich als Autor (Pseudonym: Markus Thormann), Herausgeber und Rezensent. Zu den von ihm herausgegebenen Anthologien gehören „Mädchenschicksale" (1960), „Abenteuer aus aller Welt" (vier Bände, 1955–1957) und die drei Bände „Wissenschaftlichphantastische Erzählungen aus aller Welt": „Der Diamantenmacher" (1972), „Die Ypsilon-Spirale" (1973) und „Das Zeitfahrrad" (1974). Diese Trilogie war die erste international repräsentative Querschnittsanthologie von SF in der DDR, in die auch klassische Autoren (Laßwitz, Wells, A. Tolstoi, Renard u. a.) sowie DDR-Autoren eingeordnet wurden, teils mit Nachdrucken (u. a. Leman und Taubert, Rasch, Weise), teils mit Erstveröffentlichungen (u. a. „Das Duell" von Krupkat und Erzählungen Branstners). Mit der Erstpublikation von Autoren wie Weinbaum, Asimov, Franke und Sheckley in der DDR und erstmals übersetzten Erzählungen der Strugazkis u. a. trug sie zur Erweiterung des Horizonts von Lesern und Verfassern in der DDR bei, insbesondere auf dem Gebiet einer stilistisch und thematisch vielfältigen SF-Kurzprosa. 1977 erschien Orthmanns Auswahl um einige Texte vermindert und in einem Band unter dem neuen Titel „Das Raumschiff".

(Si)

Panitz, Eberhard

(* 1932 in Dresden)

arbeitete nach dem Abitur in einer Jugendbrigade beim Bau der Cranzahl-Talsperre, studierte Pädagogik in Leipzig, wurde 1953 Verlagslektor in Berlin, 1955 Angehöriger der Kasernierten Volkspolizei. Seit 1959 ist er freischaffender Schriftsteller und Lektor in Berlin. Für sein umfangreiches Schaffen, das stofflich vorwiegend in unserer unmittelbaren Gegenwart und jüngsten Vergangenheit angesiedelt ist, erhielt er mehrere Kunst- und Literaturpreise, 1977 den Nationalpreis. Mehrere seiner Romane und Erzählungen wurden verfilmt, so „Unter den Bäumen regnet es zweimal" (1969; Spielfilm „Der Dritte" 1972), „Die unheilige Sophia" (1974, Fernsehfilm 1975), „Absage an Viktoria" (1975, Fernsehfilm 1977), „Meines Vaters Straßenbahn" (1979, Fernsehfilm 1980).

Während Panitz in den meisten Werken die Möglich- und Schwierigkeiten menschlicher Selbstverwirklichung thematisierte, wandte er sich 1983 in „Eiszeit" dem zentralen Problem unserer Zeit zu: der atomaren

Bedrohung, die jede Selbstverwirklichung aller Menschen gegenstandslos machen kann. Als knapp 13jähriger hatte Panitz die verheerenden Folgen des Bombenangriffs auf Dresden miterlebt. „Es gibt kaum Zweifel, daß im Falle eines totalen Atomkriegs jegliches Leben auf allen Kontinenten ausgelöscht würde", heißt es in einer der drei kurzen dokumentarischen Passagen der „unwirklichen Geschichte" von der „Eiszeit".

Geschildert werden die Auswirkungen einer nuklearen Explosion. Reaktorunfall oder provokativer Atomschlag – genau bekommen es die Überlebenden nicht heraus, die zweite Deutung wird nahegelegt. In einem halbverfallenen Berghotel im zerstörten Thüringen verschanzen sich die Gäste gegen die Unbilden des plötzlich hereingebrochenen nuklearen Winters. Vielen ist nicht klar, was sich ereignet hat, und die es ahnen oder wissen, kaschieren die Wahrheit, um alle bei der Stange zu halten. Bis zur Geburt eines Kindes bleiben sie im Hotel, halten zusammen, überleben. Dann setzt Tauwetter ein, das den Abmarsch erschwert, zugleich aber ein Hoffnungszeichen ist. Es hat kein Atomkrieg begonnen.

Panitz' Kurzroman ist – ähnlich Merles „Malevil" (1972) – ein Gleichnis von der Überlebenskraft durchschnittlicher Menschen, welches eine in der Realität mögliche Katastrophe lediglich als Handlungsauslöser nutzt und sie dadurch verharmlost.

(M)

Potthoff, Konrad

(* 1950 in Zeitz)

hat als Chemielaborant und Krankentransporteur gearbeitet, bevor er Biochemie (Abschluß als Hochschulbiologe 1973) und Philosophie (Abschluß 1981) studierte. Heute lebt Konrad Potthoff als freischaffender Schriftsteller in Halle.

Er schrieb für Kinder zahlreiche Erzählungen, die im Kinderbuchverlag und im Verlag

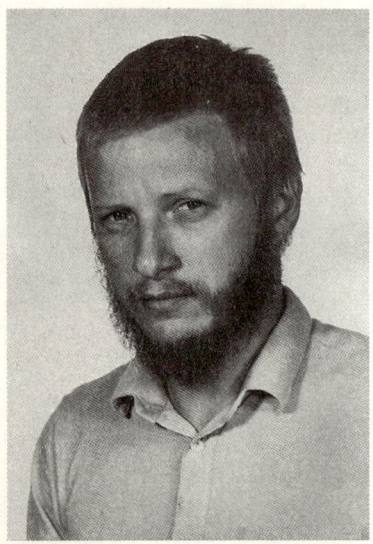

Junge Welt veröffentlicht wurden. Für erwachsene Leser erschien 1986 der Roman „Rückkehr aus der Wüste oder Der Siebentagering". Zur SF für Kinder gehören der Roman „Wilhelmine und der unheimliche Planet" (1978) und weitere „Wilhelmine"-Erzählungen, die zunächst einzeln in Jahrbüchern des Kinderbuchverlags und in dem Band „Wilhelmine greift ein" (1987) — vermehrt um vier neue — gesammelt erschienen. Die Geschichte um „Wilhelmines Tod und Auferstehung" wurde vom Trickfilmstudio Dresden verfilmt.

Potthoff hat, wenngleich die humorvoll-satirische Erzählweise ohnehin zu den Eigenheiten vieler Texte der DDR-SF für Kinder gehört, mit der Erfindung der Roboterin Wilhelmine eine Gestalt eingebracht, die ihm freundliche Zeitkritik erlaubt und es ihm gleichzeitig ermöglicht, eine Zukunft vorzuführen (Handlungszeit ist das Ende des 24. Jahrhunderts), in der es noch immer hinreichend turbulent und höchst vergnüglich zugeht. Mit seinen Wilhelmine-Geschichten läßt Potthoff das qualitative Niveau der Mehrheit vergleichbarer Kinderliteratur hinter sich. Interessant ist an der literarischen Figur der Wilhelmine, einem uralten Robotermodell, vor allem ihre Schnoddrigkeit, Respektlosigkeit und unverstellte Mitteilungsfreude. Wilhelmine mischt sich ständig und mit viel Witz und Schlagfertigkeit in alles und jedes ein. So wird die Maschine zum

Schelm, wird mit Zügen des Kauzig-Originellen ausgestattet, ist Spiegel und Kommentator. Potthoff kehrt so das geläufige Muster der auf die Menschen losgelassenen, drohenden Denkmaschinen in ein gütiges Gegenteil um. Für die Textwirkung hat das zur Folge, daß sich beim Leser Beziehungen der Sympathie und Identifikation zur Wilhelmine-Gestalt herausbilden; sie wird als leibhaftig lebend begriffen, als mit Eigenschaften ausgestattet, die menschliche Werte repräsentieren.

In der Erzählung „Wilhelmines Tod und Auferstehung" opfert sich das freundliche Vehikel, um die Erde vor einer drohenden, aus unseren Zeiten noch stammenden Vernichtungsrakete zu bewahren. Da Wilhelmine aber zuvor ihr Duplikat programmiert hat, wird ihr Weiterleben möglich. Damit wird das Einbringen existentieller Fragen durch Potthoff verbunden mit den verfremdenden Möglichkeiten ihrer Aufhebung im allgemein obwaltenden heiteren Erzählgestus. Für den erwachsenen Leser allerdings bleiben manche der vom Autor angebotenen thematisch-motivlichen Nachbarschaften unbefriedigend, weil Zwischenfelder und Nuancen ausgespart werden zugunsten einer direkten Gegenüberstellung.

(P)

Prokop, Gert

(* 1932 in Richtenberg bei Stralsund) lebt seit 1950 in Berlin, studierte dort zwei Semester an der Kunsthochschule Weißensee, war als Journalist bei der „Neuen Berliner Illustrierten" tätig und arbeitete von 1967 bis 1970 als Filmdokumentarist bei der Dokumentarfilmgruppe „Heynowski & Scheumann". Seit 1971 ist er freischaffender Schriftsteller, schrieb die Märchenbücher „Der Drache mit den veilchenblauen Augen" (1976), „Der kleine Riese" (1976) und „Die Maus im Fenster" (1980) – die beiden ersten auch als Hörspiel –, mehrere Erzählungen sowie das außerordentlich erfolgreiche Krimibuch für Kinder „Detektiv Pinky" (1981). Dem Kriminalgenre hatte er sich zuvor

Gert Prokop **Der Samenbankraub**

bereits mit zwei Romanen für Erwachsene zugewandt, von denen „Einer muß die Leiche sein" (1976) von der DEFA verfilmt wurde. 1978 erschien sein Foto-Lese-Buch „Die Sprache der Fotografie". Mit dem jüngsten Kriminalroman „Das todsichere Ding" (1987) legte der Autor einen im Umfeld sorgfältig recherchierten (fiktiven) Fall von Computerkriminalität in der BRD vor, der neben der realistischen Darstellung existierender Techniken auch soziale Hintergründe dieser neuen Kriminalitätsform beleuchtet.

Auf dem Gebiet der SF erlangte Prokop sofort außerordentliche Popularität mit seinen „Kriminalgeschichten aus dem 21. Jahrhundert", so der gemeinsame Untertitel der in den beiden Bänden „Wer stiehlt schon Unterschenkel?" (1977) und „Der Samenbankraub" (1983) gesammelten Erzählungen. Es handelt sich um handfeste, aktionsreiche Detektivgeschichten klassischen Zuschnitts, deren Verlagerung in eine hochtechnisiert-dekadente westliche Zukunftswelt zum höchst amüsanten Spiel um das Thema des perfekten Verbrechens und dessen Aufklärung durch einen spleenig-genialen Privatdetektiv führt. Diese dem Autor überaus gelungene Figur des Timothy Truckle ist für den Leser eine Quelle pointiert gesetzten und leicht unterkühlt dargebotenen Humors. Während Truckle für seine Auftraggeber, die der kleinen Schicht einer milliardenschweren Finanzaristokratie angehören, den snobistischen Detektiv spielt und sich auf diese Weise ein Leben im goldenen Käfig leisten kann, wird im Laufe der einzelnen, nur locker aneinanderhängenden Geschichten deutlich, daß dies lediglich eine perfekte Tarnung für einen Agenten des kommunistischen „Underground" ist.

Aus ihrem gefährlichen Doppelleben heraus gewinnt die stark typisierte Figur des Superdetektivs eine Reihe interessanter individueller Züge, vor allem dort, wo es ihr gelingt, ihre humanistischen Wertvorstellungen innerhalb einer totalitären Diktatur zu retten, ohne ihre Tarnung aufzugeben.

Prokops Kriminalfälle sind ohne die von ihm gekonnt eingesetzten SF-Requisiten nicht denkbar; sowohl bei den Verbrechen wie bei deren Aufklärung werden Standardthemen der SF genutzt – wobei Prokop großen Wert darauf legt, neben spannender, humorvoller Unterhaltung ernste weltanschauliche Themen zu diskutieren, wie den möglichen Mißbrauch moderner Techniken, die Verantwortung des Wissenschaftlers für die Nutzung seiner Erkenntnisse, die drohende Selbstvernichtung der Menschheit, das Anwachsen sozialer Konflikte bei gleichzeitigem technologischen Fortschritt.

Die Erzählungen Gert Prokops zeichnen sich vor allem durch eine verblüffend gut funktionierende Symbiose von ausgiebig genutzten literarischen Klischees und anspruchsvoller Unterhaltung aus.

(Sp)

Prüfer, Hans

(1895–1974)

hieß mit vollem Namen Johannes Erich Prüfer. Er ist in der SF-Literatur nur mit einem Werk in Erscheinung getreten.

Lehrerberuf, Besuch des Dresdner Konservatoriums von 1924 bis 1926 (Klavier/Harmonielehre) und im Berliner Sportverlag erschienene praktische Ratgeber z. B. zum Boxen und Angeln belegen die Vielseitigkeit

des in Mengelsdorf (Görlitz) geborenen Autors.

Sein 1973 erschienener SF-Roman „Planet der Träume" reflektiert gesellschaftsutopische Überlegungen, wie sie durch die Widerspruchsdiskussion zu Beginn der siebziger Jahre und mit den Neuorientierungen des VIII. Parteitages der SED in verschiedenen öffentlichen Debatten angeregt worden waren. Ähnlich dem im gleichen zeitlichen Umfeld erschienenen, als Anti-Utopie angelegten Roman „Die Ohnmacht der Allmächtigen" von Heiner Rank und Erzählungen von Johanna und Günter Braun wie z. B. „Der große Kalos-Prozeß" (deren literarische Qualität Prüfer allerdings nicht erreicht), führt der Autor die konflikt- und widerspruchsfreien,

Rank, Heiner

(* 1931 in Nowawes, heute Babelsberg)

ist gelernter Industriekaufmann, war Traktorist, Geschäftsführer-Assistent bei der DEFA und Regie- und Dramaturgieassistent am Landestheater Parchim. Nach einer Tätigkeit als Gastregisseur am Volkstheater Halberstadt wurde er 1955 freischaffender Schriftsteller und lebt in Kleinmachnow bei Berlin.

Ranks literarisches Werk liegt zum größten Teil außerhalb der SF. Er schrieb, teilweise mit Ko-Autoren, eine Reihe von Kriminalromanen („Die Premiere fällt aus", 1957, „Autodiebe", 1959, „Die letzte Zeugin", 1976, „Der bengalische Tiger", 1987, u. a.), Kriminalerzählungen, Krimi-Hörspiele, Szenarien für Kriminalfilme und Fernsehspiele u. a. Neben seiner schriftstellerischen Tätigkeit war er 1978–1988 Vorsitzender des Arbeitskreises Utopische Literatur beim Schriftstellerverband der DDR.

Sein Beitrag zur Science-fiction besteht hauptsächlich (sieht man von zwei Kurzgeschichten und einem Hörspiel ab) aus dem Roman „Die Ohnmacht der Allmächtigen" (1973), der von einer Welt berichtet, in der scheinbar allmächtige Menschen ein sorgenloses Leben führen. Auf dem Planeten Astilot herrscht materieller Überfluß, seine Bevölkerung wird von biologischen Robotern bedient, automatische Pro-

idealisierten Zukunftsbilder der frühen sechziger Jahre, jene „totalen Harmonien", in einer interessanten Romanhandlung ad absurdum: Eine uralte Pflanzen-Zivilisation hat die Grenzen ihrer Entwicklung erreicht. Fehlende Triebkräfte führen zu Entwicklungsstagnation, die absolute Harmonie ihrer Gesellschaft wird zum unerträglichen Zustand, da sie die „Exterrier" letztlich aller humanen Werte beraubt. Eine historische Perspektive für jenen Planeten wird mit einer jungen, noch offenen und dynamischen Zivilisation angedeutet.

(F)

duktionssysteme liefern das Lebensnotwendige und alle denkbaren Luxusgüter.

In diesem Utopia des Konsums erwacht Asmo, der schnell seine Fremdheit in jener Welt bemerkt. Ihm fehlen die genetisch einprogammierte Unfähigkeit zur Gewaltanwendung und der Sinn für Röntgenstrahlung. Je deutlicher er erkennt, daß die völlig unproduktiven Menschen der geistigen Degeneration entgegengehen, desto klarer wird ihm, daß seine Existenz ein Verstoß gegen Astilots Grundgesetze ist, welche die Unzulässigkeit jeglicher Veränderung des Bestehenden verordnen.

Wie schon der Wilde bei Aldous Huxley macht sich Asmo daran, die „schöne neue Welt" zu erforschen, und wird von zunehmendem Abscheu erfüllt, weil menschliche Werte (Liebe, Treue, Familie, Freundschaft, Arbeit) fehlen bzw. zu Spottbildern verzerrt sind. Die Bevölkerung Astilots manipuliert sich unaufhörlich mit diversen Drogen, taumelt von einer Vergnügung in die nächste, kennt weder tiefe zwischenmenschliche Beziehungen noch Kunst, ihre Gedanken sind oberflächlich, und ihre Vorstellungswelt ist verarmt, so daß der schwindsüchtigen Phantasie mit immer neuen Reizmitteln aufgeholfen werden muß.

Asmo spürt, daß er von einer unbekannten Kraft benutzt wird, um Ziele zu erreichen, die er nicht kennt. Er lehnt sich gegen dieses Spiel auf und sucht Verbündete. Er findet nur ohnmächtig Revolution spielende Gruppen, die die Ursachen der Degeneration, die totale Arbeitslosigkeit, zwar erkannt haben, zu effektiven Handlungen aber unfähig sind. Asmo wird durch seine abweichenden genetisch festgelegten Fähigkeiten zum Einzelkämpfer gegen das System.

Asmo dringt zu den wahren Herren Astilots vor, die sich nach jahrhundertelanger Meditation in völlige Passivität zurückgezogen haben. Dabei erfährt er, daß die Astilot-Bewohner nur freigelassene Diener jener Aliens sind und von der Erde stammen. Er selbst ist ein entführter Raumfahrer, der das Gleichgewicht der Gesellschaft auf Astilot stören

soll. So planen es die den Planeten verwaltenden Gehirne („Cephaloiden"), die sich der Menschen entledigen und selbst die Herrschaft übernehmen wollen. Sein Wissen nutzt Asmo, um die Stagnation zu beenden: Er ordnet die Cephaloiden den Menschen unter und zwingt diese damit, wieder selbst tätig zu werden. Das ausschließlich auf Befriedigung materieller Bedürfnisse gerichtete „Utopia" wird zerstört, um den Menschen die Chance eines menschenwürdigen Lebens wiederzugeben.

„Die Ohnmacht der Allmächtigen" hat zur Zeit seines Erscheinens Aufsehen wegen der ungewöhnlichen Farbigkeit und des großen Einfallsreichtums (besonders in der Schilderung des morbiden Amüsements) erregt. Auch in einer anderen Hinsicht war das Buch bemerkenswert: Zusammen mit einigen anderen („Zeit der Sternschnuppen" und „Der Irrtum des Großen Zauberers") beendete es quasi die Phase der SF in der DDR, die von der sogenannten Nahphantastik und den Weltraumgeschichten beherrscht wurde. Neue Maßstäbe wurden gesetzt, was Qualität der Sprache und Weite des Gedankenexperiments betrifft – auch von Ranks Roman. Dementsprechend ordnen sich die mühsam zusammengebastelten Philosophien ein, die Astilots Bewohnern helfen, ihr sinnentleertes Dasein zu bemänteln. Asmo muß in zahlreichen Gesprächen begreiflich machen, daß konfliktfreies Leben ein wichtiges Grundbedürfnis des Menschen nicht erfüllt und deshalb nicht erstrebenswert sein kann. Dies sind die einzigen Passagen des Buches, in denen sich ein dozierender Ton einschleicht. Ansonsten ist es einer der wenigen Romane, in denen die gedankliche Konzeption stimmig in farbige Bilder und spannende Aktion umgesetzt ist.

(K)

Rasch, Carlos

(* 1932 in Curitiba, Brasilien)

ist mit dem Großteil seines vorliegenden Werkes der Raumfahrt- und Prognose-SF der sechziger wie auch der phantastisch verbrämten SF-Variante des sogenannten „Produktionsromans" der späten fünfziger Jahre verhaftet. Als engagierter Autor von Romanen, Erzählungen und Hörspielen solcher Grundsujets hat er seinen unbestreitbaren Platz in der SF-Geschichte der DDR.

Aus proletarischem Elternhaus stammend, erlernte Rasch den Beruf eines Drehers, war dann lange Zeit als Nachrichtenredakteur und Reporter bei ADN tätig und studierte am Institut für Literatur „Johannes R. Becher" in Leipzig. Seit 1963 lebt er in Falkensee bei Berlin, ist dort seit 1965 freischaffender Schriftsteller.

Fasziniert von Ereignissen welthistorischer Bedeutung, wie es die ersten bemannten und unbemannten Raumflüge der UdSSR darstellten, begann er zu schreiben. Das gesellschaftliche Umfeld war zudem geprägt von einer gewissen Technik-Euphorie, die in Notwendigkeiten des sozialistischen Aufbaus ihre Wurzeln hatte, gleichermaßen im allmählichen Übergreifen der wissenschaftlich-technischen Revolution auf die DDR. Der Elan der unter schwierigsten Bedingungen gemeisterten Aufbaujahre schlug sich um die Wende von den fünfziger zu den sechziger Jahren in optimistisch überhöhten, z. T. illusionären Zukunftserwartungen nieder, die in den Medien, im Bildungswesen und schließlich in offiziellen Dokumenten ihren verbalen Ausdruck fanden: Der Übergang zur kommunistischen Gesellschaft wurde für den Zeitraum von wenigen Jahrzehnten in Aussicht gestellt.

Vor allem die Autoren der „utopischen" Literatur griffen solche in breitem Maße im gesellschaftlichen Bewußtsein verankerten Zukunftsvorstellungen begeistert auf. Sie entwarfen literarisierte Bilder eines kurz bevorstehenden, konfliktfreien, idealen Kommunismus, die dem Leser das Ziel gesellschaftlicher Anstrengungen plastisch vor

Augen führen, ihn dafür begeistern sollten und die ihm die reale, konfliktreiche Gegenwart mit all den „Mühen der Ebenen" als notwendiges Durchgangsstadium bewußt machen wollten.

In diesen Zusammenhängen ist Carlos Raschs – noch 1978 vertretene – Konzeption einer „realphantastischen Darstellung von Problemen der nahen Zukunft in der Nähe gesicherter Erkenntnisse" zu sehen. Wobei allerdings der in kunstwissenschaftlicher Hinsicht zweifelhafte Begriff der „Realphantastik" auch bei Rasch nebulös bleibt, darüber hinaus die ganze Konzeption zu fragwürdigen Ergebnissen führte.

Die umfangreiche Erzählung „Asteroidenjäger" war 1961 Raschs Debütband und wurde 1971 zur literarischen Grundlage des DEFA-Films „Signale. Ein Weltraumabenteuer". Sujet der Erzählung ist das Raumfahrtabenteuer. Die Helden müssen sich im gefährlichen Kosmosalltag, einer ständigen Ausnahmesituation, bedroht von Meteoriten und Havarien, bewähren. Höhepunkt der zunächst wenig packenden Geschichte ist die Begegnung mit einem irdischen Raumschiffwrack, in dem eine Botschaft Außerirdischer gefunden wird.

Damit erscheint zugleich das für Raschs folgende Werke wichtige Motiv der Begegnung mit außerirdischer Intelligenz. Es wird für Carlos Raschs zweites Buch, den Roman „Der blaue Planet" (1963), tragend. Nach eigenen Aussagen verdankt der Autor diesen Stoff einem TASS-Fernschreiben, das sich mit der Hypothese eines Besuchs fremder Intelligenzwesen in vorbiblischer Zeit auf der Erde beschäftigt. Das Thema lag zu der Zeit sozusagen in der Luft. Das Interesse daran wurde befördert durch sensationelle, aber gegenstandslose Pressemeldungen (wie etwa von aufgefangenen „Signalen" Außerirdischer, die sich später als natürliche Radioquellen, die Pulsare, herausstellten), durch lauthals vermarktete, ähnlich gelagerte „Hypothesen" in den westlichen Ländern und durch reichlich mangelhafte Detailkenntnis der Geschichte vorderasiatischer und orientalischer Völker.

Bei Carlos Rasch muß ein Raumschiff mit kommunistisch gesinnten Außerirdischen auf der Erde notlanden. Die Beschreibung einer solchen Begegnung zweier Kulturen, die Jahrtausende trennen, wobei Vertreter einer klassenlosen mit einer altorientalischen Klassengesellschaft konfrontiert werden, ist für den Leser sicher reizvoll in ihren Verwicklungen, Mißverständnissen und ihrem exotischen Milieu; zum geschichtsphilosophischen Fauxpas gerät es, wenn vom Autor historisch und wissenschaftlich erklärbare oder längst geklärte Fakten und Legenden aus der Menschheitsgeschichte

Genres überholt waren. So nimmt es nicht Wunder, daß Raschs literarische Zukunftsvorstellungen zwar bildhafter und umfangreicher, im Detail aber anachronistisch werden, zuweilen von rührender Naivität zeugen: „In der Zukunft werden alle Frauen und Männer schön sein. . . . Die Genetik und der Sport werden dazu beitragen. Nur müssen die Besitzer dieser schönen Gestalten und Gesichter selbst genug tun, damit auch Geist und Charakter ebenmäßig sind . . ." („Magma am Himmel", S. 106).

Die Technik-Faszination des Autors führte manchmal zu ungewollt komischen Effekten, etwa wenn Bau und Funktionsweise der Zeitmaschine über viele Seiten ernsthaft mit pseudotechnischem Vokabular beschrieben werden.

Carlos Rasch veröffentlichte neben dem Erzählungsband „Krakentang" (1968; veränderte Ausgabe 1973), der z. T. interessante SF-Geschichten enthält, z. T. seine Neigung zu A. C. Clarke und Asimov nicht verhehlt, Erzählungen in Anthologien und Zeitschriften und essayistisch angelegte Artikel in Tages- und Wochenzeitungen. Er versuchte sich auch in der lyrischen Gattung mit SF-Gedichten (z. B. „Allzeit heiße Düsen", „Schönes, schimmerndes Utopia", „Schmelzt Grönland ab!" u. a.), von denen das eine oder andere in der Presse abgedruckt wurde, denen aber keine größere öffentliche Aufmerksamkeit beschieden war.

(F)

Redlin, Ekkehard

(* 1919 in Stettin, heute Szczecin) hat als Lektor, Herausgeber, Nachwortautor und Verfasser zahlreicher publizistischer Beiträge zur SF-Literatur maßgeblichen Einfluß auf die Entwicklung des Genres in der DDR genommen.

Bevor er 1952 Lektor im Verlag Das Neue Berlin wurde, hatte er als Korrektor gearbeitet und danach ein Studium der Geschichtswissenschaften als Diplomhistoriker abgeschlossen. Seine Auffassung, daß die soge-

mit ernsthaftem Anspruch auf das Wirken Außerirdischer zurückgeführt werden.

Gerechterweise muß man sagen, daß das Thema gleichzeitig in Krupkats Roman „Als die Götter starben" und in der Folge in zahllosen anderen SF-Texten verarbeitet wurde.

Seiner Idee einer Nah- bzw. „Realphantastik" versuchte Rasch erstmals im Roman „Im Schatten der Tiefsee" (1965) gerecht zu werden. Die Beschreibung der Arbeit auf (künftigen) Farmen in Atlantik und Ostsee ist wiederum realen Diskussionsthemen jener Jahre verpflichtet und steht im propagierten Menschenbild wie in der Problemstellung — kluge und gute Techniker mit ihrer überlegenen Technik werden schon alle ökonomischen und letztlich Menschheitsprobleme lösen — in der Tradition der SF-„Produktionsromane".

In einem Nebenstrang der Romanhandlung ist von einer „Tiefseesonne" die Rede, die, vor Zeiten von westlichen militaristischen Kreisen installiert, zur menschheitsbedrohenden Zeitbombe werden kann. Dieses Motiv greift Raschs zehn Jahre später erschienener Roman „Magma am Himmel" in tragender Funktion wieder auf, wobei erhebliche Teile von „Im Schatten der Tiefsee" über eine Zeitmaschinen-Handlung wieder verwendet werden.

Das im Bild der atomaren „Magmakugel", einer fast vergessenen und nun (im Jahre 2287) aktiv werdenden Superwaffe, erfaßte äußerst aktuelle Thema einer möglichen planetaren Katastrophe durch Rüstungswahnsinn verliert leider fast gänzlich an künstlerischer Wirkung und Brisanz, da Rasch die wunderbare Rettung der Menschheit in letzter Minute den Außerirdischen überträgt. Solche zu kurz, unhistorisch oder undialektisch gedachten Angebote, „philosophischen" Sentenzen und literarischen Schein-Lösungen beeinträchtigen heute die Rezipierbarkeit vieler Texte Raschs, zumal sie, wie bei „Magma am Himmel", schon zum Zeitpunkt ihres Erscheinens in philosophischer Hinsicht längst von der Zeit und der realen Entwicklung des

nannte „Zukunftsliteratur" mit ihren literarisch ins Bild gesetzten Extrapolationen wissenschaftlicher und sozialer Entwicklungen letztlich nichts anderes als eine besondere Form der Gegenwartsliteratur darstelle, schlug sich im Jahre 1967 in einer bis heute gültigen, allgemein anerkannten und nunmehr seit zwei Jahrzehnten editorisch wirksamen Konzeption des Verlages Das Neue Berlin nieder.

Eng verbunden damit ist Ekkehard Redlins Forderung nach künstlerischer Qualität in diesem Genre, das seit seiner Konstituierung in der bürgerlichen Kulturindustrie als triviale Massenware vermarktet wurde und wird, nichtsdestoweniger aufgrund seiner Verwurzelung in der industriellen bzw. gegenwärtigen wissenschaftlich-technischen Revolution menschheitliche Dimensionen berührt und somit enorme Wirkungsmöglichkeiten und künstlerische Potenzen in sich trägt. Weltliterarische Leistungen der SF-Literatur sprechen für sich.

Aus dieser Sicht ist seine Ablehnung von SF-Literatur zu verstehen, die populär- bzw. pseudowissenschaftliche Erörterung und Problemstellung zum Selbstzweck macht, dabei auf die innere Handlung mit den sich wandelnden Beziehungen zwischen den literarischen Figuren, gerichtet auf eine Vertiefung der Charaktere und die Verstärkung der von Konflikten getragenen Fabel, weitgehend verzichtet,

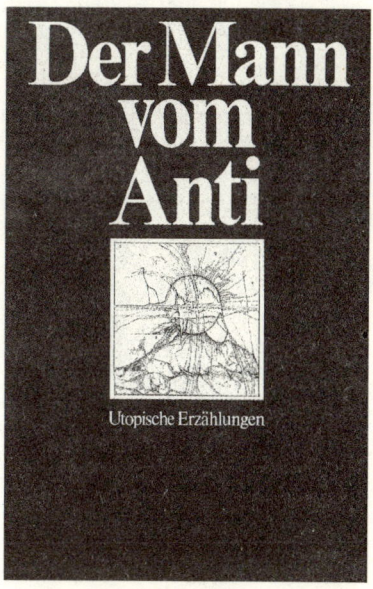

gleichermaßen auf die Vielfalt sprachlicher Ausdrucksmöglichkeiten.

Im Jahre 1975 erschien die von Redlin herausgegebene Anthologie „Der Mann vom Anti", die in mehrfacher Hinsicht für die DDR-SF bedeutungsvoll war: Sie vereinte erstmals Kurzprosa ausschließlich von DDR-Verfassern; unter den Autoren waren neben bekannten der älteren (etwa Krupkat und Ziergiebel) auch Debütanten der jüngeren Generation (etwa Simon und Krohn), die bis heute die Entwicklung der DDR-SF mitbestimmen; die Sammlung dokumentierte eine wachsende Vielfalt der Themen und Handschriften, spielerisch-souveränen Umgang mit den genrespezifischen Mitteln bei künstlerisch-philosophischem Anspruch, und damit Wesenszüge einer neuen Phase der SF-Entwicklung in der DDR, die, um die Wende zu den siebziger Jahren eingeleitet, neben genrespezifischen Ursachen und Merkmalen im Rahmen der gesamten Literaturentwicklung der DDR zu sehen ist.

„Wege zur Unmöglichkeit" ist der Titel einer 1983 erschienenen SF-Anthologie. In ihr versammelte Redlin als Lektor 21 neue Texte von ebenso vielen DDR-Autoren. Die Besonderheit des Bandes ist, daß sich die Autoren einem vorgegebenen Thema – siehe Titel – stellten und dieses Thema sich zu „Grenzüberschreitung" im literarisch-philosophischen Sinn ausweitete. Die Anthologie zeigte einerseits gewachsenen künstlerischen Anspruch und Souveränität der DDR-SF, andererseits machte auch sie z. T. erhebliche Differenzierungen im literarischen Vermögen der Autoren deutlich, unabhängig von ihrer Generationszugehörigkeit. Das Nachwort des betreuenden Lektors geht in subtiler Weise auf die Themenstellung und ihren philosophischen Hintergrund ein.

Ebenfalls von Ekkehard Redlin zusammengestellt ist die Anthologie „Gedankenkontrolle" (1979) mit SF-Texten aus der BRD, die zugleich Ausdruck seines langjährigen Bemühens um die Erschließung ausländischer SF-Werke für den DDR-Leser ist (schon 1966 lektorierte er den Band „Marsmenschen" mit internationaler Phantastik, er schrieb das Nachwort zur DDR-Ausgabe von Bradburys „Fahrenheit 451" u. a.). Indirekt – über Positionsbestimmung, Horizonterweiterung, Überprüfung der eigenen künstlerischen Maßstäbe – wirkte diese Arbeit natürlich auf die neu entstehende SF der DDR.

Seit 1980 erscheint in loser Folge der Phantastik-Almanach „Lichtjahr" im Verlag Das Neue Berlin. An seiner Konzeption war Redlin beteiligt (zusammen mit Erik Simon), für den ersten Band sammelte und lektorierte er die DDR-Beiträge.

Ekkehard Redlin beschäftigte sich intensiv mit dem Problem der Unterhaltungsliteratur. Nach seiner Auffassung stellt sie eine eigenständige Erscheinung dar und ist mit dem Begriffsapparat der Kunstwissenschaften nicht zu erfassen. Er leitet das Wesen der „Unterhaltung" aus der sozialhistorisch geprägten Lebensweise ab und erklärt ihre Wirkung auf das Individuum mit psychischen Mechanismen. Sein Aufsatz „Entpflichtung im Nirgendwo" in „Lichtjahr 3" (1984) enthält Gedanken über das Wirkungsprinzip der Unterhaltung am Beispiel der SF-Literatur.

(F)

Reich, Thomas Karl

(* 1951 in Reichenbach, Vogtland) wurde als Kfz-Mechaniker ausgebildet, legte das Abitur ab und nahm ein Studium der Meteorologie und Geophysik auf. Er promovierte 1985 und ist als Hydrometeorologe tätig. Bis 1987 veröffentlichte er 15 wissenschaftliche Arbeiten. – Seine belletristische Neigung gehört einmal der Darstellung des Altertums, belegt durch die beiden historischen Erzählungen „Die Sklaven des Hostilius" und „Der Tod des Präfekten" (beide in einem Band 1978). Zum anderen widmet er sich der Science-fiction. 1982 erschien als sein zweites Buch die Erzählung „Sinobara". Sie greift das in der SF mehrfach behandelte Problem einer nicht-

technischen Zivilisation auf. Allerdings nicht, um ein Unbehagen am technischen Fortschritt auszudrücken und dem in technologische Zwänge verstrickten Menschen das freie Naturwesen gegenüberzustellen. Reich verdeutlicht, daß technische Perfektion nicht dem Humanismus übergeordnet werden darf und im Einklang mit humanistischen Wertvorstellungen stehen muß.

Die Handlung spielt auf einem fremden Planeten, auf dem eine Raumbasis für interstellare Flüge errichtet wird. Ein Geologentrupp, der im Urwald nach Kohlevorkommen sucht, gerät infolge des Zusammentreffens mit rätselhaften Lebewesen, den Mophys, in zunehmende Schwierigkeiten. Hauptursache ist ein Streit zwischen dem Biologen, der seine kosmische Analogtheorie erhärten, und dem Chemiker, der sie als Pseudowissenschaft bloßstellen will. Der wissenschaftliche Meinungsstreit darüber, ob gleiche Lebensbedingungen gleiche Lebensformen hervorbringen oder ob die Unendlichkeit der Materie sich auch in den Erscheinungen des Lebens ausdrückt, zieht die ganze Expedition in einen Strudel. Er nimmt derartige Ausmaße an, daß die in der Vergangenheit liegenden Wurzeln der Verfeindung der Kontrahenten bloßgelegt werden, was auf der einen Seite moralisches Versagen, auf der anderen skrupellosen Ehrgeiz offenbart.

Die beiden Gegner mißbrauchen die unbekannten Mophys als Versuchsobjekte, die die Analogtheorie entweder beweisen oder entkräften sollen. Das führt zu Eingriffen in deren Lebensweise und löst erst behutsame, dann massive Gegenmaßnahmen aus, die die Expedition in eine ausweglose Lage manövrieren. Die Rettung ist der Erkenntnis zu verdanken, daß die Mophys Intelligenzwesen sind und daß den Menschen kein anderer Weg bleibt, als sich ihnen waffenlos auszuliefern.

Der Mensch hat kein Recht, in das Leben außerirdischer Vernunftwesen einzugreifen, und sei es ungewollt. Der Planet Sinobara gehört einer anderen Zivilisation, die Menschen müssen ihn verlassen. In einer Nebenhandlung geht die Erzählung auf ein Gegenwartsproblem ein. Sie schildert die mißliche Lage eines Leiters der unteren Ebene, der fachlich seiner Aufgabe gewachsen, als Persönlichkeit aber zu schwach ist, als daß er sich gegen den Druck der übergeordneten Leitung und die egoistischen Spitzfindigkeiten einiger Unterstellter durchsetzen könnte. Sein Versagen ist vorprogrammiert.

Überzeugende wissenschaftliche Dispute, als Höhepunkt gestaltete psychologische Sondierungen, genau erfaßte soziale Zwangslagen und der trotz einiger Längen überwiegende Abenteuercharakter vereinen sich zu einer das philosophische Anliegen ins Bewußtsein hebenden Geschlossenheit.

(R)

Ritter, Claus

(* 1929 in Altenburg)

absolvierte ein Studium der Germanistik sowie des Verlags- und Bibliothekswesens in Jena, arbeitete als Referent für kulturelle Massenarbeit und als Verlagslektor. 1975 promovierte er (gemeinsam mit Joachim Hellwig) mit der Dissertation „Erkenntnisse und Probleme, Methoden und Ergebnisse bei der künstlerischen Gestaltung sozialistischer

Zukunftsvorstellungen im Film unter besonderer Berücksichtigung der Erfahrungen der AG DEFA-Futurum" an der Karl-Marx-Universität Leipzig zum Dr. phil. Jetzt ist er freischaffender Filmautor, Film- und Literaturwissenschaftler und Schriftsteller.

Seine wichtigsten filmanalytischen Publikationen sind „mach dir ein paar schöne stunden" (1960), „Papas Kino. Auch eine Sitten-Geschichte vom Film" (1964) und „Tiefe Leinwand" (1972). Ritter ist Autor einer Reihe von Filmszenarien, in denen er mit den Mitteln des fiktiven Dokumentarfilms arbeitet und die Bewältigung von Zukunftsaufgaben thematisiert: „Reise ins 3. Jahrtausend" (1969), „Abenteuer Zukunft" (1970), „Liebe 2002" (1972), „Adam — Eva —

Superstar" (1973) und „Labor Futurum 1" (1974).

Neben filmtheoretischen Publikationen wie seinem Essay zum SF-Film „Seid nett zueinander" in Ritters gleichnamigem Band (1966) und dem kulturgeschichtlichen Aufsatz „Zeppelin flieg . . . Zur Geschichte einer Erfindung" (1985, in der Anthologie „Bilder aus der Kaiserzeit") schrieb er über Person und Werk Kurd Laßwitz' – z. B. in dem Aufsatz „Kurd Laßwitz. Zukunftsträumer und Wirklichkeitslehrer" (1986, in der Anthologie „Gestalten der Bismarckzeit", Band II) – und machte sich so um die Wiederentdeckung dieses deutschen SF-Klassikers verdient.

Einem breiten Publikum wurde Claus Ritter durch seine drei literatur- und kulturhistorischen Sachbücher „Start nach Utopolis. Eine Zukunfts-Nostalgie" (1978), „Anno Utopia oder So war die Zukunft" (1982) und „Kampf um Utopolis oder Die Mobilmachung der Zukunft" (1985) bekannt. Dabei handelt es sich um eine interessante Aufarbeitung weitgehend in Vergessenheit geratener deutscher Zukunftsliteratur der Kaiserzeit. Der Autor stellt Ideen aus dieser frühen Phase der Science-fiction anhand vieler Text- und Bildzitate vor und kennzeichnet diese Literaturbeispiele als massenwirksames Zeitphänomen zwischen Kolportage, politisch ambitionierter Propaganda und heute noch faszinierender phantastischer Belletristik.

(Sp)

Schreyer, Wolfgang

(* 1927 in Magdeburg)

war Drogist und Geschäftsführer, ehe er 1952 freischaffender Schriftsteller wurde. Unter seinen insgesamt sechzehn Romanen überwiegen die mit Kriminal-, Geheimdienst- und exotischer Abenteuerthematik; besonders den Abenteuerromanen (wie z. B. „Tempel des Satans", 1962; „Das grüne Ungeheuer", 1959) und den auf denselben Stoffen basierenden Filmen verdankt er seine große Popularität. Außer den Romanen und fünf Szenarien hat er zwei Erzählungsbände (ebenfalls im Abenteuergenre), Hör-

Die SF-Kurzgeschichte „Verführung auf Gamma" (1969) erzählt in einem lockeren, an frühe Arbeiten der Brauns oder Schefners erinnernden Stil vom Planetoiden Gamma, wohin die Menschheit ihre Bürokraten ausquartiert hat und wo die Partnerwahl mit Hilfe eines kleinen elektronischen Geräts perfektioniert worden ist, wobei sich das Verfahren für den Helden als zu perfekt erweist. Solch ein Apparat kommt auch in „Der sechste Sinn" (1987) vor, hier aber schon als vereinzeltes SF-nahes Motiv in einem ansonsten nicht phantastischen, im DDR-Alltag spielenden Gegenwartsroman.

(Si)

spiele sowie vier Bild-Text- bzw. Sachbücher veröffentlicht.

In zwei Romanen benutzt Schreyer SF-Requisiten: „Fremder im Paradies" (1966) war aus der Sicht des Publikationsjahres in der nahen Zukunft angesiedelt, es ging darin um die heimliche Ausbeutung unterseeischer Bodenschätze eines jungen Nationalstaates durch eine westliche Macht; die damals sensationellen und zumindest in Bezug auf die Praxis noch utopischen neuen Tauchhilfsmittel wirken mittlerweile nicht mehr phantastisch genug, um genrebestimmend zu sein, so daß die Neufassung „Eiskalt im Paradies" (1982) als reiner Abenteuerroman mit zeitgeschichtlich-historischem Hintergrund einzuordnen ist.

Simon, Erik

(* 1950 in Dresden)

ist gelernter Elektromonteur, Fachübersetzer und Diplomphysiker. Bereits während seines Studiums an der Technischen Universität Dresden begann er als Mitglied des Stanisław-Lem-Klubs, kürzere SF-Texte zu verfassen. Nach einer mehrmonatigen Tätigkeit in einem Betonwerk in Heidenau wurde er 1974 Lektor im Verlag Das Neue Berlin. Seither betreut er dort insbesondere die SF aus dem sozialistischen Ausland.

Als Verlagslektor und Autor von Erzählungen, Rezensionen und Essays, als Übersetzer und als Herausgeber bzw. Kompilator von Anthologien hat Erik Simon einen beachtlichen Einfluß auf die Entwicklung der SF in der DDR ausgeübt. So hat er den bislang einzigen SF-Almanach der DDR initiiert, ihn gemeinsam mit E. Redlin (s. d.) konzipiert und von 1980 bis 1986 die ersten fünf Bände herausgegeben. Dieser „Lichtjahr"-Almanach unterscheidet sich von anderen SF-Anthologien nicht allein durch die ansprechende typographische Gestaltung, sondern vor allem durch das breite Spektrum der Beiträge. Neben bekannten Autoren des In- und Auslandes kommt der Nachwuchs darin zu Wort; die vielbeschworene Ghettosituation der SF wird durch skurrile Phantastik, Fantasy und experimentelle Texte durchbrochen. Selbst Beiträgen *über* die SF – von Stellungnahmen der Autoren über Essays bis zur Bibliographie – wird ein fester Platz eingeräumt. Damit dienen diese Almanache der Selbstverständigung innerhalb des Genres und seiner literarischen Fortentwicklung. Außer der „Lichtjahr"-Reihe hat Simon – z. T. anonym im Rahmen seiner Arbeit als Verlagslektor – mehrere Anthologien ausländischer SF zusammengestellt sowie Erzählungsbände von Autoren wie Robert Sheckley oder A. und B. Strugazki, deren Werk er auch durch Übersetzungen und Essays erschloß. Gemeinsam mit Olaf R. Spittel (s. d.) gibt Simon eine auf drei Bände angelegte Anthologie klassischer SF-Erzählungen aus aller Welt heraus;

ebenfalls in Gemeinschaftsarbeit mit O. R. Spittel hat er die essayistisch-lexikalische Broschüre „Science-fiction. Personalia zu einem Genre in der DDR" (1982) verfaßt. Er hat Bücher, Essays und Erzählungen aus dem Englischen, Niederländischen und verschiedenen slawischen Sprachen übersetzt sowie eine Vielzahl von Essays und Rezensionen zur SF und zur Fantasy geschrieben, die u. a. in sowjetischen, britischen, bundesdeutsch-österreichischen und DDR-Zeitschriften erschienen. In ihnen trägt er zur kritischen und theoretischen Aufarbeitung des Genres bei; er deutet in seinen Analysen SF als „wissenschaftsähnliche phantastische Literatur" und lotet ihre Struktur, ihren Wirklichkeitsbezug und ihre Tragweite aus.

Erik Simon hat bislang über vierzig SF-Texte — von der vignettenhaften Ideengeschichte bis zum längeren Erzählungs-„Triptychon" — veröffentlicht, die nur zum Teil in seinen beiden Bänden „Fremde Sterne" (1979) und „Mondphantome, Erdbesucher" (1987) gesammelt wurden. Sie sind bis ins Detail strukturell durchdacht; oft drückt sich der Gestaltungswille in Verschränkungen, mehreren Erzählebenen, Perspektivwechseln oder — allgemeiner — in aufeinander bezogenen Textteilen aus. Konventionen und Standardmotive der SF werden dabei bewußt aufgegriffen, parodiert, spielerisch abgewandelt oder mit leiser, doch nachdrücklicher Ironie invertiert, so daß sich eine neue Sicht ergibt. Schon vom Grundtenor seiner Erzählungen her befindet sich Simon in einer ständigen Polemik gegen eingefahrene Denk- und Verhaltensweisen und gegen ein freischwebendes Theoretisieren, das angesichts des Außergewöhnlichen in die Irre führen muß. In der Regel überrascht er daher selbst den Kenner des Genres durch Finten und kaum zu erratende Pointen. Dies zeigt sich bereits an seinen ersten Kurzgeschichten, die — teils noch aus seiner Zeit im Lem-Klub stammend — zumeist in der Debütantenanthologie „Begegnung im Licht" (1976) erschienen. So ist „Mysterium fantasticum" eine spritzige Parodie auf die unausrottbar klischeebeladene Weltraumepik; „E" stellt ein Perpetuum mobile vor, das, weil nicht als fauler Trick zu entlarven, zu einem Ärgernis für den Patentbeamten wird; ein Marsianer beweist (analog zu dem Geist Saul Aschers aus Heines „Harzreise"): „Marsmenschen gibt's natürlich nicht . . ." (publiziert in der Anthologie „Der Mann vom Anti", 1975).

Gemeinsam mit Reinhard Heinrich (s. d.) schrieb Simon zwei Erzählungen und den als fiktive Chronik gestalteten satirischparodistischen Erzählungszyklus „Die ersten Zeitreisen" (1977). Auch mit anderen Autoren, etwa

Erik Simon: Fremde Sterne

Frank Petermann, hat er kooperiert.

In seinem ersten eigenen Sammelband „Fremde Sterne" (1979), der vierzehn Geschichten „von Außerirdischen" und „von Kosmoshelden" umfaßt, gewinnt Simon – im ersten Teil – dem vertrauten Thema des Erstkontakts neue Aspekte ab, sei es, indem er Außerirdische mit irdischer Alltäglichkeit konfrontiert („Die Riddhaner") oder den Kontakt an menschlichem Mißtrauen („En route") oder tragischen Mißverständnissen („Nachts auf dem fremden Planeten, zwölf Parsec von Dsirra entfernt") scheitern läßt. Ebenfalls tragische oder auch komische Situationen nutzt Simon im zweiten Teil, um die Charaktere der „Kosmoshelden" auszuleuchten oder eine in der Institutionalisierung verknöcherte Forschung bloßzustellen („Die Sterne"). Gleich dreischichtig angelegt ist die Erzählung „Gespräche unterwegs"; einen Raumflug als Test, der auf der Erde stattfindet, zu enttarnen ist nichts so Außergewöhnliches mehr. Doch bei Simon werden die Tester getestet, ihre Ausdauer und ihre moralische Integrität stehen auf dem Prüfstand.

Wiederum insgesamt vierzehn Texte, davon fünf sehr kurze früher erschienene, hat Simon in seinem zweiten Erzählungsband „Mondphantome, Erdbesucher" (1987) vereinigt. Auch hier nutzt und variiert er bekannte Erzählstrukturen und -motive, diesmal u. a. aus der unheimlichen Phantastik. So ist die überaus dicht geschriebene Kurzgeschichte „Der Graue" in der Diktion der englischen schwarzen Romantik gehalten. Doch im Unterschied etwa zu W. W. Jacobs' Erzählung „The Monkey's Paw", die ebenfalls das Motiv der drei Wünsche thematisiert, ruft bei Simon der Dieb, der den Zauberer erschlagen und den „Grauen" beschworen hat, mit seinen Diebeswünschen die ausgleichende Gerechtigkeit über sein Haupt.

Die Erzählung „Der Omm" ist das Ergebnis eines geglückten literarischen Experiments, das auf einer Inversion beruht. Der „Omm" ist das präzise Spiegelbild des Maupassantschen „Horla", selbst der Titel Omm = homme, Mensch, leitet sich vom Perspektivwechsel her. Während Maupassant schildert, wie ein Mann durch ein unheimliches, unsichtbares Wesen, das sich in seinem Haus eingenistet hat, allmählich in den Wahnsinn getrieben wird, stellt Simon die Geschehnisse aus der Sicht des Horla dar, wobei er sowohl die Tagebuchform als auch die konkrete zeitliche Ordnung der Ereignisse, ja selbst Satzstrukturen bewahrt, was ihn nicht hindert, das Ende in Feuersbrunst und Todesgedanken auf eine überraschende und fulminante Weise zu deuten.

Kernstück des Bandes ist die vielleicht gewichtigste Erzählung Simons, „Zwischen Erde und Mond", die aus vier einzelnen Texten zusammengesetzt ist. In ihr macht er das Motiv des Sauerstoffmangels an Bord eines kleinen Raumschiffs auf neue Art fruchtbar, indem er – statt zu moralisieren – das Problem realistisch angeht. Aus der wechselnden Sicht des Passagiers, der Bodenstation und des Piloten erhält das Dilemma Schärfe und Tiefe. Zum Schluß werden Pilot und Passagier eher unabsichtlich gerettet; als der strahlende Held geht keiner aus der Affäre hervor, jedoch haben die Beteiligten plausibel und menschlich gehandelt, trotz oder gerade wegen ihrer Schwächen.

Simons Diktion ist sparsam und nüchtern und selbst bei Berichten

in der ersten Person gleichsam unterkühlt. Doch schaffen gerade die ausgefeilte Konstruktion seiner Erzählungen und die präzise Lakonik des Stils die Distanz, die sowohl Einsichten als auch ironische Draufsichten gestattet.

Außerhalb der SF ist Erik Simon durch einen Gedichtband „Wenn im Traum der Siebenschläfer lacht. Nacht- und Nebelverse" (1983) hervorgetreten, der, an Morgenstern geschult und beispielsweise Friederike Kempner parodierend, die gleiche spielerisch-ernste Geistesart verrät, die auch Simons SF eignet.

(St)

Sjöberg, Arne

(* 1934 in Berlin)

ist ein Pseudonym Jürgen Brinkmanns, eines der wenigen Autoren, die parallel zu Gegenwarts- und Kriminalliteratur auch SF schreiben.

Nach Abschluß der Oberschule in Gera arbeitete Brinkmann von 1951 bis 1953 als Ofenarbeiter und Schweißer in der BRD, er absolvierte danach eine Ausbildung als Bibliothekar in Leipzig und übte diesen Beruf einige Jahre lang aus. Später war er kurze Zeit Lektor in einem Leipziger Verlag. Nach dem Erfolg seines ersten Romans, „Frank Mellenthin" (1965), der die Probleme eines jungen Mannes in den Wirren des Nachkriegsdeutschlands schildert, wurde Brinkmann 1966 freischaffender Schriftsteller. Zu den Romanen und Erzählungen, die er seither verfaßte, zählen u. a. die Gegenwartsromane „Augen, um zu sehen" (1973) und „Der Pe-Wi kommt durch die Welt" (1982) sowie unter dem Pseudonym Paul Evertier die Kriminalromane „Monsieur bleibt im Schatten" (1971, gemeinsam mit „Jean Taureau", d. i. Werner Schmoll), „Die sanfte Falle" (1979) und „Man stirbt nicht ungefragt" (1984).

1978 publizierte Brinkmann unter dem Pseudonym Arne Sjöberg seinen ersten SF-Roman „Die stummen Götter", der sich durch eine atmosphärisch dichte Erzählweise auszeichnet. Obwohl Sjöberg eine Reihe gängiger SF-Motive aufgreift, markiert sein Roman einen Bruch mit den in der SF der DDR üblichen Vorstellungen vom Erstkontakt, wonach banale Mißverständnisse zur beiderseitigen Zufriedenheit überwunden werden. Sjöbergs stumme Götter sind die Tantaliden, die – so wie der mythologische Tantalus nach Wasser dürstet und doch keins erlangt – nach einem neuen, besiedelbaren Planeten suchen. Nirgendwo jedoch entsprechen die Umweltbedingungen ihren Ansprüchen. Eine Expedition fliegt ihnen nach und findet Bauwerke und Maschinen auf einem Planeten der Spica. Doch der Kontakt scheitert am Desinteresse der Tantaliden. Als einige Expeditions-

teilnehmer von einem unbekannten Kraftfeld aufgelöst werden, versucht die Expeditionsleitung, dem Turm der Tantaliden mit Brachialgewalt beizukommen. Die Eskalation der Gewalt endet im Desaster; allein der Erzähler überlebt den Gegenschlag der Schutzautomatik und erkennt nun, da es zu spät ist, daß das Kraftfeld die Menschen nur vor den Energieausbrüchen der Spica schützen sollte.

Von der Stimmung her erreichen Sjöbergs „Stumme Götter" streckenweise die karge Einprägsamkeit von Lems „Unbesiegbarem", dem der Roman in mancher Beziehung verpflichtet ist. Auch die Botschaft ist vergleichbar: Die überkommene Denkweise des Menschen, die auf militärmäßige Organisation und technische Macht setzt, versagt gegenüber dem Fremdartigen und schlägt im schlimmsten Fall auf den Menschen zurück.

Noch stärker unter dem Bann fremdartiger Existenzbedingungen und kosmischer Wunder steht der Folgeroman „Andromeda" (1983). So wie „Die stummen Götter" mit einem Blick auf Armageddon enden, so durchzieht Weltendstimmung, verbunden mit melancholischen oder resignativen Selbstbetrachtungen, den gesamten Roman. Allein auf einem fremden Planeten, in einer verfallenden Stadt der Tantaliden, angesichts von Bergen, die ausgehöhlt in sich zusammenbrechen, führt der Ich-

Erzähler ein Robinsonleben von bizarrer Unwirklichkeit. Wie in jeder Robinsonade muß er seinen Lebensraum erschließen; auch ein Freitag stellt sich ein, die „Große Amöbe", ein riesiges Gallert, das zu telepathischem Gedankenaustausch befähigt ist. Mit seiner Hilfe dringt der Protagonist schließlich zu den Tantaliden vor. Diese jedoch haben sich selbst aufgegeben, indem sie ihre Fortexistenz von der sogenannten „Abschlußfrage" abhängig machten: In einem räumlich wie zeitlich geschlossenen Universum gibt es für sie, die alles erkannt haben, nichts mehr zu erkennen, also nichts mehr zu hoffen. Kosmologie schlägt an dieser Stelle in ein mystisches „Alpha gleich Omega"

um. Gegen die Selbstaufgabe der Tantaliden setzt Sjöberg die rastlos schaffenden „Lautlosen Goldenen", denen Bewegung alles, das Ziel nichts ist, und die den Erzähler in letzter Sekunde aus dem Planetenuntergang erretten und einen Blick auf die sich jugendfrisch-optimistisch entwickelnde Menschheit gewähren.

Auf ähnliche Weise wie der Roman „Andromeda" zehrt Sjöbergs bislang einzige SF-Erzählung „Kein Weg zurück" (1986 in der Anthologie „Zeitreisen" erschienen) von der Faszination eines sich ausdehnenden und wieder schrumpfenden Weltalls. Abermals ist der Held ein eher passiver, einsamer Beobachter, der von pflanzenhaften Fremden aus dem normalen Ablauf der Zeit herausgerissen wird und ähnlich dem Wellsschen Zeitreisenden geologisches wie kosmisches Geschehen über Jahrmillionen hinweg verfolgt, bis sich der Kreis schließt. Eine bisweilen karge, bisweilen erhabene, ja pathetische Schau auf das Weltgebäude.

Gerade die melancholische, eher resignative Haltung seiner Helden verleiht Sjöbergs SF nicht nur ihren Reiz, sondern auch einen leicht metaphysischen Anflug: Sein Universum ist grandios und fast leer; es wird von Kräften beherrscht, denen gegenüber der Mensch ein Nichts ist.

(St)

Spiethoff, Wolf D.

(* 1929 in Mühlhausen/Thüringen) heißt Wolf-Dieter Spiethoff und arbeitete als Chemie-Ingenieur und Diplomchemiker zunächst in der Forschung, dann im ehemaligen VEB Farbenfabrik Wolfen, dem heutigen Chemiekombinat Bitterfeld. Er verfaßte neben fachwissenschaftlichen Artikeln allein die als Taschenbuch publizierte SF-Erzählung „Besuch aus dem All" (1973).

Spiethoff versteht die Erzählung als Entgegnung auf die oft unrealistisch simple Art der Kontaktaufnahme bei dem klassischen SF-Thema der Begegnung des Menschen mit Außerirdischen. Er schildert eine Raumschifflandung fremder Wesen

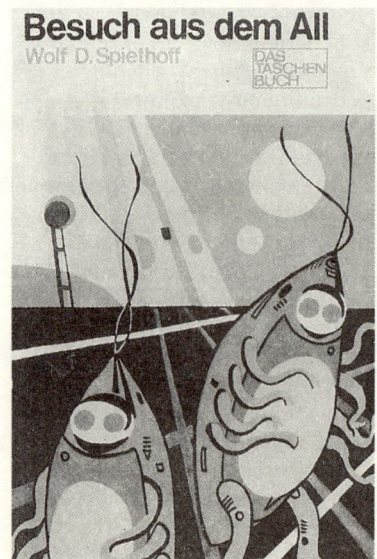

auf der Erde. Da aber die Fremden in Gestalt und Verhaltensweisen sehr verschieden vom Menschen sind, erweisen sich alle Versuche, eine Verständigung mit diesen Vertretern einer anderen Zivilisation zu erreichen, als vergeblich. Die Handlung reduziert sich auf die Darstellung der fehlschlagenden Kontaktaufnahme und weist nur wenige unterhaltende Qualitäten auf.

(Sp)

Spittel, Olaf R.

(* 1953 in Gotha)

studierte an der Berliner Humboldt-Universität Philosophie und arbeitete anschließend ein Jahr als Lektor beim Deutschen Verlag der Wissenschaften. Bereits in seiner Diplomarbeit befaßte er sich mit SF, speziell mit ethischer Kategorien in der SF der DDR. Er promovierte 1985 mit einer Dissertation über die Science-fiction in der BRD zum Dr. phil.

Von 1979 bis 1984 betreute Spittel als Lektor im Verlag Das Neue Berlin sowohl einzelne DDR-Autoren als auch die Herausgabe von bedeutenden SF-Werken des westlichen Auslandes (Asimov, Bradbury u. a.) und von Vorkriegsklassikern der SF (wie z. B. Laßwitz, Stapledon, Karinthy). Insbesondere ist ihm die Wiederentdeckung von Oswald Levett zu verdanken. Er edierte – gemeinsam mit Erik Simon (s. d.) – eine auf drei Bände angelegte Anthologie klas-

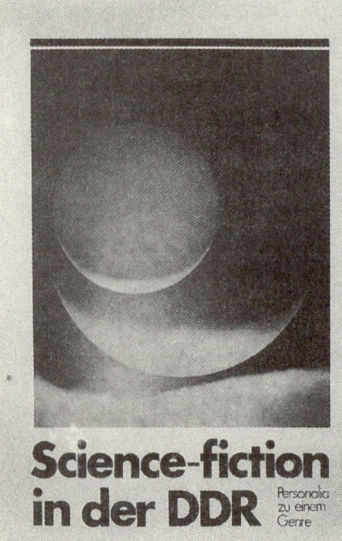

dieser Entwicklung analysierte er in mehreren Aufsätzen und Essays, u. a. „Von fremden und bekannten Sternen" (1980), „Als Helden seid ihr mir zuwider" (1984), „Die Idee vom Fortschritt in der Science-fiction" (1987) und „Zur DDR-SF der achtziger Jahre" (1987).

Sein besonderes Augenmerk gilt neben der einheimischen SF dem SF-Film und der internationalen SF-Sekundärliteratur, auf welchem Gebiet er den Essayband „Science-fiction" (1987) herausgab, der u. a. seinen Essay „Science-fiction als Literatur der Verfremdung" enthält. In zahlreichen Rezensionen und in seinen theoretischen Arbeiten geht er

sischer SF-Erzählungen sowie – allein – einen Band phantastischer Erzählungen von Jack London (1988). Darüber hinaus hat er fünf Kurzhörspiele nach Texten von Ray Bradbury verfaßt, die 1987 gesendet wurden.

Unverzichtbar für SF-Spezialisten und SF-Sammler sind die von ihm erarbeiteten Bibliographien der in der DDR erschienenen SF (abgedruckt in den Almanachen „Lichtjahr", Band 2 bis 5). Ebenfalls zusammen mit Erik Simon verfaßte er die lexikalisch-essayistische Broschüre „Science-fiction. Personalia zu einem Genre in der DDR" (1982), die auch einen Abriß über die Entwicklung der SF in der DDR enthält. Einzelne neuere Etappen

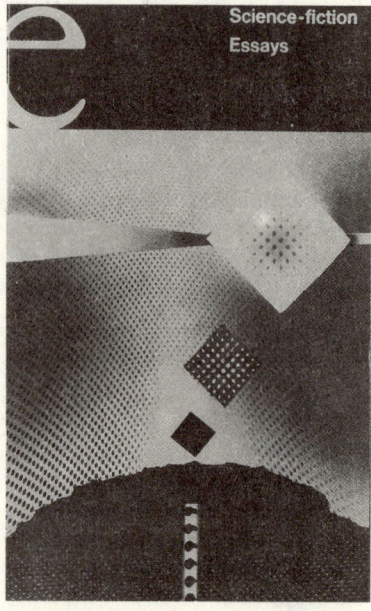

davon aus, daß die SF zwar spezifische, die Gegenwart gezielt verfremdende Spielwelten schafft, doch denselben literarischen Kriterien unterliegt wie jede andere Literaturgattung.

Außerhalb der SF hat Spittel ein Rätselbuch für Kinder (erschienen 1987) zusammengestellt. Seit 1984 ist er als freischaffender Literaturtheoretiker, Herausgeber und Kritiker tätig.

(St)

Steinberg, Werner

(* 1913 in Neurode/Schlesien)

lebte seit 1922 in Breslau (Wrocław) und studierte Pädagogik in Elbing (Elbląg) und Hirschberg (Jelenia Góra). Wegen „Vorbereitung zum Hochverrat" wurde er als Leiter einer antifaschistischen Widerstandsgruppe 1934 verhaftet und zu drei Jahren Gefängnis verurteilt. Danach war er Kontorist und Verlagsbuchhändler, nach Kriegsende Herausgeber und freischaffender Journalist. Seit 1956 lebt er als freischaffender Schriftsteller in der DDR.

Steinbergs literarisches Schaffen liegt zum größten Teil außerhalb der Science-fiction. Zu seinen bekanntesten Büchern gehört eine Tetralogie aus den Bänden „Als die Uhren stehenblieben" (1957), „Einzug der Gladiatoren" (1958), „Wasser aus trockenen Brunnen" (1962) und „Ohne Pauken und Trompeten" (1965), in der er sich mit dem Deutschland der Nachkriegszeit auseinandersetzt. Außerdem schrieb er u. a. biographische Romane über Heinrich Heine („Der Tag ist in die Nacht verliebt", 1955) und Georg Büchner („Protokoll der Unsterblichkeit", 1969) sowie die beiden Kriminalromane „Der Hut des Kommissars" (1966) und „Ikebana oder Blumen für den Fremden" (1971).

Die Dreiecksgeschichte zwischen einer unentschlossenen Frau, einem rein verstandesmäßig denkenden und einem gefühlsbetonten Mann steht im Mittelpunkt des SF-Romans „Die Augen der Blinden" (1973). Nach langem Hin und Her, das es dem Leser in einer zähen Exposition schwer macht, begeben sich die drei einzig und allein zu dem Zweck auf eine Kosmosreise, zwingende Entscheidungssituationen herbeizuführen. Sie bekommen sie zur Genüge, wie es nach einer solchen Einleitung nicht anders sein kann. Auf fernem Planeten entdecken sie blinde Aliens mit einem Ultraschall-Orientierungssinn, die vor feindlichen Umweltbedingungen tief ins Innere kristallener Berge geflüchtet sind. Dort leben sie in einer Art Höhlenfeudalismus und nehmen die Raumfahrer gefangen. Schließlich kommt der Höhlenherrscher auf die Idee, mit der irdischen Frau sehende Nachkommen zeugen zu wollen. Das ergibt die angestrebte Entscheidungssituation: Der Vernunftmensch ist dafür, dem Fürsten (der ein halbmeterlanges Geschlechtsteil sein eigen nennt) seinen Willen halt zu lassen, doch der andere will eher sterben, als die Paarung zu gestatten. Um diesen Vorschlag nicht akzeptieren zu müssen, wird in letzter Minute entdeckt, daß die Aliens vor einem evolutionären Sprung stehen – unter dünnen Häutchen verbergen sich bereits funktionsfähige Augen. Ein paar Dutzend Aliens werden eilig operiert und verursachen Wirren, damit die Raumfahrer an die Oberfläche entkommen können. Während die plötzlich sehend gewordenen Blinden eine neue Gesellschaft gründen, findet das allzu durchsichtige Kalkül des Autors sein lange vorprogrammiertes Ende:

Die Frau kann sich endlich zwischen den beiden Männern entscheiden.

Ein ergiebigeres Problem als dieses steht am Beginn des zweiten und bedeutend besseren SF-Romans von Werner Steinberg. „Zwischen Sarg und Ararat" (1978) schildert beklemmend die Zustände an Bord eines Generationenraumschiffes. Als nur ein Raumfahrer der ersten Generation noch am Leben ist, mehren sich die Anzeichen dafür, daß lebenslanges Eingesperrtsein dem Menschen nicht angemessen ist. Neben schwerwiegenden seelischen Verkrüppelungen degeneriert auch die genetische Struktur, die Babys sind immer öfter mißgebildet. Auch die gesellschaftliche

Struktur der kleinen Gemeinschaft pervertiert: Der selbstherrliche Kommandant übt eine repressive Diktatur aus, die ihm und seinem stiernackigen Helfer die Möglichkeit gibt, sadistische Neigungen auszuleben. Anläßlich einer befohlenen Abtreibung formiert sich die kleine Opposition. Da sind die Astronomen, die die Folgen des dogmatischen Festhaltens am Programm des Fluges besser übersehen; da ist der Historiker, dessen Aufgabe, die Erinnerung an die Erde wachzuhalten, vom Kommandanten als für seine Macht störend beseitigt wurde; da ist der Vater des getöteten Ungeborenen; Menschen, die genug haben vom todesähnlichen Dahinvegetieren. Diese Gruppierung zwingt das Raumschiff zur Landung auf einem unbekannten Planeten, wobei es bewegungsunfähig wird. Nun kann der Konflikt zwischen autoritativem Machtanspruch und der Notwendigkeit, unter den neuen Bedingungen eine menschliche Form des Zusammenlebens zu finden, im größeren Rahmen des Planeten ausgetragen werden. Dort existieren ähnliche Verhältnisse: Eine Rasse schiffbrüchiger Aliens mit überlegener Technik hat eine eingeborene Rasse von Aliens versklavt. Die irdischen und die außerirdischen Tyrannen geraten aneinander, der bullige Gefolgsmann kommt um. Der um die Wahrung seiner Machtposition kämpfende Kommandant wird seiner Gliedmaßen beraubt. Die fortschrittliche Opposition löscht die Energiebasis der aggressiven Aliens aus, so daß alle drei Rassen in Zukunft auf dem Planeten miteinander auskommen müssen, ohne daß eine von ihnen Mittel hat, sich zur herrschenden Gruppe aufzuwerfen. Das Credo des schließlich zum Kommandanten ernannten verkrüppelten Astronomen lautet: „Ich glaube, wir müssen ganz anders leben."

Damit ist das Ergebnis des Gedankenexperiments angedeutet — daß es dem Menschen gemäß sei, in Koexistenz mit seinesgleichen und mit Fremdem zu leben, Andersartigkeit zu respektieren und sich um Toleranz zu bemühen, ohne gefährliche Duldsamkeit zu kultivieren. Diese Geschichte wird von Steinberg in einem lakonisch konzentrierten Stil erzählt, der Dichte und prägnante Figurenzeichnung erzielt.

(K)

Steinmüller, Angela

(* 1941 in Schmalkalden) und

Steinmüller, Karlheinz

(* 1950 in Klingenthal)

Angela, aufgewachsen in Berlin, hat als Stenotypistin, Sekretärin und Betriebsorganisator beim Berliner VEB Gasversorgung und als Verwaltungsangestellte in der Geschäftsstelle der Evangeli-

schen Studentengemeinden der DDR gearbeitet, ehe sie 1971 ein Studium an der Humboldt-Universität aufnahm, das sie 1975 als Diplommathematikerin abschloß. Anschließend war sie in der EDV tätig. Ihr Mann Karlheinz beendete ein Studium in Karl-Marx-Stadt und Berlin als Diplomphysiker; nach einem Wechsel der Fachrichtung hat er 1977 über „Die Maschinentheorie des Lebens. Philosophische Fragen des biologischen Mechanismus" zum Doktor der Philosophie promoviert und sich anschließend in Berlin mit der kybernetischen Modellierung von Ökosystemen befaßt. Seit 1982 sind beide freischaffende Schriftsteller. Karlheinz hat wissenschaftliche Artikel, mehrere Essays über SF (besonders über ihr Verhältnis zu Wissenschaft und Technik, u.a. in „Lichtjahr") sowie gemeinsam mit Angela 1985 eine umfangreiche Darwin-Biographie veröffentlicht.

Er hat auch als erster von beiden Science-fiction zu schreiben begonnen. Seiner ersten, 1977 veröffentlichten Kurzgeschichte „Alle Flüche der Welt" folgten weitere in Zeitschriften und Anthologien sowie 1979 der Erzählungsband „Der letzte Tag auf der Venus", der die Vertrautheit des Autors mit den Themen und Kunstgriffen der traditionellen anglo-amerikanischen und sowjetischen SF-Kurzgeschichte erkennen läßt. Das gilt vor allem für typische Pointengeschichten wie „Die

Audienz" (weniger SF als vielmehr eine groteske, leicht kafkaeske Bürokratie-Satire) und „Duell der Tiger" (über einen Zweikampf zwischen Computerspezialisten, der durch Datenmanipulation ausgetragen wird und in dem der Held einer von ihm selbst vor Jahren programmierten Phantom-Person erliegt), aber auch für „Der Traum vom Großen Roten Fleck", eine Dystopie über ein allumfassendes, alle menschlichen Beziehungen regelndes Maschinensystem, die bei völlig eigenständiger Ausführung im Ansatz doch an die Vorbilder von E. M. Forster bis H. W. Franke erinnert.

Ein weiterer herausragender Text des Bandes ist „Zerdopplung", wo es um die „drahtlose Sendung" von Passagieren à la Norbert Wiener und die dabei erfolgte Verdopplung des Helden geht. Es werden schlaglichtartig verschiedene ökonomische, soziale und psychische Effekte dieser SF-Technik vorgeführt — eine literarische Methode, die auch in den späteren Werken der Steinmüllers häufig zu finden ist, insbesondere in einigen der besten Erzählungen der Sammlung „Windschiefe Geraden" (1984), ihrem zweiten gemeinsamen Buch (nach dem Roman „Andymon").

„Reservat", „Der schwarze Kasten" und „Das Auge, das niemals weint" basieren auf jeweils einer singulären phantastischen Neuerung, die in die Welt der Erzählungen eingeführt wurde und diese grundlegend verändert hat — oder einen Teil dieser Welt. So wird im „Reservat" die menschliche Persönlichkeit im Augenblick des Todes automatisch in einen anderen Körper übertragen, und zwar in speziell zu diesem Zweck gezüchtete Affenkörper. Die direkte Rückwirkung der Physis und ihrer Bedürfnisse, vor allem aber der Verlust jeden Lebensziels führt bei den Unsterblichen zur psychischen und moralischen Regression: Ansprüche und Genüsse konzentrieren sich aufs Animalische, Totschlag gilt als völlig belanglos (da ja die alsbaldige Wiedergeburt folgt), das Zeitgefühl schwindet usw.

In „Der schwarze Kasten" sind alle Menschen mit „Shunts" bestückt, kleinen auf den Kopf zu steckenden Hilfscomputern, die dem Hirn je eine bestimmte Prozedur abnehmen und sie perfekt ablaufen lassen. Die Autoren demonstrieren in vielerlei Situationen sehr anschaulich, wie die „vershunteten" Menschen ohne Shunt hilflos, unglücklich und keiner klaren Gedanken mehr fähig sind. Die Handlung ist eine kriminalistische Jagd des Helden nach dem „Schwarzen Shunt", der nach progressiver Selbstreproduktion strebt, und impliziert auf raffinierte Weise mehrere mögliche Lösungen.

„Das Auge, das niemals weint", ist ein in die Stirn implantierter Sensor für Korpuskular- und Gammastrahlung, wie er von den meisten Bürgern eines lateinamerikanischen Landes getragen wird, das sich auf profitträchtige Nukleartechnologien spezialisiert hat und die damit einhergehende starke radioaktive Umweltverseuchung in Kauf nimmt. Im Vordergrund steht dabei das Schicksal einer Frau, die aus den Eindrücken ihres Dritten Auges starke Emotionen, Schönheit inmitten einer bildlich wie wörtlich vom Krebs zerfressenen Umgebung schöpft und Radioaktivität wie ein Rauschmittel empfindet – mit denselben fatalen Folgen für Persönlichkeit und Gesundheit.

Die erwähnten Erzählungen, wohl die besten des Bandes „Windschiefe Geraden", zeigen die phantastische Innovation und ihre vielfältigen Folgen überzeugend an einem individuellen Konflikt; die SF-Idee liefert hier eindrucksvolle, in Handlung umgesetzte poetische Bilder und impliziert zugleich relevante moralische und soziale Fragestellungen.

Das gilt auch für „Wolken, zarter als ein Hauch" (diese Geschichte konzentriert sich auf den inneren Konflikt eines Erfinders, der sich für möglichen Mißbrauch seiner Skyer, mit denen man auf Wolken quasi Ski laufen kann, verantwortlich fühlt) und für die Titelgeschichte sowie „Unter schwarzer Sonne" (die weniger eine einzelne Novität als vielmehr ein Ensemble traditioneller SF-Requisiten und -Konstellationen benutzen, um daraus originelle, atmosphärisch dichte Situationen zu konstruieren), während z. B. „Der Trödelmond beim Toliman" eher eine Sammlung origineller Ideensplitter aus einem sehr exotischen Universum ist, eingebettet in ein Handlungsfragment.

Einige weitere gemeinsame Erzählungen der Steinmüllers sind – ebenso wie die bisher drei von Angela allein verfaßten Geschichten – in Anthologien erschienen; auch die weniger gewichtigen darunter bestechen noch – wie die separat publizierte Hefterzählung „Korallen des Alls" (1984) – durch die Vielfalt origi-

neller Ideen und lebendige, anschauliche Erzählweise. Einen zwischen SF und Fantasy oszillierenden Zyklus von Begebenheiten und Legenden auf einem Planeten, wo eine Kolonie irdischer Siedler ins Mittelalter zurückgefallen ist, bilden „Die Herren des Planeten", „Das Wunderelixier" (aus Angelas Feder und erzählerisch besonders dicht und bildhaft), „Der Held im Gläsernen Berg" und „Sterntaler". (Später soll ein Roman an den Zyklus angeschlossen werden.)

Zur SF gehören auch die beiden Hörspiele der Steinmüllers, „Festmahl für Außerirdische" und „Gulasch à la Ganymed" (1982 bzw. 1983 gesendet).

Die Gründung einer anderen Kolonie im All schildert der Roman „Andymon" (1982). Sein erster Teil führt vor, wie in einem automatisch gesteuerten interstellaren Raumschiff rund zwanzig Jahre vor der Ankunft aus tiefgefrorenen befruchteten Eizellen Menschen von Maschinen geboren und von Robotern erzogen werden, wie sie ihre Welt, das riesige Schiff, allmählich erkennen und schließlich seine Führung übernehmen. Beth, der Erzähler des Romans, gehört zur ältesten von den jeweils vier Paare umfassenden Gruppen dieser Retortenkinder; sein Bericht besteht anfangs aus splitterhaften Szenen seiner Kindheit und gewinnt später mehr Zusammenhang. Die bei aller rationaler Grundhaltung der Narration mitunter sehr eindringlichen Episoden, wie die Kinder miteinander und mit ihrer Umgebung umzugehen lernen, sind verwoben mit faszinierenden intellektuellen Spekulationen der Helden über das Woher und Wohin ihrer Reise, also ihres Daseins — da sie umfangreiche, aber im Jahr 2000 abbrechende Informationen über die Erde besitzen, deren Wahrheitsgehalt sie nicht aus eigener Anschauung überprüfen können, gelangen sie z. B. zu der ontologischen Konzeption, die Urheimat Erde könnte nur ein Mythos sein, ihr Schiff von der Besatzung eines anderen, früheren Schiffes gebaut, so daß es in Wahrheit nur eine endlose Kette von Raumschiffen gäbe.

Im zweiten Teil des Romans wird der Planet „Andymon" (ein vom Schiffscomputer erfundener Name) erreicht und im Laufe mehrerer Jahre mit Hilfe von Planetform-Techniken für Menschen bewohnbar gemacht. Noch ehe auf dem vorerst „unfertigen" Planeten der erste provisorische Stützpunkt entsteht, sondert sich eine der Achtergruppen von den Geschwistern ab; sie siedelt sich auf dem Planetenmond Gedon an und lebt dort buchstäblich als Gruppen-Individuum: die acht haben ihre Hirne zusammengeschaltet, sind unter Aufgabe der Individualpersönlichkeiten zu einem einzigen Supermind verschmolzen, der sich statt für die Erschließung Andymons für die Suche nach perfekteren Methoden zur Überwindung von Raum und Zeit interessiert.

Bei der Darstellung von Beziehungen zwischen den Helden konzentrieren sich die Autoren auf die Gruppe des Erzählers, die älteste. Die übrigen (wie die auf Gedon) agieren nur als Ganzes, so auch die jüngeren Gruppen, die sich unter einer großen Plastkuppel einrichten und den Planeten möglichst rasch und „natürlich" besiedeln wollen, während die beiden ältesten Gruppen im ursprünglichen Stützpunkt bleiben und eine stark technologisch orientierte, noch ganz der Tradition des Schiffes verhaftete Lebensweise verfechten.

Bereits im zweiten Teil tritt der „unspezialisierte Reservemann" Beth an die Stelle des verunglückten Delth, den Charakter und Talente zum Führer seiner Gruppe (und indirekt der übrigen) bestimmt hatten. Der Erzähler wird zum Protagonisten; er entwickelt den Plan, schon jetzt ein neues Schiff zu bauen und auf die Reise zu schicken, stößt dabei aber auf den Widerstand des Führers der jüngeren Gruppen unter der Kuppel, der im Begriff ist, sich mit Demagogie und Intrigen zu einer Art Diktator aufzuschwingen. Da er selbst nicht viel raffinierter ist als seine unerfahrenen Opfer, kann er entlarvt und entmachtet werden. Der Bau des Schiffs wird begonnen.

Doch zur gleichen Zeit, da die Eintracht der Geschwister auf Andymon wiederhergestellt ist und auch die Gedon-Gruppe sich ihnen wieder anschließt, nachdem sich das Kollektivbewußtsein als instabil erwiesen hat und in seine Individuen zerfallen ist, gründen einige andere Gruppen eine weitere separate Niederlassung, um dort die ihnen gemäße Lebensweise zu praktizieren: die zentrifugalen Kräfte im entstehenden Utopia bleiben aktiv. Es ist diese ungewöhnlich dynamische, sich entwickelnde und verzweigende Utopie, die den Roman so interessant macht — eine Utopie im Anfangsstadium, in der typischen Isolation solcher Idealgesellschaften (weitab von der Erde), aber ohne die Starre „fertiger" Utopien. Zugleich trifft der Roman-Untertitel „Eine Weltraum-Utopie" das darin entwickelte Konzept der Raumfahrt, das technisch wie philosophisch utopische Dimensionen hat, und last not least wird mit der Erziehung der Kinder durch Roboter, aber nach sorgfältig erarbeiteten humanistischen Prinzipien, eine pädagogische Utopie ausgebreitet. „Andymon" besticht durch seine betont rationale und dabei ausgeprägt optimistische Grundhaltung ebenso wie durch den Reichtum an Ideen.

„Pulaster" (1986), der zweite Roman der Steinmüllers, ist nicht minder ideenreich (mitunter, besonders zu Beginn des Romans, wirkt der Überfluß heterogener, oft nur knapp angedeuteter Einfälle, Szenen und offener Fragen sogar verwirrend, weil die koordinierende Perspektive eines Ich-Erzählers fehlt), doch während „Andymon" vor allem ein „Drama der Ideen" mit eher kollektiven als individuellen Helden war und als solches seinem Anspruch vorbildlich gerecht wurde, ist in „Pulaster" der gedankliche Inhalt auf traditionellere Weise in eine z. T. recht aktionsreiche Handlung mit individualisierten Charakteren (und Typen) umgesetzt. Das ist den Autoren vor allem in der zweiten Hälfte des Romans (also im 3. und 4. Buch) gelungen, während es zuvor eine Zeit braucht, ehe das Mosaik disparater Szenen, durch das der Held im 1. Buch eher teilnahmslos betrachtend als handelnd geht, zu einer dichten und schlüssig motivierten Fabel zusammenwächst, die in künstlerischer Einheit sowohl die Vorführung der von den Steinmüllers erdachten Welt als auch die Entwicklung des Helden trägt. Denn das Werk ist zugleich der — zeitlich und philosophisch weit über den Rahmen der Handlung hinausgreifende — Roman des Planeten Pulaster und der des Protagonisten Fabius Grosser, seines wachsenden Engagements und Verständnisses für diese Welt und ihre Bewohner.

Pulaster ist ein wolkenverhangener Planet, sein Festland größtenteils von Sumpfwäldern bedeckt und bewohnt von den Hreng, drei Meter großen intelligenten Sauriern, die kulturell in der Steinzeit verharren. Die Raumflotte der Menschen unterhält hier eine ihrer Basen, einen kleinen Stützpunkt im Hunderte von Lichtjahren weit gespannten Netz der Flugrouten. Fabius Grosser, hochspezialisierter Raumschifftechniker, macht auf Pulaster Station, um auf seine mit dem nächsten Schiff eintreffende Lebensgefährtin zu warten. Nach der Landung erfährt er, daß eine Art Allergie gegen die Apparatur, die Raumfahrer und Passagiere für die meiste Zeit des unterlichtschnellen Fluges in Anabiose versetzt, ihn raumuntauglich gemacht und vielleicht für immer an den Planeten gefesselt hat. Der Administrator der Flottenbasis sieht in ihm einen möglichen Assistenten und eine Kaderreserve für seinen Plan, Pulaster möglichst schnell in ein Ebenbild der Erde zu verwandeln und die Hreng für die technologische Zivilisation zu gewinnen, wie es in der Nähe der Basis schon geschieht. Vorerst aber wird Fabius Leiter einer Expedition, die in einem noch unberührten Hreng-Dorf nach den Spuren einer hypothetischen fremden Superzivilisation suchen soll (über die der Leser weiter nichts erfährt). Dabei verletzt eine Expeditionsteilnehmerin wissentlich ein fundamentales Tabu der Hreng, was zur Gefangennahme Gabriells, eines in die Flotte integrierten und dabei halb „vermenschten" Hreng, führt.

Bei der Expedition kommt vor allem die fremdartige Kultur der Hreng mit ihrer ungewöhnlichen Biologie (sie sind Zwitter) und ihrer in der Gegenwart ruhenden Psyche ins Bild — ein krasser Gegensatz zur Flottenzivilisation, deren Mitglieder durch Anabiose und Zeitdilatation immer wieder Jahrzehnte und Jahrhunderte überspringen, als Individuen schon halb aus der Zeit herausgetreten sind und als sozialer Organismus in Lichtjahren und Jahrhunderten planen. Die Welt der Flotte gewinnt vor allem im dritten Buch Konturen — ebenda, wo sich für Fabius doch noch eine Möglichkeit findet, in den Raum zurückzukehren, und er sie ausschlägt, um einen Befreiungsversuch für den gefangenen Gabriell zu organisieren, für dessen Unglück er sich verantwortlich fühlt. An die Befreiung Gabriells schließt sich sodann eine abenteuerliche Flucht des Menschen und des Hreng durch einen von den anderen Hreng gemiedenen Urwald an, die strukturell an die Eisfahrt der Helden gegen Ende von U. Le Guins „Winterplanet" erinnert und ebenso dazu führt, daß die oberflächliche Beziehung zwischen Mensch und Außerirdischem einen persönlichen Charakter und der Mensch mehr Verständnis für die Hreng gewinnt. Insbesondere stellt sich heraus, daß die Hreng vor Jahrtausenden ihre gesellschaftliche Entwicklung an der Schwelle der Metallzeit und der Klassengesellschaft gestoppt und den Status quo bewußt stabilisiert haben — bis zur Ankunft der Menschen.

Die Steinmüllers präsentieren also zwei Zivilisationsmodelle als zwei emblematische Seiten eines Widerspruchs, und wie sie den Ausgang der Flucht (und damit der Romanhandlung insgesamt) offenlassen, favorisieren sie auch nicht vordergründig eins der beiden Extreme, sondern machen lediglich die Notwendigkeit von Entwicklung und Veränderung deutlich. Es ist neben der Vielfalt und Originalität ihrer Ideen und der Fähigkeit, sie in spannende Handlung und poetische Bilder umzusetzen, dieser Komplexität der literarisch umgesetzten Denkmodelle zu danken, daß die Steinmüllers zu den anspruchsvollsten und dabei unterhaltsamsten Autoren in der DDR-SF der achtziger Jahre gehören.

(Si)

Szameit, Michael

(* 1950 in Prießen, Bezirk Cottbus) lernte Elektromechaniker und brach ein Physikstudium aus gesundheitlichen Gründen ab. Danach war er in verschiedenen Funktionen bei Film und Fernsehen tätig: als Tonassistent, Filmassistent, Labormechaniker, Regievolontär, Beleuchter, Tontechniker und Leiter eines Tonstudios. Von 1981 bis 1984 arbeitete er als Lektor im Verlag Neues Leben, danach wurde er freischaffender Schriftsteller. Heute lebt er in Markkleeberg bei Leipzig.

Neben seinen SF-Romanen gab Michael Szameit die internationale Anthologie „Aus dem Tagebuch einer Ameise. Wissenschaftlich-phantastische Tiergeschichten" heraus und veröffentlichte einige Erzählungen in Anthologien. Seine Geschichten fallen besonders durch ihren Hang zu skurrilem Humor auf, der oft bis zum Nonsens („Urlaub auf aldebaranisch", „Der Apfelmuskreuzer") geht. In der Heftreihe „Das neue Abenteuer" erschien seine beste Erzählung, die Raumfahrtgeschichte „Planet der Windharfen". Sie bezieht ihren Reiz aus einer sehr farbig geschilderten fremden Ökologie und einer seltsamen erotischen Beziehung zwischen einem schiffbrüchigen Raumfahrer und einer außerirdischen Pflanze.

Von 1982 bis 1984 erschienen die lose zusammenhängenden Romane „Im Glanz der Sonne Zaurak", „Alarm im Tunnel Transterra" und „Das Geheimnis der Sonnensteine". Die Trilogie spielt in einer kommunistischen Zukunftswelt, in der interstellare Raumfahrt und fast unbegrenzte technische Möglichkeiten selbstverständlich sind. Vor diesem Hintergrund, der die besten Traditionen der „space opera" aufnimmt, wird von den Kontakten der Menschheit mit den Zeugnissen einer geheimnisvollen „Sonnenstein-Zivilisation" berichtet, die sich über dreißig Jahre hinziehen, ohne daß schließlich endgültige Klarheit besteht, was die angehäuften Rätsel um jene Aliens betrifft.

Der erste Band, „Im Glanz der Sonne Zaurak" (1983), stellt eine Gruppe junger Männer in den Mittelpunkt, die auf einer langweiligen Raumfahrtmission beweisen sollen, was sie bei ihrer Ausbildung gelernt haben. Szameit zeichnet diese Kadetten nicht als strahlende Helden: ein arroganter Karrierist, ein kriecherischer Intrigant, ein Schwächling und ein verfetteter Dummkopf sind alles andere als vorbildliche Charaktere. Dieser Gruppe stehen die erfahrenen Raumfahrer voller Vorbehalte und Ressentiments gegenüber – ein durch erlittene Kränkungen und Verletzungen zum Menschenfeind gewordener Kapitän, ein alkoholkranker Bordarzt und ein homosexueller Navigator, der den Flug zur Suchaktion nach seinem verschollenen Lebensgefährten umfunktionieren will. Wie diese zusammengewürfelte Mannschaft miteinander auskommt und wie die Persönlichkeiten sich entwickeln, indem sie sich aneinander reiben, macht den Reiz des Erzählten aus. Da gerät die unterlegte SF-Handlung, in der man auf jenem Planeten, auf dem bereits ein irdisches Schiff verschwand, die Spuren eines großangelegten ökologischen Experiments jener Fremden vorfindet, in den Hintergrund des Interesses.

Das Buch leidet unter kompositorischen Schwächen, es sind zwei separate Erzählungen als eine Art Prolog und Epilog angestückt worden. Diese Passagen fallen sowohl von der sprachlichen wie der inhaltlichen Gestaltung gegenüber der Haupthandlung stark ab. Hier wird schon Szameits Hauptproblem deutlich: Die Geschichte wird undiszipliniert drauloserzählt, wobei sich nicht nur der eine oder andere logische Fehler, sondern auch sprachliche Entgleisungen zum Kitsch hin einschleichen („Der Ton dieses Befehls stach ihr wie mit tausend Nadeln ins Herz." S. 306).

In der Fortsetzung „Alarm im Tunnel Transterra" (1982) steht einer der Praktikanten, Pyron, im Vordergrund. Er hat eine kosmische Einflugschneise klargemeldet, in der plötzlich ein massives Hindernis aufgetaucht ist. Man schickt ihn im einzigen verfügbaren Raumjäger los, um den Weg freizuschießen. Dieser Jäger ist ein Kampfschiff des letzten imperialistischen Staates der Erde, des Inselstaates Korenth. Kommandant des Jägers ist Spinks, Mitglied der militärischen Aristokratie Korenths, ein braver Befehlsempfänger und Untertan eines dystopischen Staates. Dritter an Bord ist Bob, ein Zwit-

Michael Szameit
Alarm im Tunnel Transterra

terwesen, durch menschenverachtende Manipulationen künstlich erzeugt. Er ist nur dann eine vollwertige Persönlichkeit, wenn er mit einem Computer zusammengeschaltet ist. Durch solche „Synthome" gedenkt die herrschende Schicht Korenths ihre Macht zu erhalten.

Diese Dreieckskonstellation, in der weltanschauliche und politische Gegensätze aufeinandertreffen, bildet den Mittelpunkt des Romans. Bob nämlich erweist sich als Mitglied einer geheimen Widerstandsorganisation, und als der Raumjäger zur brutalen Niederschlagung eines Aufstandes eingesetzt werden soll, muß Pyron Partei ergreifen. Dann geraten die drei in das fremde Raumschiff, das voller Sonnensteine steckt, und irren in ihm herum. Pyron und Spinks machen es wieder manövrierfähig, während Bob, der sich mit dem künstlichen Steuerhirn zusammengeschaltet hatte, umkommt. Pyron und Spinks müssen Stillschweigen bewahren und werden, jeder in seiner Welt, zu Experten für die Sonnensteine.

Die Konzentration auf wenige Figuren und ihre Beziehungen, die beeindruckend lebendig geschildert werden, führt in diesem Buch zu einer geordneteren Erzählweise. Dabei sind die Figuren nicht immer frei von Klischees und Simplifikationen (vor allem Spinks), und mancher beabsichtigter Entwicklungsprozeß bleibt Andeutung.

Der abschließende Band „Das Geheimnis der Sonnensteine" (1984) führt einige der Handlungs- und Motivlinien weiter und zu Ende. Es agieren die Söhne der Figuren des ersten Teiles, und auch Pyron taucht als alter und weiser Experte für Sonnensteine wieder auf. Korenth ist seit fast drei Jahrzehnten befreit, und man ist dabei, die ehemaligen Korenther in die Gesellschaft einzugliedern. Da fallen sogenannte Ergophagen (Energiefresser) über die Erde her und zerstören die energetische Basis der Zivilisation – Kraftwerke werden vernichtet und die Reaktoren startender Raumschiffe in Feuerkugeln verwandelt. Der Menschheit bleibt nur die Flucht und der Versuch, in hektischer Arbeit die Herkunft der Ergophagen zu ergründen. Die jugendlichen Helden, die sich in dem entstehenden Durcheinander von Evakuierung, Verteidigung und menschlichem Versagen bewähren müssen, stoßen auf eine Spur, die sie weiterverfolgen. Die Administration, finden sie heraus, hat schon lange von den Ergophagen gewußt und geschwiegen. Dieser Widerspruch fordert den Argwohn der jungen Leute heraus, und sie stoßen nach einigen Verwicklungen auf das eigentliche Geheimnis: Die Ergophagen sind nichts als die letzte Waffe Korenths, abgefeuert im Augenblick des Untergangs der alten Gesellschaftsordnung. Die Administration hat diese Tatsache geheimgehalten, um die noch nicht integrierten Korenther vor dem Zorn der aufgebrachten Menschen zu schützen. So konnte es geschehen, daß Spinks' Sohn aus Unkenntnis den Schlüssel für das Ergophagenproblem für sich behielt.

Wie immer bei Szameit, steckt diese Geschichte voller Nebenfiguren, skurril erdachter Ökologien (hier die des Elektro-Planeten Tronnt), gespenstischer Szenen (wie die in der mit evakuierten Menschen vollgestopften Siriusfestung) und atemberaubenden Jagden (ob nach seltsamem Getier oder einem ausgerissenen Raumschiff). Eine Überfülle an Einfällen wird eingesetzt, um kaleidoskopartig die Reaktionen der Menschheit auf die plötzliche Notsituation darzustellen. Offensichtliche Schwächen wie der hektische Wechsel der Erzählperspektive und die Action-Dramaturgie fallen angesichts Szameits Fabulierfreude und Phantasiereichtum kaum ins Gewicht.

Die Trilogie gehört sicher zu den vordergründig auf Abenteuer orientierten SF-Büchern, aber sie läßt unter der Oberfläche der spannenden Verwicklungen tiefergehende Konzeptionen erkennen — Kollektivbildung als Lernprozeß in „Im Glanz der Sonne Zaurak", die Schwierigkeit der Umsetzung politischer Überzeugungen in entsprechende Taten in „Alarm im Tunnel Transterra", die über das Offensichtliche weit hinausgehende Verantwortung des Menschen für die Folgen seines Tuns in „Das Geheimnis der Sonnensteine". Diese, noch nicht überall vollends durchgesetzte Hintergründigkeit seiner stringent durchgearbeiteten Spielwelten verbindet in Szameits Romanen Unterhaltung und Anspruch in für die DDR-SF bemerkenswerter Weise.

In besonderem Maße gilt das für den jüngsten Roman Szameits, „Drachenkreuzer Ikaros" (1987), der sein bisher bestes Werk darstellt. Die schwierige Beziehung zwischen der Gesellschaft und dem Individuum wird auf mehreren Ebenen dargestellt und so von verschiedenen Seiten beleuchtet.

Es geht um Hendrickje Greiff, die beruflich mit dem Zusammenstellen von Kollektiven befaßt ist. Ihr Meisterstück, die Besatzung des Drachenseglers „Ikaros", soll von ihr selbst demontiert werden, da man die Sonnensegler-Raumschiffe für unrentabel hält. Dies spielt sich zu einer Zeit ab, die weit nach den Geschehnissen der Trilogie angesiedelt ist (die Namen der Figuren aus der Sonnenstein-Trilogie kehren als Denkmale und Straßennamen wieder) und in der die Menschheit einem kosmischen Problem gegenübersteht. Die Sonne droht mit Beben und Eruptionen das Leben auf der Erde zu zerstören, und als Folge der Sonnenaktivität gibt es den Mungoismus, eine Krankheit, die sich in ständiger Beschleunigung aller Lebensäußerungen manifestiert. Die Mungos sind ein gesellschaftliches Problem, weil sie auf ihren Menschenrechten bestehen und so die ohnehin angespannte ökonomische Lage verschärfen (was nicht ausschließt, daß man allerlei sinnlosen Luxus für notwendig hält). In einem langsamen Erkenntnisprozeß begreift Hendrickje, daß die Reaktion der Gesellschaft auf die Minderheit der Mungos symptomatisch ist für ihre Fähigkeit, auf die Bedürfnisse und Glücksansprüche ihrer Bürger einzugehen. Dieser Konflikt wird dargestellt am Verhältnis zwischen den Mungos und den „Möpsen" (MOBS – Medizinischer Observationsservice), einer Schritt für Schritt Geheimdienstfunktionen übernehmenden Organisation. Hendrickje gerät mit einem der Möpse, dem unerschütterlich von seiner Sache überzeugten Hermel Goff, in eine eigenartige, von Haßliebe geprägte Beziehung. Goff hält – wie der ganze MOBS – die Information geheim, daß der Mungoismus erst durch die genetische Optimierung entstehen konnte, mit der das Äußere der Menschen umgestaltet wurde.

Dieser Schilderung einer sich entwickelnden Gesellschaft voller Widersprüche stehen zwei Entwürfe von in sich ruhenden Gemeinschaften gegenüber – die Besatzung des Drachenkreuzers, für die das Schiff zur Heimat und die Besatzung selbst zum Familien-Ersatz geworden ist, und die Glumpe, ein Gebilde aus extrem mutierten Menschen, das in den zerstörten künstlichen Höhlen des Merkur aufgefunden wird (in dem es keine Individualität gibt, sondern ein Kollektivbewußtsein, dessen einzelne Bestandteile auf mehrere Körper verteilt sind). Eine Vielzahl von Problemen wird gestreift, die hier nicht alle darzustellen sind, zu vielschichtig ist das Geflecht der Beziehungen, Bilder und Metaphern. Die genetische Optimierung steht für Konsum- und Prestigedenken, der Mungoismus sowohl als Warnbild für die Gesellschaft (die Forderung nach immer schnellerer Produktivität als verabsolutiertes Prinzip) als auch als Metapher für Anderssein; Ikaros und Glumpe sind Modelle ohne Dynamik, die untergehen müssen. Der Drachenkreuzer stürzt in die Sonne, die Glumpe wird während der neuen Sonnenbeben vernichtet.

Die Geschichte wird zugespitzt, indem sich Hendrikje und Goff an Bord des Drachenkreuzers treffen und Goff sich sagen lassen muß, daß der selbst ein Mungo ist. Am Schluß des Romans stehen die Überlebenden der Ikaros mit einem Stück der Drachenkreuzer-Moral, die erkannt haben, daß das Schema „Möpse gegen Mungos" falsch ist, daß nur Zusammenarbeit die Menschheit weiterbringen kann.

Diese komplizierten Zusammenhänge werden von Personen getragen, deren literarische Gestaltung besonders beeindruckt. Hendrickjes Entwicklung von der oberflächlichen Schreibtischtäterin zur dialektisch denkenden Frau, Goffs faszinierende innere Kraft, die er bei allem, was er tut, voll einsetzt, und die Mitglieder der Drachenkreuzer-Besatzung sind überaus plastisch geschildert. Ob die eigenartige Freundfeindschaft zwischen Skagit und Skamander, die schillernde Figur des krankhaft ehrgeizigen Bordarztes oder die des schwulen Marigg „Schnuckchen" Ellis, der seine Stellung als Meister der Telepathie hinter einer Maske von transvestitischem Gehabe verbergen muß – alle sind sie souverän gestaltet.

„Drachenkreuzer Ikaros" ist jenes von Szameits Büchern, das mit der höchsten Sprachbewußtheit geschrieben wurde. Sogar der Kitsch erfüllt eine Funktion (z. B. in Flakkes Liebesbriefen), und eine Fülle von sprechenden Namen, verrückten Abkürzungen und witzigen Wortschöpfungen verleihen dem Text zusätzlichen Reiz. Sowohl die alte Sprache der Segler wird benutzt wie auch die Möglichkeit, die erotischen Versuche der Hendrickje zu ihrer Charakterisierung einzusetzen. Der Qualitätssprung zwischen der Trilogie und diesem jüngsten Buch ist unübersehbar.

(K)

Taubert, Hans

(* 1928 in Falkenstein/Vogtland)

ist Diplombiologe und arbeitet als Abteilungsleiter im VEB Jenapharm. Er hat mehrere wissenschaftliche Publikationen auf dem Gebiet der mikrobiologischen Arzneimittelkontrolle sowie gemeinsam mit A. Leman und einem weiteren Autor zwei Botanik-Hochschullehrbücher verfaßt.

Seine einzige SF-Publikation ist der wieder zusammen mit Alfred Leman verfaßte Erzählungsband „Das Gastgeschenk der Transsolaren" (1973; siehe auch unter A. Leman), der 16 Geschichten enthält und bei seinem Erscheinen neue, bis dahin unerreichte Qualitätsmaßstäbe für die kurze Form in der DDR-SF setzte: Es war die erste derartige Sammlung, die den internationalen Vergleich nicht zu scheuen brauchte. Der Band wurde mit einem Preis des Ministeriums für Kultur ausgezeichnet und gehört noch heute zu den besten Leistungen der Sciencefiction in der DDR.

(Si)

Teske, Günter

(* 1933 in Berlin)

war nach einer Lehre als Bautischler Angehöriger der Volkspolizei und Sportredakteur, bevor er freiberuflicher Journalist wurde. Außer seinen SF-Erzählungen schrieb er Kriminalerzählungen und ein Sportsachbuch.

Neben den Bänden mit SF-Erzählungen veröffentlichte er einige Geschichten in Zeitschriften und Anthologien sowie drei Erzählungen in Heftform: die Raumfahrergeschichte „Unternehmen Marsmond" (1962), „Das gelbe Trikot" (1981), die Geschichte eines Rennfahrers, der sich mit Hilfe modernster Technik einen winzigen, aber entscheidenden Vorteil gegenüber seinen Konkurrenten sichert und dabei in tiefe moralische Konflikte gerät, und „Des Teufels Suppe" (1985), eine Erzählung um Gefahren bei der Arbeit eines Bergmanns in der Zukunft.

Die Geschichten der Bände „Die verschwundene Mumie"

(1978) und „Telepatis" (1981) drehen sich hauptsächlich um die Teske vertraute Welt des Sports, vor allem des Hochleistungssports (Teske war Mitglied der Straßenradsport-Nationalmannschaft und 1954 Weltmeisterschaftsteilnehmer).

Ein Bioroboter wird in eine Fußballmannschaft geschleust und macht durch sein Verhalten die Gegenspieler lächerlich („Ein talentierter Mittelstürmer"). Ein Athlet lehnt sich gegen einen Sport auf, in dem nur eine Chance hat, wer seinen Körper künstlich vervollkommnen läßt („Ende einer Karriere"). Durch zufälligen Einfluß einer unbekannten Strahlung wird ein Handballspieler zum Supertorwart („Der tausendste Versuch"). Ein Raumfahrer vermag jede Schachpartie zu gewinnen, weil er die Gedanken des Gegners lesen kann („Telepatis"), aber auf diese Art macht ihm Schach keinen Spaß mehr. In einer Sport-Persiflage geht es um die computergestützten „Leistungen" völlig verfetteter „Sportler" („Meisterschaftsspannung"). Beim Boxen werden Menschen durch Biomaten ersetzt, was Teske nach dem Sinn einer Sportart zu fragen erlaubt, die ihr Ziel in gesundheitlicher Schädigung des Gegners sieht („Die Mächtige Maus"). Gerade diese Geschichte ist ein Beispiel dafür, wie der Autor seine heiteren Spiele mit den Erzählmustern der SF betreibt. Ein junger Mann tauscht mit

einem Boxroboter, um sich zu „beweisen", kämpft mit einem Automaten, der jedoch nicht bis zum bitteren Ende kämpfen kann, weil es ihm seiner Konstruktion zufolge unmöglich ist, Menschen zu schädigen. Der Roboter erweist sich als „vernünftiger" als der Mensch.

Solche Verkehrungen benutzt Teske auch in anderen Geschichten, etwa in der Geheimdienst-Verulkung „Aktion Kamerlan", in der Spione in die Körper von Vögeln schlüpfen, um den vermeintlich aggressiven Feind auszukundschaften, sich dabei aber so glücklich fühlen, daß sie das neue Leben dem Dienst fürs Vaterland vorziehen (dieser Text weist Ähnlichkeit mit Sheckleys Story „Keep Your

Shape" auf). In „Der Vierfache" werden die Enttäuschungen eines Eiskunstläufers geschildert, der sich per Zeitmaschine von 2190 nach 1985 versetzen läßt, um endlich einmal zu siegen. Und eine Raumreise in eine sportbegeisterte frauenbeherrschte Welt wird benutzt, um Leistungsdruck und Erfolgszwang weidlich zu verspotten und daran zu erinnern, daß Spaß am Sport wertvoller ist als Höchstleistungen um jeden Preis („Nackebays großer Start").

Teskes Science-fiction-Erzählungen deuten die behandelten Probleme mehr an, als daß sie sie diskutieren oder gar zuspitzen, in der Regel bleibt die Umsetzung oberflächlich. Auch die literarischen Figuren verfügen selten über Tiefe und Plastizität. Dabei sind die Geschichten unterhaltsam geschrieben und vergnüglich. Meist zeigen sie einen satirisch-humorvollen Unterton.

(K)

Töppe, Frank

(* 1947 in Bleicherode/Harz) studierte Ökonomie in Berlin und promovierte dort auch zum Dr. rer. oec. Nach einer Tätigkeit als SF-Lektor im Verlag Das Neue Berlin (1976–1978) war er freischaffender Autor und Grafiker, ehe er 1983 in die BRD übersiedelte. Außer Science-fiction veröffentlichte er das Kinderbuch „Der grüne Tuul" (1980), in dem Text und Zeichnungen von ihm stammen.

„Regen auf Tyche" (1978) ist ein SF-Erzählungszyklus um den Raumpiloten Raul, der mit herkömmlichen Raumhelden-Geschichten nichts zu tun haben will. Eine These wird in verschiedenen Varianten durchgespielt: Der Mensch in all seiner Widersprüchlichkeit und seiner Gebundenheit an Gefühle ist jedem Versuch überlegen, die Welt rein logisch-wissenschaftlich zu erfassen. Durch Personnage und Versatzstücke (wie die denkenden Marsgräser und die krakenartigen Gohas) auch äußerlich verklammert, werden verschie-

dene Themen in Bezug zur zentralen These gesetzt: die Zivilisation, die ihren Untergang durch Zerstörung der Ökologie selbst herbeigeführt hat („Marsmenschen", „Flucht"); die in selbstgenügsamer Isolation erstarrende Gesellschaft („Das Lächeln des Piloten"); die über die reine Forschung weit hinausgehende Verantwortung des Forschers für die Folgen seines Tuns („Die Argonauten"); die für das Verständnis des Fremden wesentliche Bedeutung des nicht rational Erklärbaren („Regen auf Tyche").

Als beste Geschichte des Bandes gilt „Die letzten Bilder des Grafikers Schneider", wie die meisten anderen durch Rahmenhandlung, Vermittlung durch Dritte und Rückblenden gebrochen. Sie berichtet zunächst von der suggestiven Kraft einiger Bilder jenes Grafikers, die ironischerweise dasselbe Signum tragen wie Töppes eigene Buchillustrationen. Dann wird von Castor V berichtet, dessen Bewohner eine atechnische Zivilisation entwickelt haben. Diese bleibt den Menschen verschlossen. Die in völligem Einklang mit der Natur lebenden Aliens vermögen die irdische Sprache in Kürze zu lernen, während den Menschen die fremde Sprache ein Rätsel bleibt. Als im langen Winter auf Castor V die Aliens aussehen, als ob sie zu „frieren" beginnen, bauen die Menschen in löblicher Absicht gewaltige Wärmeerzeuger — nicht ahnend, daß so die natürlichen Abläufe irreversibel verändert werden. Die bestehende Einheit von Natur und Gesellschaft wird zerstört, eine andersartige Zivilisation zum Untergang verurteilt. Schneider, der als Künstler die „dreidimensionalen Kunstwerke", mit denen die Aliens sich verständigten, hätte erkennen müssen, gibt seinen Beruf auf und widmet sich der Bewahrung einer untergegangenen irdischen Kultur; doch weiß er, daß dies Bemühen um Wiedergutmachung verfehlt, weil sinnlos ist.

Mit verschiedensten Mitteln sucht Töppe den Zyklus zu einer Einheit zu verschmelzen: Bezugnahmen zur griechischen Mythologie (wobei „Die Argonauten" bis zur Karikatur einer Sagen-

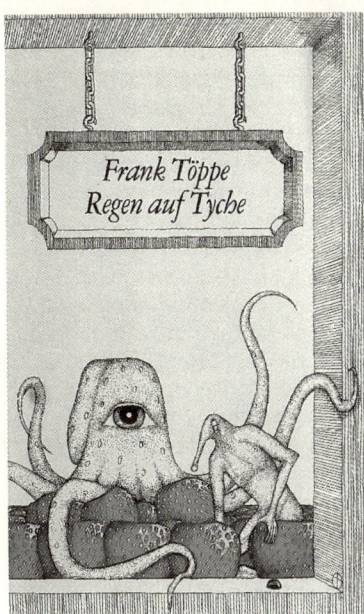

Adaption überfrachtet werden), distanzierende Einleitungen, eine fiktive Herausgeberschaft, Bezüge auf altchinesische Literatur und Kunst, auf den Beatles-Song „Strawberry Fields" und auf die anderen Geschichten des Bandes. Immer wieder eingeschobene belehrende, wohl philosophisch gemeinte Passagen und eingestreute lyrische Versuche bilden weitere Ebenen, auf denen Töppe seinem Anspruch, ein literarisch-philosophisches Konzept in einer Vielzahl von Geschichten durchzuführen und von verschiedenen Seiten zu beleuchten, gerecht zu werden versucht. Dabei machen die Qualitäten des Bandes – die kontrollierte Sprache, genaue Figurenzeichnung und die Konzentration auf menschliche Konflikte, die die typische SF-Technik in den Hintergrund verweist – das Buch zu einer der besten Erzählungssammlungen der DDR-SF.

(K)

Turek, Ludwig

(1898–1975)

wurde in Stendal geboren. Er lernte Schriftsetzer (er bezeichnete sich nicht ohne Stolz als „Mathematiker", d. h. Fachmann für den Satz mathematischer Texte) und Drucker. Mit 15 Jahren wurde er Mitglied der Sozialistischen Arbeiter-Jugend. Im 1. Weltkrieg erhielt er Festungshaft wegen Desertion. Seit 1919 Mitglied der KPD, kämpfte er 1920 in der Roten Ruhrarmee. 1930 folgte er einer Einladung in die Sowjetunion und lebte dort bis 1932. 1933–1940 nahm er im französischen Exil am antifaschistischen Widerstandskampf teil. Danach war er Organisator einer illegalen Gruppe in Deutschland.

Sein erstes Buch, das autobiographische Werk „Ein Prolet erzählt" (1929), wurde in viele Sprachen übersetzt. 1950 erschien der im französischen Exil geschriebene Roman „Die letzte Heuer", 1949 der Reisebericht „Klar zur Wende". 1952 setzte er mit „Anna Lubitzke" der Berli-

ner Trümmerfrau ein literarisches Denkmal. Ferner schrieb er den Sportroman „Mittelstürmer Werner Schwing" (1954), den Erzählungsband „Die Flucht der Grüngesichtigen" (1959), „Ich war kein Duckmäuser" (1967), „Die Liebesfalle" (1970) – deftig-humorvolle Liebesgeschichten – und arbeitete an Filmszenarien mit. 1974 erschien „Ahoi, dufte Wanne", Erinnerungen an Reisen in der UdSSR, und 1975 der Nachkriegsroman „Mein Freund Bruno". Ludwig Turek wurde mit dem Vaterländischen Verdienstorden ausgezeichnet. Er starb in Berlin.

Mit seinem phantastischen Kurzroman „Die goldene Kugel" beginnt 1949 die Entwicklung der sozialistischen Science-fiction-Literatur in der DDR. Er befriedigt das Verlangen nach dem gewohnten wissenschaftlich-technischen Abenteuer. Entstanden unter dem Eindruck des 2. Weltkrieges, der Atombombenabwürfe auf unbefestigte Städte, der sich verschärfenden Klassenkämpfe in den USA und der gegen die Sowjetunion gerichteten Atomkriegsdrohungen, verbindet er Imperialismuskritik mit Sozialismusverheißung.

Ein von der Venus kommendes Riesenraumschiff landet in den Vereinigten Staaten, lähmt das Wirtschaftsleben durch Ausschaltung der Energieerzeugung, setzt anmarschierende Militärverbände außer Gefecht, entmachtet den kapitalistischen Unterdrük-

kungsapparat und verhindert den Ausbruch des geplanten Atomkrieges. Die auf hoher Kulturstufe stehenden Fremden geben humanistisch gesinnten Persönlichkeiten die Möglichkeit, sich ungehindert an die Massen zu wenden und sie für die Abschaffung des auf Profit gegründeten Wirtschaftssystems und des Militarismus zu gewinnen. Nach erfolgreichem Abschluß ihrer Mission kehren die Außerirdischen zu ihrem Heimatplaneten zurück und hinterlassen eine Erde, die nach den Grundsätzen des Sozialismus eingerichtet wird.

In einem „notwendigen Nachwort" spricht Turek eine Mahnung aus. Der Sozialismus fällt nicht vom Himmel. Die Menschen dürfen nicht darauf warten, daß außerirdische Kräfte sie von Ausbeutung und Kriegsgefahr befreien, sie müssen es selber tun.

Der flott niedergeschriebene Roman lebt von einem auf Erfahrung und Beobachtung beruhenden Einfallsreichtum und von naiver Fabulierfreude. Er reiht teils in salopp gehaltenem Reportageton, teils in kolportagehafter Direktheit ein überraschendes Ereignis an das andere und erzählt kaleidoskopartig in bunter Folge ein modernes Märchen.

(R)

Tuschel, Karl-Heinz

(* 1928 in Magdeburg)

arbeitete nach dem Abitur als Chemiewerker. Er beendete ein naturwissenschaftliches Studium vorzeitig, war FDJ-Funktionär, Bergarbeiter und Redakteur. Von 1958 bis 1961 absolvierte er das Literaturinstitut „Johannes R. Becher" in Leipzig und wurde danach Dramaturg beim Erich-Weinert-Ensemble der NVA. Seit 1976 ist er freischaffender Schriftsteller und schreibt ausschließlich SF. Vorher verfaßte er auch Gedichte, Lied- und Kabarett-Texte.

Tuschel veröffentlichte bisher neun Romane und drei Erzählungsbände. Die Erzählungen sind sowohl thematisch als auch

in Qualität sehr unterschiedlich. Der Band „Der unauffällige Mr. McHine" (1970) enthält mit der Titelstory die Geschichte eines menschenähnlichen Roboters, außerdem „Die Terrasse von A'hi-nur", eine Variation der Däniken-Mär von außerirdischen Bauwerken auf der Erde, und „Das doppelte Rätsel", ein kriminalistisch gelöstes Raumfahrtproblem. Die Machart letzterer Geschichte verwendete Tuschel später erneut in einer Folge von Erzählungen um das Paar Jana und Pit Holland, die 1978–1983 einzeln in der Heftreihe „Das neue Abenteuer" erschienen und 1984 als Buch unter dem Titel „Inspektion Raumsicherheit". Hier geht es um allerlei Zwischenfälle im kosmischen Alltag, die das Paar zu klären hat. Der Aufbau der Episoden ist dabei an ausgedehnte technische Erörterungen gebunden, aufgelockert durch Widrigkeiten wie rollende Felsbrocken auf dem Mond, plötzlich versagende Ausstiegsluken, überschnappende Kosmonauten und dergleichen. Während hier dasselbe Erzählschema sechsmal wiederholt wird, bietet die Sammlung „Raumflotte greift nicht an" (1977) mehr. Im Vergleich der beiden Bände wird deutlich, daß Tuschels Geschichten immer dann an Qualität und Spannung gewinnen, wenn nicht ein bloß logisch-technisches Problem wie in den Raumsicherheitsgeschichten den Mittelpunkt bildet, sondern eine Geschichte von Menschen erzählt wird. So in „Der unverständliche Funkspruch", der Schilderung der Hochzeitsreise eines Raumfahrerpärchens, das auf einem fremden Planeten allerlei Unheil anrichtet, ehe es in seinem selbstvergessenen Überschwang feststellt, daß die Aliens sich mit Radiowellen verständigen und die Ankömmlinge als unerträgliche Lärmverursacher empfinden. Die Titelgeschichte berichtet von einem großangelegten Test menschlicher Reaktionen auf die Konfrontation mit unverständlich handelnden Aliens, wobei es um Beziehungen zwischen Aggression und Friedfertigkeit geht. Eine Erzählung, die Tuschels Planetenabenteuer-Romanen ähnelt, ist

„Kalte Sonne", wo die Besatzung eines havarierten Raumtaxis gegen einen Zug fremder Tiere ankämpfen muß (dieselbe Idee von überlegener menschlicher List verwendet Tuschel später für den Schluß des Romans „Leitstrahl für Aldebaran"). „Wie ich meinen linken Beruf wechselte" ist nicht nur ein seltenes Beispiel von Satire bei Tuschel, sondern gleichsam auch die Keimzelle, aus der später der Roman „Kurs Minosmond" entstand.

Kosmonauten reisen aus unterschiedlichen Gründen zu einem fernen Planeten, müssen unterwegs Hindernisse überwinden und treffen am Ziel auf eine fremdartige Welt, deren von der Erde abweichende Verhältnisse zu jeweils eigenen physikalischen und biologischen Systemen geführt haben. Auf deren Durcharbeitung legt Tuschel großen Wert. Diesem Erzählschema folgen die vier Romane um Planetenabenteuer „Der purpurne Planet" (1970), „Die blaue Sonne der Paksi" (1978), „Zielstern Beteigeuze" (1982) und „Leitstrahl für Aldebaran" (1983).

In „Der purpurne Planet" steht die Suche nach einem verschollenen Raumschiff im Vordergrund, während in „Die blaue Sonne der Paksi" eine selbständig gewordene Roboterzivilisation vorgefunden wird. In „Zielstern Beteigeuze" werden die Spuren einer verschwundenen Zivilisation untersucht, und in „Leitstrahl für Aldebaran" muß eine Kundschaftermannschaft auf einem fremden Planeten überleben, weil sie durch eine Raumzeit-Anomalie in die Vergangenheit versetzt wurde.

Tuschels Erstling, „Ein Stern fliegt vorbei" (1967), beschreibt die Bedrohung der Erde durch ein aus dem All anfliegendes Planetoidenfeld und die Anspannung aller Kräfte, mit der die Menschheit die Gefahr abwendet. Das wird in einer Art Familienchronik der Protagonisten erzählt, was dem Buch eine den anderen Raumfahrtabenteuern fehlende Nähe und Glaubhaftigkeit der Figuren gibt.

In „Kommando Venus 3" (1980) weigert sich eine Roboterfabrik, den Betrieb einzustellen, weswegen eine paramilitärische Truppe sich durch die Fallen der technischen Landschaft zum Zentralgehirn vorarbeiten muß, welches auf Probleme der höheren Mathematik gestoßen ist und aufgrund des Selbstoptimierungsbefehls weiterrechnet. Dieser Roman zählt wegen der übermächtig präsenten Technik und dem Fehlen eines menschlichen Konflikts zu Tuschels schwächsten Texten.

Die drei auf der Erde spielenden Bücher sind dagegen weitaus interessanter. Das erste, „Die Insel der Roboter" (1973), stellt den überzeugendsten Versuch dar, sich auf spezielle Weise dem Roboterthema zu nähern. Die in der DDR der nächsten Zukunft angesiedelte Handlung dreht sich um die Entwicklung eines grundsätzlich neuartigen Robotertyps, dessen immense ökonomische Bedeutung einige Spionage- und Störversuche aus dem westlichen Lager hervorruft. Ein junger Offizier wehrt diese Versuche mit Raffinesse und Einsatz eines Taktik-Rechners ab. Neben der logistischen Feinarbeit des Protagonisten beeindruckt die elegante Art, in der Tuschel die drei Asimovschen Robotergesetze zu widerlegen versucht (um das zu versuchen, muß man sie natürlich erst mißverständlich wörtlich nehmen). Roboter sind bei Tuschel grundsätzlich Werkzeuge, die weder eigenes Bewußtsein noch Willen entwickeln können (sogar die Paksi sind nur Träger einer Nachricht). Damit sind Mystifikationen wie Aufstände der Roboter u. ä. unmöglich. Andererseits wird die Möglichkeit verbaut, den Roboter als literarische Metapher oder als Symbol zu verwenden (wie Asimov das mit seinen Robot-Gesetzen tut).

„Das Rätsel Sigma" (1974) ist ein kriminalistisch angelegter Roman um eine geheimnisvolle Krankheit, die sich in einer kleinen Stadt seuchenartig ausbreitet. Die Betroffenen schlafen plötzlich ein und sind durch nichts wachzubekommen. Je länger dieser widernatürliche Zustand dauert, desto größer wird die lebensbedrohliche Schädigung durch den Dauerschlaf. Die Ermittler, solcherart unter Druck gesetzt, verfolgen die Spur der mysteriösen Lebensmittelvergiftung, wobei nebenher glaubhaft eine menschenfreundliche Gesellschaft gezeichnet wird. Der zweite Handlungsstrang beschäftigt sich mit der Frau des im Mittelpunkt stehenden Ermittlers — es stellt sich heraus, daß sie mit unbedachten mikrobiologischen Versuchen eine von zahlreichen Zufällen bestimmte Ereigniskette in Gang gesetzt hat, an deren Ende nun die Gefahr steht, daß sich die Kranken buchstäblich zu Tode schlafen. Um ihren Fehler wiedergutzumachen, infiziert sie sich selbst, weil sie erfahren hat, daß die Untersuchung eines gerade einschlafenden Kranken den Schlüssel zur Bewältigung des Problems darstellt, und stellt sich den

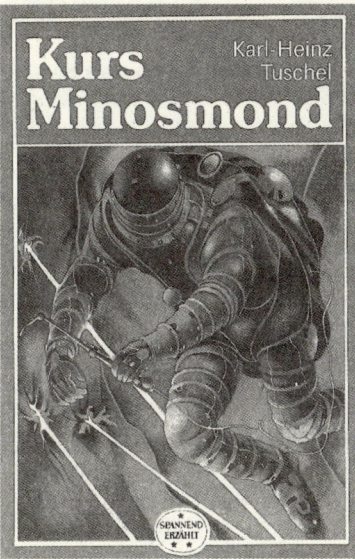

Ärzten zur Verfügung. Hier gelang Tuschel nicht nur eine einleuchtende Darstellung der Komplexität der Umweltthematik (Umweltprobleme waren im Erscheinungsjahr des Romans längst nicht so allgemein bewußt wie heute), sondern auch eine Gestaltung der literarischen Figuren, die er in ihrer Lebendigkeit und Genauigkeit erst wieder in seinem jüngsten Buch erreichte, dem Roman „Kurs Minosmond" (1986).

Ebenso wie in „Das Rätsel Sigma" sind es hier die mit der Klärung rätselhafter Vorfälle Beauftragten, die sich wohltuend gegenüber den sonst eher steif wirkenden Pärchen in Tuschels Büchern abheben.

In „Kurs Minosmond" greift Tuschel eine Idee aus der oben erwähnten Kurzgeschichte auf: Jeder Mensch braucht, um seine Fähigkeiten wirklich voll auszuschöpfen, mehrere Tätigkeitsbereiche. Geschildert wird eine kommunistische Gesellschaft, in der jeder Bürger drei „Berufe" hat. Zuerst den Dienst (das, was wir heute als Beruf bezeichnen), dann das Handwerk (was sich mit dem heutigen Hobby vergleichen läßt) und als Wichtigstes eine Kunst. Auf allen drei Gebieten wird jeder Bürger gleichermaßen gefordert, und ungeahnte Potenzen werden freigesetzt. Nachdem die Dreiteilung in der sogenannten „Stabilen Gesellschaft" über etliche Jahrzehnte andauerte, führt sie, so Tuschel, schließlich zu einem evolutionären Sprung in der Menschheitsentwicklung. Das Gehirn entwickelt prinzipiell neue Fähigkeiten, die bisher zwar latent vorhanden waren, aber erst nun zur Massenerscheinung werden. Der Homo superior ist im Entstehen.

Diese Konzeption liegt einer Geschichte zugrunde, die dem Muster von „Das Rätsel Sigma" folgt. Sie beginnt mit einem seltsamen Todesfall und führt über etliche Zeichen für die neue Entwicklung zu der überraschenden Erkenntnis, daß sich das Ende der sogenannten Stabilen Gesellschaft anbahnt. Fanatiker, die an Levitation glauben, stürzen sich von einem Abhang, Raumfahrer versetzen sich während eines Marssturmes in todesähnlichen Schlaf, um Energie zu sparen, Kranke kurieren sich mittels Willenskraft selbst, Physiker schalten sich geistig zusammen, Venussiedler beginnen die Telepathie zu nutzen. Das ungleiche Ermittlerpärchen führt den Leser durch eine Zukunftswelt. Dabei muß ihnen, da sie immer wieder Außenstehende sind, vieles erklärt werden. Einerseits entsteht dadurch ein Panorama jener Welt, andererseits verkommt das Erzählen immer wieder zum Dozieren. Tuschel beschränkt sich auf nur vier einprägsam gestaltete Hauptpersonen, denen er jeweils einen Handlungsstrang zuordnet. Dabei greift er im Lauf des Romans zahlreiche Ideen und Requisiten seiner früheren Bücher und Geschichten auf; etwa die automatische selbstlernende Fabrik aus „Kommando Venus 3", die autarken Ökologien kleiner Siedlungen aus „Der purpurne Planet", die physikalischen Gedankenspiele aus „Experiment Antimaterie" (einer der Raumsicherheits-Geschichten) oder der überlegte Einsatz der Möglichkeiten komplexer Computertechnik wie in „Die Insel der Roboter". Alle diese Rückgriffe sind nicht einfach Wiederholungen, sondern Anwendungen und Anpassungen, die der Durchsetzung des Grundgedankens vom evolutionären Sprung der Menschheit dienen. Diese Geschlossenheit und Konsequenz der Gestaltung und die stimmige Umsetzung machen „Kurs Minosmond" zu Tuschels bisher bestem SF-Roman.

(K)

Ulbrich, Bernd

(* 1943 in Berlin)

arbeitete als Chemiefacharbeiter und – nach einem Studium an der Humboldt-Universität – als Diplomchemiker in der Industrieforschung; seit 1976 ist er freischaffender Schriftsteller. Obwohl sein drittes, jüngstes Buch „Abends im Park und nachts und morgens" (1983) nur Gegenwartserzählungen enthält (in denen phantastische Momente lediglich als allegorische Sprachfigur oder als Reflex der Phantasien handelnder Personen auftreten), darf er nach Anzahl und Popularität seiner Arbeiten vor allem als Autor von Science-fiction gelten: dazu gehören 19 Erzählungen Ulbrichs, gedruckt in seinen beiden ersten Sammelbänden und in Anthologien, sowie die beiden Hörspiele „Havarie im Kosmos" und „Die Roboterfalle" (gesendet 1976 bzw. 1977).

Bernd Ulbrich debütierte 1975 mit der SF-Geschichte „Der verhexte Kater" und beeindruckte durch originelle Charakterzeichnung, schlagfertige Dialoge und souveräne Handhabung der SF-Requisiten. Zu diesen Vorzügen gesellten sich in dem Band „Der

unsichtbare Kreis" (1978) thematische und gestalterische Variabilität sowie – in den meisten Beiträgen – die gezielte Anwendung der SF-Idee, um ein moralisches Problem auszuloten. Der Band enthält zehn Texte, darunter eine typische Pointen-Story („UFO"), eine Satire in der Machart der Lemschen „Sterntagebücher" („Ein unglaublicher Planet") und eine ins SF-Milieu transponierte Gespenstergeschichte („Die letzte Nacht"); diese sind von Ulbrichs persönlichem Erzählstil geprägt, gehen jedoch in der Substanz mitunter nicht über längst bekannte Muster hinaus. Gehaltvoller und für den Band charakteristischer sind die ernsthaften, oft tragischen moralisch akzentuierten Beiträge, die zudem in der Regel auch die Spannungsmomente des SF-Abenteuers geschickt nutzen. In der Titelerzählung erscheint ein außerirdisches Wesen dem Helden in Gestalt einer Frau, die er einst liebte; wie jene Liebe scheiterte, so endet der Kontakt tragisch wegen der Prinzipien des Helden. (Das SF-Motiv erinnert an Lems „Solaris", ist aber eigenständig gestaltet.) In der Erzählung „Ein Gott hat geweint" entwirft der Autor das antiutopisch-warnende Bild einer Gesellschaft, die völlig von ihrem Ideal der „Sanftheit" und der künstlichen, widerspruchsfreien Schönheit geprägt ist, dabei wesentliche Komponenten der Menschlichkeit eingebüßt hat; das demonstriert Ulbrich am Einzelschicksal einer Familie, die bei einem Ausflug ins All auf den zu einem Kristall erstarrten Raumfahrer aus früheren Zeiten trifft; der Kontakt mit dem schattenhaften Widerhall der Psyche jenes „lebenden Fossils" macht den Sohn der Familie untauglich für ein Leben in seiner Zeit, seiner Welt. Ein ebenso eindringlicher und philosophisch anspruchsvoller Entwurf einer Gesellschaft findet sich in der Geschichte „Die Barriere", doch geht es darin nicht nur um eine zurückgezogene, mit menschlichen Begriffen und Werten nicht faßbare Zivilisation auf dem Mars, die sich einem von ihr selbst realiter geschaffenen gottähnlichen Wesen unterworfen und einbeschrieben hat, sondern

auch um das Verhältnis irdischer Raumfahrer zum Fremden, Andersartigen, Unbegreiflichen.

Die sieben Erzählungen im Band „Störgröße M" (1980) konzentrieren sich noch stärker auf das Vorführen von Charakteren und die Erörterung moralischer Prinzipien. Diese auch schon in der ersten Sammlung sichtbare Tendenz überzieht der Autor in einigen der neueren Texte (z. B. in „Der Cerpendeel-Effekt"): das moralische Anliegen wird nicht mehr in Handlung und poetische Bilder umgesetzt, sondern in Gesprächen, Monologen und Reflexionen ausgebreitet; die SF-Motive und die ganze äußere Handlung sind nur mehr Anlaß und Gelegenheit für den Diskurs und fast austauschbar. Der Band enthält jedoch auch Geschichten, in denen Handlung und Anliegen des Autors eine Einheit bilden und erstere jenes Maß an Eigenständigkeit und Eigendynamik besitzt, das nötig ist, wenn Spannung aufkommen und die Fabel nicht *nur* Illustration der Aussage sein soll. Das beste Beispiel dafür ist in der zweiten Sammlung „Das Jubiläum", wo sich ein schon legendärer Kosmosheld lange nach seinem Tode als Schuft und Verräter an seinen Kameraden erweist und zwei Raumfahrer, die diesen Fakt unter dramatischen Umständen entdecken, sich vor der Wahl zwischen dem Eigenwert der Wahrheit und ihrem pragmatischen Zweck sehen — nicht nur in Bezug auf den schon sakrosankten Heldenkult daheim auf der Erde, sondern auch gegenüber den von dem „Helden" im All zurückgelassenen Menschen, die unter den kargsten Bedingungen dennoch überlebt und deren Nachkommen das Bild der irdischen Menschheit entstellt haben, um ihr eigenes kümmerliches Dasein und die Unmöglichkeit einer Rückkehr besser zu ertragen.

Unter einem anderen moralischen Aspekt, doch wiederum mit der gelungenen Integration von SF-Motiv und moralischem Thema behandelt Bernd Ulbrich den Konflikt zwischen der Selbstverwirklichung des Protagonisten und seiner Anpassung an soziale Gegebenheiten in der Erzählung

„In eigenem Auftrag" (1981 in „Lichtjahr 2"): Auf einem fernen Planeten, den er gegen ein bestehendes Verbot anfliegt, stellt eine außerirdische Maschine ein Duplikat des Helden her, das funktionaler, effizienter und skrupelloser als das Original ist und sich ihm bei einem Duell als überlegen erweist, sein menschlicheres Ich tötet.

Keine Science-fiction-Geschichte ist „Haus in der Heide" (1983 in „Sinn und Form"), vielmehr wird darin das Instrumentarium der Unheimlichen Phantastik genutzt. Ein ziemlich verkommener ehemaliger Arzt, der es zu seinem Lebensprinzip gemacht hat, jede Bindung an andere Menschen, jegliches Engagement zu vermeiden, quartiert sich in einem einsamen Haus ein, wo vor ihm schon etliche Bewohner verschwunden sind, nachdem sie alle Hacken und Seile gekauft hatten. Wie sie, entdeckt er unter dem Keller des Hauses ein Gewölbe, das der leere Schädel eines in der Erde begrabenen Riesen ist. Dieser, der letzte aus einem vormenschlichen Geschlecht, lebt als Skelett weiter von der Kraft der Menschen, die in ihn geraten, besser: vor der Außenwelt geflohen sind, und die physisch wie psychisch nicht zurückfanden und in ihm starben, dabei ein Teil von ihm wurden – anders als der Held, der doch noch den Weg in die Gesellschaft findet, aber einen Nachfolger in das Haus schickt.

Auch diese Erzählung beweist, daß Ulbrich dann Außergewöhnliches leistet, wenn er nicht dem in einigen Bereichen der Gegenwartsliteratur modischen Trend zu Diskursen, Zustandbeschreibungen und bemühten Symbolismen folgt, sondern einer starken Fabel, einem bildhaften phantastischen Motiv vertraut.

(Si)

Vieweg, Heinz

(* 1920 in Dresden)

ist Diplomphysiker von Beruf. Er lebt als freischaffender Schriftsteller in Senzig bei Berlin. 1953 wurden zwei Jugendbücher veröffentlicht („Die dreizehn

Stromer" und – zusammen mit Charlotte Vieweg – „Klaus funkt daneben"), 1956 die Abenteuererzählung „Flucht in die Wüste".

In der SF debütierte er 1955 mit „Ultrasymet bleibt geheim". Dieser Roman ist vergleichbar mit den technischen Utopien von del' Antonio (besonders „Gigantum"), wobei sich Vieweg auf eine einzige phantastische Erfindung beschränkt, auf Ultrasymet, einen mit Hilfe von Ultraschall aus in der algerischen Wüste gefundenen Kristallen verdichteten Superwerkstoff, dessen Eigenschaften denen des Stahls überlegen sind. Die Stahlkonzerne wollen mit allen Mitteln die Einführung des Werkstoffs verhindern und senden Agentenscharen aus. So versagen Maschinen, brechen Mauern zusammen, werden Menschen ermordet, arabische Nationalisten zum Aufstand aufgeputscht. Die deutschen und algerischen Wissenschaftler lassen sich kaum beirren. Am Ende werden die Spione entlarvt, die Aufständischen mit Ultraschall in die Flucht geschlagen. Die Geschichte besticht vor allem durch die Milieukenntnis des Autors, der den algerischen Handlungsraum anschaulich vorzuführen weiß; sie ist ein von Ereignis zu Ereignis, von Katastrophe zu Mordanschlag hetzender Abenteuerroman. Äußerliche Spannung dominiert.

„Die zweite Sonne" (1958) ist ein äußerlich völlig unspektaku-

lärer Roman, eine Alltagsgeschichte mit wenigen phantastischen Momenten. Ein Ehepaar – sie Künstlerin, er Wissenschaftler – hat Probleme miteinander, da sich keiner für die Arbeit des anderen interessiert. Auch an seinem Arbeitsplatz hat der Physiker Schwierigkeiten, weil niemand an seine fixe Idee glaubt, einen Halbleiter mit hohem Wirkungsgrad entwickeln zu können. Doch es gelingt, ein Photoelement entsteht, das, betabestrahlt durch Strontium-90, absolut betriebssicher Elektroenergie liefert. Ein mißgünstiger Kollege macht sich an die vereinsamte Frau heran und sorgt dafür, daß die Atombatterie ihre Bewährungsprobe in der Arktis vorerst nicht besteht. Die Figuren werden zur Erkenntnis geführt, daß eheliche Gemeinsamkeit genauso wichtig ist wie beruflicher Erfolg. Die Beschreibung einer abenteuerlichen Tauchfahrt unter dem Eis der Arktis ergänzt die Handlung um das Ehepaar.

Vieweg ging es insbesondere um die Möglichkeiten von Wissenschaft und Technik, menschliches Leben zu erleichtern, und er vermittelt einen vorwiegend technisch geprägten Zukunftsoptimismus. Als einer der ersten SF-Autoren machte er aber zugleich darauf aufmerksam, daß menschliche Grundwerte der Beschleunigung des Fortschritts nicht zum Opfer fallen dürfen.

Außer diesen beiden Romanen hat Heinz Vieweg sechs SF-Erzählungen veröffentlicht, die sich vornehmlich an Kinder und jugendliche Leser wenden und einen stark populärwissenschaftlichen Charakter haben.

(M)

Weise, Lothar

(1931–1966)

wurde in Ebersbach (Sachsen) geboren. Er war von Beruf Weber, dann Textilingenieur und schließlich Haupttechnologe in einer Damastweberei, bevor er 1962 freischaffender Schriftsteller wurde. Seine erklärte Absicht war es, die neuesten wissenschaftlichen Erkenntnisse in populärer Form zu vermitteln. Zusammen mit Kurt Herwarth Ball (s. d.) verfaßte er drei Science-fiction-Erzählungen, die 1957 bis 1959 in der Heftreihe „Das neue Abenteuer" veröffentlicht wurden, ferner den Roman über US-amerikanische Kernwaffentests „Atomfeuer über dem Pazifik" (1959).

1962 erschien Lothar Weises SF-Roman „Das Geheimnis des Transpluto". Irdische Klassenkämpfe werden ins Weltall übertragen und von den Bewohnern des Transpluto ausgefochten. Nach der Expeditionsvorbereitung werden Raum- und Planetenabenteuer vorgeführt. An Bord sind außer den Raumhelden aus dem sozialistischen Lager auch ein Spion aus den kapitalistischen

Reststaaten und eine von ihm erpreßte Frau, der erst die Liebe die Kraft gibt, sich ihm entgegenzustellen. Auf dem Transpluto nimmt der Spion Verbindung zum Ausbeuterstaat auf, während alle anderen im kommunistischen Transplutostaat landen. Es kommt zum bewaffneten Konflikt, der – zeitentsprechend – mit der Vernichtung einer Seite endet. Als sich der kommunistische Staat in dem ihm aufgezwungenen Vernichtungskampf als technisch überlegen erweist, wollen die Ausbeuter den ganzen Planeten in ihren Untergang hineinziehen, was ihnen nicht gelingt.

Die Bewohner des Planeten hinter dem Pluto entstammen dem zwischen Mars und Jupiter vor Jahrtausenden zu Asteroiden zerplatzten Planeten – eine damals in der SF gern genutzte Hypothese.

„Unternehmen Marsgibberellin" (1964) beginnt als Alltagsutopie und endet mit Raum- und Planetenabenteuern. Breite populärwissenschaftliche Beschreibungen – vom Aufbau der Pflanzenzellen bis zur Funktionsweise eines Raumschifftriebwerkes – ergänzen die Handlung. Ungewöhnlich ist der Held des Romans, der bei einer Marsexpedition verstümmelte und rauschgiftsüchtig gewordene Professor Blüthner. Per Zufall entdeckt er, daß ein aus Marspflanzen gewonnenes Präparat bei irdischen Pflanzen Riesenwuchs erzeugt. Zugleich erzeugt es Halluzina-

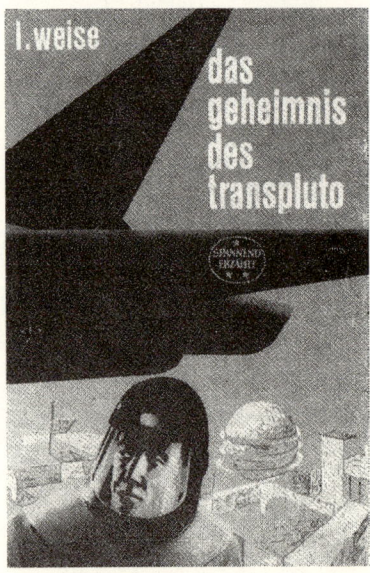

tionen und macht süchtig. In einem Forschungsinstitut wird das Marsgibberellin in zahllosen Versuchen getestet. Blüthner experimentiert auf eigene Faust und wird zur Rechenschaft gezogen. An der Marsexpedition, die neuen Wuchsstoff holen soll, nimmt er nicht teil. Die Expedition steht vor unerwarteten Schwierigkeiten und kehrt nach etlichen Abenteuern unverrichteter Dinge um. Blüthner hat indessen auf der Erde etwas annähernd Gleichwertiges entdeckt.

Nach dem frühen Tod des Verfassers erschien die SF-Erzählung „Im Eis des Kometen" (1968), die von K. H. Ball für die Publikation bearbeitet wurde. Weise schildert in komplizierter Erzählstruktur – der Erinnerung eines Journalisten an die Begegnung mit einem Raumfahrer und dessen rückschauende Erzählung – ein traditionelles Raumabenteuer. Die Besatzung eines havarierten Raumschiffes zapft die Wasservorräte eines Kometen an, wobei ein Besatzungsmitglied umkommt. Neben der zentralen Frage nach Schuld und Verzeihung werden Fragen nach der Ausbreitungsgeschwindigkeit der Gravitation und der Möglichkeit, die Lichtgeschwindigkeit zu übertreffen, gestellt.

(M)

Weitbrecht, Wolf

(1920–1987)

wurde in Stuttgart geboren und hieß eigentlich Wolfgang Weitbrecht. Nach Medizinstudium und Promotion wurde er Facharzt für Sozialhygiene. Von 1947 bis 1953 war er Assistenzarzt, bis 1955 dann Amtsarzt in Berlin-Köpenick und bis 1957 stellvertretender Bezirksarzt von Berlin. Die darauf folgende Funktion des 1. Vizepräsidenten des DRK der DDR gab er 1974 auf, um als Chefredakteur der medizinischen Zeitschrift „humanitas" zu arbeiten. Von seiner Pensionierung im Jahre 1985 bis zu seinem Tode widmete er sich ganz dem literarischen Schaffen. Außer seinen SF-Büchern veröffentlichte er auf belletristischem Gebiet eine

Erzählung sowie einen Reisebericht.

Weitbrechts SF-Erzählungen stellen in der Regel eine phantastische Entdeckung oder Erfindung in den Mittelpunkt und spielen die sich daraus ergebenden Möglichkeiten durch. In den beiden Storysammlungen „Das Psychomobile" (1976) und „Die Falle des Alderamin" (1982) wird von einer Maschine berichtet, die Ärger in Energie umwandelt, von einem nach Wells gebauten Zeit-Tandem, von intelligenten Ratten, von einem bedrohlichen Homo superior, von einer unheimlichen Falle auf einem fremden Planeten u. a. m. (Die Erzählung „Die Falle des Alderamin" weist Parallelen zu der Geschichte „Die Unmöglichkeitsformel" von Woiskunski/Lukodjanow auf). Daneben gibt es satirische Skizzen, in denen Weitbrecht bekannte SF-Motive verspottet, darunter solche, die er selbst in seinen Romanen verwendet hat. So beschreibt er in der Kurzgeschichte „Der Besuch des Lauriniden" sein angebliches Treffen mit einem Zwerg, der von den Aliens abzustammen behauptet, denen in Weitbrechts erstem Roman nachgeforscht wird.

„Das Orakel der Delphine" (1972), ein Buch, das immer noch als sein bestes gilt und seine Faszination bis heute nicht verloren hat, berichtet vom sympathischen Ehepaar Huber. Berthold Huber ist besessen von der Idee, daß Märchen und Sagen einen realen Kern besitzen müssen. Er konzentriert sich auf die unzähligen Geschichten über Zwerge und stellt die These auf, sie seien Aliens gewesen, die „Lauriniden". Diese Verbindung aus den Hirngespinsten des v. Däniken und alten Märchen ergibt eine locker geschriebene Romanhandlung, während der nach und nach greifbare Beweise für Berthold Hubers These gefunden werden – Spiralen mit Bildaufzeichnungen, außerirdische Bauwerke und Hinweise darauf, daß es zwischen den Delphinen und den Aliens eine Verbindung geben muß. Weitbrecht nutzt seine Kenntnisse aus Biologie und

Genetik, um schließlich ein Forscherkollektiv im Hirn der Delphine eine Botschaft entdecken zu lassen. Diese wird mittels Laser sichtbar gemacht, so daß unter dem Mikroskop sumerische Keilschrift zu lesen ist – eine in ihrer Naivität schon wieder rührende Idee. Der Text des Orakels verspricht einen weiteren Besuch durch die Lauriniden, wenn die Menschheit weit genug entwickelt ist, um ein bestimmtes Zeichen zu geben.

Das wird mit einem gewissen gemütlichen Schwung erzählt und ist trotz der teilweise haarsträubenden Spekulationen stets glaubhaft und nachvollziehbar, weil die Geschichte immer an das so natürliche und unspektakuläre Ehepaar Huber gebunden bleibt.

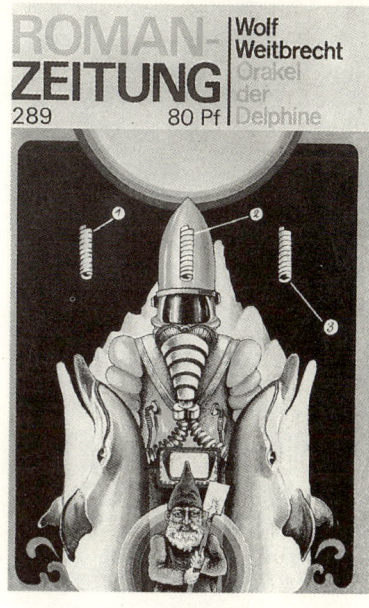

Das Rätsel um das Orakel der Delphine wird in der Fortsetzung „Stunde der Ceres" (1975) gelöst. Tom, der Sohn der Hubers, ist Kommandant eines Raumschiffes, das die Möglichkeit entdeckt, den Planetoiden Ceres zu einer neuen Sonne werden zu lassen und so jenes Zeichen zu geben, das die Aliens verlangten. Die international zusammengesetzte Besatzung trägt das Vorhaben dem „kosmischen Rat" vor, der das Projekt für die Zukunft vormerkt. Doch sind da noch Reste der kapitalistischen Staaten und ihre Vertreter, was Weitbrecht Gelegenheit gibt, der schönen Welt des zukünftigen Kommunismus eine arge des niedergehenden Imperialismus gegenüberzustellen und dabei auf plakative Weise schwarzweißzumalen. Alle denkbaren negativen Absichten und Charakterzüge werden dem Mister Parker zugeschrieben, der damit in einer kurzschrittigen Vereinfachung zum „bösen Buben" wird. Diesem Parker fällt nicht nur ein ahnungsloses Besatzungsmitglied in die Hände, er besitzt außer einem Privatraumschiff auch noch die einzigen (weil verbotenen) Antimateriebomben und hat als einziger auf der Erde (auch verbotene) Kyborgs produziert. Natürlich stellt sich bald nach dem Start von Parkers Raumschiff heraus, daß der Plan des

Schurken verderblich werden kann: Die explodierende Ceres könnte die Erde verbrennen. Man schickt Tom Huber hinterher, um die Katastrophe zu verhindern. Konflikte zwischen den Kyborgs und den „richtigen" Menschen treten auf, weil das kyborgisierte Hirn eines amerikanischen Farbigen (hier werden Südstaatenklischees bedient) mit dem neuen Leben nicht zurechtkommt. Die Ceres flammt viel zu früh auf, vernichtet Parkers Schiff und tötet Tom Huber mit dem Großteil seiner Besatzung. Die Erde gerät nicht in Gefahr, Parker hatte doch richtig gerechnet. Verkalkuliert hat er sich nur mit seinem Plan, mit der Ceres-Aktion die Weltherrschaft zu erringen — diese unsinnige Idee wird ihm vom Autor in den Mund gelegt. Der Rest des Buches befaßt sich mit dem Untergang des Parker-Imperiums (die übrige kapitalistische Welt geht gleich mit unter, sozusagen in einem Aufwasch), der Belebung des Mars durch die neue Sonne und mit dem Auftauchen einer Station der Aliens vom Meeresgrund. Dort wird den Menschen die Aufnahme der Erde in den Großen Galaktischen Rat versprochen.

Diese Fortsetzung des erfolgreichen ersten Romans krankt hauptsächlich an allerlei Simplifizierungen und an dem etwas krampfhaften Versuch, aus Personnage und Inventar eines in sich abgeschlossenen Buches einen zweiten Band herauszupressen.

Im nächsten Roman wechselt Weitbrecht den Märchenstoff. Statt Zwergenmärchen entpuppen sich die Sagen von den Schwanenjungfrauen als Alien-Sichtungen. „Stern der Mütter" (1980) ist die Geschichte eines Mannes, dem die Frau abhanden kommt. Nach kriminalistischem Hin und Her stellt sich heraus, daß Lo vom Planeten Siran kam, wo als Folge eines gewagten Experiments das männliche Geschlecht ausgestorben ist. Man führte im letzten Augenblick die Parthenogenese ein, um die Art zu erhalten. Die entstandene Frauenzivilisation pflanzt sich zwar fort, doch bringt sie viel mehr als das nicht zustande und entsendet Kundschafterinnen auf die Erde. Diese vermögen, eingehüllt in einen Schleier, nahezu mit Lichtgeschwindigkeit durchs All zu reisen. Einige von ihnen sind auf die aus den Märchen bekannte Weise zum Bleiben gezwungen worden. Die verschwundene Ehegattin war eine Kundschafterin des Siran, und als die Menschheit eine Raumexpedition zum fremden Planeten ausrüstet, läßt sich die Teilnahme des vereinsamten Mannes einrichten. Angekommen, findet man eine der Degeneration entgegengehende Frauengesellschaft. Da müssen schon die Männer von der Erde kommen und ihren hilflosen Kolleginnen auf dem Siran unter die

Arme greifen. Mit überlegenen wissenschaftlichen Kenntnissen gelingt es ihnen, die genetischen Defekte der Siranerinnen rückgängig zu machen, so daß sich wieder eine normale zweigeschlechtliche Gesellschaft entwickeln kann. Damit ist auch in diesem Roman das für Weitbrecht typische totale Happy-End erreicht.

Auch „Die Relativen der Astron" (1985) steuert auf so ein Happy-End zu, allerdings ist Weitbrecht hier von seiner probaten Methode, aus der Verifizierung eines Märchenstoffes einen SF-Stoff zu machen, abgewichen. Er läßt den Roman beginnen wie allzu viele andere SF-Romane: Man hat einen Grund, irgendwohin zu fliegen, nimmt sich das jeweils neueste, beste und schnellste Raumschiff und fliegt los. Bis hierhin gibt es sowohl die gewohnten technischen Erklärungen des Inventars als auch etliche Gespräche über die psychischen Belastungen, denen die Raumfahrer ausgesetzt sind, von denen niemand seine Familie oder Bekannten wiedersieht – der Flug wird zweihundertfünfzig Jahre dauern. Auf der endlich angetretenen Reise spitzen sich diese Auseinandersetzungen immer mehr zu, und auch die seelischen Probleme der Besatzung wachsen. Es gibt eine Schlägerei an Bord, und ein farbiger Raumfahrer beginnt Voudou-Magie zu veranstalten (diese Szene hinterläßt einen besonders zweifelhaften Eindruck, weil dem Farbigen wie selbstverständlich der Rückfall ins Atavistische zugeschrieben wird). Dann leidet man allgemein unter Alpträumen, und die Kommandantin beschließt umzukehren: Sie wollen das Schicksal der Relativen nicht teilen. Als die „Astron" wieder auf der Erde ist, stellt sich heraus, daß man eine viel bessere Methode gefunden hat, den Forschungsauftrag zu erfüllen. Und ob ihres mutigen Entschlusses zur Rückkehr feiert man die Kosmonauten. So ist das Happy-End wieder einmal gesichert und wirkt wie die Beweisführung des Leitsatzes der „Astron"-Besatzung (In dubio pro homines). Insgesamt ist dieser Roman Weitbrechts wohl eher ein Rückfall in die Anfangszeiten der DDR-SF, in der es nicht so sehr um die Gestaltung literarischer Figuren ging als um die Darstellung wissenschaftlicher Themen und technischer Neuerungen. Auch die Aufnahme einer „Nachbemerkung", die Quellen für Zahlenangaben und Theorien nennt, paßt in dieses Bild. Da wirken dann die eingefügten psychologisierenden Passagen wie nachträglich in den Text eingefügt, der deutlich hinter dem zurückbleibt, was Wolf Weitbrecht mit „Orakel der Delphine" geleistet hat.

(K)

Wilke, Ursula

(* 1934 in Hennigsdorf) und

Wilke, Joachim

(* 1928 in Berlin)

Ursula Wilke kam 1953 als Volontär der "BZ am Abend" nach Berlin. Sie hat ein Journalistik-Fachschulstudium absolviert; nach dem Abschluß eines 1963 begonnenen Philosophiestudiums an der Humboldt-Universität wirkte sie dort um 1970 an der Gründung des Bereichs Ethik mit. Auf die Promotion A zu "Fragen des Risikos und einige moralische Aspekte" (1975) folgte 1980 die Promotion B über den "Moralfortschritt in der Geschichte". Sie ist jetzt Hochschuldozentin und amtierende Leiterin des Bereichs Ethik. Sie hat Fachartikel in Zeitschriften des In- und Auslands veröffentlicht und Ethik-Lehrbücher geschrieben bzw. herausgegeben; ihrer Feder entstammt das Kinderbuch "Jochen, Päule, Chimborasso" (1959). Ihr Mann Joachim war nach dem Abbruch eines Geographie-Studiums an der Humboldt-Universität Ende der vierziger Jahre Journalist bei verschiedenen Zeitungen in Berlin, danach freischaffend. Ein Studium an der Akademie für Gesellschaftswissenschaften beim ZK der SED schloß er als Diplom-Gesellschaftswissenschaftler ab, jetzt ist er wissenschaftlicher Mitarbeiter am Institut für Philosophie der AdW der DDR. Er hat Belletristik und philosophische Fachtexte (u. a. Hegel-Manuskripte) aus dem Französischen sowie aus dem Englischen und Russischen übersetzt und gemeinsam mit seiner Frau die Kinderbücher „Helle im Tor" (1963) und „Das Mädchen von der Tankstelle" (1964) verfaßt.

In „Peter und der Sternenkater" (1969) versuchen die Autoren, eine Geschichte aus dem Jahre „zweitausend..." zu erzählen und ein Bild der Havelstadt Potsdam und ihrer Menschen zu geben. Mit dem Sternenkater kommt ein Element des Märchenhaften in die kleine Erzählung, in der im übrigen aber die Ausstellung von technisch-phantastischen Geräten und Verfahren bis ins Schwelgerische dominiert. Probleme ergeben sich lediglich aus dem Funktionieren bzw. Nichtfunktionieren von Technik; alle Figuren – auch die Kinder – sind permanent mit Reparatur- oder Erfindungsfragen (auch gedanklich) beschäftigt. Es entsteht der Eindruck einer technisch hypertrophierten Welt, in der Menschen sich zwar als Herren der Maschinen fühlen, in Wahrheit aber ganz von ihnen geprägt sind. Daß dies nirgends kritisch reflektiert, sondern als Positivum ausgestellt wird, macht die engen Grenzen des Buches sichtbar. Trotz der Versuche, über Rahmung und stellenweise direkte Leseransprache erzählerisch aufzulockern, wirkt die Geschichte in heutiger Lesart

ästhetisch wenig überzeugend und fällt auch gegenüber zeitgleich erschienenen Erzählungen des Genres ab.

(P)

Wuckel, Dieter

(* 1928 in Leipzig)

arbeitete nach Rückkehr aus der Kriegsgefangenschaft zunächst als Bäcker, dann als Lehrer. Er studierte Germanistik, promovierte 1967; mit der Promotion B (über „Raum und Zeit in der Erzählprosa") wurde er 1975 Dr. sc. phil. Er ist Professor und Leiter des Wissenschaftsbereiches Deutsche Literatur an der Pädagogischen Hochschule „Clara Zetkin" in Leipzig und betreut dort u. a. Dissertationen zur SF der DDR. Er veröffentlichte zahlreiche literaturtheoretische, literaturhistorische und literaturpädagogische Arbeiten, ist Herausgeber, Autor bzw. Mitautor einiger Bücher und Broschüren, darunter „Grundbegriffe der Literaturanalyse", „Sachwörterbuch für den Literaturunterricht". Er rezensierte SF-Bücher in Tageszeitungen, veröffentlichte Aufsätze über SF im „Deutschunterricht" und in den „Weimarer Beiträgen".

1986 erschien das Sachbuch „Science Fiction. Eine illustrierte Literaturgeschichte". Wuckel setzt seinen Überblick bei den klassischen Sozialutopien der Renaissance an, räumt Jules Verne und Herbert George Wells

eigene Kapitel ein. Hauptsächlich befaßt er sich mit der SF, die in diesem Jahrhundert entstand, wobei er sich wesentlich auf amerikanische und europäische SF beschränkt. Kurz gestreift wird auch die DDR-SF, als deren Hauptstrom er die Darstellung herkömmlicher Abenteuer für ein jugendliches Publikum einschätzt.

(M)

Ziergiebel, Herbert

(* 1922 in Nordhorn, Niedersachsen)

aufgewachsen in Berlin, lernte hier Maschinenschlosser, qualifizierte sich dann zum technischen Zeichner und Teilkonstrukteur (1941). Wegen individueller antifaschistischer Widerstandsaktionen war er in Gefahr, verhaftet zu werden; rechtzeitig gewarnt, konnte er fliehen und fand in Tirol Unterschlupf sowie Arbeit. 1942 schließlich doch verhaftet, kam er nach Innsbruck ins Gefängnis und danach ins KZ Dachau, von wo ihm unmittelbar vor Kriegsende eine abenteuerliche Flucht gelang. Nach dem Krieg studierte er Geschichte und Literatur, arbeitete als Redakteur beim Berliner Rundfunk, 1955/56 als Zeitungskorrespondent in Budapest. Seitdem lebt er als freischaffender Schriftsteller in Berlin.

Nur zwei der sechs Romane, die Herbert Ziergiebel bislang schrieb, gehören in den Bereich der Science-fiction-Literatur, von seinen Erzählungen nur eine („Die Experimente des Professors von Pulex" in der Anthologie „Der Mann vom Anti", 1975). Vorher hatte er den Roman um Ferdinand von Schill „Rebellen" (1953) und die Reisereportage über Albanien „Der letzte Schleier" (1956) geschrieben, die Romane „Wenn es Tag wird" (1959), „Das Gesicht mit der Narbe" (1959) und „Satan hieß mich schweigen" (1962). Einige von seinen Erzählungen sind in dem Band „VIZEDUSA und andere merkwürdige Begebenheiten" (1975) gesammelt; von seinen zahlreichen Hörspielen ist ein großer Teil für Kinder bestimmt.

Trotzdem verbindet sich mit

Ziergiebels Namen ein wichtiger Einschnitt in der Geschichte der SF innerhalb der DDR. Sein Roman „Die andere Welt" (1966) machte nachdrücklich darauf aufmerksam, daß auch in diesem Bereich das Gesetz gilt, wonach literarisch letztlich nur das zählt, was sich in und zwischen Menschen abspielt, und damit war die Zeit rein technischer, auf Wissenschaft, Produktion und vor allem Produkte beschränkter „Zukunftsromane" praktisch beendet. Dabei ist Ziergiebel nicht etwa ein „Wissenschaftsmuffel". Er liest, was er an Literatur, die über neue Forschungen und Erkenntnisse berichtet, nur erreichen kann, und nicht zuletzt ist er seit seiner Jugend begeisterter Hobby-Sterngucker. Das in „Zeit der Sternschnuppen" beschriebene märkische Bauernhaus mit einem Teleskop auf dem Hof gibt es wirklich. Daß er aber „seinen" Himmel und „seine" Erde so sieht, wie er es in seinen Romanen darstellt, hängt wohl mit einer Erfahrung zusammen, die sein Leben entscheidend prägte, mit seinen Jahren im KZ. Dort hat er gelernt, daß sich in der die menschliche Substanz ständig bedrohenden, zermürbenden Extremsituation diese menschliche Substanz erst wirklich offenbart und bewährt. Dort wohl hat er auch erlebt, wie der von den normalen Schönheiten der Erde abgeschnittene Gefangene erkennt, daß seine ganze Existenz aus diesen alltäglichen, ja banalen Schönheiten gespeist ist und noch im Abgeschnittensein von ihnen zehrt. Von diesen Erfahrungen sprechen auch seine Science-fiction-Bücher.

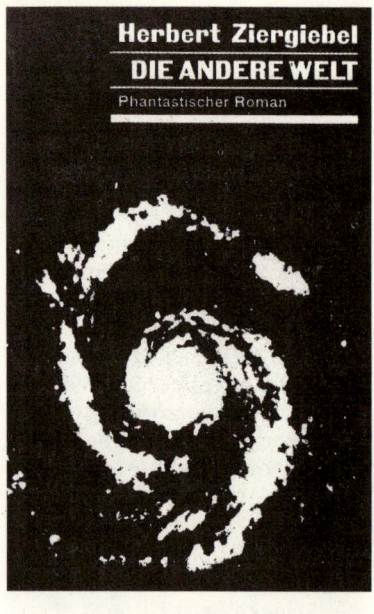

In „Die andere Welt" geht es um ein Raumschiff, das während einer Mondumkreisung mit einem Asteroiden kollidiert, so jedoch, daß es nicht sofort völlig zerstört, sondern „nur" seines Antriebs und seiner Sender beraubt wird, zugleich eine Beschleunigung erfährt, die es auf eine Planetenbahn um die Sonne katapultiert. Was als Unterkunft und Transportmittel für Tage gedacht war, verwandelt sich damit für die Besatzung in ein Gefängnis auf Lebenszeit, wenn nicht Hilfe von der Erde kommt. In diesem Gefängnis gibt es nicht einmal Hofgang. Lebenszeit aber bedeutet tatsächlich die Zeit bis zu einem natürlichen Tode, zunächst jedenfalls, denn Schutz gewährt das metallene Gehäuse ja noch, auch Atemluft und Nahrung, solange das Labor, der „Gemüsegarten", funktionstüchtig bleibt, wo eine Algenkultur Sauerstoff und Nahrung produziert. Als aber einer der Eingeschlossenen, der beim Zusammenstoß ein Schädeltrauma erlitt und als Folge davon die Zurechnungsfähigkeit verlor, diese Apparatur schwer beschädigt, verwandelt sich „Lebenszeit" in eine für alle gleiche, recht genau abmeßbare Frist, nach deren Ablauf sich das Todesurteil vollstrecken wird. Dies durchzustehen, ständig am Rande der Verzweiflung zu leben, oft genug von ihr gepackt, aber trotzdem zu leben, der Verzweiflung zum Trotz das menschliche Gesicht zu wahren – dies ist die Prüfung, die die Verunglückten zu bestehen haben.

Genauso eine Prüfung aber ist das Unglück für die auf der Erde Zurückgebliebenen. Nach dem Ermessen des gesunden Menschenverstandes muß das Raumschiff auf den Mond gestürzt und zerschellt sein. Ein Gedenkstein erscheint als die einzig mögliche Reaktion. Als nun ein Astronom das vorausberechnete Erscheinen eines Asteroiden vermißt, beim Überprüfen der bisherigen Bahndaten die Möglichkeit erkennt, daß eben jene Kollision stattfand, die stattfand, und zwar just auch mit der Möglichkeit der wirklich eingetretenen Folgen, will er von seinen mutmaßenden Schlußfolgerungen zunächst lieber schweigen, weil er schon einmal für eine Hypothese zum haltlosen Spekulierer gestempelt worden ist. Als er sich dennoch zum Sprechen überreden läßt, geschieht zunächst das Vorhergesehene – fast niemand glaubt ihm. Schließlich aber setzt sich seine Hypothese diesmal durch, wobei glückliches Mißverständnis und glücklicher Zufall nach Gebühr mitspielen. Eine Rettungsaktion wird gestartet und hat Erfolg.

Statt auf äußere Spannung konzentriert sich der Autor beim Gestalten dieser Fabel auf das, was sich in ihr als menschliche Wechselwirkung zwischen den Beteiligten sowie als Antrieb oder als Reaktion in ihrem Innern aufbaut und abspielt. So klopft er die Situationen auf ihren Gehalt an Emotion ab und scheut dabei auch die melodramatische Zuspitzung nicht. Abgebrühte Action-Leser mögen, was er so schreibt, als veraltete Empfindsamkeit belächeln. Aber in hohles Pathos gerät er nie, weil er, aus der Erfahrung durchaus vergleichbarer Wirklichkeit schöpfend, konsequent im Rahmen dessen bleibt, was die vorausgesetzte Situation rechtfertigt. Und im so unwahrscheinlichen positiven Ausgang steckt auch kein Tribut an literarische Konvention oder an ein Bedürfnis nach Erbaulichkeit, darin steckt nur der dritte Satz, den dieses Buch als Botschaft übermittelt: daß nämlich menschliche Substanz sich nicht zuletzt auf der Kraft zur Hoffnung gründet.

Äußerlich hat „Zeit der Sternschnuppen" (1972) damit fast nichts gemeinsam. Erzählt wird hier humorvoll von einem recht durchschnittlichen Zeitgenossen unserer Gegenwart, der von seiner Datsche aus Zeuge wird, wie ein seltsames, ihm unbekanntes Luftfahrzeug auf einer märkischen Wiese landet, der mit den Insassen dieses UFOs, sonderbaren kleinen, wenn auch nicht gerade grünen Männlein, Kontakt aufnimmt und schließlich

Zeit der Sternschnuppen

an Bord gelangt, um erst in der Nähe des Jupiter wieder zu erwachen. Natürlich hat er es mit dem Raumschiff aus einer fernen Galaxis zu tun, ganz direkt aber vor allem mit zwei anderen irdischen Gästen dort, die aus dem alten Babylon stammen, seitdem aber infolge relativistischer Zeitdilatation nur wenig gealtert sind, mit der schönen jungen Aul und ihrem alten langbärtigen Vater. Der neue Gast wurde aufgenommen, geholt quasi, weil Aul nun „in die Jahre" gekommen ist, und mangels Auswahl entspinnt sich zwischen den beiden zwangsweise so etwas wie Liebe, wenn auch als echte Leidenschaft nur von der Seite des Mädchens. Bevor er sich endgültig entscheidet, meint der „Erwählte" doch noch einmal zur Erde zurück zu müssen, um sein Haus zu bestellen, aber was er wirklich will, weiß er wohl selber nicht so ganz. Natürlich bringt er daheim alles durcheinander und landet erst einmal in der Nervenklinik. Aul befreit ihn mit einer herrlichen Slapstick-Komödie, aber sie muß am Ende dennoch allein die Erde verlassen, diesmal für immer.

Eine Beziehung zum vorausgegangenen Roman fällt beim Lesen allerdings auf. Dort hatte der Autor eine Episode eingefügt (Kapitel XII), worin ein offen ironisch gezeichneter Verfasser utopischer Bücher über mögliche Besucher aus fernen Galaxien schwadroniert, Besucher, die bestimmt schon hier waren und bestimmt wiederkommen werden. Genau das nun, was so als phantastischer Unsinn abgetan wurde, dient in „Zeit der Sternschnuppen" als Kern der Fabel. Allerdings ist hier der „Held" seiner Rolle offensichtlich überhaupt nicht gewachsen. Er vermag nicht einmal Klarheit über sich und seine Gefühle zu erlangen, und so unverstehend, wie er zuerst zum Jupiter gerät, so unverstehend bleibt er am Ende hier. Ihm ist nichts anderes widerfahren, als daß eine unverbindliche Träumerei ganz unwahrscheinlicherweise wahr wurde, mit der er in der Wirklichkeit nichts anzufangen weiß, so daß er zwischen begeisterter Zustimmung und erschreckter

Abwehr haltlos hin- und herschwankt. Das aber ist die Meinung des Romans: Macht euch keine Illusionen, was hier geschieht, wird nicht in Wirklichkeit geschehen, es ist nicht einmal wahrhaft zu wünschen, denn es macht unter den Voraussetzungen irdisch-menschlicher Begriffe keinen Sinn. Für den Erdgeborenen kann Heimat nur diese, seine Erde bieten, deshalb muß es sein wichtigstes Interesse sein, sie zu hüten. Also – hütet sie!

Das freilich sagt der Autor nicht bierernst, nirgends mit erhobenem Zeigefinger, sondern leicht, sogar übermütig. Zwischen den Zeilen räumt er auch ein, daß, so genau man um ihre Unmöglichkeit weiß, es doch schön sein kann, solchen Tagträumen nachzuhängen, wenigstens hin und wieder. Und damit gelingt ihm eine der hübschesten Fabeln, die in der SF-Literatur der DDR je erfunden wurden.

(E)

Zschocke, Gerda

(* 1935 in Groß Kosel/heute VR Polen) ist Diplomgermanistin und Historikerin. Sie arbeitet jetzt als Cheflektorin für Belletristik beim Tribüne-Verlag Berlin. Sie hat mehrere Anthologien bei verschiedenen Verlagen herausgegeben, darunter drei über die Zeit des Faschismus. Mit SF befaßt sie sich vorwiegend publizistisch und hat bis 1984 im Arbeitskreis Utopische Literatur des Schriftstellerverbandes mitgewirkt.

1986 gab sie die Anthologie „Zeitreisen" heraus, an der sich fünfzehn DDR-Schriftsteller mit vierzehn Geschichten beteiligten. Neben technikbetonten Erzählungen sind humoristische, märchenhafte, satirische, parabolische und kriminalistische vertreten und belegen in ihrer bunten Mischung, was alles sich aus dem Grundeinfall Zeitreise herausholen läßt. In „Etemenanki" (von Heinrich und Simon; zu allen hier vertretenen Autoren siehe unter ihren Namen) macht ein Zeitreisender mit heimischen Organisationsmethoden aus der Rekonstruktion eines kleinen Tempels den Turmbau zu Babel.

„Der History-Scout" (Weitbrecht) ruft durch sein Verhalten in der Vergangenheit hervor, was er verhindern wollte. „Das Zeitferkel" (Kellner) begräbt im Mief ungewaschener Hofdamen seine Träume von Orgien am Hofe Augusts des Starken. „Eleni" (Luthardt) fesselt einen Schriftsteller so sehr, bis er sich in Zeiten und Mythen verliert. Das „Ende einer Freundschaft" (Möckel) ist nahe, als die zum Renommieren in die Gegenwart geholten Vorfahren sich als verkommene Gauner entpuppen, die nicht mehr loszuwerden sind. Das per „Feedback aus der Zukunft" (Leman) entstandene Vorauswissen vermarktet ein Ingenieur, bis er merkt, daß er damit Gegenwart und Zukunft manipuliert und sein Glück verspielt. Eine Zeitmaschine erweist sich als „Die Zeitbombe" (Fuhrmann), weil die Konfrontation mit der eigenen freudlosen Zukunft bewirkt, daß die Zukunft freudlos wird. „Im Zeitspalt" (Hüfner) wird Zeit beschleunigt, Aufnahmefähigkeit erhöht, so daß sich normales Leben der Lösung eines Problems unterordnet. „Doktor Cathers Geschichte" (Teske), die eines verschwundenen Zeitmaschinenkonstrukteurs, wird einem Journalisten zum Anlaß für kriminalistische Ermittlungen. „Fernschach" (A. Steinmüller) läßt einen Alten bleiben, als die mit ihrer Zeit unzufriedenen Menschen sich in die Zukunft flüchten, und so erlebt er, wie

Menschen aus der übertechnisierten Zukunft seine Zeit zum Leben wählen. „Kein Weg zurück" (Sjöberg) führt für den Raumfahrer, der den Vertreter einer außerirdischen Intelligenz unwissentlich tötete und für den sich die Zeit so beschleunigt, daß er die Ewigkeit erlebt. „Die Mütter der Kosmonauten" (Frühauf) sind Automaten und reichen nicht aus, den Heranwachsenden menschliche Nähe zu ersetzen. „Die Fehlkonstruktion" (Krohn) ermöglicht einen Blick in die Zukunft, aber der Entdecker stirbt unbekannt. Allen Texten ist Unterhaltsamkeit gemeinsam. Der thematisch gewichtigste Beitrag ist „Der Laplacesche Dämon"

(A. u. K. Steinmüller), eine Parabel, in der ein Wissenschaftlerteam ein computersimuliertes komplexes Modell künftiger Entwicklung geschaffen hat und den unausbleiblichen Untergang durch einen Atomkrieg voraussieht – wenn sie nicht durch eigenes Handeln in der Gegenwart die dem Computer eingegebenen Daten verändern.

(M)

Olaf R. Spittel

**Kurzbibliographie
der DDR-SF-Literatur
1949–1986**

In einer möglichst übersichtlichen Form sollen im folgenden die von Autoren der DDR verfaßten deutschsprachigen Science-fiction-Erzählungen und -Romane bibliographiert werden. Für den Zeitraum von 1949 (einschließlich einiger Vorläufer, die zwischen 1945 und 1949 auf dem Territorium der späteren DDR gedruckt bzw. vertrieben wurden) bis 1986 werden die Erstauflagen der DDR-SF-Produktion in Buch-, Taschenbuch- und Heftform vollständig erfaßt, Nachauflagen nur in begründeten Fällen, z. B. bei einem Nachdruck in einem anderen Verlag. Auch Publikationen in Periodika mit monatlicher Erscheinungsweise wurden aufgenommen, solche in Wochenzeitschriften und Zeitungen allerdings blieben unberücksichtigt.

Diese Vollständigkeit konnte im Rahmen des vorliegenden Buches jedoch nur durch eine Beschränkung in der Zahl der bibliographierten Daten erreicht werden. So mußte auf die Angabe von Untertiteln, Seitenzahlen, Reihenvermerken sowie auf einige Querverweise verzichtet werden.

Innerhalb der einzelnen, nach Autoren und Herausgebern geordneten Einträge wurden die Texte in der Folge ihrer Erscheinungsjahre angegeben, innerhalb eines Jahres in alphabetischer Reihung. Da die fehlenden Untertitel und Umfangsangaben häufig Schwierigkeiten bei der Einordnung unbekannter Texte verursachen würden, bietet die Bibliographie eine pauschale, aber vielleicht doch hilfreiche Differenzierung der Texte in Romane und Erzählungen an — so daß z. B. von einer selbständig erschienenen Erzählung (als Einzelwerke publizierte Titel wurden *kursiv* gesetzt) in der Regel auf eine Heftpublikation zu schließen ist. (Die Charakterisierung eines Textes als Roman weicht mitunter von den Untertitel-Angaben im Original ab, die u. a. Wolfgang Kellners 300-Seiten-Buch „Der Rückfall" als Erzählung bezeichnen.)

Die Bibliographie nennt — in dieser Reihenfolge — den Autor (bzw. Herausgeber einer Anthologie), das Jahr der Publikation, den Titel des Werkes, die Zuordnung zur Roman- oder Erzählungsform, den Verlag und den Ort, gegebenenfalls den Inhalt der Anthologie oder des Sammelbandes, etwa notwendige Anmerkungen (wie z. B. den Hinweis auf einen Mit-Autor bzw. Mit-Herausgeber) und Angaben auf zeitlich spätere Nachdrucke einer Erzählung (durch die Formel „Dass.") bzw. eine veränderte Nachauflage eines Romans. Der Inhalt von Anthologien und Sammelbänden wird ebenfalls angegeben; die Formel „Aus dem Inhalt" macht kenntlich, daß es sich bei dem betreffenden Werk um eine umfangreichere Sammlung handelt, in dieser Bibliographie aber nur die darin enthaltene SF-Belletristik von DDR-Autoren verzeichnet ist.

Das Ziel der hier vorliegenden Kurzbibliographie besteht vornehmlich darin, dem Leser einen ersten Überblick über das SF-Werk einzelner Autoren der DDR zu geben – unabhängig davon, ob diesen Autoren in dem vorstehenden lexikalischen Teil ein eigener Eintrag gewidmet wurde. Anthologien sind unter dem Namen ihrer Herausgeber zu finden, auch in solchen Fällen, wo dieser in der Buchausgabe ungenannt blieb. Solche anonymen Herausgeber von DDR-SF werden an dieser Stelle erstmals mitgeteilt – nicht zuletzt, um deren editorische Leistung zu würdigen.

Sollte der Leser den Wunsch haben, weitere bibliographische Angaben zur DDR-SF zu erfahren, so möchte ich ihn auf meine im Rahmen des Almanachs „Lichtjahr" erschienenen vollständigeren Bibliographien verweisen. In *Lichtjahr 2* findet sich die Bibliographie der SF von DDR-Autoren der Jahre 1949–1979, in *Lichtjahr 5* die Aktualisierung für die Jahre 1980–1983; weitere Nachträge sind in Vorbereitung. Bibliographien der in der DDR gedruckten ausländischen SF enthalten *Lichtjahr 3, 4* und *5*.

Abkürzungen:

d. i.	– das ist	DNB	– Das Neue Berlin
Dass.	– Dasselbe	KuF	– Kultur und Fortschritt
Dra.	– Drama	NL	– Neues Leben
Erz.	– Erzählung	VuW	– Volk und Welt
Erzn.	– Erzählungen		
Forts.	– Fortsetzung		
Hörsp.	– Hörspiel		
Hrsg.	– Herausgeber		
Jg.	– Jahrgang		
Nr.	– Nummer		
Pseud.	– Pseudonym		
Ro.	– Roman		
Roe.	– Romane		
s.	– siehe		
u.	– und		
Vgl.	– Vergleiche		

Agricola, Erhard
1976: *Tagungsbericht* oder Kommissar Dabberkows beschwerliche Ermittlungen im Fall Dr. Heinrich Oldenbeck. (Ro.) Greifenverlag, Rudolstadt
Ansorge, Jens
1983: Geschichtsunterricht. (Erz.) In. Technikus, Jg. 21 (1983) Nr. 12
Antonio, Eberhardt del'
1957: *Gigantum.* (Ro.) DNB, Berlin
1959: *Titanus.* (Ro.) DNB, Berlin
1962: *Projekt Sahara.* (Ro.) Verlag Tribüne, Berlin
1966: *Heimkehr der Vorfahren.* (Ro.) DNB, Berlin
Arndt, Sylke
1978: Kleine Experimente. (Erz.) In: Neues Leben, Jg. 25 (1978) Nr. 2
Augustin, Barbara
1982: Die durchkreuzte Woche. (Erz.) In: Hilga Cwojdrak u. Katrin Pieper (Hrsg.): Die Hexe bürstet ihren Drachen. Der Kinderbuchverlag Berlin, Berlin
Baatz, Hans-Joachim
1983: Konvergenz. (Erz.) In: E. Redlin (Hrsg.): Wege zur Unmöglichkeit. DNB, Berlin
Bach, Hans
1982: *Sternenjäger.* (Erzn.) DNB, Berlin. – Inhalt: Konfrontation / Generalprobe / Purpurhimmel / Implantat / Das Fenster / Perderhades / Zweihunderttausend Parsec / Goldkäfig / Gastspiel / Sternjäger / Lie-Machine / Argumentation / Herr auf Osiniba-Tau / Wüstenmais / Stimmabgabe / Pilzsommer / Aus den Memoiren des Doktor med. R. T. / Atrox robustus
1983: *Sternendroge Tyrsoleen.* (Ro.) NL, Berlin
1984: *Wandelsterne.* (Erzn.) DNB, Berlin. – Inhalt: Liebeszauber / Heimatkurs / Neutroman / Wasserlosigkeit / Maschinenfeuer / Tödlicher Reflex / Rosalia / Kohlenstoffringe / Zielkorrektur / Namensgebung / Minutenfrist / Tarantosubtoxin / Theta zwei / Präzisionsmessung
1985: *Germelshausen, 0.00 Uhr.* (Ro.) NL, Berlin
Badekow, Kerstin
1981: Extraterrestrischer Tramp auf Abwegen. (Erz.) In: Technikus, Jg. 19 (1981) Nr. 7
Bagemühl, Arthur
1952: *Das Weltraumschiff.* (Ro.) Altberliner Verlag Lucie Groszer, Berlin
Ball, Kurt Herwarth [d. i.: Joachim Dreetz]
1957: *Alarm auf Station Einstein.* (Erz.) NL, Berlin. – Mit L. Weise
1958: *Signale von der Venus.* (Erz.) NL, Berlin. – Mit L. Weise
1959: *Brand im Mondobservatorium.* (Erz.) NL, Berlin. – Mit L. Weise

1968: *Im Eis des Kometen.* (Erz.) NL, Berlin. — Mit L. Weise. — Dass. 1972 in: E. Orthmann (Hrsg.): Der Diamantenmacher. NL, Berlin

Baudach, Siegfried
1976: Radioginik. (Erz.) In: H. Fickelscherer (Hrsg.): Begegnung im Licht. NL, Berlin

Bauer, Ulrich
1970: Unternehmen Weltmeer. (Erz.) In. Technikus, Jg. 8 (1970) Nr. 12

Bender, Werner
1956: *Messeabenteuer 1999.* (Ro.) Der Kinderbuchverlag Berlin, Berlin

Berchert, Gerhard
1972: Mord im XXI. Jahrhundert? (Erz.) In: Armee-Rundschau, Jg. 17 (1972) Nr. 2

Berndt, Werner
1964: Das Ei des Gagarin. (Erz.) In: Neues Leben, Jg. 11 (1964) Nr. 10

Beuchler, Klaus
1964: *Einer zuviel im Lunakurier.* (Ro.) Der Kinderbuchverlag Berlin, Berlin
1967: *Zepp und hundert Abenteuer.* (Ro.) Der Kinderbuchverlag Berlin, Berlin
1969: *Silvanus contra Silvanus.* (Ro.) DNB, Berlin
1974: *Abenteuer Futuria.* (Roe.) Der Kinderbuchverlag Berlin, Berlin. — Gekürzte u. veränderte Ausgabe von „Einer zuviel im Lunakurier" u. „Zepp und hundert Abenteuer"

Blumauer, Katrin
1983: Millibrontobusse. (Erz.) In: Technikus, Jg. 21 (1983) Nr. 8

Blume, Kai
1984: Ein Tag in Rostock. (Erz.) In: Technikus, Jg. 22 (1984) Nr. 4

Böhm, Karl
1962: Mann soll nicht aus der Flasche trinken. (Erz.) In: Jugend und Technik, Jg. 10 (1962) Nr. 11

Bonacker, Heinz
1961: Yella und Yonas. (Erz.) In: Das Magazin, Jg. 8 (1961) Nr. 4

Bonhoff, Otto
1974: *Besuch aus dem Nebel.* (Ro.) Mitteldeutscher Verlag, Halle (Saale)

Bothmickel, Thomas
1983: Neulandgewinnung. (Erz.) In: Technikus, Jg. 21 (1983) Nr. 3

Bouvier, Arwed
1978: Wie Pauli durch den Park lief. (Erz.) In: Sonja Schnitzler u. Manfred Wolter (Hrsg.): Die Tarnkappe. Eulenspiegel Verlag, Berlin

Boyko, Ute
1981: Ein gewöhnlicher Schultag. (Erz.) In: Technikus, Jg. 19 (1981) Nr. 9

Brandenburger, Günther
1975: Vertrauensstellung. (Erz.) In: E. Redlin (Hrsg.): Der Mann vom Anti. DNB, Berlin

Branstner, Gerhard
1961: *Zu Besuch auf der Erde.* (Erzn.) Mitteldeutscher Verlag, Halle (Saale). – Aus dem Inhalt: Kumpelfings im Weltraum / Die Stadt der Letzten / Zu Besuch auf der Erde
1968: *Die Reise zum Stern der Beschwingten.* (Ro.) Hinstorff Verlag, Rostock
1970: *Der falsche Mann im Mond.* (Ro.) Hinstorff Verlag, Rostock
1971: *Der Narrenspiegel.* (Erzn., Anekdoten, Aphorismen) Hinstorff Verlag, Rostock. – Aus dem Inhalt: Zu Besuch auf der Erde / Wer hat denn jetzt den Einbrecher erschossen? / Die Stadt der Letzten
1973: *Der astronomische Dieb.* (Erzn., Anekdoten) DNB, Berlin. – Inhalt: Prolog / Der gravierende Unterschied / Schattenspiele / Das Sonnenmobil / Ohne Kontakt kein Takt / Die umgekehrte Utopie / SOS im Rasierwasser / Die unberechenbare Größe / Die idiotensichere Erfindung / Die Defekthexen / Großer Tanz um einen kleinen Zeh / Die Katastrophe ohne Schönheitsfehler / Die halbe Unsterblichkeit / Der Behelfsmensch / Das entblätterte Buch / Die Macht der kleinen Reibungen / Der verblümte Stern / Geometrische Theologie / Jedem seinen eigenen Kammerdiener / Das Wunder der Arglosigkeit / Der Schüttelkrimi / Der ehrenvolle Empfang / Der sprechende Hut / Eine nicht buchstäbliche Geschichte / Die humoristische Klausel / Schach dem Roboter / Die fundamentale Idee / Die formalistische Quelle / Der Bekehrungsapparat / Das medizinische Marionettentheater / Das durchnäßte Gedächtnis / Der Umkehrspray / Der astronomische Dieb / Die sinnverkehrte Welt / Die Kur wider Willen / Der Streitvermeider / Die absonderliche Sprachpflege / Der Auto-Effekt / Der Geist der Gemütlichkeit / Die Idee auf Rollschuhen / Die weibstollen Automaten / Nichts ist vollkommen / Der unlösbare Fall / Des Lebens Überfluß / Wie es euch gefällt / Die Zeitkrankheit / Was braucht der Mensch? / Die Verfreundungsmaschine
1974: Im Wirtshaus Zum Müden Gaul. (Erz.) In: E. Orthmann (Hrsg.): Das Zeitfahrrad. NL, Berlin. – Dass. 1974 unter dem Titel: Der erste Abend. In: G. Branstner: Vom Himmel hoch oder Kosmisches Allzukomisches. DNB, Berlin. – Dass. 1977 in: E. Orthmann (Hrsg.): Das Raumschiff. NL, Berlin
1974: *Vom Himmel hoch oder Kosmisches Allzukomisches.* (Erzn.) DNB, Berlin. – Inhalt: *Der erste Abend:* Die haarsträubende Ret-

tung aus tödlicher Gefahr / Die Sonne im Schlepptau / Der Narr im Waisenhaus / Die Begegnung mit dem wahren Irrtum / *Der zweite Abend:* Der eiserne Schildknappe / Kumpelfings im Weltraum / Die Kometenpost / Der durchgebrannte Nothelfer / *Der dritte Abend:* Der verliebte Roboter / Das entlaufene Perpetuum mobile / Das Königsspiel / Vom Himmel hoch
1975: Utopische Minigeschichten. (Erzn.) In: Neues Leben, Jg. 22 (1975) Nr. 4. – Inhalt: Der Schüttelkrimi / Die Defekthexen / Der astronomische Dieb / Die Verfreundungsmaschine. [Auszüge aus: 1973: G. Branstner: Der astronomische Dieb. DNB, Berlin]
1976: *Der Sternenkavalier oder Die Irrfahrten des ein wenig verstiegenen Großmeisters der galaktischen Wissenschaften Eto Schik und seines treuen Gefährten As Nap.* (Ro.) DNB, Berlin
1977: Das Testament des Roboters. (Dra.) In: G. Branstner: Der Himmel fällt aus den Wolken. Buchverlag Der Morgen, Berlin
1979: *Handbuch der Heiterkeit.* (Erzn., Anekdoten, Aphorismen) Mitteldeutscher Verlag, Halle–Leipzig. – Aus dem Inhalt: *Utopische Anekdoten um den erfindungsreichen Mechanikus Fränki und seinen ihm anhängenden Freund Joschka:* Der sprechende Hut / Das entblätterte Buch / Die idiotensichere Erfindung / Die halbe Unsterblichkeit / Der Behelfsmensch / Nichts ist vollkommen / Schattenspiele / Der Umkehrspray / Der Schüttelkrimi / Ohne Kontakt kein Takt / Die Zeitkrankheit / Der ehrenvolle Empfang / Die absonderliche Sprachpflege / Die umgekehrte Utopie / Die Macht der kleinen Reibungen / Des Lebens Überfluß / Was braucht der Mensch? [Auszüge aus: 1973: G. Branstner: Der astronomische Dieb. DNB, Berlin] / *Die Reise zum Stern der Beschwingten* [Auszug aus: 1968: G. Branstner: Die Reise zum Stern der Beschwingten. Hinstorff Verlag, Rostock] / *Utopische Lügengeschichten:* Der Narr im Waisenhaus / Der eiserne Schildknappe / Der durchgebrannte Nothelfer [Auszüge aus: 1974: G. Branstner: Vom Himmel hoch oder Kosmisches Allzukomisches. DNB, Berlin]
1980: *Der indiskrete Roboter.* (Erzn.) Mitteldeutscher Verlag, Halle–Leipzig. – Inhalt: Die entlaufene Maschine / Das Raumschiff unter Wasser / Der indiskrete Roboter
1983: Der negative Erfolg. (Erz.) In: E. Redlin (Hrsg.): Wege zur Unmöglichkeit. DNB, Berlin
1984: Schwitzbad. (Dra.) In: G. Branstner: Das eigentliche Theater oder Die Philosophie des Augenblicks. Mitteldeutscher Verlag, Halle–Leipzig
1985: *Der negative Erfolg.* (Erzn.) Mitteldeutscher Verlag, Halle–Leipzig. – Aus dem Inhalt: Der negative Erfolg / Wer hat denn jetzt

den Einbrecher erschossen? / Die Stadt der Letzten / Zu Besuch auf der Erde

Braun, Hartmut
1982: O. L. A. (Erz.) In: Technikus, Jg. 20 (1982) Nr. 5

Braun, Johanna u. Günter
1966: Allein im Weltraum. (Erz.) In: Das Magazin, Jg. 13 (1966) Nr. 8. — Dass. 1969 in: J. u. G. Braun: Die Nase des Neandertalers. NL, Berlin
1967: Die Logikmaschine. (Erz.) In: Das Magazin, Jg. 14 (1967) Nr. 7. — Dass. 1969 in: J. u. G. Braun: Die Nase des Neandertalers. NL, Berlin
1969: *Die Nase des Neandertalers.* (Erzn.) NL, Berlin. — Aus dem Inhalt: Allein im Weltraum / Die Logikmaschine
1972: *Der Irrtum des Großen Zauberers.* (Ro.) NL, Berlin. — Dass. 1979: DNB, Berlin
1974: *Unheimliche Erscheinungsformen auf Omega XI.* (Ro.) DNB, Berlin
1975: *Der Fehlfaktor.* (Erzn.) DNB, Berlin. — Inhalt: Der große Kalos-Prozeß / Homo pipogenus erectus / Cäsars Kuhglockengeläut / Das System R / Der Fehlfaktor / Raumfahrerauswahl / Kunstfehler in Harmonopolis / Jonatans Rückkehr
1978: *Conviva ludibundus.* (Ro.) DNB, Berlin
1980: Aus alten Archiven. (Erz.) In: E. Redlin u. E. Simon (Hrsg.): Lichtjahr 1. DNB, Berlin. — Dass. 1981 unter dem Titel: Aus alten Archiven: V-Objekt 07. In: J. u. G. Braun: Der Utofant. DNB, Berlin
1980: Briefe, die allerneueste Literatur betreffend. (Erz.) In: E. Redlin u. E. Simon (Hrsg.): Lichtjahr 1. DNB, Berlin. — Dass. 1986 in: E. Simon (Hrsg.): Lichtspruch nach Tau. DNB, Berlin
1981: Fa und Cre. (Erz.) In: E. Simon (Hrsg.): Lichtjahr 2. DNB, Berlin. — Dass. 1981 unter dem Titel: Die Abendbetrachtung: Großvater und Enkel über Fa und Cre. In: J. u. G. Braun: Der Utofant. DNB, Berlin
1981: Mit letzter Energie. (Erz.) In: E. Simon (Hrsg.): Lichtjahr 2. DNB, Berlin. — Dass. 1981 unter dem Titel: Expeditionsbericht unseres Ventanien-Korrespondenten B. G. In: J. u. G. Braun: Der Utofant. DNB, Berlin
1981: Time-Repayment. (Erz.) In: E. Simon (Hrsg.): Lichtjahr 2. DNB, Berlin. — Dass. 1981 unter dem Titel: Aus alten Archiven: Time-Repayment. In: J. u. G. Braun: Der Utofant. DNB, Berlin
1981: *Der Utofant.* (Erzn.) DNB, Berlin. — Inhalt: Vorwort der Herausgeber: Der Utofant / Translation / Wissenschaftlicher Reisebericht: Zu Gast bei den Parsimonen / Katastrophe des Monats: Kette / Aus alten Archiven: Time-Repayment / Gravitium / Aus alten Ar-

chiven: Bericht eines Levitanten / Neues aus der Medizin: Nget / Zum Geburtstag von E. T. A. Hoffmann: Villa Remm / Die Abendbetrachtung: Großvater und Enkel über Fa und Cre / Katastrophe des Monats: Überschwemmung in Klaben / Unser lieber Versager / Expeditionsbericht unseres Ventanien-Korrespondenten B. G.: Mit letzter Energie / Aus der Welt der Architektur: Trans-Hot-Probleme / Katastrophe des Monats: Lachgasaustritt / Der Reisebericht: An den klassischen Stätten von Litus Aureum / Hintergründe der Himmelfahrt Professor Ottencotts / Das Reise-Interview: Auf log (a+b) = irrlog (a−b) / Der ungewöhnliche Brief: Die grüne Stadt / Katastrophe des Monats: Brillantfilm forderte Todesopfer / Neues aus der Medizin: Die Heilmaschine / Die Buchbesprechung [Aristoteles Müller. Kleine Krankheitsmusterschau. Mit Selbsthilfetips. Sanitas-Verlag. Opmühlen / Ogyst Graf von Trilanden. Science-fiction zum Selbermachen. Verlag Supergalaxis. Gigantopolis / Liane Lehmann. Raumtod der Herzen. Mogana-Verlag. Madborrough / Eleonora Dreemer. Desinformationen und Ersatzinformationen. Die Säulen des Weltenbaues. Edition Info. Saturna Nord] / Aus alten Archiven: V-Objekt 07

Brennecke, Wolf D.
1972: *Die Straße durch den Urwald.* (Ro.) DNB, Berlin

Brinkmann, Jürgen s.: Sjöberg, Arne (Pseud.)

Brücher, Hartmut
1978: Phil und Philomena. (Erz.) In: Hilga Cwojdrak u. Katrin Pieper (Hrsg.): Im Walde haust das Märchenschwein. Der Kinderbuchverlag Berlin, Berlin

Bruyn, Günter de
1973: Geschlechtertausch. (Erz.) In: Sinn und Form, Jg. 25 (1973) Nr. 2. − Dass. 1975 in: Edith Anderson (Hrsg.): Blitz aus heiterm Himmel. Hinstorff Verlag, Rostock. − Dass. 1978 in: Rolf Schneider (Hrsg.): Das schöne Grauen. NL, Berlin. − Dass. 1980 in: G. de Bruyn: Babylon. Verlag Philipp Reclam jun. Leipzig, Leipzig. − Dass. 1986 in: G. de Bruyn: Frauendienst. Mitteldeutscher Verlag, Halle−Leipzig

Budde, Detlef
1986: Noah. (Erz.) In: E. Simon (Hrsg.): Lichtjahr 5. DNB, Berlin

Bullerjahn, Rolf
1976: Mysterium physicum. (Erz.) In: H. Fickelscherer (Hrsg.): Begegnung im Licht

Büttner, Majoll
1955: Hille reist ins Jahr 2000. (Erz.) In: Die Zaubertruhe. Der Kinderbuchverlag Berlin, Berlin

Christ, Richard
1978: Nachteile beim Unsichtbarmachen. (Erz.) In: Sonja Schnitzler u. Manfred Wolter (Hrsg.): Die Tarnkappe. Eulenspiegel Verlag, Berlin
Clemens, Ditti
1976: Der rauchende Planet. (Erz.) In: Neues Leben, Jg. 23 (1976) Nr. 11
Conrad, Johannes
1977: *Vom Marsflug zurück, General!* (Erzn.) Eulenspiegel Verlag, Berlin. — Aus dem Inhalt: Basemeier und die Außerirdischen / Märzbachers verblüffende Grundzellenmolekularexpansionstheorie
1980: *Kürbisse im Kosmos.* (Erzn.) Eulenspiegel Verlag, Berlin. — Aus dem Inhalt: Kürbisse im Kosmos / Der kleine grüne Stern / Warum Harry Jäckel spurlos verschwand . . .
1981: *Die Nacht, in der es klopfte / Mac wird gekitzelt / Vom Marsflug zurück, General! / Kürbisse im Kosmos.* (Erzn.) Eulenspiegel Verlag, Berlin. — Aus dem Inhalt: Basemeier und die Außerirdischen / Märzbachers verblüffende Grundzellenmolekularexpansionstheorie / Kürbisse im Kosmos / Der kleine grüne Stern
1982: *Der Dünne im Pannoniaexpreß.* (Erzn.) Eulenspiegel Verlag, Berlin. — Aus dem Inhalt: Warum der 31. Mai nicht zum Weltfeiertag erklärt wurde . . . / Der 9. Navigator freut sich! / Piekewitz und Pinsel, ab geht die Post / Edwin Schurigs erste und letzte Zeitreise
de Bruyn, Günter s.: Bruyn, G. de
del'Antonio, Eberhardt s.: Antonio, E. del'
Delatowski, Horst
1959: Projekt EWK I. (Erz.) In: Jugend und Technik, Jg. 7 (1959) Nr. 7 u. 8
Dietge
1971: Das große Ziel Zukunft. (Erz.) In: Technikus, Jg. 9 (1971) Nr. 4
Dietrich, Siegfried
1955: Im Mount Carlton eingeschlossen. (Erz.) In: Jugend und Technik, Jg. 3 (1955) Nr. 1
1957: *„R 113" antwortet nicht.* (Erz.) Verlag Sport und Technik, Neuenhagen bei Berlin
1958: Kraft aus dem All. (Erz.) In: Das große Jugendmagazin. Der Kinderbuchverlag Berlin, Berlin
1958: Wenn die Wolken brechen. (Erz.) In: Jugend und Technik, Jg. 6 (1958) Nr. 6
1959: Alarm in „Nord Drei". (Erz.) In: Jugend und Technik, Jg. 7 (1959) Nr. 1
1959: Hydrotan. (Erz.) In: Jugend und Technik, Jg. 7 (1959) Nr. 4
1960: Sieg über das ewige Eis. (Erz.) In: Jugend und Technik, Jg. 8 (1960) Nr. 10

Dittfeld, Hans-Jürgen
1975: *Raumschiff „Neptun" kehrt um.* (Erz.) NL, Berlin
1976: Z 17. (Erz.) In: H. Fickelscherer (Hrsg.): Begegnung im Licht. NL, Berlin. — Dass. 1986 in: H.-J. Dittfeld: Landung in Targestan. NL, Berlin
1986: *Landung in Targestan.* (Erzn.) NL, Berlin. — Inhalt: Landung in Targestan / Reserven / Docker Epsilon / Kannibaleske / Z 17 / Rückkehr

Dobritz, Günter
1966: Der geheimnisvolle Radiostern. (Erz.) In: Technikus, Jg. 4 (1966) Nr. 3

Ebert, Günter
1980: *Meine Freundin Katrin.* (Ro.) Der Kinderbuchverlag Berlin, Berlin

Ehrhardt, Paul
1975: *Nachbarn im All.* (Ro.) NL, Berlin
1979: *Spuren im Mondstaub.* (Ro.) NL, Berlin
1984: *Boten der Unendlichkeit.* (Ro.) NL, Berlin

Eichhorn, Thomas
1982: Liebesgedichte. (Erz.) In: Technikus, Jg. 20 (1982) Nr. 1

Enskat, Fritz E. W.
1949: *Gefangen am Gipfel der Welt / Im Nordmeer verschollen.* (Erzn.) Mitteldeutsche Druckerei und Verlagsanstalt G. m. b. H., Halle

Erge (Pseud.) s.: E. R. Greulich

Euleg
1963: Station M wird nicht geräumt. (Erz.) In: Jugend und Technik, Jg. 11 (1963) Nr. 2

Fahlberg, H. L. [d. i. Hans Werner Fricke]
1955: *Ein Stern verrät den Täter.* (Ro.) DNB, Berlin
1956: *Erde ohne Nacht.* (Ro.) DNB, Berlin
1957: *Betatom.* (Ro.) DNB, Berlin

Feustel, Ingeborg
1972: Gore und der ewige Sommer. (Erz.) In: Der Märchensputnik. Verlag Junge Welt, Berlin

Fickelscherer, Helmut (Hrsg.)
1976: *Begegnung im Licht.* (Erzn.) NL, Berlin. — Inhalt: *Reiseland Kosmos:* G. Metzner: Begegnung im Licht / F. Quilitzsch: Die Einsamen auf Kallisto / M. Szameit: Urlaub auf aldebaranisch / J. Gernreich: Nebel / W. Köhler: Raymonds Planet / G. Metzner: Trinicia / W. Köhler: Der Lumpensammler / E. Simon: Wissenswertes über den Planeten Ikaros / F. Quilitzsch: Von Hunden umzingelt / F. Petermann: ... und auf dem dritten Kreis ein Menschenpaar / E. Simon: Mysterium fantasticum / *Der bewohnte Planet Erde:* W. Schilf: Die Heimkehr / S. Baudach: Radioginik /

W. Schilf: Die letzte Hochzeit / W. Köhler: Platos Irrtum / R. Fuhrmann: Das Experiment / R. Hofmann: Der Staatsanwalt / F. Rychlik: Der Schritt aus dem Jenseits / H.-J. Dittfeld: Z 17 / E. Simon: Die Konsumaten / W. Kober: Kategorie Roboid / E. Simon: Der Letzte / *Besuche und Gegenbesuche:* R. Heinrich u. E. Simon: Die Ignoranten / E. Simon: Auszug ins Gelobte Land / P. Salge: Notlandung / E. Simon: Zitate / E. Simon: Invasion aus dem Weltraum / R. Krohn: Die Sitzung (I) / E. Simon: Die Sitzung (II) / W. Schilf: Der LINKE / W. Kober: Auftrag Lemur / E. Simon: Dieser Planet ist bewohnt / M. Szameit: Das Tier / *Die andere Dimension:* R. Krohn: Billard / E. Simon: Die Spinne / W. Köhler: Zwei Stunden / R. Krohn: Der Hellseher / E. Simon: w / E. Simon: E / E. Simon: Nebenwirkung / R. Krohn: Der Haltepunkt / R. Bullerjahn: Mysterium physicum / R. Krohn: Die Jäger / J. Gernreich: Der Irrtum des Simon Keath / R. Krohn: Dornröschen

Flor, Anton
1981: Ausflug ins All. (Erz.) In: Technikus, Jg. 19 (1981) Nr. 4

Förster, Mario
1981: Die Zukunftsmaschine. (Erz.) In: Technikus, Jg. 19 (1981) Nr. 11

Fricke, Hans Werner s.: H. L. Fahlberg (Pseud.)

Friedrich, Herbert
1963: *Die Reise nach dem Rosenstern.* (Erz.) Der Kinderbuchverlag Berlin, Berlin
1964: *Der Damm gegen das Eis.* (Ro.) Mitteldeutscher Verlag, Halle (Saale)

Friedrich, René
1984: Sensation in Leipzig. (Erz.) In: Technikus, Jg. 22 (1984) Nr. 3

Fries, Fritz Rudolf
1984: *Verlegung eines mittleren Reiches.* (Ro.) Aufbau-Verlag, Berlin und Weimar

Fritzsche, Richard
1962: Brief aus dem XXI. Jahrhundert. (Erz.) In: Jugend und Technik, Jg. 10 (1962) Sonderheft Nr. 2

Fröhlich, Thomas
1985: Die Bestie. (Erz.) In: E. Simon (Hrsg.): Lichtjahr 4. DNB, Berlin

Frühauf, Klaus
1974: Bei den Koarnalen. (Erz.) In: Neues Leben, Jg. 21 (1974) Nr. 8. — Auszug aus: 1974: Mutanten auf Andromeda. NL, Berlin
1974: *Mutanten auf Andromeda.* (Ro.) NL, Berlin
1975: *Kurs zur Erde.* (Erz.) NL, Berlin. — Dass. 1977 unter dem Titel: Kyborg. In: K. Frühauf: Das Wasser des Mars. NL, Berlin
1976: *Am Rande wohnen die Wilden.* (Ro.) NL, Berlin

1977: *Das Wasser des Mars.* (Erzn.) NL, Berlin. — Inhalt: Das Wasser des Mars / Kyberneten / Risiko / Kyborg / Das Paradoxon / Die weite Reise [Dass. 1977 in: E. Orthmann (Hrsg.): Das Raumschiff. NL, Berlin]
1979: *Stern auf Nullkurs.* (Ro.) NL, Berlin
1980: Die Erde ist ein fremder Stern. (Erz.) In: Neues Leben, Jg. 27 (1980) Nr. 1. — Dass. [erweitert] 1982 in: K. Frühauf: Das fremde Hirn. NL, Berlin
1981: *Genion.* (Ro.) NL, Berlin
1982: *Das fremde Hirn.* (Erzn.) NL, Berlin. — Inhalt: Nachtzug / Mont / Was du ererbt... / Hoffnung / Herzfehler / Der Unfall / Kontakt / Petras Mütter / Die Erde ist ein fremder Stern / Der Mörder / Transfer / Das fremde Hirn [Dass. 1983 in: Neues Leben, Jg. 30 (1983) Nr. 4] / Die Chimäre / Regeneration
1983: *Die Bäume von Eden.* (Ro.) Mitteldeutscher Verlag, Halle—Leipzig
1983: Die letzte Wahrheit. (Erz.) In: E. Redlin (Hrsg.): Wege zur Unmöglichkeit. DNB, Berlin
1984: Entdeckungen mit der Spinne. (Erz.) In: Beiträge zur Kinder- und Jugendliteratur, Jg. 23 (1984) Nr. 72
1984: *Das verhängnisvolle Experiment.* (Ro.) NL, Berlin
1986: Die Mütter der Kosmonauten. (Erz.) In: G. Zschocke (Hrsg.): Zeitreisen. Mitteldeutscher Verlag, Halle—Leipzig

Fühmann, Franz
1976: Die Ohnmacht. (Erz.) In: Sinn und Form, Jg. 28 (1976) Nr. 1. — Dass. 1977 in: F. Fühmann: Erzählungen 1955 — 1975. Hinstorff Verlag, Rostock. — Dass. 1981 in: F. Fühmann: SAIÄNS-FIKTSCHEN. Hinstorff Verlag, Rostock. — Dass. 1982 in: F. Fühmann: Pavlos Papierbuch und andere Erzählungen. Aufbau-Verlag, Berlin und Weimar
1981: *SAIÄNS-FIKTSCHEN.* (Erzn.) Hinstorff Verlag, Rostock. — Inhalt: Die Ohnmacht / Der Haufen / Das Denkmal / Die Straße der Perversionen / Das Duell / Bewußtseinserhebung / Pavlos Papierbuch [Dass. 1982 in: F. Fühmann: Pavlos Papierbuch und andere Erzählungen. Aufbau-Verlag, Berlin und Weimar]

Fuhrmann, Rainer
1977: *Homo sapiens 10^{-2}.* (Ro.) DNB, Berlin
1978: *Das Raumschiff aus der Steinzeit.* (Ro.) NL, Berlin
1981: *Herzstillstand.* (Erz.) DNB, Berlin
1981: *Per Kippschalter.* (Erz.) DNB, Berlin
1981: *Planet der Sirenen.* (Ro.) DNB, Berlin
1983: Der Golem. (Erz.) In: E. Redlin (Hrsg.): Wege zur Unmöglichkeit. DNB, Berlin
1984: *Die Untersuchung.* (Ro.) DNB, Berlin

1985: *Medusa*. (Ro.) DNB, Berlin
1986: Die Zeitbombe. (Erz.) In: G. Zschocke (Hrsg.): Zeitreisen. Mitteldeutscher Verlag, Halle—Leipzig
Funk, Richard
1973: *Gerichtstag auf Epsi*. (Ro.) DNB, Berlin
Gatz, Udo
1964: *Der unheimliche Marsnebel*. (Erz.) NL, Berlin
Geelhaar, Anne
1974: *Der Prinz von Hovinka*. (Erz.) Der Kinderbuchverlag Berlin, Berlin
Gellert, Uwe
1983: Und es gibt sie doch. (Erz.) In: Technikus, Jg. 21 (1983) Nr. 2
Gernreich, Jörg
1976: Der Irrtum des Simon Keath. / Nebel. (Erzn.) In: H. Fickelscherer (Hrsg.): Begegnung im Licht. NL, Berlin
1986: An der Schwelle zur Ewigkeit. (Erz.) In: E. Simon (Hrsg.): Lichtjahr 5. DNB, Berlin
Geske, Matthias
1976: Angeln mit ODYSSEUS. (Ro.) Der Kinderbuchverlag Berlin, Berlin
Gierschner, N.
1972: Computerjagd im Salzwasser. (Erz.) In: Technikus, Jg. 10 (1972) Nr. 4
Glander, Kerstin
1982: Seltsamer Besuch. (Erz.) In: Technikus, Jg. 20 (1982) Nr. 9
Golcow, Barbara
1970: Das Ende einer Erfindung. (Erz.) In: Technikus, Jg. 8 (1970) Nr. 6. — Mit S. Selicko
Gosse, Peter
1978: Fabelhafte Eskalation. (Erz.) In: Temperamente, Jg. 3 (1978) Nr. 1. — Dass. 1978 in: Sonja Schnitzler u. Manfred Wolter (Hrsg.): Die Tarnkappe. Eulenspiegel Verlag, Berlin. — Dass. 1986 in: P. Gosse: Erwachsene Mitte. Verlag Philipp Reclam jun. Leipzig, Leipzig
Grambow, Mike
1981: Oo-ika. (Erz.) In: Technikus, Jg. 19 (1981) Nr. 12
Greulich, E[mil] R[udolf]
1949: Trumann's Freund. (Erz.) In: Neues Leben [frühe Ausgabe], Jg. 5 (1949) Nr. 2. — Unter dem Pseud. „Erge"
Groß, Richard
1961: *Der Mann aus dem anderen Jahrtausend*. (Ro.) NL, Berlin
Grosz, Helmut
1986: Das Petermännchen. (Erz.) In: Das Magazin, Jg. 33 (1986) Nr. 3. — Nach einer Idee von Rolf Brendel

Grüning, Uwe
1981: *Hinter Gomorrha.* (Erzn.) Union Verlag, Berlin. — Aus dem Inhalt: Die Vollendung des Menschen / Die Steindrachen

Gulich, Horst
1967: Katamaran — DFI 2. (Erz.) In: Technikus, Jg. 5 (1967) Nr. 10
1968: Nur ein Traum. (Erz.) In: Technikus, Jg. 6 (1968) Nr. 6

Günter, J.
1960: Mein Bad auf dem Mond. (Erz.) In: Neues Leben, Jg. 7 (1960) Nr. 6

Günzel, Siegbert G.
1969: Nichts als Ärger mit dem Personal. (Erz.) In: L. Weist (Hrsg.): Das Molekular-Café. DNB, Berlin

Hädicke, Carsten
1983: Schatten der Vergangenheit. (Erz.) In: Technikus, Jg. 21 (1983) Nr. 5

Hammel, Claus
1967: *Ein Yankee an König Artus' Hof.* (Dra.) Henschelverlag Kunst und Gesellschaft, Berlin

Hardel, Gerhard
1955: Kindergericht in Blumenthal im Jahre 2455. (Erz.) In: Unsere Welt, 5. Der Kinderbuchverlag Berlin, Berlin

Hartmann, Lutz
1980: Eden im All. (Erz.) In: E. Redlin u. E. Simon (Hrsg.): Lichtjahr 1. DNB, Berlin
1983: Das zweite Gesicht. (Erz.) In: E. Redlin (Hrsg.). Wege zur Unmöglichkeit. DNB, Berlin

Hartung, Hans-Joachim
1953: Letzter Start von EZ—14. (Erz.) In: Jugend und Technik, Jg. 1 (1953) Nr. 4
1955: 280 km/h im Blauen Blitz. (Erz.) In: Jugend und Technik, Jg. 3 (1955) Nr. 9
1956: Am Solontschak-kul. (Erz.) In: Jugend und Technik, Jg. 4 (1956) Nr. 6
1958: Hilfe für Station Eismitte. (Erz.) In: Jugend und Technik, Jg. 6 (1958) Nr. 9
1962: Dem Mann im Mond auf der Spur. (Erz.) In: Motor-Jahr 1962. transpress — Verlag für Verkehrswesen, Berlin

Heinrich, Reinhard
1976: Die Ignoranten. (Erz.) In: H. Fickelscherer (Hrsg.): Begegnung im Licht. NL, Berlin. — Mit E. Simon
1977: *Die ersten Zeitreisen.* (Erzn.) NL, Berlin. — Inhalt: Zum Geleit / Die dritte Zeitreise des Timothy Traveller oder Von der Macht der Literatur und der Lesermeinung / Die dreizehnte Expedition in die Vergangenheit oder Der Charakter der Urmenschen / Das

Ende der Dreizehnten Zeitexpedition oder Wie man Mystifikationen vermeidet / Die Fünfzehnte und die Sechzehnte Zeitexpedition oder Wer hat die Terrasse von Baalbek gebaut? / Die atlantischen Zeitreisen oder Professor Müslis Lebenswerk / Inspektionsreise 7/1 oder Auf der Spur der Zeitbanditen / Schlußbemerkung / Anhang [A–J]. – Mit E. Simon
1986: Etemenanki. (Erz.) In: G. Zschocke (Hrsg.): Zeitreisen. Mitteldeutscher Verlag, Halle–Leipzig. – Mit E. Simon

Helbig, Holger
1983: Schrottreif oder Eine Frage des Bewußtseins. (Erz.) In: Technikus, Jg. 21 (1983) Nr. 7
1984: „Entwicklung" oder „Ein Assistent denkt anders". (Erz.) In: Technikus, Jg. 22 (1984) Nr. 1

Herold, Gottfried
1978: *Die Hunkus schrein am Raklohami*. (Erz.) Eulenspiegel Verlag, Berlin

Hiller, Elke
1982: Brot für Millionen. (Erz.) In: Technikus, Jg. 20 (1982) Nr. 4

Hitziger, Lothar
1960: Kindertag auf dem Monde. (Erz.) In: Dreh dich, Karussell, V. Fahrt. Der Kinderbuchverlag Berlin, Berlin
1961: 24 Stunden auf Station 123. (Erz.) In: Dreh dich, Karussell, VI. Fahrt. Der Kinderbuchverlag Berlin, Berlin
1962: Hallo Raumschiff – bitte melden! (Erz.) In: Dreh dich, Karussell, VII. Fahrt. Der Kinderbuchverlag Berlin, Berlin
1963: Aus einem Reisetagebuch im Jahre 1999. Das Seebeben. (Erz.) In: Dreh dich, Karussell, VIII. Fahrt. Der Kinderbuchverlag Berlin, Berlin

Höfig, Olaf
1971: Der Durchbruch. (Erz.) In: Technikus, Jg. 9 (1971) Nr. 8
1973: Das Meer in der Wüste. (Erz.) In: Technikus, Jg. 11 (1973) Nr. 9

Hofmann, Annegret
1974: Doppelgänger. (Erz.) In: Das Magazin, Jg. 21 (1974) Nr. 7
1978: *Der schwarze Tod.* (Erz.) NL, Berlin. – Mit R. Hofmann

Hofmann, Rolf
1976: Der Staatsanwalt. (Erz.) In: H. Fickelscherer (Hrsg.): Begegnung im Licht. NL, Berlin
1976–1980: Raumkadetten. (Erzn.) In: Technikus, Jg. 14 (1976) Nr. 5 – Jg. 18 (1980) Nr. 12. – Einzeltitel: Die Galilei / Zwischenfall mit Rotkäppchen / Die Dyson-Sphäre / Der Göttliche / Formel der Unsterblichkeit / Rauch im Schiff / Die Verurteilung / Die Gleichung der Liebe / Die Antwort / Das Einmaleins der Raumfahrt / Der Universalimpfstoff / Der Eremit / Fatimas neue Kleider /

Otto / Saurier / Das Argument / Oktoberauszeichnung / Patrouillenflug / Das Rebellenmädchen / Verfehlt / Romantik / Der Superraum / Berenice / Familienlegende / Die Konquistadoren / Das Rätsel / Das Gespensterschiff / Ein Kosmonaut auf Urlaub / Der Märchensammler / Grand mit Dreien / Drachensteigen / Silvesterparty / Thüringer Klöße / Sprachtalente / Kontaktschwierigkeiten / Die Kunst der schönen Worte / Der Schwarze / Sehnsucht nach der Sonne / Planet der freundlichen Bestien / Das Geburtstagsgeschenk / Der Raumkorrespondent / Die Echsen / Supernova / Das Kastaninchen / Schrottreif / Der Fluch / Der Wille zum Leben / Das Geländespiel / Monumente aus Kalk / Die silberne Nelke / Wellenfresser / Freundespflicht / Die Statue / Unvorhergesehene Probleme / Die Flaschenpost
1978: *Der schwarze Tod.* (Erz.) NL, Berlin. — Mit A. Hofmann
1985: Raumkadetten. (Erzn.) In: Technikus, Jg. 23 (1985) Nr. 3 — Jg. 23 (1985) Nr. 12. — Einzeltitel: Goldene Früchte / Der Bio-Planet / Der Aufstand der Doubles / Der ewige Müllkutscher / Ein Schachproblem / Höhlenkunst / Der alte Ewenke / Sein größter Coup / Alle Wünsche dieser Welt / Die Piraten / Ankündigung eines Besuches

Höpfner, Jürgen
1983: Karneval in Bio-Bio. (Erz.) In: J. Höpfner: Karneval in Bio-Bio. Mitteldeutscher Verlag, Halle—Leipzig

Höricke, Lothar
1980: *Entführt von den Tiaias.* (Ro.) NL, Berlin

Horstmann, Hubert
1965: *Die Stimme der Unendlichkeit.* (Ro.) DNB, Berlin
1971: *Die Rätsel des Silbermondes.* (Ro.) DNB, Berlin

Hubert, Fred
1974: *Die Traumfalle.* (Erz.) NL, Berlin
1975: *Zeitsprung ins Ungewisse.* (Erz.) NL, Berlin

Hüfner, Heiner
1981: Unverhoffte Bekanntschaft durch einen Automaten / Schachmatt / Die Fläche / Das Normalhirn / Der Zeitdieb / Johanns Winterschlaf / Datenschließfach IM 13267. (Erzn.) In: H. Hüfner / E.-O. Luthardt: Utopische und phantastische Geschichten. Greifenverlag, Rudolstadt
1983: *Juliane und der Synthorg.* (Ro.) Greifenverlag, Rudolstadt
1985: *Sonne fünf.* (Ro.) Greifenverlag, Rudolstadt
1986: Im Zeitspalt. (Erz.) In: G. Zschocke (Hrsg.): Zeitreisen. Mitteldeutscher Verlag, Halle—Leipzig

Hüttner, Hannes
1983: *Grüne Tropfen für den Täter.* (Ro.) NL, Berlin

Jakobs, Karl-Heinz
1975: Quedlinburg. (Erz.) In: Edith Anderson (Hrsg.): Blitz aus heiterm Himmel. Hinstorff Verlag, Rostock. – Dass. 1977 in: K.-H. Jakobs: Fata Morgana. NL, Berlin
1977: *Fata Morgana.* (Erzn.) NL, Berlin. – Aus dem Inhalt: Quedlinburg / Pasewalk [Dass. 1981 in: Lektorat für DDR-Literatur des Aufbau-Verlages (Hrsg.): Fünfundsiebzig Erzähler der DDR. Band 1. Aufbau-Verlag, Berlin und Weimar]

Jankowski, Steffen
1984: Praximar und Theores. (Erz.) In: Technikus, Jg. 22 (1984) Nr. 3

Jensko, Ewald
1947: *Station Nordpol.* (Ro.) Verlag Neues Werden, Berlin

Joho, Wolfgang
1971: Besuch von einem anderen Stern. (Erz.) In: Neue Deutsche Literatur, Jg. 19 (1971) Nr. 12

Kampe, Torsten
1982: Alptraum um Mitternacht. (Erz.) In: Technikus, Jg. 20 (1982) Nr. 8

Kautz, Sebastian
1983: Der Schulweg. (Erz.) In: Technikus, Jg. 21 (1983) Nr. 9

Kellner, Wolfgang
1974: *Der Rückfall.* (Ro.) DNB, Berlin
1975: Alarm aus Intimklause 87. (Erz.) In: E. Redlin (Hrsg.): Der Mann vom Anti. DNB, Berlin
1981: Dicke Luft. (Erz.) In: Das Magazin, Jg. 28 (1981) Nr. 9 – Dass. 1981 [ungekürzt] in: W. Kellner: Die große Reserve. Greifenverlag, Rudolstadt
1981: *Die große Reserve.* (Erzn.) Greifenverlag, Rudolstadt. – Inhalt: Der Zeitlümmel / Totalschaden / Dicke Luft / Das Osterei / Große Schiel / Der Experte / Die Verschollenen / Der Ärgerparagraph / Alarm aus Intimklause 87 / Das Phantasienokel / Die Tragistrophe / Tischsalat
1981: Der Zeitlümmel. (Erz.) In: Das Magazin, Jg. 28 (1981) Nr. 6. – Dass. 1981 [ungekürzt] in: W. Kellner. Die große Reserve. Greifenverlag, Rudolstadt
1983: Das PeEm. (Erz.) In: E. Redlin (Hrsg.): Wege zur Unmöglichkeit. DNB, Berlin
1985: Tödlicher Irrtum. (Erz.) In: E. Simon (Hrsg.): Lichtjahr 4. DNB, Berlin
1985: Wenn der Krake kommt. (Erz.) In. M. Szameit (Hrsg.): Aus dem Tagebuch einer Ameise. NL, Berlin
1986: Das Zeitferkel. (Erz.) In: G. Zschocke (Hrsg.): Zeitreisen. Mitteldeutscher Verlag, Halle–Leipzig

Kirsch, Rainer
1978: Erste Niederschrift. (Erz.) In: Sonja Schnitzler u. Manfred Wolter (Hrsg.): Die Tarnkappe. Eulenspiegel Verlag, Berlin. – Dass. 1981 in: Lektorat für DDR-Literatur des Aufbau-Verlages (Hrsg.): Fünfundsiebzig Erzähler der DDR. Band 2. Aufbau-Verlag, Berlin und Weimar. – Dass. 1985 in: R. Kirsch: Sauna oder Die fernherwirkende Trübung. Hinstorff Verlag, Rostock
1985: *Der kleine lila Nebel.* (Erz.) Edition Holz im Kinderbuchverlag Berlin, Berlin. – Dass. 1985 unter dem Titel: Der geschenkte Tag oder Der kleine lila Nebel. In: R. Kirsch: Sauna oder Die fernherwirkende Trübung. Hinstorff Verlag, Rostock
1985: *Sauna oder Die fernherwirkende Trübung.* (Erzn.) Hinstorff Verlag, Rostock. – Aus dem Inhalt: Erste Niederschrift / Der geschenkte Tag oder Der kleine lila Nebel / Sauna oder Die fernherwirkende Trübung

Klaus, Benno
1981: Die Sache mit Opa. (Erz.) In: Technikus, Jg. 19 (1981) Nr. 8

Klauß, Klaus
1985: *Duell unter fremder Sonne.* (Ro.) Militärverlag der Deutschen Demokratischen Republik, Berlin

Klimt, Karlheinz
1985: Die große Stunde. (Erz.) In: Hinnerk Einhorn u. Roswitha Jendryschik (Hrsg.): Die Schublade. Band 2. Mitteldeutscher Verlag, Halle – Leipzig

Klis, Rainer
1983: *Aufstand der Leser.* (Erz.) Mitteldeutscher Verlag, Halle–Leipzig. – Aus dem Inhalt: Roboter / Das Tor zum Äther / Manna / Orbander-Ehrung
1986: *Hinter großen Männern.* (Erzn.) Mitteldeutscher Verlag, Halle–Leipzig. – Aus dem Inhalt: Der Hyperwald / Der Umzug

Kloshek, Thomas
1981: Lebende Energiequelle. (Erz.) In: Technikus, Jg. 19 (1981) Nr. 10

Klus, Manfred
1984: Auf eine Tasse Kaffee. (Erz.) In: Das Magazin, Jg. 31 (1984) Nr. 4

Knobloch, Karl-Georg
1972: *Sternenspur im Ozean.* (Erz.) Deutscher Militärverlag, Berlin

Kober, Wolfram
1968: Luna 1. (Erz.) In: Technikus, Jg. 6 (1968) Nr. 4
1968: Vorsicht Roboter! Nicht fluchen! (Erz.) In: Technikus, Jg. 6 (1968) Nr. 8
1969: Riß im Tunnel. (Erz.) In: Technikus, Jg. 7 (1969) Nr. 5
1971: Prüfung auf Merkur. (Erz.) In: Technikus, Jg. 9 (1971) Nr. 5
1972: Roboter Robert. (Erz.) In: Technikus, Jg. 10 (1972) Nr. 10

1976: Auftrag Lemur / Kategorie Roboid. (Erz.) In: H. Fickelscherer (Hrsg.): Begegnung im Licht. NL, Berlin
1983: Der Alte. (Erz.) In: E. Redlin (Hrsg.): Wege zur Unmöglichkeit. DNB, Berlin
1983: *Nova.* (Erzn.) DNB, Berlin. – Inhalt: Ich bin ein Mensch / Genesung / Schuld / Nova / Der Krieg / Das Wrack / Ehrgeiz / Abstände / Zaatar / Zero–Welt
1984: *Exoschiff.* (Erzn.) DNB, Berlin. – Inhalt: Mardroid / Die Grenze / Versagen / Gravons Kinder / Das Opfer / Astriden / Biester / Exoschiff / Die Kolonie
1984: Persönlichkeit. (Erz.) In. E. Simon (Hrsg.): Lichtjahr 3. DNB, Berlin. – Dass. 1986 in: E. Simon (Hrsg.): Lichtspruch nach Tau. DNB, Berlin
1986: Das neue Jahrtausend. (Erzn.) In: Technikus, Jg. 24 (1986) Nr. 1 – Jg. 24 (1986) Nr. 12. – Einzeltitel: Ghana / Fehlläufer / Fehlverhalten / Der Lunaride / Marswurm-Saga / Testfall / Peace-War / Nemo-Projekt / Merkurhölle / Wasser / Die neuen Götter / Computerkrieg / Der Koordinator

Kögel, Jürgen
1975: Ein Roboter weniger. (Erz.) In: Neue Deutsche Literatur, Jg. 23 (1975) Nr. 10

Köhler, Erich
1979: *Reise um die Erde in acht Tagen.* (Erz.) NL, Berlin

Köhler, Wolfgang
1976: Der Lumpensammler / Platos Irrtum / Raymonds Planet / Zwei Stunden. (Erzn.) In: H. Fickelscherer (Hrsg.): Begegnung im Licht. NL, Berlin

Kohls, Holger
1982: Lehrstelle frei? (Erz.) In: Technikus, Jg. 20 (1982) Nr. 11

Kolditz, Gottfried
1972: *Havarie.* (Erz.) NL, Berlin
1980: Roboterfrühstück. (Erz.) In: E. Redlin u. E. Simon (Hrsg.): Lichtjahr 1. DNB, Berlin. – Dass. 1986 in: E. Simon (Hrsg.): Lichtspruch nach Tau. DNB, Berlin
1983: Der unbekannte Bazillus. (Erz.) In: E. Redlin (Hrsg.): Wege zur Unmöglichkeit. DNB, Berlin

Kriese, Reinhard
1985: *Eden-City, die Stadt des Vergessens.* (Ro.) NL, Berlin
1986: *Mission SETA II.* (Ro.) NL, Berlin

Kroemke, Klaus
1986: Königliches Geschenk. (Erz.) In: Neues Leben, Jg. 33 (1986) Nr. 12

Kröger, Alexander [d. i. Helmut Routschek]
1969: *Sieben fielen vom Himmel.* (Ro.) NL, Berlin

1973: *Antarktis 2020.* (Ro.) NL, Berlin
1976: *Expedition Mikro.* (Ro.) NL, Berlin
1977: *Die Kristallwelt der Robina Crux.* (Ro.) NL, Berlin. – Dass. 1982: VuW, Berlin
1980: *Die Marsfrau.* (Ro.) NL, Berlin
1981: *Das Kosmodrom im Krater Bond.* (Ro.) NL, Berlin
1983: *Energie für Centaur.* (Ro.) NL, Berlin
1983: Wiederkehr. (Erz.) In: E. Redlin (Hrsg.): Wege zur Unmöglichkeit. DNB, Berlin
1984: *Der Geist des Nasreddin Effendi.* (Ro.) NL, Berlin
1985: Eine unumkehrbare Mutation. (Erz.) In: M. Szameit (Hrsg.): Aus dem Tagebuch einer Ameise. NL, Berlin
1985: *Souvenir vom Atair.* (Ro.) Mitteldeutscher Verlag, Halle–Leipzig
1986: *Die Engel in den grünen Kugeln.* (Ro.) NL, Berlin

Krohn, Rolf
1975: Cora [Dass. 1985 in: R. Krohn: Begegnung im Nebel. DNB, Berlin] / Das Mädchen von Ninive. (Erz.) In: E. Redlin (Hrsg.): Der Mann vom Anti. DNB, Berlin
1976: Billard / Dornröschen / Der Haltepunkt [Dass. 1985 in: R. Krohn: Begegnung im Nebel. DNB, Berlin] / Der Hellseher / Die Jäger [Dass. 1985 unter dem Titel: Einen Plesiosaurier, bitte! In: M. Szameit (Hrsg.): Aus dem Tagebuch einer Ameise. NL, Berlin] / Die Sitzung (I). (Erzn.) In: H. Fickelscherer (Hrsg.): Begegnung im Licht. NL, Berlin
1981: Lichtspruch nach Tau. (Erz.) In: E. Simon (Hrsg.): Lichtjahr 2. DNB, Berlin. – Dass. 1986 in: E. Simon (Hrsg.): Lichtspruch nach Tau. DNB, Berlin
1984: Der Arzt. (Erz.) In: E. Simon (Hrsg.): Lichtjahr 3. DNB, Berlin. – Dass. 1985 in: R. Krohn: Begegnung im Nebel. DNB, Berlin
1985: Am Ufer der Unendlichkeit. (Erz.) In: E. Simon (Hrsg.): Lichtjahr 4. DNB, Berlin
1985: *Begegnung im Nebel.* (Erzn.) DNB, Berlin. – Inhalt: *GESTERN?:* Begegnung im Nebel / Die vierte Tür / Der Arzt / Die Söhne des Feuers / *HEUTE?:* Die Kündigung / Der Haltepunkt / Das Labyrinth / *MORGEN?:* Mein Lied / Cora / Das Triom
1986: Die Fehlkonstruktion. (Erz.) In: G. Zschocke (Hrsg.): Zeitreisen. Mitteldeutscher Verlag, Halle–Leipzig

Krüger, Klaus. D.
1986: Der Traum. (Erz.) In: E. Simon (Hrsg.): Lichtjahr 5. DNB, Berlin

Krupkat, Günther
1956: *Gefangene des ewigen Kreises.* (Erz.) NL, Berlin
1956: *Die Unsichtbaren.* (Ro.) VuW, Berlin. – Dass. 1958: DNB, Berlin
1957: *Kobalt 60.* (Erz.) NL, Berlin

1957: *Nordlicht über Palmen.* (Erz.) KuF, Berlin
1960: *Die große Grenze.* (Ro.) DNB, Berlin
1963: *Als die Götter starben.* (Ro.) DNB, Berlin
1968: *Nabou.* (Ro.) DNB, Berlin. – Dass. 1972: VuW, Berlin
1969: Insel der Angst. (Erz.) In: L. Weist (Hrsg.): Das Molekular-Café. DNB, Berlin. – Dass. 1970 in: Die Achtnulligen. KuF, Berlin
1974: Das Duell. (Erz.) In: E. Orthmann (Hrsg.): Das Zeitfahrrad. NL, Berlin. – Dass. 1977 in: E. Orthmann (Hrsg.): Das Raumschiff. NL, Berlin
1975: Bazillus phantastikus oder Die Nixe mit dem Hackebeil / Der Mann vom Anti. (Erzn.) In: E. Redlin (Hrsg.): Der Mann vom Anti. DNB, Berlin

Kruschel, Karsten
1979: Aussage des Assistenten. (Erz.) In: Neues Leben, Jg. 26 (1979) Nr. 3
1979: Theorie der Kugelblitze. (Erz.) In: Neues Leben, Jg. 26 (1979) Nr. 6
1985: Schach mit Otto. (Erz.) In: M. Szameit (Hrsg.): Aus dem Tagebuch einer Ameise. NL, Berlin
1985: *Raumsprünge.* (Erz.) NL, Berlin

Küchenmeister, Ernst-Dieter
1977: *Der Hund vom Bumerang und andere kosmische Abenteuer.* (Erzn.) Gebr. Knabe Verlag, Weimar. – Inhalt: Die vierbeinigen Freunde / Bei Irene piept es / Der Hund vom Bumerang / Die heilige Rakete / Die Erbse im Ohr / Der zusammengesetzte Pilot
1980: *Roboter und Gespenster.* (Erzn.) Gebr. Knabe Verlag, Weimar. – Inhalt: Das Gespenst im alten Turm / Die einsamen Teddybären / Neues aus Nurxanurxa / Nur Einzelbeispiele / Roboter zugelaufen

Küchler, Manfred
1980: Die Maschine. (Erz.) In: Das Magazin, Jg. 27 (1980) Nr. 2
1980: Strandspektakel. (Erz.) In: Das Magazin, Jg. 27 (1980) Nr. 10
1982: Die Erlebnisse des Roboters Dr. K. (Erz.) In: Das Magazin, Jg. 29 (1982) Nr. 10
1983: Der Konflikt ist völlig unter Kontrolle. (Erz.) In: E. Redlin (Hrsg.): Wege zur Unmöglichkeit. DNB, Berlin

Kühn, Max
1955: Automat S-19/72. (Erz.) In: Jugend und Technik, Jg. 3 (1955) Nr. 10
1956: Zwischenfall vor der Leinwand. (Erz.) In: Jugend und Technik, Jg. 4 (1956) Nr. 12

Kunert, Günter
1954: *Der ewige Detektiv* und andere Geschichten. (Erzn.) Eulenspie-

gel Verlag, Berlin. — Aus dem Inhalt: Der Mann vom Mars / Der neue Nachbar
1968: Nach der Landung. (Erz.) In: G. Kunert: Kramen in Fächern. Aufbau-Verlag, Berlin und Weimar. — Dass. 1980 in: G. Kunert: Kurze Beschreibung eines Momentes der Ewigkeit. Verlag Philipp Reclam jun. Leipzig, Leipzig
1973: Märchenhafter Monolog. (Erz.) In: G. Kunert: Die geheime Bibliothek. Aufbau-Verlag, Berlin und Weimar
1975: Museumsbesuch / Schlaf. (Erzn.) In: E. Redlin (Hrsg.): Der Mann vom Anti. DNB, Berlin
1975: Vom Pluto her. (Erz.) In: G. Kunert: Der Mittelpunkt der Erde. Eulenspiegel Verlag, Berlin. — Dass. 1980 in: G. Kunert: Kurze Beschreibung eines Momentes der Ewigkeit. Verlag Philipp Reclam jun. Leipzig, Leipzig
1976: Andromeda zur Unzeit. (Erz.) In: G. Kunert: Kinobesuch. Insel-Verlag Anton Kippenberg, Leipzig
1976: Märchen für morgen. (Erz.) In: Joachim Walther u. Manfred Wolter (Hrsg.): Die Rettung des Saragossameeres. Buchverlag Der Morgen, Berlin
1980: *Kurze Beschreibung eines Momentes der Ewigkeit.* (Erz.) Verlag Philipp Reclam jun. Leipzig, Leipzig. — Aus dem Inhalt: Nach der Landung / Androiden / Vom Pluto her / Anthrophagie

Kunkel, Klaus
1952: *Heißes Metall.* (Ro.) DNB, Berlin
1953: *Im gläsernen Flugzeug durch die Schallmauer.* (Erz.) NL, Berlin
1953: *Nordpolfahrt im Jahre 2000.* (Erz.) NL, Berlin
1954: *Monika und die grüne Sonne.* (Erz.) NL, Berlin

Laabs, Joochen
1984: Der letzte Stern. (Erz.) In: Neue Deutsche Literatur, Jg. 33 (1984) Nr. 7

Lange, Dieter
1969: Das Frettchen / Weltmeer unter der Wüste. (Erzn.) In: Technikus, Jg. 8 (1970) Nr. 9
1970: Ein Landwirt träumt. (Erz.) In: Technikus, Jg. 8 (1970) Nr. 9

Leman, Alfred
1973: *Das Gastgeschenk der Transsolaren.* (Erzn.) NL, Berlin. — Inhalt: Schach / Bernod / Glas? / Begegnung / Zwischenfall [Dass. 1973 unter dem Titel: *Der geheimnisvolle Meteorit.* NL, Berlin] / Gastgeschenk / Blinder Passagier [Dass. 1974 in: E. Orthmann (Hrsg.): Das Zeitfahrrad. NL, Berlin. — Dass. 1977 in: E. Orthmann (Hrsg.): Das Raumschiff. NL, Berlin] / Halbzeit / Agonie / Chronos / Ringelspiel / Liebe / Heimkehr / Bindungen / Nach acht / Parallelen. — Mit H. Taubert

1980: *Der unsichtbare Dispatcher.* (Erzn.) NL, Berlin. — Inhalt: Der unsichtbare Dispatcher / Tektonische Spalten / Die Revision [Dass. (gekürzt) 1982: NL, Berlin] / Die Straße / Episoden / Im ökologischen Epizentrum / Urteile / Konkurrenten / Ungeordnete Verhältnisse / Es sind die letzten
1985: Schnee und Feuer. (Erz.) In: M. Szameit (Hrsg.): Aus dem Tagebuch einer Ameise. NL, Berlin
1986: Baba und die zweiundvierzig Stiere. (Erz.) In: E. Simon (Hrsg.): Lichtjahr 5. DNB, Berlin
1986: Feedback aus der Zukunft. (Erz.) In: G. Zschocke (Hrsg.): Zeitreisen. Mitteldeutscher Verlag, Halle—Leipzig
1986: *Schwarze Blumen auf Barnard 3.* (Ro.) NL, Berlin

Letsche, Curt
1968: *Verleumdung eines Sterns.* (Ro.) Greifenverlag, Rudolstadt. — Dass. 1968: VuW, Berlin
1970: *Der Mann aus dem Eis.* (Ro.) Greifenverlag, Rudolstadt
1974: *Raumstation Anakonda.* (Ro.) Greifenverlag, Rudolstadt

Liebsch, Stephan
1982: Die Wahrheit über den Schneemenschen. (Erz.) In: Technikus, Jg. 20 (1982) Nr. 6

Lindow, Rainer
1978: Die Hülle Zebaoths. (Erz.) In: Sonja Schnitzler u. Manfred Wolter (Hrsg.): Die Tarnkappe. Eulenspiegel Verlag, Berlin

Löffler, Gerhard
1957: *Fernsehauge DX.* (Erz.) Verlag Sport und Technik, Neuenhagen bei Berlin

Lorenz, Christian
1981: Steuerfehler. (Erz.) In: Technikus, Jg. 19 (1981) Nr. 12

Lorenz, Peter
1978: *Homunkuli.* (Ro.) NL, Berlin
1981: *Quarantäne im Kosmos.* (Ro.) NL, Berlin
1983: Jefferson. (Erz.) In: E. Redlin (Hrsg.): Wege zur Unmöglichkeit. DNB, Berlin
1985: Das Normhuhn. (Erz.) In: M. Szameit (Hrsg.): Aus dem Tagebuch einer Ameise. NL, Berlin
1986: *Blinde Passagiere im Raum 100.* (Ro.) Mitteldeutscher Verlag, Halle—Leipzig

Lösel, Monika
1979: Ein Klopfer für den Himmel. (Erz.) In: Das Magazin, Jg. 26 (1979) Nr. 7

Lüdemann, Hans-Ulrich
1983: *Um Himmelswillen keine Farbe.* (Ro.) Der Kinderbuchverlag Berlin, Berlin

Luthardt, Ernst-Otto
1981: Das Double im Paradies / Milena / Ginkgo. (Erzn.) In: H. Hüfner / E.-O. Luthardt: Utopische und phantastische Geschichten. Greifenverlag, Rudolstadt
1982: *Die klingenden Bäume.* (Erzn.) Greifenverlag, Rudolstadt. — Inhalt: Das Ende einer Weltraumodyssee / Zofia / Schach und matt / Der letzte Landgang / Die klingenden Bäume
1984: *Die Unsterblichen.* (Erzn.) Greifenverlag, Rudolstadt. — Inhalt: Der Sohn der Erzählerin / Das Ende vom Anfang / Fünf Begegnungen mit Herrn Muri / Der steinerne Gast / Zeitverbot [Dass. 1984 in: Neue Deutsche Literatur, Jg. 32 (1984) Nr. 7] / Die Unsterblichen
1986: Eleni. (Erz.) In: G. Zschocke (Hrsg.): Zeitreisen. Mitteldeutscher Verlag, Halle—Leipzig

-ma-
1981: Das Elixier. (Erz.) In: Technikus. Jg. 19 (1981) Nr. 3

Mann, Arndt
1981: Das Ende der Katastrophe. (Erz.) In: Technikus, Jg. 19 (1981) Nr.2

Mattke, Frank
1982: Oldtimer. (Erz.) In: Technikus, Jg. 20 (1982) Nr. 12

Matzke, Gerhard
1967: *Marsmond Phobos.* (Ro.) NL, Berlin
1976: *Projekt Pluto.* (Ro.) NL, Berlin

Mechtel, Hartmut
1985: Verhör. (Erz.) In: M. Szameit (Hrsg.): Aus dem Tagebuch einer Ameise. NL, Berlin

Meinhold, Gottfried
1984: Liana Halwegia. (Erz.) In: Neue Deutsche Literatur, Jg. 32 (1984) Nr. 7. — Dass. 1984 in: E. Simon (Hrsg.): Lichtjahr 3. DNB, Berlin. — Dass. (verändert) 1986 unter dem Titel: Halwegs Liane. In: G. Meinhold: Kilidone und andere Merkwürdigkeiten. DNB, Berlin
1984: *Weltbesteigung.* (Ro.) DNB, Berlin
1986: *Kilidone und andere Merkwürdigkeiten.* (Erzn.) DNB, Berlin. — Inhalt: Halwegs Liane / Signale / Kilidone / Hören und Sehen / Zirkus Onegani / Wellers Leben / Die Rannersche Sammlung / Das Ungeheuer / Die Expedition

Melzer, Andreas
1984: König im Matt. (Erz.) In: E. Simon (Hrsg.): Lichtjahr 3. DNB, Berlin. — Dass. 1986 in: E. Simon (Hrsg.): Lichtspruch nach Tau. DNB, Berlin
1985: Weit voraus die Sonne. (Erz.) In: E. Simon (Hrsg.): Lichtjahr 4. DNB, Berlin

1986: Fluchtweg achteraus / Lotsendienst, ganz alltäglich. (Erzn.) In: E. Simon (Hrsg.): Lichtjahr 5. DNB, Berlin

Metzner, Gunter
1976: Begegnung im Licht / Trinicia. (Erzn.) In: H. Fickelscherer (Hrsg.): Begegnung im Licht. NL, Berlin

Meusel, Ingo
1968: Die große Chance. (Erz.) In: Technikus, Jg. 6 (1968) Nr. 3
1971: Einbruch auf Sohle 7. (Erz.) In: Technikus, Jg. 9 (1971) Nr. 1
1972: Havarie am „Staubsauger". (Erz.) In: Technikus, Jg. 10 (1972) Nr. 7
1973: Späte Konsequenz. (Erz.) In: Technikus, Jg. 11 (1973) Nr. 4

Meyer, Hansgeorg
1972: Der letzte Tag des Putty Eins. (Erz.) In: Der Märchensputnik. Verlag Junge Welt, Berlin

Mielke, Heinz
1955: Gefährliches Ziel. (Erz.) In: Unsere Welt, 5. Der Kinderbuchverlag Berlin, Berlin
1956: *Käpt'n Yppolith und die Venus-Eidechse.* (Erz.) Der Kinderbuchverlag Berlin, Berlin

Möckel, Klaus
1975: Einer von vier. (Erz.) In: E. Redlin (Hrsg.): Der Mann vom Anti. DNB, Berlin. – Dass. 1985 in: K. Möckel: Die seltsame Verwandlung des Lenny Frick. DNB, Berlin
1976: *Die Einladung.* (Ro.) NL, Berlin
1979: Flußpferde eingetroffen. (Erz.) In: Temperamente, Jg. 4 (1979) Nr. 2. – Dass. 1980 in: K. Möckel: Die gläserne Stadt. DNB, Berlin
1980: *Die gläserne Stadt.* (Erzn.) DNB, Berlin. – Inhalt: Der Irrtum / Das Märchen vom Träumen / Flußpferde eingetroffen / Der Ernst des Lebens / Die gläserne Stadt / Die Brille / Siebenquant oder der Stern des Glücks
1983: Die Grenze ist erreicht. (Erz.) In: E. Redlin (Hrsg.): Wege zur Unmöglichkeit. DNB, Berlin. – Dass. 1985 in: K. Möckel: Die seltsame Verwandlung des Lenny Frick. DNB, Berlin
1983: Immer zu Diensten. (Erz.) In: Das Magazin, Jg. 30 (1983) Nr. 6. – Dass. 1985 unter dem Titel: Immer zu Diensten! In: K. Möckel: Die seltsame Verwandlung des Lenny Frick. DNB, Berlin
1985: *Die seltsame Verwandlung des Lenny Frick.* (Erzn.) DNB, Berlin. – Inhalt: Einer von vier / Immer zu Diensten! / Das reproduzierte Gewissen / Die Grenze ist erreicht / Herz aus Glas / Eine Fernsehgeschichte / Die seltsame Verwandlung des Lenny Frick / Die Stunde des Dichters / Besuch aus der Spiegelwelt / Briefe aus dem Ü. / Der Planet der Empfindlichen
1986: Ende einer Freundschaft. (Erz.) In: G. Zschocke (Hrsg.): Zeitreisen. Mitteldeutscher Verlag, Halle–Leipzig

Morgner, Irmtraud
1972: *Die wundersamen Reisen Gustavs des Weltfahrers*. (Ro.) Aufbau-Verlag, Berlin und Weimar
Mosch, Jörg
1986: Die Strahlung. (Erz.) In: E. Simon (Hrsg.): Lichtjahr 5. DNB, Berlin
Mrwa, Axel
1971: Die Ewigkeitsmaschine. (Erz.) In: Technikus, Jg. 9 (1971) Nr. 7
Müller, Antje u. Matthias
1983: AERO-Expreß. (Erz.) In: Technikus, Jg. 21 (1983) Nr. 4
Müller, Dirk-Steffen
1984: Ein ganz gewöhnlicher Tag. (Erz.) In: Technikus, Jg. 22 (1984) Nr.1
Müller, Fritz s.: F. Reinel (Pseud.)
Müller, Hermann
1949: *MARCON „1937–1975" / Das Auge am Nordpol*. (Erzn.) Verlag Neues Werden, Berlin
Müller, Horst
1960: *Signale vom Mond*. (Ro.) Domowina-Verlag, Bautzen
1962: *Kurs Ganymed*. (Ro.) Domowina-Verlag, Bautzen
Müller, Matthias s.: A. u. M. Müller
Müller, Petra
1982: Unser großer Tag. (Erz.) In: Technikus, Jg. 20 (1982) Nr. 10
Münch, Ralf
1982: Per Anhalter. (Erz.) In: Technikus, Jg. 20 (1982) Nr. 3
Munzert, Wolfram
1967: Die Botschaft. (Erz.) In: Technikus, Jg. 5 (1967) Nr.12
Neitzke, R.
1981: Warum gibt es keine grünen Männlein? (Erz.) In: Technikus, Jg.19 (1981) Nr.5
Nitsche, Wolfgang
1983: Der Energiestrahl. (Erz.) In: E. Redlin (Hrsg.): Wege zur Unmöglichkeit. DNB, Berlin
Oertzen Becker, Rainer von
1982: Kleinkariert. (Erz.) In: Technikus, Jg.20 (1982) Nr.2
Oettingen, Hans
1973: Irrtum im Himmel. (Erz.) In: Das Magazin, Jg.20 (1973) Nr.6
Opitz, Dieter
1972: Der Radartaster. (Erz.) In: Technikus, Jg. 10 (1972) Nr. 9
Orthmann, Edwin (Hrsg.)
1972: *Der Diamantenmacher*. (Erzn.) NL, Berlin. — Aus dem Inhalt: L. Weise: Im Eis des Kometen / C. Rasch: Raumschlepper HERKULES
1973: Die Ypsilon-Spirale. (Erzn.) NL, Berlin. — Aus dem Inhalt:

C. Rasch: Das unirdische Raumschiff / P. G. Schreiber: LUX I auf Solarkurs

1974: *Das Zeitfahrrad.* (Erzn.) NL, Berlin. – Aus dem Inhalt: G. Branstner: Im Wirtshaus Zum Müden Gaul / A. Leman u. H. Taubert: Blinder Passagier / G. Krupkat: Das Duell

1977: *Das Raumschiff.* (Erzn.) NL, Berlin. – Aus dem Inhalt: A. Leman u. H. Taubert: Blinder Passagier / G. Branstner: Im Wirtshaus Zum Müden Gaul / C. Rasch: Raumschlepper HERKULES / K. Frühauf: Die weite Reise

Pabst, Lothar
1983: Funksignale. (Erz.) In: Technikus, Jg. 21 (1983) Nr. 9

Panitz, Eberhardt
1983: *Eiszeit.* (Ro.) Mitteldeutscher Verlag, Halle–Leipzig

Paschke, Rudi
1953: Auf dem Wege zum Mond. (Erz.) In: Jugend und Technik, Jg. 1 (1953) Nr. 6
1954: Von Warschau bis Calais. (Erz.) In: Jugend und Technik, Jg. 2 (1954) Nr. 3
1955: ... dora eins, dora eins ... bitte melden ... (Erz.) In: Jugend und Technik, Jg. 3 (1955) Nr. 5

Peter, Simon [d. i. F. Petermann u. E. Simon]
1983: Die Erzählung des Joseph Faber. (Erz.) In: E. Redlin (Hrsg.): Wege zur Unmöglichkeit. DNB, Berlin

Petermann, Frank
1976: ... und auf dem dritten Kreis ein Menschenpaar. (Erz.) In: H. Fickelscherer (Hrsg.): Begegnung im Licht. NL, Berlin
1976: *Der unsterbliche Mr. Cooper.* (Erz.) NL, Berlin
1983: Die Erzählung des Joseph Faber. (Erz.) In: E. Redlin (Hrsg.): Wege zur Unmöglichkeit. DNB, Berlin. – Mit E. Simon unter dem gemeinsamen Pseud. Simon Peter
1984: Bordtagebuch. (Erz.) In: E. Simon (Hrsg.): Lichtjahr 3. DNB, Berlin. – Dass. 1986 in: E. Simon (Hrsg.): Lichtspruch nach Tau. DNB, Berlin
1985: Die Vegetarier der grasigen Ebene. (Erz.) In: M. Szameit (Hrsg.): Aus dem Tagebuch einer Ameise. NL, Berlin

Petersch, Hans
1969: Die Blumen der Erde. (Erz.) In: Technikus, Jg. 7 (1969) Sonderheft

Pfeuffer, Kerstin
1983: Eine ungewöhnliche Alge. (Erz.) In: Technikus, Jg. 21 (1983) Nr. 2

Picht, Wolf Dieter
1962: Robot RK-59. (Erz.) In: Neues Leben, Jg. 9 (1962) Nr. 6

Potthoff, Konrad
1976: Wilhelmine und das Huhn Angelika. (Erz.) In: Hilga Cwojdrak u.

Katrin Pieper (Hrsg.): Der Eismann ist kein Schneemann. Der Kinderbuchverlag Berlin, Berlin
1977: Wilhelmine macht das Wetter. (Erz.) In: Hilga Cwojdrak u. Katrin Pieper (Hrsg.): Die Katze sitzt im Fliederbaum. Der Kinderbuchverlag Berlin, Berlin
1978: *Wilhelmine und der unheimliche Planet.* (Ro.) Der Kinderbuchverlag Berlin, Berlin
1978: Wilhelmine und die Spatzen. (Erz.) In: Hilga Cwojdrak u. Katrin Pieper (Hrsg.): Im Walde haust das Märchenschwein. Der Kinderbuchverlag Berlin, Berlin
1979: Wie ich Wilhelmine kennenlernte. (Erz.) In: Hilga Cwojdrak u. Katrin Pieper (Hrsg.): Im Rathaus zu Groß-Schilda. Der Kinderbuchverlag Berlin, Berlin
1980: Wilhelmine als Detektiv. (Erz.) In: Hilga Cwojdrak u. Katrin Pieper (Hrsg.): Der Räuber schwingt das Buttermesser. Der Kinderbuchverlag Berlin, Berlin
1981: Wilhelmine rettet die Erde. (Erz.) In: Hilga Cwojdrak u. Katrin Pieper (Hrsg.): Eine kleine Fledermaus ruht sich auf der Zeder aus. Der Kinderbuchverlag Berlin, Berlin
1982: Wilhelmine und Robinson. (Erz.) In: Hilga Cwojdrak u. Katrin Pieper (Hrsg.): Die Hexe bürstet ihren Drachen. Der Kinderbuchverlag Berlin, Berlin
1983: Wilhelmine und der Donnergott. (Erz.) In: Hilga Cwojdrak u. Katrin Pieper (Hrsg.): Der Zwerg liebt eine Schnecke. Der Kinderbuchverlag Berlin, Berlin
1985: Wilhelmines Tod und Auferstehung. (Erz.) In: Hilga Cwojdrak u. Katrin Pieper (Hrsg.): Ein Elefant tanzt Ringelreihn. Der Kinderbuchverlag Berlin, Berlin
1986: Wilhelmine gruselt's! (Erz.) In: Hilga Cwojdrak u. Katrin Pieper (Hrsg.): Gespenst Mariechen spielt Posaune. Der Kinderbuchverlag Berlin, Berlin

Prokop, Gert
1975: Der Tod der Unsterblichen. (Erz.) In: E. Redlin (Hrsg.): Der Mann vom Anti. DNB, Berlin. – Dass. 1977 in: G. Prokop: Wer stiehlt schon Unterschenkel? DNB, Berlin
1977: *Wer stiehlt schon Unterschenkel?* (Erzn.) DNB, Berlin. – Inhalt: Timothy Truckle / Wer stiehlt schon Unterschenkel? / Der Tod der Unsterblichen / Schneewittchen und der Mann aus dem 20. Jahrhundert / Tote stehlen nicht, oder? / Ein Freundesdienst / Samuel, das Monster / Spiel auf Leben und Tod / Die Drossel
1978: Die Sache mit dem Alpha-No-i. (Erz.) In: Sonja Schnitzler u. Manfred Wolter (Hrsg.): Die Tarnkappe. Eulenspiegel Verlag, Berlin

1983: Mein Mörder kommt selten allein. (Erz.) In: E. Redlin (Hrsg.): Wege zur Unmöglichkeit, DNB, Berlin
1983: *Der Samenbankraub.* (Erzn.) DNB, Berlin. — Inhalt: Zwei Stichlinge aus Illinois / Der Samenbankraub / Das Orakel von Queens / Der Photonenschrei / Teufelspuzzle / Der Laurin oder Umzug der Engel / Die Spur der Mutanten / Drei Minuten der Ewigkeit

Prüfer, Hans
1973: *Planet der Träume.* (Ro.) Mitteldeutscher Verlag, Halle (Saale)

Quetk, Stefan
1984: Das Wunder. (Erz.) In: Technikus, Jg. 22 (1984) Nr. 4

Quilitzsch, Frank
1971: Zwischenfall auf Luna. (Erz.) In: Technikus, Jg. 9 (1971) Nr. 12
1974: Sabotage im Mittelmeer. (Erz.) In: Technikus, Jg. 12 (1974) Nr. 3
1976: Die Einsamen auf Kallisto / Von Hunden umzingelt. (Erzn.) In: H. Fickelscherer (Hrsg.): Begegnung im Licht. NL, Berlin
1976: *Der Marssturm.* (Erz.) NL, Berlin

Raeder, Hans-Joachim
1967: Mars 2000. (Erz.) In: Technikus, Jg. 5 (1967) Nr. 8

Rank, Heiner
1973: *Die Ohnmacht der Allmächtigen.* (Ro.) DNB, Berlin
1981: Schöne Bella. (Erz.) In: E. Simon (Hrsg.): Lichtjahr 2. DNB, Berlin. — Dass. 1986 in: E. Simon (Hrsg.): Lichtspruch nach Tau. DNB, Berlin
1985: Psychoosmose. (Erz.) In: M. Szameit (Hrsg.): Aus dem Tagebuch einer Ameise. NL, Berlin

Rasch, Carlos
1961: *Asteroidenjäger.* (Ro.) NL, Berlin
1963: *Der blaue Planet.* (Ro.) DNB, Berlin. — Dass. 1966: VuW, Berlin
1963: *Der Untergang der „Astronautic".* (Erz.) NL, Berlin. — Dass. 1968 in: C. Rasch: Krakentang. NL, Berlin
1965: *Im Schatten der Tiefsee.* (Ro.) DNB, Berlin
1966: *Die Umkehr der Meridian.* (Ro.) Deutscher Militärverlag, Berlin
1967: *Das unirdische Raumschiff.* (Erz.) NL, Berlin. — Dass. 1968 in: C. Rasch: Krakentang. NL, Berlin. — Dass. 1973 in: E. Orthmann (Hrsg.): Die Ypsilon-Spirale. NL, Berlin
1968: Eilfracht Ersatzorgane. (Erz.) In: Technikus, Jg. 6 (1968) Nr. 2. — Auszug aus: Rekordflug im Jet-Orkan. In: 1968 u. 1972: Krakentang. NL, Berlin
1968: Explosion im Nordmeer. (Erz.) In: Technikus, Jg. 6 (1968) Nr. 2 — Auszug aus: Polaröl. In: 1968 u. 1972: Krakentang. NL, Berlin
1968: Gluthölle Merkur. (Erz.) In: Neues Leben, Jg. 15 (1968) Nr. 11. —

Dass. (verändert) 1968 unter dem Titel: Vorsicht Roboter! Nicht fluchen! In: Technikus, Jg. 6 (1968) Nr. 2
1968: *Krakentang.* (Erzn.) NL, Berlin. — Inhalt: Krakentang / Rekordflug im Jet-Orkan [Dass. 1970: NL, Berlin] / Polaröl / Der Untergang der „Astronautic" / Das unirdische Raumschiff / Die Mondstaubbarriere. — Vgl.: 1972: Krakentang. NL, Berlin
1969: Im Irrlicht der Doppelsonnen. (Erz.) In: Neues Leben, Jg. 16 (1969) Nr. 11
1970: Kosmonautenfreundschaft. (Erz.) In: Neues Leben, Jg. 17 (1970) Nr. 9
1970: *Rekordflug im Jet-Orkan.* (Erz.) NL, Berlin
1971: Die Verliebten von Luna Gor. (Erz.) In: Neues Leben, Jg. 18 (1971) Nr. 2. — Dass. 1972 in: C. Rasch: Krakentang. NL, Berlin
1972: *Krakentang.* (Erzn.) NL, Berlin. — Inhalt: Krakentang / Rekordflug im Jet-Orkan / Polaröl / Verlobung im Orbit / Die Verliebten von Luna Gor. — Vgl.: 1968: Krakentang. NL, Berlin
1972: Raumschlepper HERKULES. (Erz.) In: E. Orthmann (Hrsg.): Der Diamantenmacher. NL, Berlin. — Dass. 1977 in: E. Orthmann (Hrsg.): Das Raumschiff. NL, Berlin
1975: *Magma am Himmel.* (Ro.) NL, Berlin
1981: Der Mann im Schlitten 7. (Erz.) In: Neues Leben, Jg. 28 (1981) Nr. 9
1986: *Vikonda.* (Erz.) NL, Berlin

Redlin, Ekkehard (Hrsg.)
1975: *Der Mann vom Anti.* (Erzn.) DNB, Berlin. — Inhalt: *Experimente:* H. Ziergiebel: Die Experimente des Professors von Pulex / G. Kunert: Museumsbesuch / R. Krohn: Das Mädchen von Ninive / E. Simon: Marsmenschen gibt's natürlich nicht / G. Brandenburger: Vertrauensstellung / G. Kunert: Schlaf / G. Prokop: Der Tod der Unsterblichen / *Korrektur:* G. Krupkat: Bazillus phantastikus oder Die Nixe mit dem Hackebeil / R. Krohn: Cora / W. Kellner: Alarm aus Intimklause 87 / B. Ulbrich: Der verhexte Kater / G. Krupkat: Der Mann vom Anti / K. Wohlrabe: Korrektur der Vergangenheit / K. Möckel: Einer von vier
1980: *Lichtjahr 1.* (Erzn.) DNB, Berlin. — Aus dem Inhalt: G. Braun u. J. Braun: Briefe, die allerneueste Literatur betreffend / J. Braun u. G. Braun: Aus alten Archiven / K. Steinmüller: Krieg im All / L. Hartmann: Eden im All. — Mit E. Simon (Hrsg.)
1983: *Wege zur Unmöglichkeit.* (Erzn.) DNB, Berlin. — Inhalt: H.-J. Baatz: Konvergenz / G. Branstner: Der negative Erfolg / K. Frühauf: Die letzte Wahrheit / R. Fuhrmann: Der Golem / L. Hartmann: Das zweite Gesicht / W. Kellner: Das PeEm / W. Kober: Der Alte / G. Kolditz: Der unbekannte Bazillus /

A. Kröger: Wiederkehr / M. Küchler: Der Konflikt ist völlig unter Kontrolle / P. Lorenz: Jefferson / K. Möckel: Die Grenze ist erreicht / W. Nitsche: Der Energiestrahl / S. Peter: Die Erzählung des Joseph Faber / G. Prokop: Mein Mörder kommt selten allein / E. Simon: Der schwarze Spiegel / H. Skirecki: Ein erledigter Fall / A. Steinmüller: Zeit-Kur / M. Szameit: Der Apfelmuskreuzer / G. Teske: Der letzte Besuch / W. Weitbrecht: Der Absolute

Reich, Thomas K.
1982: *Sinobara.* (Ro.) DNB, Berlin

Reinel, Fritz [d. i. Fritz Müller]
1981: Das Profil. (Erz.) In: E. Simon (Hrsg.): Lichtjahr 2. DNB, Berlin. – Dass. 1986 in: E. Simon (Hrsg.): Lichtspruch nach Tau. DNB, Berlin

Reisner, Ingo
1981: Gastvortrag auf Cetlon. (Erz.) In: Technikus, Jg. 19 (1981) Nr. 6

Rendelmann, René
1981: Nützlicher Goldrausch. (Erz.) In: Technikus, Jg. 19 (1981) Nr. 7

Renk, S.
1957: Die gläserne Insel. (Erz.) In: Wissen und Leben, Jg. 2 (1957) Nr. 1, Nr. 2 u. Nr. 3

Rentzsch, Gerhard
1977: Der Nachlaß. (Hörsp.) In: Neue Deutsche Literatur, Jg. 25 (1977) Nr. 2

Rezac, Karl
1973: *Der rätselhafte Stein.* (Erz.) Verlag Junge Welt, Berlin

Röder, Jürgen
1983: Blick ins Jahr 2035. (Erz.) In: Technikus, Jg. 21 (1983) Nr. 1

Römer, Udo
1983: Gefahr für „Karibik 3023". (Erz.) In: Technikus, Jg. 21 (1983) Nr. 11

Rosendahl, I.
1982: Bluttransport. (Erz.) In: Technikus, Jg. 20 (1982) Nr. 7

Routschek, Helmut s.: Alexander Kröger [Pseud.]

Rychlik, Frank
1976: Der Schritt aus dem Jenseits. (Erz.) In: H. Fickelscherer (Hrsg.): Begegnung im Licht. NL, Berlin

Salamon, Alfred
1959: Der Jugomat. (Erz.) In: Neues Leben, Jg. 6 (1959) Nr. 4
1976: Galaktische Dienstreise. (Erz.) In: Neues Leben, Jg. 23 (1976) Nr. 8
1980: Superhirn. (Erz.) In: Neues Leben, Jg. 27 (1980) Nr. 6

Salge, Peter
1976: Notlandung. (Erz.) In: H. Fickelscherer (Hrsg.): Begegnung im Licht. NL, Berlin

Salzmann, Gerd
1959: Die eiserne Hand greift ein. (Erz.) In: Neues Leben, Jg. 6 (1959) Nr. 2
Sämann, Wolfgang
1978: Das Haus des Dr. Pondabel. (Erz.) In: Sinn und Form, Jg. 30 (1978) Nr. 5. — Dass. 1979 in: W. Sämann: Das Haus des Dr. Pondabel. Hinstorff Verlag, Rostock
1981: Der Lichtblick. (Erz.) In: W. Sämann: Der Lichtblick. Hinstorff Verlag, Rostock
1982: Ende einer Reise. (Erz.) In: Temperamente, Jg. 7 (1982) Nr. 1
Sauerbrei, Uwe
1983: Eine neue Sonne. (Erz.) In: Technikus, Jg. 21 (1983) Nr. 10
Schiffer, Anke
1984: Ankunft im Jahr 2018. (Erz.) In: Technikus, Jg. 22 (1984) Nr. 5
Schilf, Wolfgang
1976: Die Heimkehr / Die letzte Hochzeit / Der LINKE. (Erzn.) In: H. Fickelscherer (Hrsg.): Begegnung im Licht. NL, Berlin
Schmidt, Raimo
1983: Als die Igel größer wurden. (Erz.) In: Technikus, Jg. 21 (1983) Nr. 6
Schmidt, Sabine
1969: + alarm für hamashube +. (Erz.) In: Technikus, Jg. 7 (1969) Nr. 3
Schneider, Rolf
1973: *Nekrolog.* (Erzn.) Hinstorff Verlag, Rostock. — Aus dem Inhalt: Imagination [Dass. 1978 in: R. Schneider (Hrsg.): Das schöne Grauen. NL, Berlin] / Verriß [Dass. 1973 in: Joachim Walther (Hrsg.): Die Anti-Geisterbahn. Buchverlag Der Morgen, Berlin] / Meditation [Dass. 1975 in: Edith Anderson (Hrsg.): Blitz aus heiterm Himmel. Hinstorff Verlag, Rostock] / Tabu / Notlandung
Schreiber, Peter Gerhard
1969: *LUX I auf Solarkurs.* (Erz.) NL, Berlin. — Dass. 1973 in: E. Orthmann (Hrsg.): Die Ypsilon-Spirale. NL, Berlin
Schreyer, Wolfgang
1966: *Fremder im Paradies.* (Ro.) Mitteldeutscher Verlag, Halle (Saale)
1969: Verführung auf Gamma. (Erz.) In: Das Magazin, Jg. 16 (1969) Nr. 10
Schumacher, Hans-Jürgen
1979: Das Endspiel. (Erz.) In: Neues Leben, Jg. 26 (1979) Nr. 3
Schuster, Bernhard
1954: Utopina-500. (Erz.) In: Die Schulpost, Jg. 9 (1954) Nr. 7/8
Schütz, Helga
1978: Charakterstück. (Erz.) In: Sonja Schnitzler u. Manfred Wolter (Hrsg.): Die Tarnkappe. Eulenspiegel Verlag, Berlin

Seghers, Anna
1972: Sagen von Unirdischen. (Erz.) In: Sinn und Form, Jg. 24 (1972) Nr. 1. — Dass. 1973 in: A. Seghers: Sonderbare Begegnungen. Aufbau-Verlag, Berlin und Weimar. — Dass. 1975 in: A. Seghers: Der Räuber Woynok. Aufbau-Verlag, Berlin und Weimar. — Dass. 1977 in: A. Seghers: Erzählungen 1963—1977. Aufbau-Verlag, Berlin und Weimar. — Dass. 1985 in: A. Seghers: Die Toten auf der Insel Djal / Sagen von Unirdischen. Aufbau-Verlag, Berlin und Weimar

Selber, Martin
1969: *Atlantisches Rätsel*. (Erz.) NL, Berlin

Selicko, Siegfried
1970: Das Ende einer Erfindung. (Erz.) In: Technikus, Jg. 8 (1970) Nr. 6. — Mit B. Golcow

Siegmund, Wolfgang
1968: Der Plan. (Erz.) In: Technikus, Jg. 6 (1968) Nr. 10

Sievers, Hans-Peter
1968: Die Fahrt mit dem E-Taxi. (Erz.) In: Technikus, Jg. 6 (1968) Nr. 5

Sievers, Peter
1984—1985: Saurier-Marlies. (Erzn.) In: Technikus, Jg. 22 (1984) Nr. 6 — Jg. 23 (1985) Nr. 2. — Einzeltitel: Die Auszeichnung / Nessi und Co. / Gutes Wasser / Zum Frühstück ein Radieschen / Drachenblut / Glücksähren / Die Kuh mit dem Sender / Rostbrätchen / Die Drachenschlucht

Simon, Erik
1975: Marsmenschen gibt's natürlich nicht. (Erz.) In: Das Magazin, Jg. 22 (1975) Nr. 7. — Dass. 1975 in: E. Redlin (Hrsg.): Der Mann vom Anti. DNB, Berlin. — Dass. 1979 in: E. Simon: Fremde Sterne. DNB, Berlin
1976: Auszug ins Gelobte Land / Dieser Planet ist bewohnt / E / Die Ignoranten [Mit R. Heinrich] / Invasion aus dem Weltraum / Die Konsumaten / Der Letzte / Mysterium fantasticum / Nebenwirkung / Die Sitzung (II) / Die Spinne / w / Wissenswertes über den Planeten Ikaros [Dass. 1979 in: E. Simon: Fremde Sterne. DNB, Berlin] / Zitate (Erzn.) In: H. Fickelscherer (Hrsg.): Begegnung im Licht. NL, Berlin
1977: *Die ersten Zeitreisen*. (Erzn.) NL, Berlin. — Inhalt: Zum Geleit / Die dritte Zeitreise des Timothy Traveller oder Von der Macht der Literatur und der Lesermeinung / Die dreizehnte Expedition in die Vergangenheit oder Der Charakter der Urmenschen / Das Ende der Dreizehnten Zeitexpedition oder Wie man Mystifikationen vermeidet / Die Fünfzehnte und die Sechzehnte Zeitexpedition oder Wer hat die Terrasse von Baalbeck gebaut? / Die atlan-

tischen Zeitreisen oder Professor Müslis Lebenswerk / Inspektionsreise 7/1 oder Auf der Spur der Zeitbanditen / Schlußbemerkung / Anhang [A–J]. – Mit R. Heinrich
1979: *Fremde Sterne.* (Erzn.) DNB, Berlin. – Inhalt: *Fremde:* Nachts auf dem fremden Planeten, zwölf Parsec von Dsirra entfernt / Marsmenschen gibt's natürlich nicht / Die Cherubim und das Rad / Wissenswertes über den Planeten Ikaros / Der Sammler / En route / Der Beobachter / Die Riddhaner / *Sterne:* Der Bahnbrecher / Gespräche unterwegs / Die Sterne / Clivia Neman / Der Kundschafter / Das Diorama
1979: Der Sammler. (Erz.) In: Temperamente, Jg. 4 (1979) Nr. 1. – Dass. 1979 in: E. Simon: Fremde Sterne. DNB, Berlin
1980: (Hrsg.): *Lichtjahr 1.* (Erzn.) DNB, Berlin. – Aus dem Inhalt: G. Braun u. J. Braun: Briefe, die allerneueste Literatur betreffend / J. Braun u. G. Braun: Aus alten Archiven / G. Kolditz: Roboterfrühstück / K. Steinmüller: Krieg im All / L. Hartmann: Eden im All. – Mit E. Redlin (Hrsg.)
1981: (Hrsg.): *Lichtjahr 2.* (Erzn.) DNB, Berlin. – Aus dem Inhalt: B. Ulbrich: In eigenem Auftrag / R. Krohn. Lichtspruch nach Tau / F. Reinel: Das Profil / H. Rank: Schöne Bella / J. Braun u. G. Braun: Time Repayment / G. Braun u. J. Braun: Mit letzter Energie / J. Braun u. G. Braun: Fa und Cre
1983: Die Erzählung des Joseph Faber. (Erz.) In: E. Redlin (Hrsg.): Wege zur Unmöglichkeit. DNB, Berlin. – Mit F. Petermann unter dem gemeinsamen Pseud. Simon Peter
1983: Der schwarze Spiegel. (Erz.) In: E. Redlin (Hrsg.): Wege zur Unmöglichkeit. DNB, Berlin
1984: (Hrsg.): *Lichtjahr 3.* (Erzn.) DNB, Berlin. – Aus dem Inhalt: R. Krohn: Der Arzt / F. Petermann: Bordtagebuch / W. Kober: Persönlichkeit / G. Meinhold: Liana Halwegia / A. Melzer: König im Matt
1985: (Hrsg.): *Lichtjahr 4.* (Erzn.) DNB, Berlin. – Aus dem Inhalt: T. Fröhlich: Die Bestie / A. Melzer: Weit voraus die Sonne / R. Krohn: Am Ufer der Unendlichkeit / W. Kellner: Tödlicher Irrtum / A. Steinmüller: Das Wunderelixier / A. u. K. Steinmüller: Der Held im Gläsernen Berg
1986: Etemenanki. (Erz.) In: G. Zschocke (Hrsg.): Zeitreisen. Mitteldeutscher Verlag, Halle–Leipzig. – Mit R. Heinrich
1986: (Hrsg.): *Lichtjahr 5.* (Erzn.) DNB, Berlin. – Aus dem Inhalt: D. Budde: Noah / J. Mosch: Die Strahlung / K. D. Krüger: Der Traum / A. u. K. Steinmüller: Sterntaler / A. Leman: Baba und die zweiundvierzig Stiere / J. Gernreich: An der Schwelle zur Ewigkeit / A. Melzer: Lotsendienst, ganz alltäglich / A. Melzer: Fluchtweg achteraus

1986: (Hrsg.): *Lichtspruch nach Tau*. (Erzn.) DNB, Berlin. – Aus dem Inhalt: R. Krohn: Lichtspruch nach Tau / F. Reinel: Das Profil / K. Steinmüller: Krieg im All / H. Rank: Schöne Bella / B. Ulbrich: In eigenem Auftrag / G. Kolditz: Roboterfrühstück / W. Kober: Persönlichkeit / F. Petermann: Bordtagebuch / A. Melzer: König im Matt / G. Braun u. J. Braun: Briefe, die allerneueste Literatur betreffend

Sjöberg, Arne [d. i. Jürgen Brinkmann]
1978: *Die stummen Götter*. (Ro.) Buchverlag Der Morgen, Berlin
1983: *Andromeda*. (Ro.) Buchverlag Der Morgen, Berlin
1986: Kein Weg zurück. (Erz.) In: G. Zschocke (Hrsg.): Zeitreisen. Mitteldeutscher Verlag, Halle–Leipzig

Skirecki, Hans
1983: Ein erledigter Fall. (Erz.) In: E. Redlin (Hrsg.): Wege zur Unmöglichkeit. DNB, Berlin

Spiethoff, Wolf D.
1973: *Besuch aus dem All*. (Ro.) Militärverlag der Deutschen Demokratischen Republik, Berlin

Stave, John
1968: Die Kombüse des Admirals. (Erz.) In: J. Stave: Wo liegt der tote Mann? und andere lustige Geschichten. Eulenspiegel Verlag, Berlin. – Dass. 1973 in: J. Stave: Wo liegt der tote Mann? / Der Kellner im Nachthemd. Eulenspiegel Verlag, Berlin. – Dass. 1979 in: J. Stave: Der Kellner im Nachthemd / Wo liegt der tote Mann? / Der barfüßige Stepptänzer / Attentat auf Heilbutt. Eulenspiegel Verlag, Berlin

Steinberg, Werner
1973: *Die Augen der Blinden*. (Ro.) DNB, Berlin
1978: *Zwischen Sarg und Ararat*. (Ro.) Greifenverlag, Rudolstadt. – Dass. 1980. VuW, Berlin

Steinmüller, Angela
1982: *Andymon*. (Ro.) NL, Berlin. – Mit K. Steinmüller
1983: Zeit-Kur. (Erz.) In: E. Redlin (Hrsg.): Wege zur Unmöglichkeit. DNB, Berlin
1984: Bertram C. (Erz.) In: Gertrud Bradatsch u. Joachim Schmidt (Hrsg.): Der Geschichtenkalender 1985. Greifenverlag, Rudolstadt. – Mit K. Steinmüller
1984: *Korallen des Alls*. (Erz.) NL, Berlin. – Mit K. Steinmüller
1984: *Windschiefe Geraden*. (Erzn.) DNB, Berlin. – Inhalt: Windschiefe Geraden / Reservat / Die Lieder vom Mond / Organspende / Der Schwarze Kasten / Sturz nach Atlantis / Wolken, zarter als ein Hauch / Unter schwarzer Sonne / Das Auge, das niemals weint / Der Tödelmond beim Toliman. – Mit K. Steinmüller

1985: Carlo, das Tier / Die Herren des Planeten. (Erzn.) In: M. Szameit (Hrsg.): Aus dem Tagebuch einer Ameise. NL, Berlin. – Mit K. Steinmüller
1985: Der Held im Gläsernen Berg. (Erz.) In: E. Simon (Hrsg.): Lichtjahr 4. DNB, Berlin. – Mit K. Steinmüller
1985: Das Wunderelixier. (Erz.) In: E. Simon (Hrsg.): Lichtjahr 4. DNB, Berlin
1986: Fernschach. (Erz.) In: G. Zschocke (Hrsg.): Zeitreisen. Mitteldeutscher Verlag, Halle–Leipzig
1986: Der Laplacesche Dämon. (Erz.) In: G. Zschocke (Hrsg.): Zeitreisen. Mitteldeutscher Verlag, Halle–Leipzig. – Mit K. Steinmüller
1986: *Pulaster.* (Ro.) NL, Berlin. – Mit K. Steinmüller
1986: Sterntaler. (Erz.) In: E. Simon (Hrsg.): Lichtjahr 5. DNB, Berlin. – Mit K. Steinmüller

Steinmüller, Karlheinz

1977: Alle Flüche der Welt. (Erz.) In: Neues Leben, Jg. 24 (1977) Nr. 3
1978: Kontakttest. (Erz.) In: Neues Leben, Jg. 25 (1978) Nr. 5
1979: *Der letzte Tag auf der Venus.* (Erzn.) NL, Berlin. – Inhalt: Der letzte Tag auf der Venus / Manche mögen's heiß / Spätes Talent / Ritus der Vergänglichkeit / Die Audienz / Der Traum vom Großen Roten Fleck / Motten an Bord / Duell der Tiger / Zerdopplung
1980: Krieg im All. (Erz.) In: E. Redlin u. E. Simon (Hrsg.): Lichtjahr 1. DNB, Berlin. – Dass. 1986 in: E. Simon (Hrsg.): Lichtspruch nach Tau. DNB, Berlin
1981: Der F-Automat. (Erz.) In: Brigitte Böttcher (Hrsg.): Bestandsaufnahme 2. Mitteldeutscher Verlag, Halle–Leipzig
1982: *Andymon.* (Ro.) NL, Berlin. – Mit A. Steinmüller
1984: Bertram C. (Erz.) In: Gertrud Bradatsch u. Joachim Schmidt (Hrsg.): Der Geschichtenkalender 1985. Greifenverlag, Rudolstadt. – Mit A. Steinmüller
1984: *Korallen des Alls.* (Erz.) NL, Berlin. – Mit A. Steinmüller
1984: *Windschiefe Geraden.* (Erzn.) DNB, Berlin. – Inhalt: Windschiefe Geraden / Reservat / Die Lieder vom Mond / Organspende / Der Schwarze Kasten / Sturz nach Atlantis / Wolken, zarter als ein Hauch / Unter schwarzer Sonne / Das Auge, das niemals weint / Der Trödelmond beim Toliman. – Mit A. Steinmüller
1985: Carlo, das Tier / Die Herren des Planeten. (Erzn.) In: M. Szameit (Hrsg.): Aus dem Tagebuch einer Ameise. NL, Berlin. – Mit A. Steinmüller
1985: Der Held im Gläsernen Berg. (Erz.) In: E. Simon (Hrsg.): Lichtjahr 4. DNB, Berlin. – Mit A. Steinmüller

1986: Der Laplacesche Dämon. (Erz.) In: G. Zschocke (Hrsg.): Zeitreisen. Mitteldeutscher Verlag, Halle–Leipzig. – Mit A. Steinmüller
1986: *Pulaster.* (Ro.) NL, Berlin. – Mit A. Steinmüller
1986: Sterntaler. (Erz.) In: E. Simon (Hrsg.): Lichtjahr 5. DNB, Berlin. – Mit A. Steinmüller

Strehle, Petra
1972: Jubiläum. (Erz.) In: Technikus, Jg. 10 (1972) Nr. 1

Streubel, Simone
1981: Meisterschaften der Strahlscheibler. (Erz.) In: Technikus, Jg. 19 (1981) Nr. 10

Stübing, Jörg
1982: Reklame. (Erz.) In: Technikus, Jg. 20 (1982) Nr. 12

Szameit, Michael
1976: Das Tier / Urlaub auf aldebaranisch. (Erzn.) In: H. Fickelscherer (Hrsg.): Begegnung im Licht. NL, Berlin
1982: *Alarm im Tunnel Transterra.* (Ro.) NL, Berlin
1983: Der Apfelmuskreuzer. (Erz.) In: E. Redlin (Hrsg.): Wege zur Unmöglichkeit. DNB, Berlin
1983: *Im Glanz der Sonne Zaurak.* (Ro.) NL, Berlin
1983: *Planet der Windharfen:* (Erz.) NL, Berlin
1984: *Das Geheimnis der Sonnensteine.* (Ro.) NL, Berlin
1985: (Hrsg.): *Aus dem Tagebuch einer Ameise.* (Erzn.) NL, Berlin. – Aus dem Inhalt: K. Kruschel: Schach mit Otto / P. Lorenz: Das Normhuhn / A. Leman: Schnee und Feuer / H. Mechtel: Verhör / A. Kröger: Eine unumkehrbare Mutation / A. u. K. Steinmüller: Carlo, das Tier / A. u. K. Steinmüller: Die Herren des Planeten / H. Rank: Psychoosmose / W. Kellner: Wenn der Krake kommt / R. Krohn: Einen Plesiosaurier, bitte! [Dass. 1976 unter dem Titel: Die Jäger] / F. Petermann: Die Vegetarier der grasigen Ebene / W. Weitbrecht: Der Himmelhund

Taubert, Hans
1973: *Das Gastgeschenk der Transsolaren.* (Erzn.) NL, Berlin. – Inhalt: Schach / Bernod / Glas? / Begegnung / Zwischenfall [Dass. 1973 unter dem Titel: *Der geheimnisvolle Meteorit.* NL, Berlin] / Gastgeschenk / Blinder Passagier [Dass. 1974 in: E. Orthmann (Hrsg.): Das Zeitfahrrad. NL, Berlin. – Dass. 1977 in: E. Orthmann (Hrsg.): Das Raumschiff. NL, Berlin] / Halbzeit / Agonie / Chronos / Ringelspiel / Liebe / Heimkehr / Bindungen / Nach acht / Parallelen. – Mit A. Leman

Teske, Günter
1962: *Unternehmen Marsmond.* (Erz.) Verlag Sport und Technik, Neuenhagen bei Berlin

1975: Der unzerstörbare Kreis. (Erz.) In: Das Magazin, Jg. 22 (1975) Nr. 12
1978: *Die verschwundene Mumie.* (Erzn.) NL, Berlin. — Inhalt: Ein talentierter Mittelstürmer / Ende einer Karriere / Der tausendste Versuch / Der kleine und der große Joe / Der große Sprung / Aktion Kamerlan / Die verschwundene Mumie
1981: Ein Mann wie Sherlock Holmes. (Erz.) In: Das Magazin, Jg. 28 (1981) Nr. 9
1981: *Das Gelbe Trikot.* (Erz.) NL, Berlin
1981: *Telepatis.* (Erzn.) NL, Berlin. — Inhalt: Telepatis / Meisterschaftsspannung / Die Mächtige Maus / Der Vierfache / Nackebays großer Start
1983: Der letzte Besuch. (Erz.) In: E. Redlin (Hrsg.): Wege zur Unmöglichkeit. DNB, Berlin
1985: *Des Teufels Suppe.* (Erz.) NL, Berlin
1986: Doktor Cathers Geschichte. (Erz.) In: G. Zschocke (Hrsg.): Zeitreisen. Mitteldeutscher Verlag, Halle—Leipzig

Töppe, Frank
1976: Die letzten Bilder des Grafikers Schneider. (Erz.) In: Neue Deutsche Literatur, Jg. 24 (1976) Nr. 12. — Dass. 1978 in: F. Töppe: Regen auf Tyche. DNB, Berlin
1978: *Regen auf Tyche.* (Erzn.) DNB, Berlin. — Inhalt: Einleitung des Herausgebers / dau I / Das Lächeln des Piloten / dau II / Marsmenschen / dau III / Die letzten Bilder des Grafikers Schneider / dau IV / Die Argonauten / Flucht / Regen auf Tyche

Toxxen, Ralf
1957: *Achtung! M-999! Mondsportunternehmen.* (Erz.) Verlag Sport und Technik, Neuenhagen bei Berlin
1960: Briefe von morgen. (Erz.) In: Jugend und Technik, Jg. 8 (1960) Nr. 3 u. 4
1963: Im weißen Sumpf des Mars. (Erz.) In: Technikus, Jg. 1 (1963) Nr. 4 u. 5 u. 6
1963: Wiedersehen auf „Luna 1". (Erz.) In: Technikus, Jg. 1 (1963) Nr. 1

Tümpling, Horst von
1978: Hut mit kleinen Änderungen. (Erz.) In: Sonja Schnitzler u. Manfred Wolter (Hrsg.): Die Tarnkappe. Eulenspiegel Verlag, Berlin

Turek, Ludwig
1949: *Die goldene Kugel.* (Ro.) Dietz Verlag, Berlin

Tuschel, Karl-Heinz
1966: *Das doppelte Rätsel.* (Erz.) Deutscher Militärverlag, Berlin. — Dass. 1970 in: K.-H. Tuschel: Der unauffällige Mr. McHine. Deutscher Militärverlag, Berlin
1967: *Ein Stern fliegt vorbei.* (Ro.) NL, Berlin

1968: *Die Terrasse von A'hi-nur.* (Erz.) Deutscher Militärverlag, Berlin. — Dass. 1970 in: K.-H. Tuschel: Der unauffällige Mr. McHine. Deutscher Militärverlag, Berlin
1969: *Der unauffällige Mr. McHine.* (Erz.) Deutscher Militärverlag, Berlin. — Dass. 1970 in: K.-H. Tuschel: Der unauffällige Mr. McHine. Deutscher Militärverlag, Berlin
1970: *Der unauffällige Mr. McHine.* (Erzn.) Deutscher Militärverlag, Berlin. — Inhalt: Das doppelte Rätsel / Die Terrasse von A'hi-nur / Der unauffällige Mr. McHine
1971: *Der purpurne Planet.* (Ro.) NL, Berlin
1973: *Die Insel der Roboter.* (Ro.) Militärverlag der Deutschen Demokratischen Republik, Berlin
1974: *Das Rätsel Sigma.* (Ro.) NL, Berlin
1976: *Raumflotte greift nicht an.* (Erz.) Militärverlag der Deutschen Demokratischen Republik, Berlin. — Dass. 1977 in: K.-H. Tuschel: Raumflotte greift nicht an. Militärverlag der Deutschen Demokratischen Republik, Berlin
1977: *Raumflotte greift nicht an.* (Erzn.) Militärverlag der Deutschen Demokratischen Republik, Berlin. — Inhalt: Raumflotte greift nicht an / Kalte Sonne / Der unverständliche Funkspruch / Die Legende vom Mai '97 / Kaderfragen / Wie ich meinen linken Beruf wechselte
1978: *Die blaue Sonne der Paksi.* (Ro.) NL, Berlin
1978: *Havariefall Lun-ALF 17.* (Erz.) NL, Berlin. — Dass. 1984 in: K.-H. Tuschel: Inspektion Raumsicherheit. NL, Berlin
1979: *SOS von BioSat.* (Erz.) NL, Berlin. — Dass. 1984 in: K.-H. Tuschel: Inspektion Raumsicherheit. NL, Berlin
1980: *Experiment Antimaterie.* (Erz.) NL, Berlin. — Dass. 1984 in: K.-H. Tuschel: Inspektion Raumsicherheit. NL, Berlin
1980: *Kommando Venus 3.* (Ro.) Militärverlag der Deutschen Demokratischen Republik, Berlin
1981: *Computerspuk in Kosmograd.* (Erz.) NL, Berlin. — Dass. 1984 in: K.-H. Tuschel: Inspektion Raumsicherheit. NL, Berlin
1982: *Das Geheimnis der Mascons.* (Erz.) NL, Berlin. — Dass. 1984 in: K.-H. Tuschel: Inspektion Raumsicherheit. NL, Berlin
1982: *Zielstern Beteigeuze.* (Ro.) NL, Berlin
1983: *Leitstrahl für Aldebaran.* (Ro.) Militärverlag der Deutschen Demokratischen Republik, Berlin
1983: *Projekt Pandora.* (Erz.) NL, Berlin. — Dass. 1984 in: K.-H. Tuschel: Inspektion Raumsicherheit. NL, Berlin
1984: *Angriff aus hundert Jahren Distanz.* (Erz.) In: Das Magazin, Jg. 31 (1984) Nr. 11
1984: *Inspektion Raumsicherheit.* (Erzn.) NL, Berlin. — Inhalt: „Havarie-

fall Lun-ALF 17" / SOS von BioSat / Experiment Antimaterie / Computerspuk in Kosmograd / Das Geheimnis der Mascons / Projekt Pandora
1986: *Kurs Minosmond.* (Ro.) NL, Berlin

Ulbrich, Bernd
1975: Der verhexte Kater. (Erz.) In: E. Redlin (Hrsg.): Der Mann vom Anti. DNB, Berlin
1976: Statue eines Königs. (Erz.) In: Temperamente, Jg. 1 (1976) Nr. 1. – Dass. 1977 in: B. Ulbrich: Der unsichtbare Kreis. DNB, Berlin
1977: UFO. (Erz.) In: Das Magazin, Jg. 24 (1977) Nr. 3. – Dass. 1977 in: B. Ulbrich: Der unsichtbare Kreis. DNB, Berlin
1977: *Der unsichtbare Kreis.* (Erzn.) DNB, Berlin. – Inhalt: Statue eines Königs / Havarie / Das Mißverständnis / Die Überlebenden / UFO / Die Barriere / Ein unglaublicher Planet / Ein Gott hat geweint / Der unsichtbare Kreis / Die letzte Nacht
1980: *Störgröße M.* (Erzn.) DNB, Berlin. – Inhalt: Das Jubiläum / Die bessere Welt / Das große Rennen / Der Cerpendeel-Effekt / Zivilleutnant Dincklee / Planet der Klasse Erde / Störgröße M
1981: In eigenem Auftrag. (Erz.) In: E. Simon (Hrsg.). Lichtjahr 2. DNB, Berlin

Vieweg, Heinz
1955: *Ultrasymet bleibt geheim.* (Ro.) NL, Berlin. – Dass. 1956: VuW, Berlin
1956: *Feuer im Labor I.* (Erz.) KuF, Berlin
1958: *Die zweite Sonne.* (Ro.) Mitteldeutscher Verlag, Halle (Saale). – Dass. 1968: Deutscher Militärverlag, Berlin
1968: Alltag von morgen. (Erz.) In: Technikus, Jg. 6 (1968) Nr. 12

Walter, Jürgen
1981: Rot wie ein Rubin. (Erz.) In. Neues Leben, Jg. 28 (1981) Nr. 11
1986: Die dunklen Bäume. (Erz.) In: Neues Leben, Jg. 33 (1986) Nr. 11

Walther, Jens
1983: Alte deutsche Welle. (Erz.) In: Technikus, Jg. 28 (1983) Nr. 6

Walther, Joachim
1978: Halluzinose. (Erz.) In: Sonja Schnitzler u. Manfred Wolter (Hrsg.): Die Tarnkappe. Eulenspiegel Verlag, Berlin

Weidlich, R. O.
1962: EFBM greift ein. (Erz.) In: Jugend und Technik, Jg. 10 (1962) Nr. 9

Weinert, Manfred
1962: Franz Reimund schlägt ein Schnippchen. (Erz.) In: Jugend und Technik, Jg. 10 (1962) Nr. 12

Weise, Lothar
1957: *Alarm auf Station Einstein.* (Erz.) NL, Berlin. – Mit K. H. Ball
1958: *Signale von der Venus.* (Erz.) NL, Berlin. – Mit K. H. Ball

1959: *Brand im Mondobservatorium.* (Erz.) NL, Berlin. — Mit K. H. Ball
1962: *Das Geheimnis des Transpluto.* (Ro.) NL, Berlin
1964: *Unternehmen Marsgibberellin.* (Ro.) NL, Berlin
1968: *Im Eis des Kometen.* (Erz.) NL, Berlin. — Mit K. H. Ball. — Dass. 1972 in: E. Orthmann (Hrsg.): Der Diamantenmacher. NL, Berlin

Weist, Leonore (Hrsg.)
1969: *Das Molekular-Café.* (Erzn.) DNB, Berlin. — Aus dem Inhalt: S. G. Günzel: Nichts als Ärger mit dem Personal / G. Krupkat: Insel der Angst

Weitbrecht, Wolf[gang]
1972: *Orakel der Delphine.* (Ro.) Greifenverlag, Rudolstadt. — Dass. 1974: VuW, Berlin
1973: Coazervatchen. (Erz.) In: Neue Deutsche Literatur, Jg. 21 (1973) Nr. 4. — Dass. 1976 in: W. Weitbrecht: Das Psychomobile. Greifenverlag, Rudolstadt
1975: *Stunde der Ceres.* (Ro.) Greifenverlag, Rudolstadt. — Dass. 1976: VuW, Berlin
1976: *Das Psychomobile.* (Erzn.) Greifenverlag, Rudolstadt. — Inhalt: Das Psychomobile / Als die Wolke kam / Der Mann, der den Haken schlug / Warum nicht zwei mal zwei / Das Disziplinarverfahren / Der Müllflieger / Die Ratten / Coazervatchen / Imago / Der Superstar / Die alte Heimat / Das Interview / Die Landung findet nicht statt / Der Besuch des Lauriniden
1980: *Stern der Mütter.* (Ro.) Greifenverlag, Rudolstadt. — Dass. 1983: VuW, Berlin
1982: *Die Falle des Alderamin.* (Erzn.) NL, Berlin. — Inhalt: Die Augen der Vorfahren / Die Falle des Alderamin / Der Mann aus Alaska [Dass. (gekürzt) 1986: NL, Berlin] / Am Abgrund der Zeit / Das Tandem / Zuhören von 9 bis 14 Uhr
1983: Der Absolute. (Erz.) In: E. Redlin (Hrsg.): Wege zur Unmöglichkeit. DNB, Berlin
1984: Fehlmeldung. (Erz.) In: Gertrud Bradatsch u. Joachim Schmidt (Hrsg.): Der Geschichtenkalender 1985. Greifenverlag, Rudolstadt
1985: Der Himmelhund. (Erz.) In: M. Szameit (Hrsg.): Aus dem Tagebuch einer Ameise. NL, Berlin
1985: *Die Relativen der ASTRON.* (Ro.) Greifenverlag, Rudolstadt
1986: Der History-Scout. (Erz.) In: G. Zschocke (Hrsg.): Zeitreisen. Mitteldeutscher Verlag, Halle—Leipzig
1986: *Der Mann aus Alaska.* (Erz.) NL, Berlin

Weller, Walter
1977: *Lauter unglaubliche Geschichten.* (Erzn.) Mitteldeutscher Verlag, Halle — Leipzig. — Aus dem Inhalt: Eine unglaubliche Ge-

schichte / Kullrichs denkwürdige Erfindung / Schnorchler müßte man sein

Werner, Nils
1957: Helma, das Küchenwunder. (Erz.) In: Ilse Stillmann (Hrsg.): Die Zaubertruhe. Der Kinderbuchverlag Berlin, Berlin

Wespe, Willi
1961: Die Entdeckungsreise des Emanuel Weltfremd. (Erz.) In: Neues Leben, Jg. 8 (1961) Nr. 12

Wiesner, C[laus] U[llrich]
1978: Die Reise nach Butenhagen. (Erz.) In: Sonja Schnitzler u. Manfred Wolter (Hrsg.): Die Tarnkappe. Eulenspiegel Verlag, Berlin

Wilke, Ursula u. Jochen
1969: *Peter und der Sternenkater*. (Erz.) Der Kinderbuchverlag Berlin, Berlin

Winkler, Bert
1983: Blick zur Erde. (Erz.) In: Technikus, Jg. 21 (1983) Nr. 8

Winter, Su
1978: Die grüne Vase. (Erz.) In: Das Magazin, Jg. 25 (1978) Nr. 3

Wohlrabe, Klaus
1975: Korrektur der Vergangenheit. (Erz.) In: E. Redlin (Hrsg.): Der Mann vom Anti. DNB, Berlin

Wolf, Christa
1973: Selbstversuch. (Erz.) In: Sinn und Form, Jg. 25 (1973) Nr. 2. – Dass. 1974 in: C. Wolf: Unter den Linden. Aufbau-Verlag, Berlin und Weimar. – Dass. 1975 in: Edith Anderson (Hrsg.): Blitz aus heiterm Himmel. Hinstorff Verlag, Rostock. – Dass. 1985 in: C. Wolf: Erzählungen. Aufbau-Verlag, Berlin und Weimar

Wotzlaw, Stefan
1984: Projekt Magma. (Erz.) In: Technikus, Jg. 22 (1984) Nr. 2

Zemke, Helmut
1957: Mr. Retcliffs Rechnung geht nicht auf. (Erz.) In: Neues Leben, Jg. 4 (1957) Nr. 9

Zenker, Hajo
1982: Erscheinungsfarben. (Erz.) In: Neues Leben, Jg. 29 (1982) Nr. 5
1982: Die Theorie. (Erz.) In: Neues Leben, Jg. 29 (1982) Nr. 7

Ziergiebel, Herbert
1966: *Die andere Welt*. (Ro.) Mitteldeutscher Verlag, Halle (Saale)
1972: *Zeit der Sternschnuppen*. (Ro.) DNB, Berlin
1975: Die Experimente des Professors von Pulex. (Erz.) In: E. Redlin (Hrsg.): Der Mann vom Anti. DNB, Berlin

Zschocke, Gerda (Hrsg.)
1986: *Zeitreisen*. (Erzn.) Mitteldeutscher Verlag, Halle–Leipzig. Inhalt: R. Heinrich u. E. Simon: Etemenanki / W. Weitbrecht: Der Hi-

story-Scout / W. Kellner: Das Zeitferkel / E.-O. Luthardt: Eleni / K. Möckel: Ende einer Freundschaft / A. Leman: Feedback aus der Zukunft / R. Fuhrmann: Die Zeitbombe / H. Hüfner: Im Zeitspalt / K. u. A. Steinmüller: Der Laplacesche Dämon / G. Teske: Doktor Cathers Geschichte / A. Steinmüller: Fernschach / A. Sjöberg: Kein Weg zurück / K. Frühauf: Die Mütter der Kosmonauten / R. Krohn: Die Fehlkonstruktion

Zwystein, Simon
1985: Die Germelshausen-Manuskripte. (Erz.) In: Neue Deutsche Literatur, Jg. 33 (1985) Nr. 12

Anthologien-Übersicht
1969: *Das Molekular-Café.* s.: Weist, L. (Hrsg.)
1972: *Der Diamantenmacher.* s.: Orthmann, E. (Hrsg.)
1973: *Die Ypsilon-Spirale.* s.: Orthmann, E. (Hrsg.)
1974: *Das Zeitfahrrad.* s.: Orthmann, E. (Hrsg.)
1975: *Der Mann vom Anti.* s.: Redlin, E. (Hrsg.)
1976: *Begegnung im Licht.* s.: Fickelscherer, H. (Hrsg.)
1977: *Das Raumschiff.* s.: Orthmann, E. (Hrsg.)
1980: *Lichtjahr 1.* s.: Redlin, E. u. Simon, E. (Hrsg.)
1981: *Lichtjahr 2.* s.: Simon, E. (Hrsg.)
1983: *Wege zur Unmöglichkeit.* s.: Redlin, E. (Hrsg.)
1984: *Lichtjahr 3.* s.: Simon, E. (Hrsg.)
1985: *Aus dem Tagebuch einer Ameise.* s.: Szameit, M. (Hrsg.)
1985: *Lichtjahr 4.* s.: Simon, E. (Hrsg.)
1986: *Lichtjahr 5.* s.: Simon, E. (Hrsg.)
1986: *Lichtspruch nach Tau.* s.: Simon, E. (Hrsg.)
1986: *Zeitreisen.* s.: Zschokke, G. (Hrsg.)

Namenregister

Das folgende Register verzeichnet sämtliche im Essay „Die Entwicklung der Science-fiction in der DDR" und im lexikalischen Autoren-Teil vorkommenden Personennamen (außer jenen, die im Text nur als Bestandteil von Buchtiteln, Institutionsbezeichnungen u. dgl. erscheinen). Autoren- und Herausgebernamen zu im Essay reproduzierten Titelgrafiken wurden einbezogen, Vorbemerkung, Kurzbibliographie und Abbildungsverzeichnis nicht erfaßt. Bei Personen mit einem eigenen Eintrag im lexikalischen Teil erscheinen die betreffenden Seitenzahlen *kursiv*.

Agricola, Christiane 93
Agricola, Erhard 66, *93f.*
Antonio, Eberhardt del' 25–27, 34, 38, 41–44, *94–97*, 150, 272
Asimov, Isaac 51f., 212, 224, 239, 266
Bach, Hans 78, *97–100*
Bagemühl, Arthur 28, *100*
Ball, Kurt Herwarth 28, 32, *101f.*, 273, 275
Baudach, Siegfried 130
Belja[j]ew, Sergej 21
Bellamy, Edward 22
Bender, Werner *103f.*
Beuchler, Klaus *104–107*
Bierce, Ambrose 181
Bilenkin, Dmitri 50
Bogdanow, Alexander 51
Bonhoff, Otto 71, *107f.*
Borges, Jorge Luis 133
Boulle, Pierre 51
Brabanec, Jiří 45
Bradbury, Ray Douglas 51, 227, 239f.

Branstner, Gerhard 41, 46–48, 53–56, 58, 84, 88, *108–113*, 167, 212
Braun, Günter und Johanna 36, 48, 53f., 56–58, 76 (Abb.), *113–120*, 231
Brecht, Bertolt 109
Brennecke, Wolf D. *120f.*
Brinkmann, Jürgen: s. Sjöberg, Arne
Bruyn, Günter de 52
Büchner, Georg 241
Bulytschow, Kirill 50
Caidin, Martin 183
Čapek, Karel 51
Cendrar, Blaise 206
Clarke, Arthur C. 224
Cocteau, Jean 206
Colin, Vladimir 51
Däniken, Erich von 108, 125, 183, 264, 276
Daumann, Rudolph Heinrich 18
de Bruyn, Günter: s. Bruyn, Günter de

del' Antonio, Eberhardt: s. Antonio, Eberhardt del'
de Maupassant, Guy: s. Maupassant, Guy de
Desnos, Robert 207
Dilow, Ljuben 51
Dittfeld, Hans-Jürgen 63, 84, *121–123*, 130
Döblin, Alfred 16
Dominik, Hans 18–21, 24, 126, 129
Dreetz, Joachim: s. Ball, Kurt Herwarth
Ebert, Günter *123f.*
Ehrhardt, Paul 36, 71, 82f., *124–126*
Entner, Heinz 42, 92, 184
Enskat, Fritz E. W. 21
Escher, Maurits Cornelis 141
Evertier, Paul: s. Sjöberg, Arne
Fahlberg, H. L. 24, 28, 32, *126–129*
Fiałkowski, Konrad 51
Fickelscherer, Helmut *129f.*, 168f.
Flake, Otto 199
Forster, Edward Morgen 245
Förster, Werner 92
Fradkin, Boris 29
Franke, Herbert W. 51, 173, 212, 245
Fricke, Hans Werner: s. Fahlberg, H. L.
Friedrich, Herbert 38, 40, *131f.*
Fries, Fritz Rudolph 89, *132–134*
Frühauf, Klaus 63, 70, 72–74, 79–81, *134–139*, 288
Fühmann, Franz 52f., 89, *139–141*
Fuhrmann, Rainer 46, 63, 71f., 76 (Abb.), 79f., 90, 130, *141–146*, 174, 288
Funk, Richard 71, *146–148*

Galilei, Galileo 149
Gagarin, Juri 28
Gansowski, Sewer 50
Geelhaar, Anne *148f.*
Gerstäcker, Friedrich 99
Geske, Matthias *149f.*
Goethe, Johann Wolfgang von 107
Groß, Richard 34, *150f.*
Gurewitsch, Georgi 29
Gutenberg, Johannes 149
Harbou, Thea von 18
Hegel, Georg Wilhelm Friedrich 281
Heine, Heinrich 233, 241
Heinrich, Reinhard 58, 75, 130, *152f.*, 233, 287
Hellwig, Joachim 229
Herold, Gottfried 58, *153f.*
Hoffmann, Ernst Theodor Amadeus 14, 54, 140, 171
Hoffmann, Oskar 16
Höricke, Lothar *154–156*
Horstmann, Hubert 36, 41, 46, *156–158*
Hubert, Fred *159*
Hüfner, Ernst Heinrich: s. Hüfner, Heiner
Hüfner, Heiner 63, *160–162*, 199, 288
Hüttner, Hannes *162–164*
Huxley, Aldous 51, 64, 99, 173, 219
Illing, Werner 18
Jacobs, William Wymark 234
Jakobs, Karl-Heinz 52
Jefremow, Iwan 21, 50
Jensko, Ewald 21
Jewtuschenko, Jewgeni 207
Kant, Immanuel 16
Karinthy, Frigyes 51, 239
Kellermann, Bernhard 16, 22f., 132

Kellner, Wolfgang 47, 56, 112, *164–167*, 288
Kempner, Friederike 235
Kirsch, Rainer 89
Kirsch, Sarah 140
Kiss, Eduard 20
Klauß, Klaus 82f., *167f.*
Kober, Wolfram 63, 84, 130, *168–170*
Köhler, Erich 52f., *170–172*
Köhler, Wolfgang 130
Komatsu, Sakyo 51
Kornbluth, Cyril M. 51
Kriese, Reinhard 82f., *172f.*
Kröger, Alexander 45f., 63, 70, 75, 82f., *173–179*
Krohn, Rolf 63, 130, *179–182*, 226, 288
Krupkat, Günther 25, 28, 32, 36f., 41–44, 51 (Abb.), 60, 76 (Abb.), *182–185*, 212, 223, 226
Kruschel, Karsten 51, 63, 92
Küchenmeister, Ernst-Dieter *185–187*
Kunert, Günter 52
Kunkel, Klaus 24
Lagin, Lasar 21
Lang, Fritz 18, 20
Larionowa, Olga 50
Laßwitz, Kurd 15f., 20, 128, 212, 230, 239
Le Guin, Ursula K. 51, 250
Lem, Stanisław 29, 50, 64, 71, 107, 237, 269
Leman, Alfred 46, 48, 61, 75, 86, 89, *187–191*, 212, 257, 288
Letsche, Curt 41, 46f., *191–193*
Levett, Oswald 239
Levi, Primo 51
London, Jack 22, 240
Lorenz, Peter 63, 71–73, 75, 82, 90, *194–197*
Lüdemann, Hans-Ulrich *197–199*

Lukodjanow, Issai 45, 276
Luthardt, Ernst-Otto 63, 75, 84, 86, 160, *199–201*, 288
Marceau, Marcel 207
Mark Twain 155
Martin, Rudolf 12 (Abb.)
Martynow, Georgi 29
Matzke, Gerhard *201f.*
Maupassant, Guy de 235
Mechtel, Hartmut 75, 92
Meinhold, Gottfried 84, 86, 89f., *202–206*
Melville, Hermann 155
Melzer, Andreas 63
Merle, Robert 51, 213
Möckel, Klaus 53, 56, 62f., 84, *206–209*, 288
Morgenstern, Christian 235
Morgner, Irmtraut 52
Müller, Hermann 21
Müller, Horst 32, 34, *209–211*
Neruda, Pablo 207
Nesvadba, Josef 50
Orthmann, Edwin 48, 50, *211f.*
Orwell, George 118
Panitz, Eberhard 89, *212f.*
Peltsch, Steffen 92
Petermann, Frank 234
Plenzdorf, Ulrich 156
Poe, Edgar Allan 14
Pohl, Frederik 51
Potthoff, Konrad *213–215*
Prokop, Gert 53, 65f., 84, 88, *215–217*
Prüfer, Hans 71, *217f.*
Prüfer, Johannes Erich: s. Prüfer, Hans
Rabelais, François 109
Rank, Heiner 48, 64, 76 (Abb.), *218–220*
Rasch, Carlos 32, 36, 38–41, 44f., 58, 76 (Abb.), 212, *221–224*
Redlin, Ekkehard 61 (Abb.), 75, 76

(Abb.), 92, 129f., 170, *224–227*, 232
Reich, Thomas Karl 46, 72, 78f., *227–229*
Reichel, Peter 109, 113
Renard, Maurice 212
Rimbaud, Arthur 206f.
Ritter, Claus *229f.*
Rottensteiner, Franz 185
Routschek, Helmut: s. Kröger, Alexander
Safronow, Juri und Swetlana 29
Sämann, Wolfgang 89
Sawtschenko, Wladimir 50
Schauer, Herbert 107
Scheerbart, Paul 16
Schefner, Wadim 50, 231
Schill, Ferdinand von 283
Schiller, Friedrich von 16
Schmitt, Erich 104
Schmoll, Werner 236
Schneider, Rolf 52
Schreyer, Wolfgang *230f.*
Seghers, Anna 52
Sheckley, Robert 212, 232, 258
Shelley, Mary Wollstonecraft 14, 51
Simon, Erik 58, 61 (Abb.), 62f., 75, 76 (Abb.), 84, 92, 130, 152, 170, 226f., *232–235*, 239f., 287
Sixtus, Albert 20
Sjöberg, Arne 53, 66, *236–238*, 288
Skirecki, Hans 75
Snegow, Sergej 45
Spiethoff, Wolf D. *238f.*
Spittel, Olaf R. 92, 124, 232f., *239–241*
Stapledon, Olaf 51, 239
Steinberg, Werner 36, 66, *241–243*
Steinmüller, Angela 58, 63, 75, 77, 84–87, 89f., *243–251*, 288f.

Steinmüller, Karlheinz 58, 61, 63, 75, 77, 84–87, 89f., 92, *243–251*, 289
Stil, André 206
Stock, E. 203
Strugazki, Arkadi und Boris 29, 36, 50, 212, 232
Swift, Jonathan 99
Szameit, Michael 58, 63, 72, 75, 78–81, 90, 130, *251–256*
Taubert, Hans 48, 61, 187f., 212, *257*
Taureau, Jean 236
Teske, Günter 51, 58, 63, *257–259*, 288
Thormann, Markus: s. Orthmann, Edwin
Tieck, Ludwig 199
Tolstoi, Alexej 36, 51, 182, 212
Töppe, Frank 62, *259–261*
Trakl, Georg 140
Turek, Ludwig 22, 34, *261–263*
Tuschel, Karl-Heinz 44–46, 51, 58, 63, 70f., 79–82, 90, *263–268*
Twain, Mark 155
Ulbrich, Bernd 58, 62f., *268–271*
Vega Carpio, Lope Félix de 132
Vejdělek, Čestimir 64
Verne, Jules 14, 45, 51, 64, 67, 70, 72, 76–79, 90, 171, 282
Veselý, Zdeněk 45
Vieweg, Charlotte 272
Vieweg, Heinz 24, *272–273*
von …: s. unter dem jeweils folgenden Teil des Namens
Voß, Julius von 14
Walser, Robert 199
Walther, Klaus 50
Warschawski, Ilja 50
Weinbaum, Stanley G. 212
Weise, Lothar 28, 32, 24, 40, 101f., 151, 212, *273–275*

Weitbrecht, Wolf 38, 58, 63, 70f., 79, 81f., *275–279*, 288
Wells, Herbert George 45, 51, 67, 69, 76–78, 84, 89f., 142, 177, 212, 276, 282
Wiener, Norbert 245
Wilke, Ursula und Joachim *280f.*
Woiskunski, Jewgeni 45, 276
Wolf, Christa 52f.
Wolkow, Konstantin 29
Wuckel, Dieter *281f.*
Zajdel, Janusz A. 51
Zetkin, Clara 22
Ziergiebel, Herbert 38, 41f., 48, 54, 60, 226, *282–287*
Zschocke, Gerda 75, *287–289*
Zschokke, Heinrich 14
Żuławski, Jerzy 51

Abbildungsverzeichnis

Die Reproduktionen der Abbildungen in diesem Lexikon erfolgten durch den Verlag Das Neue Berlin. Buchvorlagen entstammen den Archiven der Verlage Das Neue Berlin, Neues Leben, Volk und Welt, des Kinderbuchverlages und der Sammlung Olaf R. Spittel (Berlin). Für ihre freundliche Unterstützung danken die Herausgeber allen privaten Rechtsinhabern und den genannten Verlagen, insbesondere den Herren Heinz-Dieter Tschörtner (Berlin), Michael Grochowski (Berlin) und Heinz-Jürgen Ehrig (Westberlin).

Autorenfotos

S. 93 E. Agricola. Foto: privat
S. 94 E. del' Antonio. Foto: privat
S. 97 H. Bach. Foto: Wilfried Stöhr (Berlin)
S. 101 K. H. Ball (d. i. J. Dreetz). Foto: Thomas Billhardt (Berlin)
S. 103 W. Bender. Foto: Klaus Morgenstern (Berlin)
S. 104 K. Beuchler. Foto: Barbara Morgenstern (Berlin)
S. 107 O. Bonhoff. Foto: Barbara Morgenstern (Berlin)
S. 108 G. Branstner. Foto: Barbara Morgenstern (Berlin)
S. 113 J. u. G. Braun. Foto: privat
S. 120 W. D. Brennecke. Foto: privat
S. 121 H.-J. Dittfeld. Foto: privat
S. 123 G. Ebert. Foto: Klaus Morgenstern (Berlin)
S. 125 P. Ehrhardt. Foto: privat
S. 129 H. Fickelscherer. Foto: privat
S. 131 H. Friedrich. Foto: Edith Rimkus-Beseler (Hinzenhagen)
S. 133 F. R. Fries. Foto: Klaus Morgenstern (Berlin)
S. 135 K. Frühauf. Foto: Angret Huth (Admannshagen)
S. 139 F. Fühmann. Foto: Barbara Morgenstern (Berlin)
S. 142 R. Fuhrmann. Foto: privat
S. 147 R. Funk. Foto: privat
S. 148 A. Geelhaar. Foto: Angret Huth (Admannshagen)
S. 149 M. Geske. Foto: Klaus Morgenstern (Berlin)

S. 151 R. Groß. Foto: privat
S. 152 R. Heinrich. Foto: privat
S. 153 G. Herold. Foto: G. Blutke
S. 155 L. Höricke. Foto: privat
S. 157 H. Horstmann. Foto: Karin Petras (Berlin)
S. 159 F. Hubert. Foto: Klaus Morgenstern (Berlin)
S. 160 H. Hüfner. Foto: privat
S. 162 H. Hüttner. Foto: Dieter Andree (Berlin)
S. 164 W. Kellner. Foto: Barbara Morgenstern (Berlin)
S. 167 K. Klauß. Foto: privat
S. 169 W. Kober. Foto: privat
S. 171 E. Köhler. Foto: Klaus Morgenstern (Berlin)
S. 172 R. Kriese. Foto: privat
S. 174 A. Kröger (d. i. H. Routschek). Foto: Klaus Morgenstern (Berlin)
S. 179 R. Krohn. Foto: privat
S. 182 G. Krupkat. Foto: Barbara Morgenstern (Berlin)
S. 186 E.-D. Küchenmeister. Foto: privat
S. 187 A. Leman. Foto: privat
S. 192 C. Letsche. Foto: privat
S. 194 P. Lorenz. Foto: privat
S. 197 H.-U. Lüdemann. Foto: privat
S. 199 E.-O. Luthardt. Foto: Olaf R. Spittel (Berlin)
S. 201 G. Matzke. Foto: privat
S. 203 G. Meinhold. Foto: Olaf R. Spittel (Berlin)
S. 207 K. Möckel. Foto: Klaus Morgenstern (Berlin)
S. 210 H. Müller. Foto: G. Kubenz (Hoyerswerda-Neustadt)
S. 211 E. Orthmann. Foto: privat
S. 212 E. Panitz. Foto: Klaus Morgenstern (Berlin)
S. 214 K. Potthoff. Foto: privat
S. 215 G. Prokop. Foto: Gerhard Kiesling (Berlin)
S. 217 H. Prüfer. Foto: privat
S. 219 H. Rank. Foto: privat
S. 221 C. Rasch. Foto: Hanni Schimmel (Falkensee)
S. 225 E. Redlin. Foto: privat
S. 227 T. K. Reich. Foto: privat
S. 229 C. Ritter. Foto: Barbara Morgenstern (Berlin)
S. 231 W. Schreyer. Foto: Klaus Morgenstern (Berlin)
S. 232 E. Simon. Foto: Rainer Hempel (Berlin)
S. 236 A. Sjöberg (d. i. J. Brinkmann). Foto: privat
S. 239 W. D. Spiethoff. Foto: privat
S. 239 O. R. Spittel. Foto: privat
S. 241 W. Steinberg. Foto: Barbara Morgenstern (Berlin)

S. 244 A. u. K. Steinmüller. Foto: Klaus Morgenstern (Berlin)
S. 251 M. Szameit. Foto: Klaus Morgenstern (Berlin)
S. 257 H. Taubert. Foto: privat
S. 258 G. Teske. Foto: Günter Krawutschke (Berlin)
S. 260 F. Töppe. Foto: privat
S. 262 L. Turek. Foto: Klaus Morgenstern (Berlin)
S. 263 K.-H. Tuschel. Foto: Barbara Morgenstern (Berlin)
S. 269 B. Ulbrich. Foto: Barbara Morgenstern (Berlin)
S. 272 H. Vieweg. Foto: privat
S. 274 L. Weise. Foto: privat
S. 275 W. Weitbrecht. Foto: privat
S. 280 U. u. J. Wilke. Foto: Klaus Morgenstern (Berlin)
S. 282 D. Wuckel. Foto: privat
S. 283 H. Ziergiebel. Foto: Dieter Andree (Berlin)
S. 287 G. Zschocke. Foto: Martina Kaiser (Berlin)

Bücher und Hefte

S. 12 R. Martin: Berlin – Bagdad (Titelbild der Erstausgabe in der Deutschen Verlags-Anstalt, Stuttgart und Leipzig 1907).
S. 15 K. Laßwitz: Auf zwei Planeten (Einbandgestaltung der einbändigen Volksausgabe, 36. u. 37. Tausend, 1920; Erstausgabe 1897).
S. 17 Der Luftpirat und sein lenkbares Luftschiff (Titelbild der Nr. 63 der zwischen 1908 und 1911 erschienenen Lieferungsroman-Serie).
S. 19 H. Dominik: Treibstoff SR (Schutzumschlag des Scherl-Verlages, Berlin 1940).
S. 23 B. Kellermann: Der Tunnel (DDR-Ausgabe für die „Deutsche Volksbibliothek" des Aufbau-Verlages, Berlin 1956). Titelgrafik: Horst Bartsch
S. 26 E. del' Antonio: Gigantum. Titelgrafik: Adelhelm Dietzel
S. 30 f. Doppelseite 12/13 der Nr. 29 (1959) der Comic-Heftserie „Mosaik" von Hannes Hegen im Verlag Neues Leben (ab Heft Nr. 38 im Verlag Junge Welt)
S. 33 G. Krupkat: Die große Grenze. Illustration S. 295: Hans Räde
S. 35 R. Groß: Der Mann aus dem andern Jahrtausend. Illustration S. 293 Werner Ruhner
S. 37 G. Krupkat: Als die Götter starben. Titelgrafik: Martin Koch
S. 39 C. Rasch: Der blaue Planet. Titelgrafik: Hans Räde
S. 43 E. del' Antonio: Heimkehr der Vorfahren. Titelgrafik: Adelhelm Dietzel

S. 48 Die erste (dreibändige) Anthologie in der DDR, die einen Querschnitt internationaler und einheimischer, klassischer und moderner SF präsentierte, herausgegeben von E. Orthmann im Verlag Neues Leben. Titelgrafiken Werner Ruhner

S. 51 Vier Heftreihen, in denen u. a. SF publiziert wurde; von links: Das neue Abenteuer (Verlag Neues Leben), Meridian (Militärverlag der DDR), Kleine Jugendreihe (Verlag Kultur und Fortschritt), Broschürenreihe (Verlag Sport und Technik)

S. 55 G. Branstner: Der negative Erfolg. Titelgrafik: Ioan Cozacu

S. 57 J. u. G. Braun: Unheimliche Erscheinungsformen auf Omega XI. Illustration S. 247: Klaus Ensikat

S. 59 R. Heinrich u. E. Simon: Die ersten Zeitreisen. Illustration S. 75: Peter Muzeniek

S. 61 Die ersten fünf Bände des Phantastik-Almanachs Lichtjahr, im Verlag Das Neue Berlin

S. 65 G. Prokop: Wer stiehlt schon Unterschenkel? Titelgrafik: Dieter Tucholke

S. 73 P. Lorenz: Homunkuli. Titelgrafik: Thomas Franke

S. 76 Einige Bände der Taschenbuch-Reihe „SF Utopia", im Verlag Das Neue Berlin. Titelgrafiken: Regine Schulz u. Burckhard Labowski

S. 80 R. Fuhrmann: Medusa. Titelgrafik: Regine Schulz u. Burckhard Labowski

S. 85 A. u. K. Steinmüller: Pulaster. Illustration S. 267: Regine Schulz u. Burckhard Labowski

S. 87 A. u. K. Steinmüller: Andymon. Titelgrafik: Regine Schulz u. Burckhard Labowski

S. 93 E. Agricola: Tagungsbericht oder Kommissar Dabberkows beschwerliche Ermittlungen im Fall Dr. Heinrich Oldenbeck. Titelgrafik: Werner Haferkorn

S. 95 E. del' Antonio: Titanus. Titelgrafik: Adelhelm Dietzel

S. 96 E. del' Antonio: Projekt Sahara. Titelgrafik: Adelhelm Dietzel

S. 98 H. Bach: Sternendroge Tyrsoleen. Titelgrafik: Rainer Schwalme

S. 99 H. Bach: Germelshausen 0.00 Uhr. Titelgrafik: Werner Ruhner

S. 100 A. Bagemühl: Das Weltraumschiff (Heftausgabe in den Bären-Lese-Heften des Altberliner Verlages Lucie Groszer, Berlin 1955). Titelgrafik: Rudolf Schultz

S. 102 K. H. Ball u. L. Weise: Alarm auf Station Einstein (Ausgabe der Heftreihe „Das neue Abenteuer", Berlin 1955). Titelgrafik: Günter Goeltzer

S. 103 W. Bender: Messeabenteuer 1999. Titelgrafik: Erich Schmitt

S. 105 K. Beuchler: Einer zuviel im Lunakurier. Titelgrafik: Heinz Bormann

S. 106 K. Beuchler: Silvanus contra Silvanus. Titelgrafik: Heinz Bormann
S. 107 O. Bonhoff: Besuch aus dem Nebel. Titelgrafik: Rolf F. Müller
S. 110 G. Branstner: Die Reise zum Stern der Beschwingten. Titelgrafik: Eberhardt Binder-Staßfurt
S. 111 G. Branstner: Der astronomische Dieb. Titelgrafik: Albrecht von Bodecker
S. 115 J. u. G. Braun: Der Irrtum des Großen Zauberers. Titelgrafik: Klaus Boerger
S. 116 J. u. G. Braun: Unheimliche Erscheinungsformen auf Omega XI. Titelgrafik: Klaus Ensikat
S. 117 J. u. G. Braun: Conviva ludibundus. Titelgrafik: Erhard Grüttner
S. 119 J. u. G. Braun: Der Fehlfaktor. Titelgrafik: Hans Ticha
S. 120 W. D. Brennecke: Die Straße durch den Urwald. Titelgrafik: Roland Spörl
S. 122 H.-J. Dittfeld: Landung in Targestan. Titelgrafik: Rainer Schwalme
S. 124 G. Ebert: Meine Freundin Katrin. Titelgrafik: Werner Schinko
S. 126 P. Ehrhardt: Boten der Unendlichkeit. Titelgrafik: Regine Schulz u. Burckhard Labowski
S. 127 H. L. Fahlberg: Erde ohne Nacht. Titelgrafik: Karl-Heinz Birkner
S. 128 H. L. Fahlberg: Betatom. Titelgrafik: Karl-Heinz Birkner
S. 130 H. Fickelscherer (Hrsg.): Begegnung im Licht. Titelgrafik: Peter Muzeniek
S. 132 H. Friedrich: Der Damm gegen das Eis. Titelgrafik: Rolf F. Müller
S. 134 F. R. Fries: Verlegung eines mittleren Reiches. Titelgrafik: Gerhard Medoch
S. 135 K. Frühauf: Am Rande wohnen die Wilden. Titelgrafik: Werner Ruhner
S. 136 K. Frühauf: Genion. Titelgrafik: Thomas Franke
S. 138 K. Frühauf: Das Wasser des Mars. Titelgrafik: Ludwig Winkler
S. 140 F. Fühmann: SAIÄNS-FIKTSCHEN. Titelgrafik: Lothar Reher
S. 143 R. Fuhrmann: Homo sapiens 10^{-2}. Titelgrafik: Wolfgang Freitag
S. 145 R. Fuhrmann: Die Untersuchung. Titelgrafik: Gerhard Medoch
S. 147 R. Funk: Gerichtstag auf Epsi. Titelgrafik: Thomas Schallnau
S. 148 A. Geelhaar: Der Prinz von Hovinka. Titelgrafik: Elke Rößler-Bullert
S. 150 M. Geske: Angeln mit Odysseus. Titelgrafik: Hans Ticha
S. 151 R. Groß: Der Mann aus dem andern Jahrtausend. Titelgrafik: Werner Ruhner
S. 153 R. Heinrich u. E. Simon: Die ersten Zeitreisen. Titelgrafik: Peter Muzeniek

S. 154 G. Herold: Die Hunkus schrein am Raklohami. Titelgrafik: Andreas J. Mueller
S. 155 L. Höricke: Entführt von den Tiaias (3. Aufl. 1982). Titelgrafik: Bernd A. Chmura
S. 157 H. Horstmann: Die Rätsel des Silbermondes. Titelgrafik: Roland Spörl
S. 159 F. Hubert: Zeitsprung ins Ungewisse. Titelgrafik: Ruth Knorr
S. 161 H. Hüfner: Sonne fünf. Titelgrafik: Rolf F. Müller
S. 163 H. Hüttner: Grüne Tropfen für den Täter (Neuauflage in der Kompaß-Bücherei, 1985). Titelgrafik: Regine Schulz u. Burckhard Labowski
S. 165 W. Kellner: Der Rückfall. Titelgrafik: Hans Ticha
S. 166 W. Kellner: Die große Reserve. Titelgrafik: Hans Ticha
S. 168 K. Klauß: Duell unter fremder Sonne. Titelgrafik: Jürgen Wagner
S. 170 W. Kober: Nova. Titelgrafik: Wolfgang Theiler
S. 171 E. Köhler: Reise um die Erde in acht Tagen. Titelgrafik: Burckhard Labowski
S. 173 R. Kriese: Eden City, die Stadt des Vergessens. Titelgrafik: Werner Ruhner
S. 175 A. Kröger: Expedition Mikro (Neuauflage in der Kompaß-Bücherei, 1980). Titelgrafik: Karl Fischer
S. 176 A. Kröger: Das Kosmodrom im Krater Bond. Titelgrafik: Karl Fischer
S. 177 A. Kröger: Die Engel in den grünen Kugeln. Titelgrafik: Karl Fischer
S. 180 R. Krohn: Begegnung im Nebel. Titelgrafik: Michael de Maizière
S. 183 G. Krupkat: Nabou (Neuauflage in der Roman-Zeitung, 1972). Titelgrafik: Günter Wongel
S. 186 E.-D. Küchenmeister: Der Hund vom Bumerang. Titelgrafik: Werner Wagner
S. 188 A. Leman u. H. Taubert: Das Gastgeschenk der Transsolaren (2. Aufl. 1975). Titelgrafik: Monika u. Klaus Boerger
S. 189 A. Leman: Der unsichtbare Dispatcher. Titelgrafik: Peter Nagengast
S. 190 A. Leman: Schwarze Blumen auf Barnard Drei. Titelgrafik: Rolf Xago Schröder
S. 193 C. Letsche: Verleumdung eines Sterns (Neuauflage in der Roman-Zeitung, 1968). Titelgrafik: Ingrid Schuppan
S. 196 P. Lorenz: Blinde Passagiere im Raum 100. Titelgrafik: Stefan Duda
S. 198 H.-U. Lüdemann: Um Himmelswillen keine Farbe. Titelgrafik: Fred Westphal

- S. 200 E.-O. Luthardt: Die Unsterblichen. Titelgrafik: Rolf F. Müller
- S. 202 G. Matzke: Marsmond Phobos. Titelgrafik: Sieghard Dittner
- S. 203 G. Meinhold: Weltbesteigung. Titelgrafik: Jens Prockat
- S. 205 G. Meinhold: Kilidone und andere Merkwürdigkeiten. Titelgrafik: Jens Prockat
- S. 208 K. Möckel: Die Einladung (2. Aufl. 1981). Titelgrafik: Helmut Wengler
- S. 209 K. Möckel: Die seltsame Verwandlung des Lenny Frick. Titelgrafik: Erika Baarmann
- S. 210 H. Müller: Signale vom Mond. Titelgrafik: Heinz Völkel
- S. 213 E. Panitz: Eiszeit. Titelgrafik: Peter Hartmann
- S. 214 K. Potthoff: Wilhelmine und der unheimliche Planet. Titelgrafik: Susanne Kröber
- S. 216 G. Prokop: Der Samenbankraub. Titelgrafik: Dieter Tucholke
- S. 218 H. Prüfer: Planet der Träume. Titelgrafik: Rolf F. Müller
- S. 220 H. Rank: Die Ohnmacht der Allmächtigen. Titelgrafik: Carl Hoffmann
- S. 223 C. Rasch: Magma am Himmel. Titelgrafik: Rudolf Grapentin
- S. 224 C. Rasch: Krakentang (ältere Version, 1968). Titelgrafik: Karl Fischer
- S. 225 E. Redlin (Hrsg.): Der Mann vom Anti. Titelgrafik: Thomas Ranft
- S. 226 E. Redlin (Hrsg.): Wege zur Unmöglichkeit. Titelgrafik: Gerhard Bunke
- S. 228 Th. K. Reich: Sinobara. Titelgrafik: Michael de Maizière
- S. 230 C. Ritter: Kampf um Utopolis. Titelgrafik: Hans-Joachim Schauß
- S. 231 W. Schreyer: Fremder im Paradies. Titelgrafik: Rolf F. Müller
- S. 234 E. Simon: Fremde Sterne. Titelgrafik: Ludwig Winkler
- S. 235 E. Simon: Mondphantome, Erdbesucher. Titelgrafik: Michael de Maizière
- S. 237 A. Sjöberg: Andromeda. Titelgrafik: Wolfgang Würfel
- S. 238 W. D. Spiethoff: Besuch aus dem All. Titelgrafik: Karl Fischer
- S. 240 E. Simon u. O. R. Spittel: Science-fiction. Personalia zu einem Genre in der DDR. Titelgrafik: Jens Prockat
- S. 240 O. R. Spittel (Hrsg.): Science-fiction. Essays. Titelgrafik: Jens Prockat
- S. 242 W. Steinberg: Zwischen Sarg und Ararat. Titelgrafik: HAP Grieshaber
- S. 245 K. Steinmüller: Der letzte Tag auf der Venus. Titelgrafik: Burckhard Labowski
- S. 247 A. u. K. Steinmüller: Windschiefe Geraden. Titelgrafik: Wolfgang Spuler
- S. 253 M. Szameit: Alarm im Tunnel Transterra. Titelgrafik: Karl Fischer

S. 255 M. Szameit: Drachenkreuzer Ikaros. Titelgrafik: Hans-Christoph Rackwitz
S. 259 G. Teske: Telepatis. Titelgrafik: Karl Fischer
S. 261 F. Töppe: Regen auf Tyche. Titelgrafik: Frank Töppe
S. 262 L. Turek: Die goldene Kugel. Titelgrafik: Dietz-Verlag
S. 264 K.-H. Tuschel: Inspektion Raumsicherheit. Titelgrafik: Jutta de Maizière
S. 265 K.-H. Tuschel: Ein Stern fliegt vorbei. Titelgrafik: Hans Räde
S. 267 K.-H. Tuschel: Kurs Minosmond. Titelgrafik: Karl Fischer
S. 270 B. Ulbrich: Der unsichtbare Kreis. Titelgrafik: Waltraud Fischer
S. 271 B. Ulbrich: Störgröße M. Titelgrafik: Waltraud Fischer
S. 272 H. Vieweg: Ultrasymet bleibt geheim (Neuauflage in der Kompaß-Bücherei, 1960). Titelgrafik: Karl Fischer
S. 274 L. Weise: Das Geheimnis des Transpluto. Titelgrafik: Eberhard Binder-Staßfurt
S. 276 W. Weitbrecht: Das Psychomobile. Titelgrafik: Rolf F. Müller
S. 277 W. Weitbrecht: Orakel der Delphine (Neuauflage in der Roman-Zeitung, 1974). Titelgrafik: Günter Wongel
S. 281 U. u. J. Wilke: Peter und der Sternenkater. Titelgrafik: Elke Bullert-Rößler
S. 282 D. Wuckel: Science Fiction. Titelgrafik: Szenenfoto aus dem Film »Metropolis«, Deutschland, 1927; Bauten von Otto Hunte, Erich Kettelhut u. Karl Vollbrecht
S. 284 H. Ziergiebel: Die andere Welt. Titelgrafik: Rolf F. Müller
S. 286 H. Ziergiebel: Zeit der Sternschnuppen. Titelgrafik: Farb-Äquidensitometrie des Kometen Wipple-Fedtke vom Karl-Schwarzschild-Observatorium, Tautenburg; Aufnahme von W. Högner
S. 288 G. Zschocke (Hrsg.): Zeitreisen. Titelgrafik: Hans Ticha

Inhalt

Vorbemerkung der Herausgeber 5

Erik Simon, Olaf R. Spittel:
Die Entwicklung der Science-fiction in der DDR

Das Jahr 1949 und die Traditionen der deutschen Science-fiction . 11
Das Abenteuer Raumfahrt – vorherrschendes Thema zu Beginn
   der zweiten Entwicklungsetappe 28
Die Vollendung der zweiten Entwicklungsetappe: Differenzierung
   des vorherrschenden Themas Raumfahrt 41
Die Neuerungen der siebziger Jahre 47
Fortsetzung, Ausweitung und Etablierung des traditionellen unter-
   haltenden SF-Abenteuers in den siebziger Jahren 67
Die achtziger Jahre 74

Science-fiction-Autoren der DDR
Artikel von Heinz Entner, Werner Förster, Karsten Kruschel, Hartmut Mechtel, Steffen Peltsch, Ekkehard Redlin, Erik Simon, Olaf R. Spittel, Karlheinz Steinmüller 91

Olaf R. Spittel:
Kurzbibliographie der DDR-SF-Literatur 1949–1986 291

Namenregister 336
Abbildungsverzeichnis 341

ISBN 3-360-00185-0

1. Auflage
Verlag Das Neue Berlin, Berlin · 1988
© Verlag Das Neue Berlin, Berlin · 1988
(Einzelbeiträge und Zusammenstellung)
Lizenz-Nr.: 409-160/244/88 · LSV 8010
Printed in the German Democratic Republic
Einbandentwurf: Jens Prockat
Gesamtherstellung: Karl-Marx-Werk Pößneck V 15/30
622 840 6

01200